AF539123

आद्यबिम्ब और साहित्यालोचन

कृष्णमुरारि मिश्र

राधाकृष्ण प्रकाशन

ISBN : 978-81-8361-584-6

आद्यबिम्ब और साहित्यालोचन

पहला संस्करण : 2012
पहली आवृत्ति : 2023

मूल्य : ₹795

प्रकाशक
राधाकृष्ण प्रकाशन प्राइवेट लिमिटेड
जी-17, जगतपुरी, दिल्ली-110 051

शाखाएँ : अशोक राजपथ, साइंस कॉलेज के सामने, पटना-800 006
पहली मंजिल, दरबारी बिल्डिंग, महात्मा गांधी मार्ग, प्रयागराज-211 001
1, अनमोल सोराबजी संतुक लेन, धोबी तलाव, मरीन लाइंस, मुम्बई-400 002
वेबसाइट : www.radhakrishnaprakashan.com
ई-मेल : info@radhakrishnaprakashan.com

मुद्रक
राजकमल प्रेस
नई दिल्ली-110 002

AADYABIMB AUR SAHITYALOCHAN
by Krishna Murari Mishra

माँ श्रीमती चमेली देवी की पुण्य स्मृति को

प्राक्कथन

साहित्य की दुनिया में फ्रायड और युंग का महत्त्व सुज्ञात है। इनमें भी फ्रायड के चिन्तन की सीमाओं के कारण सौन्दर्यशास्त्रियों के लिए युंग के चिन्तन ने अधिक आकृष्ट किया। इससे साहित्यालोचन के क्षेत्र में आद्यबिम्बात्मक आलोचना का विकास हुआ। हिन्दी आलोचना के क्षेत्र में भी इस आलोचना की महत्ता को स्वीकृति मिली। प्रस्तुत ग्रन्थ इस आलोचना के सिद्धान्त और सप्रयोग से सम्बद्ध है।

ग्रन्थ में तीन शीर्षक ग्रन्थित हैं—'आद्यबिम्ब', 'आद्यबिम्ब और साहित्यालोचन : आधार तथा आद्यबिम्ब और साहित्यालोचन : स्वरूप।' 'आद्यबिम्ब' शीर्षक के अन्तर्गत आद्यबिम्ब की युगीय धारणा का सैद्धान्तिक विवेचन है। इसमें फ्रायड और युंग की धारणाओं के मूलभूत अन्तर का हिन्दी में पहली बार उद्‍घाटन है। साथ ही आद्यबिम्ब की युंगीय धारणा का सारभूत आख्यान है जिसमें यौगपत्य के अल्पज्ञात वैज्ञानिक सिद्धान्त की भी चर्चा है।

'आद्यबिम्ब और साहित्यालोचन : आधार' शीर्षक से मुख्यतया युंग के कलाचिन्तन का विवेचन है। आद्यबिम्बात्मक आलोचना की सैद्धान्तिकी के इस विवेचन से सिद्ध है कि युंग का कलाचिन्तन हमारे भारतीय साहित्य-चिन्तन के लिए विजातीय नहीं है। वह भारतीय साहित्यशास्त्र के कालसिद्ध निकषों का पोषक है। युंग की कलाविषयक धारणाएँ रससिद्धान्त और ध्वनि सिद्धान्त के बहुत निकट हैं। भारतीय काव्यशास्त्र में काव्य-हेतु के रूप में प्रतिभा के जिस स्वरूप की स्थापना की गई है वह सामूहिक अचेतन की युंगीय धारणा के निकट है। सर्जक के व्यक्तित्व की असाधारणता को भारतीय आचार्यों के समान युंग ने भी मुक्त कंठ से स्वीकार किया है। भारतीय आचार्यों के समान युंग ने भी काव्य की लोकमंगलकारिणी शक्ति पर बल दिया है। उन्होंने सर्जक, भावक और समाज के सन्दर्भ में काव्य के माध्यम से जिस आत्मोपलब्धि का उल्लेख किया है उसमें आनन्द और लोकमंगल दोनों का समावेश है।

'आद्यबिम्ब और साहित्यालोचन : स्वरूप' शीर्षक के अन्तर्गत हिन्दी की आद्यबिम्बात्मक आलोचना के स्वरूप की सम्यक् विवृत्ति है। आद्यबिम्बात्मक आलोचना उन सभी पद्धति और निकषों को स्वीकार करती है जो सभी आलोचना-

सम्प्रदायों में समान है। कृति के वस्तुनिष्ठ सौन्दर्य की व्याख्या में वह भारतीय काव्यशास्त्र की पद्धतियों और निकषों को पूर्णतर मानती है। आद्यबिम्बात्मक आलोचना रचना के वर्णविधान के वैचित्र्य के कारणों का सन्धान करती है। शब्दविधान के विवेचन में यह शब्दों के मणिभीकरण को विशेष महत्त्व देती है। साथ ही समग्र बिम्ब के सौन्दर्य के उद्घाटनार्थ यह निर्देशित साहचर्य और विस्तरीकरण की पद्धतियों का उपयोग करती है। इस निबन्ध में कृति की समग्र भाषिक संरचना में आद्यबिम्बों की अभिव्यक्ति का व्याख्यान है। प्रबन्धात्मक रचनाओं के सन्दर्भ में भी आद्यबिम्बात्मक आलोचना कथानक के मर्मस्थलों को विशेष महत्त्व देती है। वह कथानक के मर्मस्थलों को बिम्बात्मक इकाइयों के रूप में ग्रहण करती है। वह यह मानकर चलती है कि रचना में प्रख्यात कथा के मर्मस्थलों का बदलाव आद्यरूप की उद्दीप्ति और रचयिता के मनोवैज्ञानिक प्रकार से सम्बद्ध होता है।

इस अवसर पर मुझे अपने पितृकल्प स्व. प्रोफेसर हरवंशलाल शर्मा, पूर्व निदेशक केन्द्रीय हिन्दी निदेशालय, पूर्व अध्यक्ष वैज्ञानिक तथा तकनीकी शब्दावली आयोग, नई दिल्ली एवं पूर्व कुलपति, बुन्देलखंड विश्वविद्यालय झाँसी की बहुत याद आ रही है। उन्होंने सदैव मुझे आद्यबिम्बात्मक आलोचना के क्षेत्र में अध्ययनरत रहने के लिए प्रेरित किया। इस पुस्तक के प्रकाशन से उनका वात्सल्य ऊर हिलोरे लेता।

मुझे स्व. प्रोफेसर जगदीश कुमार, पूर्व प्रोफेसर, हिन्दी विभाग, दिल्ली विश्वविद्यालय, दिल्ली का भी अनायास स्मरण हो रहा है। उनका शिष्य होना मेरे लिए सदैव गर्व का विषय रहा है।

जीवन-सहचरी प्रोफेसर मनीषा रानी शर्मा के सहयोग से ही इस ग्रन्थ के प्रणयन के लिए अनिवार्य समाधिदशा सम्भव हो सकी। धन्यवाद-ज्ञापन उन्हें रुष्ट ही करेगा।

विद्याव्यसनी धेवती आस्था और लीलाप्रिय धेवते उन्मेष को इस अवसर पर स्नेहाशीष।

सुरुचिसम्पन्न प्रकाशक श्री अशोक महेश्वरी ने मेरे पूर्व ग्रन्थों की तरह इस ग्रन्थ को भी पाठकों तक पहुँचाने का गम्भीर दायित्व सहर्ष वहन किया है। एतदर्थ साधुवाद।

प्रत्येक प्रयास की खामियाँ निश्चित और खूबियाँ संदिग्ध होती हैं। इसलिए सुझाव सदैव सिरमाथे।

—कृष्णमुरारि मिश्र
प्रोफेसर हिन्दी विभाग
अलीगढ़ मुस्लिम विश्वविद्यालय
अलीगढ़-202002

अनुक्रम

अध्याय–1

आद्यबिम्ब

एक नयी शताब्दी के साथ–साथ एक नयी सहस्राब्दी में हम प्रवेश कर चुके हैं और यह सही वक़्त है कि आधुनिक विज्ञान ने जिस सभ्यता को जन्म दिया है, हम उसकी शक्ति और सीमाओं की सम्यक् परख करें। यह सच है कि विज्ञान की उपलब्धियाँ असाधारण हैं किन्तु सच यह भी है कि ये उपलब्धियाँ मानव द्वारा प्रकृति और मानव के निरन्तर शोषण पर आधारित हैं। हमें यह नहीं भूलना चाहिए कि वैज्ञानिक विकास से प्राप्त सुख प्राकृतिक संसाधनों को निरन्तर कचरे में तब्दील करने पर मिल रहे हैं। विज्ञान के विकास ने नयी विध्वंसक रूढ़ियों और गहरी मतांधता को जन्म दिया है। दीन–दुनिया के बारे में हमारी जानकारी बढ़ाने के साथ–साथ उसने हमें ऐसे मोड़ पर ला पटका है जहाँ हम विज्ञानेतर समझी जाने वाली मानव परम्पराओं के प्रति वैज्ञानिक अन्धविश्वासों और रूढ़ियों में बँधे रहने के कारण उदासीन ही नहीं; असहिष्णु भी हैं। विज्ञान युग की प्रारम्भिक दशाब्दियों में वैज्ञानिक एक सीमा तक इस अन्धविश्वास के शिकार रहे कि वे प्रकृति के रहस्यों को अन्ततोगत्वा जान सकते हैं। विज्ञान के इस और ऐसे अन्धविश्वासों के विरुद्ध जिन वैज्ञानिकों ने अपनी आवाज बुलन्द की उनमें विश्लेषणात्मक मनोविज्ञान के जनक कार्ल गुस्ताव युंग का नाम विशेषत: उल्लेखनीय है। वैज्ञानिक दृष्टिकोण और वैज्ञानिक पद्धतियों से गहनतया प्रतिबद्ध होते हुए भी वे विज्ञानेतर परम्पराओं के प्रति उदार रहे। उन्होंने यह स्वीकार किया कि प्रकृति के रहस्य अपनी समग्रता में अन्ततोगत्वा अविज्ञेय ही रहेंगे।

आद्यबिम्ब युंगीय मनोविज्ञान का परिव्यापी प्रत्यय है। युंग यह मानते थे कि चित्त में आद्यरूपों की सत्ता है और उनकी प्रतीति बिम्बों के रूप में ही सम्भव है। आद्यरूपों की बिम्बरूप प्रतीति ही आद्यबिम्ब है। आद्यरूप और आद्यबिम्ब, क्रमश: अंग्रेजी के आर्केटाइप और आर्केटाइपल इमेज के हिन्दी प्रतिशब्द हैं। आद्यबिम्ब की धारणा को समझने के लिए विश्लेषणात्मक मनोविज्ञान के साथ–साथ मनोविश्लेषण से भी परिचित होना अपेक्षित है।

युंग द्वारा प्रवर्तित मनोविज्ञान विश्लेषणात्मक मनोविज्ञान, ग्रन्थि मनोविज्ञान अथवा गहनता मनोविज्ञान के नाम से जाना जाता है। फ्रायड ने जिस मनोविज्ञान को जन्म दिया, उसे मनोविश्लेषण की संज्ञा मिली। सामान्य व्यवहार में 'मनोविश्लेषण' शब्द का प्रयोग दोनों की विचारधाराओं के लिए किया जाता है किन्तु प्रस्तुत ग्रन्थ में इस शब्द का प्रयोग फ्रायडीय मनोविज्ञान के पारिभाषिक अर्थ में ही सीमित है।

मनोविश्लेषण के जन्मदाता सिंगमंड फ्रायड को अपने सिद्धान्तों के लिए आजीवन विशेषज्ञों और गैरविशेषज्ञों का विरोध सहना पड़ा। इस विरोध के बावजूद उन्हें असाधारण ख्याति मिली और उनके सिद्धान्तों का सम्पूर्ण विश्व पर प्रभाव पड़ा। अहं, अचेतन, उपचेतन, लिबिडो जैसे अनेकानेक शब्दों का सामान्य व्यवहार में प्रयोग मनोविश्लेषण की असाधारण लोकप्रियता का द्योतक है। मनोविश्लेषण के प्रारम्भिक तीन वर्षों में फ्रायड ने मानव की चित्तीय संरचना में अचेतन को असाधारण महत्त्व दिया और अचेतन प्रक्रियाओं के विश्लेषण को मनोविज्ञान का लक्ष्य माना। बाद में उन्होंने अपने सिद्धान्त में महत्त्वपूर्ण परिवर्तन किए। दुर्भाग्यवश, डार्विन के समान फ्रायड के सिद्धान्त भी अनेक अपव्याख्याओं के शिकार रहे। फ्रायड ने मुक्त यौनाचार का कभी समर्थन नहीं किया। उन्होंने यौन भावनाओं के दमन में मनुष्य के सम्पूर्ण सांस्कृतिक विकास को लक्षित किया किन्तु फ्रायड के सिद्धान्तों की मुक्त यौनाचार की संगतता की भ्रांति पनपी। इस सन्दर्भ में फ्रायड का कथन द्रष्टव्य है—
"हम यह मानते हैं कि सभ्यता का निर्माण जिंदा रहने का संघर्ष करते हुए आदिम आवेगों की तृप्ति का त्याग करके ही हुआ है। इस काम में आने वाली सबसे महत्त्व की वस्तु मनुष्य स्वभाव की वे शक्तियाँ हैं जिन्हें हम यौन शक्ति या काम आवेग कहते हैं। वे शक्तियाँ इस तरह ऊँचाई की ओर उठ जाती हैं अर्थात् उनकी कार्य शक्ति या ऊर्जा अपने यौन उद्देश्य से हटकर दूसरे उद्देश्य की ओर मुड़ जाती है—ये उद्देश्य काम-सम्बन्धी नहीं होते और समाज की दृष्टि से बहुत कीमती होते हैं और इस तरह बनने वाला ढाँचा कच्चा होता है, क्योंकि काम आवेगों या यौन प्रवृत्तियों को वश में करना बड़ा कठिन काम है। हमेशा यह खतरा रहता है कि जो आदमी सभ्यता के निर्माण में हिस्सा ले उसके अन्दर काम-आवेगों का, यौन प्रवृत्तियों का विद्रोह खड़ा हो जाए और वह ऊर्जा या कार्य-शक्ति को दूसरी ओर मोड़ने का विरोध करे। समाज की संस्कृति के लिए सबसे भयंकर खतरा वह होगा जो काम-आवेगों को खुली छूट मिलने से और उनके फिर अपने शुरू वाले लक्ष्य की ओर चलने से पैदा होगा। इसलिए समाज अपने परिवर्धन की इस नाजुक जगह का स्पर्श पसन्द नहीं करता। स्वाभाविक यौन प्रवृत्ति की शक्ति को पहचाना जाए और मनुष्य के यौन जीवन का महत्त्व सबके सामने खोलकर रख दिया जाए—यह बात इसके हितों के बहुत विरुद्ध पड़ती है। संयम कायम करने की दृष्टि से ही तो इसने ध्यान को इस सारे-के-सारे मामले से हटाकर इसे दूसरी ओर ले जाने का रास्ता अपनाया

है। इसी कारण मनोविश्लेषण से खुलने वाली बातों को यह सह नहीं सकता और उन्हें देखने–सुनने में भद्दा, सौन्दर्य–भावना को चोट पहुँचाने वाला नैतिक दृष्टि से घृणित या खतरनाक बताकर इससे दूर रहना चाहता है।''[1] स्पष्ट है कि मनोविश्लेषण का विरोध मुख्यतया इसलिए होता है कि यह उन बातों को उद्‌घाटित करता है जिन्हें समाज पसन्द नहीं करता। फ्रायड के अनेक सिद्धान्त अपव्याख्याओं के शिकार हुए किन्तु वैज्ञानिक सिद्धान्तों की अपव्याख्या, विशेषकर ऐसे सिद्धान्तों की, जिनका आम आदमी की जिन्दगी से गहरा सम्बन्ध है, कोई नयी और आश्चर्यजनक बात नहीं है। ठीक उसी प्रकार जिस प्रकार प्राचीन मेधाओं के प्रस्फुटनों की अपव्याख्या या उनका असंगत बौद्धिकीकरण विज्ञान की सीमाओं से परिचितों के लिए आश्चर्यजनक नहीं लगता।

फ्रायड के अनुसार, ''मनोविश्लेषण के दो सिद्धान्त ऐसे हैं जो सारी दुनिया को नाराज करते हैं एक तो बौद्धिक पूर्वग्रहों अर्थात् बने हुए संस्कारों को चोट पहुँचाता है और दूसरा नैतिक तथा सौन्दर्य–सम्बन्धी संस्कारों को।''[2] पहला सिद्धान्त अचेतन से और दूसरा यौन वृत्ति से सम्बद्ध है। स्पष्ट है कि मानव के इतिहास में पहली बार फ्रायड ने एक वैज्ञानिक की तटस्थता से मनुष्य के चित्तीय व्यवहार की जैविकता का उद्‌घाटन किया और उनकी धारणाओं से मानव स्वभाव के विषय में प्रचलित परम्परागत विश्वासों को बड़ी ठेस पहुँची जिसके फलस्वरूप फ्रायड को घोर विरोध का सामना करना पड़ा।

फ्रायड ने इस बात को बृहत्तर मानव समाज तक पहुँचाने के प्रबल प्रयास किए कि मनोविश्लेषण कोई नीतिशास्त्र, दर्शन, धर्मशास्त्र नहीं है। वह विज्ञान है और विज्ञान के रूप में एक प्रविधि है, क्योंकि विज्ञान को उसकी प्रविधि से अलगाया नहीं जा सकता। यह अन्य विज्ञानों की ही तरह एक विज्ञान है। अपनी प्रविधि और अपने निष्कर्षों में यह अन्य विज्ञानों से भी यथासम्भव सहायता लेता है और इस रूप में यह अन्य विज्ञानों से निरपेक्ष नहीं है। फ्रायड ने मनोविश्लेषण एवं अन्य विज्ञानों के सम्बन्ध पर प्रकाश डालते हुए लिखा है—''मनोविश्लेषण प्राय: अन्य विज्ञानों में स्वीकृत किसी भी बात का खंडन नहीं करता। सामान्यत: जो कुछ उन्होंने कहा है, उसमें मनोविश्लेषण कुछ नयी बात जोड़ता है और कभी–कभी सचमुच ऐसा होता है कि जिस बात की ओर किसी ने ध्यान नहीं दिया था और जिसे अब मनोविश्लेषण सामने रहता है, वहीं उस मामले का सबसे अधिक सारभूत हिस्सा है।''[3] फ्रायड ने स्वयं अपने सिद्धान्त की अन्य विज्ञानों के निष्कर्ष से पुष्टि की है। अपने निष्कर्षों को प्रमाणपुष्ट करने के लिए फ्रायड आजीवन विशेष रूप से सजग रहे और पारम्परिक सस्कारों से अपने विरोध की उन्होंने कभी चिन्ता नहीं की। उनके अनुसार, ''मनुष्य जाति को यह कहने का काम कि वह अपने अन्दर की ओर देखें, सबसे पहले और या एकमात्र मनोविश्लेषण ने ही नहीं किया है पर प्रतीत होता है कि इसका पूरे आग्रह

के साथ समर्थन करना और प्रत्येक व्यक्ति से नजदीकी सम्बन्ध रखने वाली आनुभाविक गवाही से इसका समर्थन करना हमारे ही जिम्मे पड़ा है।''[4]

मनोविश्लेषण की शक्ति से कोई भी बुद्धिजीवी अपरिचित नहीं है। कौन नहीं जानता कि मनोविश्लेषण के जन्मदाता सिंगमंड फ्रायड ने न केवल मानसिक रोगों की चिकित्सा की एक नयी एवं काफी हद तक सफल राह सुझायी बल्कि समूची मानव सभ्यता को एक नयी विश्व-दृष्टि भी प्रदान की। फ्रायड के क्रान्तिकारी सिद्धान्तों ने आधुनिक युग के सांस्कृतिक विकास को बड़ी दूर तक प्रभावित किया। यह कहना अनुचित न होगा कि फ्रायड ने इस धरती पर मानव के मानसिक जीवन के विकास की अन्तर्कथा की एक नयी व्याख्या प्रस्तुत की। चिकित्सा, मनश्चिकित्सा, दर्शन, संस्कृति, समाज, साहित्य, ललित कलाएँ आदि अनेक क्षेत्र फ्रायड के चिन्तन की चिरऋणी रहेंगे। फ्रायड द्वारा प्रवर्तित मनोविश्लेषण का निरन्तर विकास हुआ है और उसकी अनेक शाखाएँ भी लगभग स्वतंत्र अस्तित्व प्राप्त कर चुकी हैं।

फ्रायड विज्ञान और उसकी प्रविधि के प्रति आजीवन निष्ठावान रहे और यह उनकी निष्ठा ही थी कि उन्होंने अपनी धारणाओं के परिवर्तन में तनिक भी संकोच नहीं किया। फ्रायड का मनोविश्लेषण विज्ञान के यान्त्रिकतावादी, निश्चिततावादी और हेतुवादी दर्शन पर आधृत हैं। वे यह मानते थे कि प्रत्येक भौतिक घटना के समान हमारी चित्तीय प्रक्रियाएँ भी कारण-कार्य के नियम में बँधी हैं। उनके शब्दों, ''जो आदमी इस तरह की किसी एक भी बात को कार्यकारण के नियम से अछूता बताता है उसने तो दुनिया के बारे में विज्ञान के सारे नजरिये को ही उखाड़ फेंका।''[5] अपने सिद्धान्तों में तो फ्रायड अपने अवेक्षणों के परिणामस्वरूप परिवर्तन करते रहे, किन्तु हेतुवादी विज्ञान-दर्शन के प्रति उनकी प्रतिबद्धता अटूट रही। वस्तुतः उनके द्वारा प्रवर्तित मनोविश्लेषण की सबसे बड़ी शक्ति उक्त प्रतिबद्धता ही है और कदाचित् सबसे बड़ी सीमा भी वही है।

फ्रायड के सिद्धान्तों की एक अन्य महत्त्वपूर्ण सीमा यह भी है कि ये मनुष्य के समग्र चित्तीय व्यवहार की व्याख्या जैविक वृत्तियों की सीमाओं में रह कर करते हैं। जैविक वृत्तियाँ समस्त प्राणिजगत् में सामान्य है अतः उससे मानव के वैशिष्ट्य की सम्यक् व्याख्या नहीं हो पाती।

जीवन-वृत्ति और मृत्यु-वृत्ति संज्ञाओं का प्रयोग करके फ्रायड ने मनुष्य की जैविक वृत्तियों को दो वर्गों में रखा, किन्तु मृत्यु-वृत्ति की उन्होंने विस्तृत व्याख्या नहीं की, जिससे उनके सिद्धान्त उस सीमा तक परिव्यापी नहीं है, जिस सीमा तक युंगीय मनोविज्ञान के सिद्धान्त हैं।

मनुष्य की जैविक वृत्तियों की संख्या निर्धारित नहीं है। अतः जैविक वृत्तियों के द्वारा गृहीत रूप भी अनन्त हैं। फ्रायड ने मानसिक ऊर्जा अथवा राग के विभिन्न रूपों को अपने अध्ययन का विषय बनाया। ऐसे अध्ययन पर आधारित सिद्धान्त चित्तीय

प्रक्रियाओं को समझने में निस्सन्देह बड़ी दूर तक सहायक सिद्ध होते हैं, किन्तु उनके विषय में इदमित्थं कहना समीचीन नहीं हैं।

फ्रायड की एक बहुत बड़ी सीमा यह भी है कि वे मनुष्य के चित्तीय विकास के मूल कारण के रूप में बाह्य विश्व के यथार्थ को वरीयता देते हैं जबकि मनुष्य के चित्तीय विकास का मूल मानव का स्वभाव ही है। मानसिक विकास का कारण यदि जागतिक यथार्थ होता तो विश्व के सभी प्राणी मानव के समान ही विकसित हो जाते। मनोविश्लेषण की इन्हीं सीमाओं से विश्लेषणात्मक मनोविज्ञान का जन्म हुआ।

विश्लेषणात्मक मनोविज्ञान के जन्मदाता कार्ल गुस्तव युंग 26 जुलाई, 1875 को स्विट्जरलैण्ड में पैदा हुए थे। युंग के युवा होने तक अर्थात् 19वीं शताब्दी के अन्त तक मनोविज्ञान का सम्बन्ध प्रथमतः चेतन मन से था। अतः मनोविज्ञान के इतिहास में पहला क्रान्तिकारी परिवर्तन-बिन्दु फ्रायड का मनोविश्लेषण है जिसने मानव चित्त के अचेतन और जैविक स्तर की खोज की। युंग और एल्फ्रेड एडलर दोनों फ्रायड के शिष्य थे, किन्तु दोनों ने फ्रायड से अलग होकर मनोविज्ञान के इतिहास में नए सम्प्रदायों को जन्म दिया। एडलर का मनोविज्ञान व्यक्ति मनोविज्ञान या व्यष्टि मनोविज्ञान के नाम से जाना जाता है। युंगीय मनोविज्ञान को विश्लेषणात्मक मनोविज्ञान अथवा ग्रन्थि मनोविज्ञान की अभिधा मिली है। यहाँ उल्लेखनीय है कि फ्रायड और युंग दोनों के मनोविज्ञानों का सम्बन्ध मानव चित्त से अचेतन स्तर से भी है। अचेतन के मनोविज्ञानों को गहनता मनोविज्ञान की अभिधा मिली है। अतः जब हम गहनता मनोविज्ञान की चर्चा करते हैं तब हमारा अभिप्राय केवल मनोविश्लेषण और विश्लेषणात्मक मनोविज्ञान से होता है। इनमें भी विश्लेषणात्मक मनोविज्ञान ने चित्त के अपेक्षतया गहनतर स्तरों का भेदन किया है। अतः यह कहना अनुचित न होगा कि गहनता मनोविज्ञान मुख्यतः विश्लेषणात्मक मनोविज्ञान और गौणतः मनोविश्लेषण के लिए प्रयुक्त होता है।

कहा जा चुका है कि विश्लेषणात्मक मनोविज्ञान जन्म मनोविश्लेषण की सीमाओं से हुआ। सन् 1907 से 1912 ई. तक फ्रायड से अपनी मैत्री के दौरान युंग ने अनेक ऐसे स्वप्न देखे जिनकी फ्रायडीय व्याख्या उन्हें अपर्याप्त प्रतीत हुई। उसी समय उनके चित्त में सामूहिक अचेतन की धारणा ने जन्म लिया। मानव चित्त के गहनतम स्तर—सामूहिक स्तर—की शोध के लिए युंग ने सक्रिय कल्पना (एक्टिव हमेजिनेशन) पद्धति का उपयोग किया। इस पद्धति के अन्तर्गत उन्होंने अचेतन चित्त से बिम्बोदय होने दिया तथा उसका सूक्ष्म अवेक्षण किया। युंग के जीवन में सन् 1912 से 1919 ई. तक की अवधि उक्त पद्धति के प्रयोग से मानव चित्त के अभेद्य स्तरों के भेदन की अवधि मानी जा सकती है। लगभग 1916 ई. से 1626 ई. तक युंग ने प्रज्ञानवाद (नास्टिक्स) का अध्ययन किया। सन् 1628 से 1635 ई. तक युंग ने रसविद्या (कीमियागरी) के

ग्रन्थों का अध्ययन किया।[6] युंग ने अपनी धारणाएँ अपने निजी चित्तीय जीवन के अनुभवों, लोक जीवन, विविध शास्त्रों, मानसिक रोगियों के अवेक्षणों, पुराणों, रसविद्या के ग्रन्थों, विविध दर्शनों एवं विज्ञानों के आधार पर निर्धारित की। दूसरे शब्दों में युंग के सिद्धान्त युंगीय मनोविज्ञान के लिए विश्लेषणात्मक मनोविज्ञान की उपेक्षा ग्रन्थि मनोविज्ञान अभिधा अधिक प्रचलित है।[7] यहाँ ग्रन्थि मनोविज्ञान या गहनता मनोविज्ञान का सारभूत आख्यान आद्यबिम्ब के विशिष्ट सन्दर्भ में निम्नलिखित शीर्षकों में किया जा रहा है—

1. प्रस्थान बिन्दु
2. चितीय संगठन और उसकी गतिमयता
3. आद्यरूप
4. आद्यबिम्ब
5. आद्यबिम्बन–प्रक्रिया
6. आत्मोपलब्धि
7. आत्मोपलब्धि–प्रक्रिया की आद्यबिम्ब–शृंखलाएँ
8. आद्यबिम्ब और यौगपत्य।

1. प्रस्थान बिन्दु

वक्त से आगे वाले युंग को बार–बार यह सफाई देनी पड़ी कि वे वैज्ञानिक है, दार्शनिक नहीं। फ्रायड के मनोविश्लेषण से असहमत होकर उन्होंने विश्लेषणात्मक मनोविज्ञान की नींव रखी। फ्रायड से युंग की असहमति उनके कुछ सिद्धान्तों या पद्धतियों को लेकर ही नहीं थी, बल्कि गहरी थी और उनके समूचे वैज्ञानिक दृष्टिकोण को लेकर थी। युंग ने पिंड और ब्रह्मांड की सही समझ के विकास के सन्दर्भ में विज्ञान के यान्त्रिकतावादी, हेतुवादी और निश्चिततावादी दृष्टिकोण के स्थान पर अंत्यवादी, अनिश्चिततावादी और ऊर्जीय दृष्टिकोण को वरीयता दी। वरीयता देने का अर्थ दूसरे दृष्टिकोण की पूर्ण अस्वीकृति या पूर्ण बहिष्कार नहीं है। स्वयं युग ने ऊर्जा के चित्तीय रूपों की गुणवत्ता के सन्दर्भ में यान्त्रिकतावादी दृष्टिकोण की उपयोगिता को स्वीकार किया है। यह वैज्ञानिक दृष्टिकोणों के विभिन्नता का ही परिणाम है कि फ्रायड सांस्कृतिक विकास के मूल में यौन भावनाओं के दमन को देखते हैं जब कि युंग उसे आद्यबिम्बों पर निर्भर मानते हैं। युंग के सिद्धान्त केवल गहनता–मनोविज्ञान तक सीमित नहीं रहे, मानव मात्र से सम्बद्ध होने के कारण उनकी गूँज परमाण्विक भौतिकी, चीनविद्या (सिनोलाजी), धर्मशास्त्र, नृतत्वशास्त्र, नृवंशशास्त्र, परामनोविज्ञान आदि के क्षेत्रों में भी उत्पन्न हुई।[8]

सन् 1899 ई. में एडलर के अलग होने के बाद युंग ने भी फ्रायड से सन् 1913 ई. में अपनी पुस्तक साइकॉलोजी ऑफ अनकांशस के प्रकाशन के उपरान्त

मुँह मोड़ लिया। युंग को उम्मीद थी और उनकी पत्नी ने इस उम्मीद को बढ़ावा दिया, कि फ्रायड उदार बनेंगे और उनके कुछ मतभेदों को स्वीकार कर लेंगे किन्तु विधाता को यह स्वीकार्य न था। युंग के अलग होने ने फ्रायड को अत्यन्त विकल किया था, क्योंकि आधुनिक मनोविज्ञान के इतिहास में एक दौर ऐसा भी आया था जिसमें फ्रायड ने यह सुझाव दिया था कि मनोविश्लेषणात्मक आन्दोलन की देखभाल युंग ने हाथों में जानी चाहिए।[9]

फ्रायड का यान्त्रिकतावादी दृष्टिकोण ऊर्जा को तिरस्कृत नहीं करता किन्तु वह ऊर्जा को पदार्थबद्ध मानता है जबकि ऊर्जीय दृष्टिकोण पदार्थ को ऊर्जीय व्यवस्था की अभिव्यक्ति के रूप में देखता है। यान्त्रिकतावादी दृष्टिकोण विभिन्न पदार्थों के ऊर्जीय रूपों के पारस्परिक सम्बन्धों को आधार बनाता है जबकि ऊर्जा दृष्टिकोण विभिन्न पदार्थों में गति के पारस्परिक सम्बन्धों पर आधारित है। युंग का मूल दृष्टिकोण ऊर्जीय था। ग्रन्थि मनोविज्ञान के अनुसार चित्तीय प्रक्रियाओं की व्याख्या में यान्त्रिकतावादी दृष्टिकोण के स्थान पर ऊर्जीय दृष्टिकोण कहीं ज्यादा दूर तक सहायक होता है। युंग ने इस ऊर्जीय दृष्टिकोण की अपेक्षित विस्तार से व्याख्या की है। उनके अनुसार, यह एक सामान्यतः संज्ञानित सत्य हैं कि भौतिक घटनाओं को दो दृष्टिकोणों से विवेचित किया जा सकता है-यान्त्रिक और ऊर्जीय। यान्त्रिक दृष्टिकोण शुद्ध रूप में नैमित्तिक (केजुअल) है। यह घटना को एक कारण के प्रभाव के रूप में ग्रहण करता है—इस अर्थ में कि अपरिवर्तनशील पदार्थ निश्चित नियमों के अधीन अपने पारस्परिक सम्बन्ध बदलते हैं।[10] युंग के शब्दों में, "ऊर्जीय दृष्टिकोण, दूसरी ओर, सारतः सत्य है, घटना प्रभाव से कारण की ओर इस मान्यता के आधार पर चिह्नानुसरित की जाती है कि गोचर वस्तु में हुए परिवर्तनों में किसी प्रकार की ऊर्जा निहित रहती है, कि यह इन परिवर्तनों में स्थायी रूप से स्वयं को बनाए रखती है और अन्ततः सामान्य सन्तुलन की स्थिति—एंट्रापी (उस ऊर्जा का परिमाण जो यान्त्रिक ऊर्जा में परिवर्तित नहीं हो सकती)—की ओर जाती है। ऊर्जा का प्रवाह एक निश्चित दिशा रखता है जिसमें यह निहित शक्ति (पोटेन्शियल) के प्रवण्य का इस रूप में अनुकरण करता है जिसे प्रतिवर्तित नहीं किया जा सकता। अतः यह प्रत्यय दिक् में गतिमान स्वयं पदार्थों पर नहीं, बल्कि उनके सम्बन्धों पर आधारित है जबकि यान्त्रिकतावादी दृष्टि का आधार स्वयं गतिमान पदार्थ है।"[11] युंग के इस दृष्टिकोण के आलोक में रागबद्धता से सम्बन्धित मनोविश्लेषणात्मक विचार तुलनीय हैं। मनोविश्लेषण के अनुसार बाह्य जगत् में विफल होने पर व्यक्ति की मानसिक ऊर्जा या लिबिडो अपनी पूर्वावस्थाओं पर प्रतिवर्तित हो जाता है जबकि युंगीय दृष्टि से ऐसा प्रतिवर्तन सम्भव नहीं है। बाह्य विश्व में भी हम देखते हैं कि मानव सभ्यता का विकास होता रहा है किन्तु जिन पड़ावों से यह सभ्यता गुजरी है, उस पर वापसी सम्भव नहीं है।

युंग के अनुसार, "विज्ञान के दोनों दृष्टिकोण भौतिक घटनाओं को समझने के लिए अपरिहार्य हैं और, फलतः सामान्य संज्ञान से प्रमुदित हैं, फिर भी उनके सह-अस्तित्त्व से एक तीसरी धारणा का उदय हो चुका है जो यान्त्रिक भी है और ऊर्जीय भी। यद्यपि, तार्थिक दृष्टि से, कारण से कार्य का विकास—कारण की प्रगतिशील क्रिया—उसी समय एक लक्ष्य के लिए एक साधन का पश्चगामी चयन नहीं हो सकती। यह स्वीकार करना भी सम्भव नहीं है कि घटनाओं का एक ही संयोजन एक साथ नैमित्तिक और अन्त्य हो सकता है क्योंकि एक निर्णय दूसरे को बहिष्कृत करता है। वस्तुतः यह परस्पर विपरीत दो दृष्टिकोण है क्योंकि अन्त्यता (फाइनेलिटी) का सिद्धान्त हेतुत्व—कॉज़लिटी—के सिद्धान्त से तार्किक दृष्टि से भिन्न है। अन्त्यता तार्किक दृष्टि केवल सम्भव नहीं है, बल्कि यह एक अपरिहार्य व्याख्याकारी सिद्धान्त भी है क्योंकि प्रकृति की कोई भी व्याख्या केवल यान्त्रिकतावादी नहीं हो सकती। यदि वास्तव में हमारी धारणाएँ दृष्टि से दिक् में गतिमान वस्तुओं की हों तो केवल नैमिसिक व्याख्या होगी किन्तु हमें धारणात्मक रूप में गति के सम्बन्धों से भी लेना-देना है जो ऊर्जीय दृष्टिकोण की अपेक्षा करते हैं। यदि ऐसा नहीं होता तो ऊर्जा की धारणाओं के आविष्कार की कोई आवश्यकता नहीं थी।"[12]

स्पष्ट है कि दोनों दृष्टिकोण परस्पर विरोधी होते हुए भी मान्यता प्राप्त हैं। कौन-सा दृष्टिकोण अधिक सही है—यह पदार्थों के वस्तुनिष्ठ व्यवहार पर इतना निर्भर नहीं है, जितना कि चिन्तक की मनोवैज्ञानिक अभिवृत्ति पर निर्भर है। तदनुभूति यान्त्रिकतावादी दृष्टिकोण की ओर से जाती है पृथक्करण ऊर्जीय दृष्टिकोण की ओर। अनुभव के तथाकथित वस्तुनिष्ठ तथ्यों के कारण दोनों ही प्रकार के चिन्तक अपने सिद्धान्तों की अतिशयोक्ति (हाईपोस्टेटीजिंग) की त्रुटि कर सकते हैं। वे यह मानने की गलती कर सकते हैं कि व्यक्तिनिष्ठ धारणा स्वयं पदार्थों के व्यवहार से तदात्म है और यह कि, उदाहरणार्थ, हेतुत्व भी जैसा कि इसे हम अनुभव करते हैं, वस्तुनिष्ठ रूप में पदार्थों के व्यवहार में पाया जाता है। यह त्रुटि अति सामान्य है और विरोधी सिद्धान्त से सतत संघर्ष की ओर ले जाती है क्योंकि एक ही समय में नैमित्तिक और अन्त्य दोनों के निर्णायक घटक के बारे में सोचना असम्भव है। यह असह्य विरोध तभी होता है जब पदार्थ में उसका असंगत और विचारशून्य प्रक्षेपण किया जाता है जो केवल एक दृष्टिकोण है। हमारे दृष्टिकोण निर्विरोध तभी रह पाते हैं जब वे मनोवैज्ञानिक क्षेत्रों तक सीमित कर दिए जाते हैं और पदार्थों के वस्तुनिष्ठ व्यवहार में केवल एक प्राक्कल्पना के रूप में प्रक्षेपित किए जाते हैं।[13] इन दोनों दृष्टिकोणों के सम्मिलन के प्रश्न पर युंग का कहना है कि हमें सदैव यह ध्यान रखना चाहिए कि तथ्य और हमारे प्रत्ययों में सर्वाधिक सुन्दर समझौते के बावजूद व्याख्याकारी सिद्धान्त केवल दृष्टिकोण हैं अर्थात् वे एक मनोवैज्ञानिक अभिवृत्ति एवं एक पूर्व स्थितियों की अभिव्यक्तियाँ हैं जिसमें समस्त चिन्तन प्रश्रय पाता है।[14]

यह प्रश्न विचार्य है कि दोनों विज्ञान–दर्शनों में से कौन–सा विज्ञान–दर्शन मनोविज्ञान के क्षेत्र में अधिक सार्थक है। वस्तुतः साधनों के औचित्य का निर्णय उनकी परिणतियों को ध्यान में रखकर किया जाना चाहिए। युंग की दृष्टि में, फल–प्राप्ति की सम्भावना ही यह निर्णय कर सकती है कि किस विज्ञान–दर्शन को वरीयता प्रदान की जाए। उदाहरणार्थ, घटना के गुणात्मक पक्ष का प्रश्न उपस्थित होने पर ऊर्जीय दृष्टिकोण का स्थान दूसरा हो जाता है, क्योंकि इसका स्वयं पदार्थों से कोई प्रयोजन नहीं है, बल्कि केवल गति के मात्रात्मक सम्बन्धों से है।[15]

युंग इस विचार से सहमत थे कि चित्तीय ऊर्जीय की धारणा विज्ञान में उतनी ही न्याय है जितनी कि भौतिक ऊर्जा की। चित्तीय ऊर्जा और कायिक ऊर्जा के पारस्परिक सम्बन्ध के दार्शनिक विवाद में युंग की विशेष रुचि नहीं थी और न ही उन्होंने फ्रायड के समान यह माना कि कायिक ऊर्जा और चित्तीय ऊर्जा का परस्पर रूपान्तरण सम्भव है। ऐसे रूपान्तरण के विषय में टिप्पणी करने से युंग ने सदैव बचना चाहा। अध्ययन की सुविधा के लिए उन्होंने चित्त को सापेक्षतया स्वतंत्र व्यवस्था के रूप में विवेचित करने का प्रयास किया। उन्होंने मनोविज्ञान के क्षेत्र में ऊर्जीय दृष्टिकोण की सार्थकता एवं चित्तीय प्रक्रियाओं में ऊर्जा की मात्रा के वस्तुनिष्ठ मापन की प्रविधि पर अपनी ग्रन्थावली के आठवें खंड में अपेक्षित विस्तार से विचार किया है।

ऊर्जीय दृष्टिकोण को अपनाने के कारण युग ने चित्तीय ऊर्जा के विवेचन में भी ऊर्जा के सामान्य वैज्ञानिक सिद्धान्तों को स्वीकार किया। ऊर्जा की समतुल्यता (इक्वीवेलेन्स) के सिद्धान्त के अनुसार एक निश्चित स्थिति के सम्पादनार्थ व्यतीत या उपभुक्त ऊर्जा की एक निर्धारित मात्रा के लिए ऊर्जा के दूसरे या उसी रूप की समान मात्रा अन्यत्र प्रकट होगी।[16]

ऊर्जा की स्थिरता के सिद्धान्त के अनुसार ऊर्जा का कुल योग स्थिर रहता है, उसमें कमोवेशी नहीं होती। ऊर्जा की स्थिरता का सिद्धान्त ऊर्जा की समतुल्यता के सिद्धान्त की ही परिणति है। ऊर्जा की समतुल्यता के सिद्धान्त की ही आधार पर युंग ने फ्रायड के काम सिद्धान्त की आलोचना की है। युंगीय मनोविज्ञान के अनुसार फ्रायड ने कामुकता (सेक्सुएलिटी) का इतना अतिमूल्यन किया कि उनकी धारणा में कामुक्ता से सम्बद्ध दूसरी विशिष्ट चित्तीय शक्तियों भी विशुद्ध और सामान्य कामुकता में परिणत हो गयी, जिसके कारण फ्रायड पर सर्वकामवाद का न्यायसंगत आरोप लगा।[17] युंग का अभिप्राय यहाँ यही है कि फ्रायड ने यौन जीवन पर इतना अधिक बल दिया कि अनेक विशिष्ट चित्तीय शक्तियाँ जो यौन जीवन से समन्वित प्रतीत होती हैं, केवल यौन शक्ति में स्वीकार कर ली गयी और मनुष्य के सांस्कृतिक जीवन को यौन जीवन के उदारीकरण के रूप में देखा गया है।

ऊर्जा का सिद्धान्त ऊर्जा की गहनता के साथ–साथ ऊर्जा के विस्तार के घटक को भी स्वीकार करता है। ऊर्जा के विस्तार का घटक शुद्ध गहनता की धारणा को

मात्रा की धारणा के साथ मिलाता है। इसका अभिप्राय यही है कि ऊर्जा का विस्तार या उसकी मात्रा संरचना-विशेष से सम्बद्ध होती है और पहली संरचना के अंशों को वहन किए बिना दूसरी संरचना में परिणत नहीं की जा सकती, लेकिन गहनता का घटक एक संरचना से दूसरी संरचना में परिण्त हो सकता है।[18] चित्तीय ऊर्जा में भी यह दोनों घटक रहते हैं। वह अपने परिणत रूप में पूर्ववर्ती संरचना का वैशिष्ट्य समाहित किए रहती है। इससे अनेक भ्रम पनपते हैं। उदाहरणार्थ यौन वृत्ति किसी रूप से सम्बद्ध ऊर्जा जब दूसरे रूप में परिणत होती है तो परिणति के गतिवाद को भी यौन रूप में देखने का प्रथम पनपता है। युंग इसे स्वीकार नहीं करते। उनकी दृष्टि में इस प्रकार के निष्कर्ष सिद्धान्ततः असत्य हैं, क्योंकि वे दो संरचनाओं की सापेक्ष समताओं पर तो दृष्टिपात करते हैं किन्तु समानतः अनिवार्य विषमताओं की उपेक्षा करते हैं।[19] इस प्रकार फ्रायड यह मानते हैं कि काम से सम्बद्ध ऊर्जा धर्म या अध्यात्म में उदात्तीकृत होती हैं और अपने उदात्तीकृत रूप में भी वह प्रकृत्या काम-वृत्ति से सम्बद्ध होती है जबकि युंग यह मानते हैं कि काम-वृत्ति से सम्बद्ध ऊर्जा धर्म या अध्यात्म से सम्बद्ध ऊर्जा के रूप में रूपान्तरित होती हैं और इस प्रकार रूपान्तरित ऊर्जा को प्रकृत्या काम-वृद्धि से सम्बद्ध नहीं माना जा सकता है। स्पष्टतः युंग का सिद्धान्त सही है क्योंकि दही के रूप में दुग्ध का उदात्तीकरण न होकर रूपान्तरण होता है।

ऊर्जा के सिद्धान्त में समतुल्यता के साथ ही दूसरी महत्त्वपूर्ण अवधारणा उत्क्रम-माप—एंट्रपि—की है। युंग के अनुसार ऊर्जा के रूपान्तरण गहनता में भेदों के परिणामस्वरूप ही सम्भव हैं।[20] ऊर्जा के उत्क्रम-माप के सिद्धान्त को उन आंशिक प्रक्रियाओं के सिद्धान्त के रूप में जाना जाता है जो एक सापेक्षतया स्वतंत्र व्यवस्था बनाती हैं।[21] इस रूप में चित्त को भी एक ऐसी सापेक्षतया स्वतंत्र व्यवस्था के रूप में समझा जा सकता है जिसमें ऊर्जा के रूपान्तरण भेदों के समीकरण की ओर ले जाते हैं,...यह क्षैतिजकारी प्रक्रिया एक असंभाव्य से एक संभाव्य अवस्था की ओर संक्रमण की समवर्ती है। जहाँ और अधिक परिवर्तन को एक दृढ़ एवं सापेक्षतया अपरिवर्तनशील अभिवृत्ति के विकास में घटित होते देख सकते हैं।[22] हमारे चित्तीय जीवन में प्रारम्भिक हिंसक प्रदोलनों के बाद द्वन्द्व परस्पर समीकृत होते हैं और उत्तरोत्तर एक नयी अभिवृत्ति विकसित होती है जिसकी अन्तिम दृढ़ता प्रारम्भिक भेदों की दीप्ति या गुरुत्व के अनुपात में महत्तर होती है। उल्लेख्य है कि द्वन्द्वों में जितना महत्तर उद्वेग होगा, उतनी ही महत्तर ऊर्जा प्रसारित होगी तथा जितनी महत्तर ऊर्जा प्रसारित उसमें उतनी ही महत्तर संघात शक्ति या आकर्षण शक्ति होगी। यह वर्धित संघात शक्ति पूँजीभूत चित्तीय सामग्री के व्यापकतर क्षेत्र के समवर्ती होती है और इस क्षेत्र के पुनः विस्तृत होने पर अनुवर्ती बाधाओं का, जो अंसगठित पूर्व सामग्री के संघर्ष से उदित हो सकती है, कम प्रभाव पड़ता है। इसीलिए समीकरण

की प्रदीर्घ प्रक्रिया से रूपायित अभिवृत्ति विशेषतः स्थिर रहती है।[23] हमारे रोजमर्रा के मनोवैज्ञानिक अनुभव उपर्युक्त कथन को प्रमाणित करते हैं। यह सुविदित है कि हमारे अत्यन्त गहन आत्मसंघर्ष, यदि विदित हो जाएँ तो अपने पीछे एक सुरक्षा की भावना और स्थिरता छोड़ जाते हैं जो आसानी से बाधित नहीं होती। यदि ये आत्मसंघर्ष विदित न हो पाएँ तो ऐसा विखंडन हो जाता है जो लगभग लाइलाज होता हैं ये अत्यन्त गहन आत्मसंघर्ष और उनकी प्रचंडाग्नि ही हैं जो सुदृढ़ एवं मूल्यवान परिणामों को प्राप्त करने के लिए अनिवार्य हैं।[24] कहना यह है कि अगर हमारी चेतना हमारे संघर्षों से सुपरिचित रहती है तो हमारी अभिवृत्ति स्थिर रहती है; हमारा व्यक्तित्व सुदृढ़ रहता है।

युंग के अनुसार विश्लेषणात्मक मनोविज्ञान ऊर्जीय दृष्टिकोण को अपनाकर उपकृत हुआ, क्योंकि मनोविश्लेषण मनोवैज्ञानिक मूल्यों के साथ न्याय करने के लिए नाकाफ़ी था। उनके शब्दों में, मूल्य अपनी व्याख्या के लिए एक मात्रात्मक धारणा की अपेक्षा रखता है और यौनत्व (सेक्सुवलिटी) जैसी गुणात्मक धारणा कभी इसकी स्थानापन्न नहीं हो सकती। एक गुणात्मक धारणा सदैव पदार्थ या द्रव्य का विवरण है, जबकि मात्रात्मक धारणा का सरोकार गहनता के सम्बन्धों से है, पदार्थ या द्रव्य से नहीं।[25]

हेतुवादी-यान्त्रिकवादी दृष्टिकोण एवं अन्त्यवादी ऊर्जीय दृष्टिकोण के भेद की एक अन्य व्याख्या युंग के इन शब्दों में की जा सकती है—हैतुक-यान्त्रिकतावादी दृष्टिकोण अ-ब-स-द तथ्यों के क्रम को इस प्रकार देखता है: अ ब का कारण है, ब स का कारण है आदि। यहाँ कार्य की धारणा एक गुण के अभिधान के रूप में, कारण की सामर्थ्य के रूप में, दूसरे शब्दों में, एक गतिवाद के रूप में प्रकट होती है। दूसरी ओर अन्त्य-ऊर्जीय दृष्टि क्रम को इस प्रकार देखती है—अ, ब, स ऊर्जा के रूपान्तरण के निमित्त हैं जो अहैतुक रूप में असंभाव्य अवस्था अ, से उत्क्रममापीय रूप में ब-स की ओर संभाव्य अवस्था द के लिए प्रवाहित होती है। यहाँ एक हैतुक कार्य पूर्णतया उपेक्षित है, क्योंकि केवल कार्य की गहनताएँ ध्यान में रखी जाती हैं। जहाँ तक गहनताएँ एक हैं, हम अ, ब, स, द के स्थान पर य, र, ल, व भी रख सकते हैं।[26] इससे स्पष्ट है कि फ्रायड और युंग के दृष्टिकोणों में वही अन्तर है जो गतिवाद और ऊर्जावाद में है।

समग्रतः कहा जा सकता है कि फ्रायड और युंग दोनों के मूल दृष्टिकोण परस्पर विरोधी हैं। चित्तीय प्रक्रियाओं की व्यवस्थाओं में विज्ञान-दर्शनों के कारण पर्याप्त भेद हो जाता है। सम्प्रति, दोनों विज्ञान दर्शन मान्यता प्राप्त हैं। फ्रायड अचेतन की अभिव्यक्तियों को लक्षणों के रूप में देखते हैं तो युंग उनहें प्रतीक या बिम्ब के रूप में देखते हैं। चित्तीय ऊर्जा की प्रतिगामिता के विषय में दोनों में पर्याप्त मतभेद है। मानव स्वभाव और बाह्य विश्व के अन्तःसम्बन्धों पर भी फ्रायड और युंग कमी

एकमत नहीं हो सके। इतना होने पर भी दोनों मेधावियों ने एक-दूसरे की महत्ता को मुक्त कंठ से स्वीकार किया है।

2. चित्तीय संगठन एवं उसकी गतिमयता—फ्रायड के समान युंग भी मानव चित्त को निरन्तर गतिशील मानते थे। फ्रायड के समान युंग ने भी मानव चित्त के विभिन्न स्तरों के बीच सीमा-रेखा खींचने का प्रयास नहीं किया, किन्तु फ्रायड ने जहाँ इदम्, अहं और पराहम् के रूप में चित्तीय संगठन का विवेचन किया वहाँ युग ने चित्त के चेतन और अचेतन इन दो स्तरों की कल्पना की। इन दोनों स्तरों की सम्यक् व्याख्या के लिए चित्तीय ऊर्जा की आधारभूत धारणाओं का विवेचन अपेक्षित है।

युंग के अनुसार सम्पूर्ण चित्तीय निकाय गतिशील है। चित्तीय निकाय के विभिन्न रूपों और कार्यों को परस्पर सम्बद्ध करने वाली ऊर्जा तेजस् हैं। मनोविज्ञान में इस धारणा का उतना ही महत्त्व है जितना रोबर्ट मेयर के समय से भौतिकी में ऊर्जा की धारणा का है।[27]

ऊर्जा के सामान्य प्रत्ययों को स्वीकार करते हुए युंग ने तेजस्-सिद्धान्त के आधारभूत प्रत्ययों में प्रगति एवं प्रतिगति, बहिर्मुखता एवं अन्तर्मुखता, सरणीकरण और प्रतीकन का विवेचन किया है। तेजस् का चेतनोन्मुख प्रवाह प्रगति और अचेतनोन्मुख प्रवाह प्रतिगति है। तेजस् की बहिर्जगत् के प्रति गतिशीलता बहिर्मुखता और अन्तर्गत के प्रति गतिशीलता अन्तर्मुखता है। सरणीकरण से तात्पर्य चित्तीय गहनताओं या मूल्यों के एक विषय से दूसरे विषय में रूपान्तरण की प्रक्रिया से है।[28] प्रतीकन वह प्रक्रिया है जिससे तेजस् प्रतीकित होता है।

मनुष्य के चित्तीय जीवन में तेजस् की प्रगति एवं प्रतिगति का असाधारण महत्त्व है। मानव अपने जीवन में निरन्तर समंजन का प्रयासी रहता है। युंग ने प्रगति को मनोवैज्ञानिक समंजन की प्रक्रिया के नित्य विकास के रूप में परिभाषित किया है।[29] जैसा कि हमें विदित है समंजन कोई ऐसी स्थित नहीं है जिसे एक बार पा लेने पर दुबारा पाने की आवश्यकता नहीं रह जाती। समंजन की माँगों की तुष्टि हम एक अनुकूलतः निदेशित अभिवृत्ति के साधनों के द्वारा ही कर सकते हैं। तेजस् के प्रगति में परिवेशजन्य माँगों की सतत तुष्टि निहित है और यह तुष्टि एकपक्षीय अभिवृत्ति के द्वारा ही सम्भव है, किन्तु परिवेश निरन्तर परिवर्तनशील है और परिवर्तित परिवेश में एकपक्षीय दृष्टिकोण अपर्याप्त सिद्ध होता है। ऐसी स्थिति में हमारी अभिवृत्ति स्थिर नहीं रह पाती और प्रगति अवरुद्ध हो जाती है। प्रगति की अवरुद्धता सदैव द्वन्द्व युग्मों के प्रस्फोट से लक्षित होती है।[30] प्रगति के अवरोध के कारण द्वन्द्व समन्वित नहीं रह पाते, क्योंकि वे एक समान मूल्य प्राप्त कर लेते हैं और अन्यूनानतिरिक्तत्व की स्थिति हो जाती है। युंग के शब्दों में तेजस् की प्रगति के दौरान द्वन्द्व चित्तीय प्रक्रिया के समन्वित प्रवाह में एकीकृत रहते हैं।[31] प्रगति की अवरुद्धता की दीर्घता के

अनुपात में द्वन्द्व प्रबलतर होते जाते हैं, विरोधी स्थितियाँ अधिकाधिक साहचर्यों से समृद्ध होती जाती हैं और स्वयं को चित्तीय सामग्री के चिर-विस्तृत क्षेत्र से सम्बद्ध करती हैं। इससे उत्पन्न तनाव संघर्ष को और संघर्ष पारस्परिक दमन के प्रयासों को जन्म देता है और यदि विरोधी शक्तियों में से एक सफलतापूर्वक दमित हो जाती है तो इसके फलस्वरूप व्यक्तिगत का विघटन, एक असमंजन अथवा आत्मा की एकता में द्वैत घटित होता है और मनस्ताप के लिए मंच प्रस्तुत हो जाता है।[32] विरोधी के संघर्ष की ऐसी निष्फल परिणति को तेजस् की प्रतिगति रोकती है। यहाँ उल्लेख है कि फ्रायड ने भी राग या लिबिडो की पूर्वावस्था की ओर वापसी को मनस्ताप का कारण नहीं माना। जिसे फ्रायड ने राग या लिबिडो का प्रतिगमन कहा है लगभग उसे ही युंग ने तेजस् की प्रतिगति कहा है, किन्तु दोनों मेधावियों के दृष्टिकोणों की भिन्नता के कारण द्वारा प्रतिपादित प्रक्रियाओं का स्वरूप अलग-अलग है।

तेजस् की प्रतिगति की प्रक्रिया व्यक्तित्व को विघटित होने से बचाती है। चित्तीय द्वन्द्व अपनी भिड़न्त के कारण धीरे-धीरे मूल्य से वंचित और वैभवहीन हो जाते हैं। यह प्रतिगति की प्रक्रिया का पर्याय है, क्योंकि चेतन द्वन्द्वों के मूल्यों के कम होते रहने के अनुपात में उन सभी चित्तीय प्रक्रियाओं के मूल्य में वृद्धि होती है जो बाहरी समंजन से सम्बद्ध नहीं है और इसीलिए जो कदाचित् अथवा कभी भी चेतन रूप से प्रयुक्त नहीं होतीं। ये चित्तीय घटक अधिकांशतः अचेतन है। अचेतन और उदात्त तत्वों की मूल्य-वृद्धि से यह अपेक्षित है कि वे चेतन मन को प्रभावित करेंगे। चेतना के निषेधों के कारण अचेतन मूल्य स्वयं को प्रथमतः परोक्ष रूप में ही प्रतिपादित करते हैं। अचेतन के मूल्य निषेधों के शिकार होते हैं, वे चेतन सामग्री की अत्यन्त निदेशितता के परिणाम हैं। इन निषेधों को फ्रायड ने सेन्सर कहा है। अचेतन की परोक्ष अभिव्यक्ति चेतन व्यवहार के व्यवधानों का रूप ग्रहण करती है। साहचर्य प्रयोगों में ग्रन्थि-संकेतक के रूप में प्रकट होते हैं—वे नित्यप्रति के जीवन में फ्रायड द्वारा प्रथमः विवेचित लक्षणात्मक व्यापारों के रूप में तथा मनस्तापी स्थितियों के लक्षणों के रूप में प्रकट होते हैं।[33]

प्रतिगति उस सामग्री के मूल्य में वृद्धि करती है जो पहले समंजन के चेतन-प्रक्रिया से बहिष्कृत होने के कारण पूर्णतः अचेतन या केवल अत्यल्प रूप में अथवा धुंधले रूप में चेतन थे। इस सामग्री में उस दूसरे कार्य के तत्व विद्यमान होते हैं जो चेतन अभिवृत्ति से बहिष्कृत थे और जो प्रभावक संपूरण में या अपर्याप्त चेतन अभिवृत्ति को अपदस्थ करने में सक्षम होंगे।

एक अचेतन घटक को सक्रिय करके प्रतिगति चेतना का सामना करती है। यह सामना बाहरी समंजन की समस्या के विपरीत चित्त की अपनी समस्या के साथ होता है। दूसरों शब्दों में प्रतिगति चित्त के अन्तर्जगत् से समंजन की आवश्यकता के लिए राह दिखाती है। युंगीय दृष्टि से, बाह्य विश्व जितना यथार्थ है, उतना ही यथार्थ हमारा

आभ्यन्तर विश्व है। बाह्य विश्व से समंजन की प्रक्रिया जब अति की सीमा पर पहुँचने लगती है तब आभ्यन्तर विश्व से हमारा समंजन भयावह सीमा तक सीमित हो जाता है। मानव के सन्तुलित या स्थिर चित्तीय जीवन के लिए यह अनिवार्य है कि बाहरी और भीतरी समंजन में सन्तुलन रहे। स्वीकृत कार्य की एकपक्षीयता के कारण जिस प्रकार बाह्य परिवेश से समंजन असफल हो सकता है तो उसकी प्रकार आभ्यन्तर विश्व से समंजन भी अभुक्त कार्य की एकपक्षीयता के कारण असफल हो सकता है।

समग्रत: प्रगति के मूल में बाह्य जगत् से और प्रगति के मूल में अन्तर्गत से समंजन की आवश्यकता निहित है। यह तथ्य विशेष रूप से उल्लेखनीय है कि युंगीय मनोविज्ञान में वर्णित प्रगति और प्रतिगति का विकास और प्रत्यावर्तन से कोई तात्कालिक सम्बन्ध नहीं है।

सामान्यत: तेजस् की प्रतिगति और प्रगति को अन्तर्मुखता और बहिर्मुखता का पर्याय समझ लिया जाता है। जनसामान्य ही नहीं, मनोविश्लेषण तक इस भ्रम के शिकार हैं। स्वयं फ्रायड ने एक स्थल पर प्रतिगति (या प्रतिगमन) और अन्तर्मुखता का संगलन किया है—''हम इस स्थिति पर दृढ़ रहेंगे कि 'अन्तर्मुखता' शब्द यथार्थ सन्तुष्टि की आवश्यकताओं से राग के पूरे हट जाने का और उन कल्पनाओं पर जो पहले हानिरहित मानकर सहन की जाती थीं इसके अत्यधिक संचय का वर्णन करता है। अन्तर्मुख व्यक्ति कभी स्नायुरोगी नहीं होता पर वह अस्थायी दशा में होता है।''[34] यहाँ फ्रायड ने स्पष्ट रूप से अन्तर्मुखता को प्रतिगति मान लिया है जो सही नहीं है। युंग ने प्रतिगति एवं प्रगति और अन्तुर्मुखता एवं बहिर्मुखता में स्पष्ट विभाजक रेखा खींची है। अन्तर्मुखता और बहिर्मुखता का सम्बन्ध व्यक्ति के मनोवैज्ञानिक प्रकार से है जबकि प्रतिगति और प्रगति का सम्बन्ध चित्तीय प्रक्रिया से है।

युंग के अनुसार, प्रगति और प्रतिगति का बहिर्मुखता एवं अन्तर्मुखता से सम्बन्ध स्थापित किया जा सकता है। प्रगति बाह्य स्थितियों से समंजन के रूप में बहिर्मुखता मानी जा सकती है, प्रतिगति आभ्यन्तर स्थितियों से समंजन के रूप में अन्तर्मुखता मानी जा सकती हैं, किन्तु यह समान्तर प्रभूत परिमाण में धारणात्मक घालमेल को जन्म देगा, क्योंकि प्रगति और प्रतिगति हद से हद बहिर्मुखता और बहिर्मुखता के स्थूल सादृश्य मात्र हैं।[35] युंगीय दृष्टि से बहिर्मुखता और अन्तर्मुखता प्रगति और प्रगति से भिन्न प्रकार के गतिवाद का प्रतिनिधित्व करते हैं। ये ऊर्जा के विशिष्टत: निर्धारित रूपान्तरण के गतिमय रूप हैं जबकि बहिर्मुखता एवं अन्तर्मुखता, जैसा कि उनकी संज्ञाओं से स्पष्ट है, प्रगति और प्रतिगति दोनों द्वारा गृहीत रूप हैं। प्रगति जीवन की पुरोगामी गति है जैसे कि समय पुरोगामी होता है। प्रगति दो भिन्न रूपों में सम्भव है—या तो बहिर्मुखी जब यह विषयों और पारिवेशिक स्थितियों से प्रभाविष्णुतया प्रभावित है अथवा अन्तर्मुखी जब इसे स्वयं को अहं की स्थितियों के (या अधिक

सटीकतः विषयिपरक घटक के) अनुसार समंजित करना होता है। इसी प्रकार प्रतिगति दो दिशाओं में गतिमान हो सकती है—बाह्य जगत् के पलायन की दिशा में (अन्तर्मुखता) या बाह्य जगत की असंयत अनुभूति के उड़ान की दिशा में (बहिर्मुखता)। तेजस् केवल आगे-पीछे नहीं, बाहर-भीतर भी गतिमान रहता है।[36]

तेजस् के सरणीकरण की धारणा का अभिप्राय ऊर्जा के भौतिक रूपान्तरण की समवर्ती चित्तीय गहनताओं या मूल्यों के एक विषय से दूसरे विषय में रूपान्तरण की प्रक्रिया से है।[37]

प्रकृति की निर्बाध अवस्था में ऊर्जा अपने प्राकृतिक प्रावण्य की दिशा में रूपान्तरित होती है। इस रूप में प्राकृतिक प्रपंच उत्पादित है, कार्यरत नहीं। इसी प्रकार मनुष्य भी अपनी अबाध स्थिति में प्राकृतिक प्रपंच के रूप में रहता है और, सटीकतः, कोई कार्य नहीं करता। कार्य-संपादन के लिए प्राकृतिक प्रावण्य को विदोहित करने वाले मंत्र की प्रदायी संस्कृति है।[38] मनुष्य ने इस यन्त्र को कभी आविष्कृत किया होगा—यह उसकी प्रकृति में यथार्थतः उस जैसी प्राणि-प्रकृति में गहरी पैठी किसी वस्तु के कारण होना चाहिए क्योंकि जीवित पदार्थ स्वयं में ऊर्जा का रूपान्तरक है और, किसी रूप में जो अभी अज्ञात है, जीवन रूपान्तरण प्रक्रिया में भाग लेता है। जीवन, मानो, प्राकृतिक, भौतिक और रासायनिक स्थितियों का अपने अस्तित्व के लिए साधन-रूप में प्रयोग कर आगे बढ़ता है। हम यह नहीं कहते कि भौतिक ऊर्जा जीवन में रूपान्तरित है, केवल यह कह सकते हैं कि इसका रूपान्तरण जीवन की अभिव्यक्ति है।[39]

मानव संस्कृति के वैशिष्ट्य को रेखांकित करते हुए युंग ने कहा है—''मानव संस्कृति पृथक्करण के प्राकृतिक उत्पाद के रूप में एक यन्त्र है। प्रथमतः प्राविधिक जो प्राकृतिक स्थितियों का भौतिक एवं रासायनिक ऊर्जा के रूपान्तरण के लिए चित्तीय स्थितियों का उपयोग करता है, लेकिन साथ ही चित्तीय यन्त्र भी है जो चित्तीय ऊर्जा के रूपान्तरण के लिए चित्तीय स्थितियों का उपयोग करता है।[40]

हमारी चित्तीय प्रकृति में तेजस् का एक लघु अंश ही प्राकृतिक प्रवाह से मुक्त किया जा सकता है। एक अतुलनीय महत्तर अंश हमारे द्वारा उपभुक्त हो ही नहीं सकता, बल्कि वह जीवन का नियमित क्रम बनाए रखता है। अतः तेजस् प्रकृति द्वारा विविध कार्यात्मक व्यवस्थाओं के लिए विभाजित है जिनसे यह समग्रतः मुक्त नहीं किया जा सकता। यह इन कार्यात्मक व्यवस्थाओं में निहित शक्ति के रूप में कार्य करता है जो रूपान्तरित नहीं की जा सकती। तेजस् का दूसरे रूपों में सरणीकरण प्रतीक द्वारा प्रकृति की अपेक्षा उन्नत प्रावण्य अर्पित होने पर ही सम्भव है। सभ्यता का इतिहास यह स्पष्टतः प्रदर्शित करता है कि मानव ऊर्जा के सापेक्ष आधिक्य से सम्पन्न है जो प्राकृतिक प्रवाह से मुक्त होकर उपयोग में आ सकती है।[41] ऊर्जा के प्राकृतिक प्रवाह से अभिप्राय आहार, मैथुन आदि पाशविक वृत्तियों में उसके बँधे

रहने से है। तेजस् के प्रतीकन का अभिप्राय प्रतीकों के द्वारा उसके रूपान्तरित होने से है। इस प्रकार प्रतीकों के द्वारा प्राकृतिक प्रवाह से चित्तीय ऊर्जा की मुक्ति होती है। यह मुक्ति ही मानव का व्यावर्तक धर्म है। सभ्यता का इतिहास प्रतीकों द्वारा रूपान्तरित तेजस् के उपयोग पर ही निर्भर है। प्रतीकन द्वारा ऊर्जा का रूपान्तरण एक सतत प्रक्रिया है और जब तक मानव चित्त की यह प्रक्रिया विद्यमान रहेगी, जब तक सभ्यता निरन्तर गतिमान रहेगी।

चित्तीय ऊर्जा की विविध प्रक्रियाओं के विवेचन के उपरान्त चित्तीय संगठन एवं उसकी गतिमयता के स्वरूप को निम्नलिखित शीर्षकों में विवेचित किया जा सकता है—

(क) अहं

(ख) मनोवैज्ञानिक प्रकार

(ग) अचेतन।

(क) अहं—ऊर्जावादी होने के कारण युंग ने मानव चित्त को चित्तीय प्रक्रिया की समग्रता के रूप में पारिभाषित किया एवं उसके दो स्तर स्वीकार किए—चेतन और अचेतन। मानव चित्त अधिकांशतः अचेतन है और चेतन अचेतन के असीम समुद्र में प्रवहमान एक लघु द्वीप की तरह हमारे चित्त का क्षुद्र अंश है।[42] चेतना चित्त की वह प्रक्रिया है जो उसकी सामग्री को अहं से सम्बद्ध करती हैं।[43] अहं प्रत्यय-ग्रन्थि है जो चेतना का केन्द्र है। चेतना का केन्द्र होने के कारण अहं चित्त की समग्रता के रूप में ग्राह्य नहीं है। चेतना चित्तीय सामग्री एवं अहं के सम्बन्ध की पर्याय भी मानी जा सकती है।[44] मनुष्य ने अपनी चेतना का धीरे-धीरे और श्रमपूर्वक एक ऐसी प्रक्रिया के रूप में विकास क्रिया है, जिसे सभ्य अवस्था तक पहुँचने में अकथनीय युग लगे हैं। यह विकास आज भी अपूर्ण है, क्योंकि हमारे चित्त का अधिकांश अभी तक अंधकारमय है।[45]

यहाँ प्रथमतः अहं और चेतना का सम्बन्ध विचारणीय है। जोलेंडी जैकोबी के अनुसार युंग ने अहं को 'चेतना का विषयि' कहा है और उसे उस कार्य या क्रिया के रूप में पारिभाषित किया है जो चित्तीय सामग्री के अहं से सम्बन्ध को बनाए रखती है।[46] इससे स्पष्ट है कि मानव चेतना का विषय है—चित्तीय सामग्री। यह चित्तीय सामग्री आभ्यन्तर या बाह्य हो सकती है। हमारी चेतना आभ्यन्तर चित्तीय अनुभवों को अथवा बाह्य विश्व के अनुभवों को ग्रहण करती है और उसके संयोग से जन्मी चित्तीय सामग्री को अहं से सम्बद्ध करती है। अहं और चेतना के सम्बन्ध को लेकर युंगीय मनोविज्ञान के ग्रन्थों में कभी-कभी परस्पर विरोधी कथन मिलते हैं जिसका एकमात्र कारण यही है कि युंग अपने ज्ञान के विकास के आलोक में अपनी धारणाओं में परिवर्तन करते रहे हैं। अहं और चेतना के सम्बन्ध और इन दोनों के स्वरूप के विषय में निम्नलिखित तथ्य विशेष ध्यान देने योग्य हैं—

1. चेतना बहिरभ्यन्तर विश्व के अनुभवों पर आधारित चित्तीय सामग्री को अहं से सम्बद्ध करती है।

2. मनुष्य का चेतन व्यवहार भी अहं के कारण सम्भव हो पाता है। इस दृष्टि से भी अहं चेतना का केन्द्र है।

3. अहं के अभाव में चेतना का अस्तित्व सम्भव नहीं है। अहं का पूर्ण अभाव पूर्ण अचेतन की स्थिति है जो व्यक्तित्व के पूर्ण विलयन या समाधि–दशा से लगभग अभिन्न है।

4. अचेतनोद्भूत सामग्री अहं के माध्यम से चेतन होती है।

उपर्युक्त तथ्यों से स्पष्ट है कि अहं और चेतना अपरिहार्यतः सहसम्बन्धी है। एक के अभाव में दूसरे की सत्ता सम्भव नहीं है। कथन (1) और कथन (4) परस्पर विरोधी प्रतीत होते हैं, किन्तु सिद्धान्ततः दोनों के अभेद को स्वीकार कर लेने पर उक्त विरोध का स्वतः निराकरण हो जाता है। व्यवहारतः अहं और चेतना में अन्तर यह है कि विशिष्ट स्थितियों में हमारा चेतन व्यवहार अचेतन चित्त के संवेगों से बाधित होता है। चेतना का केन्द्र या नाभिक अहं है। अतः चेतन व्यवहार तब तक बाधित नहीं हो सकता, जब तक कि अचेतन के संवेग चेतना के केन्द्र को या अहं को प्रभावित नहीं करते। जब युंग यह कहते हैं कि चेतना चित्तीय सामग्री को अहं से सम्बद्ध करती है, तब वे चित्तीय प्रक्रिया की चर्चा कर रहे होते हैं और जब वे यह कहते हैं कि अहं चेतना का केन्द्र है, तब वे मानव चेतना के उस स्वरूप की चर्चा करते हैं जो उसे पशु से पृथक् करती हैं। मनुष्य की शैशवावस्था से ही अहं विकसित होने लगता है और यह विकास धीरे–धीरे एक ग्रन्थि का रूप ग्रहण करता जिसे अहं–ग्रन्थि कहते हैं। अहं–ग्रन्थि चेतना की सामग्री और स्थिति है। बहिरभ्यंतर विश्व के अनुभवों से सम्बद्ध चित्तीय सामग्री चेतना के केन्द्र अहं से सम्बद्ध हो जाती है और धीरे–धीरे अहं–ग्रन्थि प्रबलतर हो जाती है। अहं–ग्रन्थि से सम्बद्ध चित्तीय ऊर्जा अहं–चेतना कहलाती है। अहं का वह रूप जिसके द्वारा हम बाह्य विश्व से समंजित होते हैं, मुखौटा कहलाता है।

मानव और मानवेतर प्राणियों का भेद वस्तुतः अहं के होने और न होने का भेद है। अनीला जैफी के अनुसार चेतना तो पुश–साम्राज्य में भी पहले से ही पर्याप्त विकसित थी, किन्तु मनुष्य के पास ऐसी चेतना है जो अपनी अनुभूतियों का ग्रहण और उन पर प्रतिक्रिया ही नहीं करती, बल्कि ग्रहण के विषय में सजग भी रहती है और जो अनुभूतियाँ करती है उन्हें समझती भी है।[47] सम्पूर्ण प्राणिजगत् में केवल मानव ही ऐसा है जिसमें अहं–चेतना होती है। सम्पूर्ण प्राणिजगत् में मनुष्य और केवल मनुष्य का ही शैशव, दीर्घतम होता है। केवल मनुष्य ही अहंसम्पन्न प्राणी है और जैसा कि जयशंकर प्रसाद ने कहा है—अ से ह तक का ज्ञान अहंकार है।[48] अतः सम्पूर्ण प्राणिजगत् में केवल मानव ही ज्ञानी है। अज्ञेय ने आलवाल के एक निबन्ध

में मनुष्य को प्रतीक-स्रष्टा कहा है। अज्ञेय के शब्दों में—संकेतों का स्थान उनके जगत् में है—जैसे झुंड के एक पशु का डर पूरे झुंड को भयातुर कर सकता है—पर भाषा के समकक्ष उनके पास कुछ नहीं है, क्योंकि भाषा का आधार प्रतीक है और उसका आविष्कार या प्रवर्तन पशु जगत् में नहीं होता।[49] मानव और पशु का यह अन्तर युगीय मनोविज्ञान में इतना प्रख्यात है कि जोलेंडी जैकोबी ने अपने परिचयात्मक ग्रन्थ में भी इसे व्यक्त करते हुए कहा है—पशुओं के पास संकेत और चिह्न होते हैं, प्रतीक नहीं।[50]

फ्रायड और युंग दोनों इस बात पर सहमत हैं कि अहं की सत्ता सम्पूर्ण प्राणिजगत् में केवल मानव चित्त में है, किन्तु फ्रायड अहं के उदय और विकास को मनुष्य के वृत्त्यात्मक व्यवहार तक सीमित रखते हैं, जबकि युंग मनुष्य के जीवन के केवल जैविक व्यवहार तक ही सीमित नहीं रखते। उनकी दृष्टि में मानव जीवन जैविक होने के साथ-साथ सांस्कृतिक भी है। वृत्त्यात्मक व्यवहार से व्यतिरिक्त सांस्कृतिक व्यवहार ही मानव का और मानवता का व्यावर्तक धर्म है। विश्लेषणात्मक मनोविज्ञान के अनुसार अहं का उदय बाह्य विश्व से मानव चित्त के संघात का परिणाम न होकर मानव स्वभाव में बद्धमूल द्वन्द्वों के संघर्ष का परिणाम है। ऊपर कहा जा चुका है कि प्राकृतिक प्रवाह से तेजस् की मुक्ति ही मनुष्य का व्यावर्तक धर्म है। प्राकृतिक प्रवाह में बद्ध तेजस् को अध्ययन की सुविधा के लिए युंग ने प्रकृति (नेचर) की संज्ञा दी और उससे मुक्त तेजस् की या अतिरिक्त तेजस् को युंग ने अध्यात्म (स्प्रिट) की संज्ञा दी। तेजस् की मुक्ति द्वन्द्वों के तनाव के बिना असम्भव है। द्वन्द्व मनुष्य की मनोकायिक संरचना में बद्धमूल है। यह द्वन्द्व जैव प्रकृति (नेचर) और अध्यात्म (स्प्रिट) का द्वन्द्व है। अहं की उत्पत्ति इसी द्वन्द्व से होती है, क्योंकि वह तेजस् के उस आधिक्य को रूपयित करता है जिससे मानवेतर प्राणी वंचित हैं। बाह्य विश्व से मनुष्य के संघर्ष के कारण यदि अहं का उदय हुआ होता तो मानवेतर प्राणी भी अहं-सम्पन्न होते, क्योंकि बाह्य विश्व से संघर्ष तो उन्हें भी करना पड़ता है। मानवेतर प्राणी सुख दुःखात्मक अनुभवों में जीते हैं, किन्तु मानव न केवल सुखदुःखात्मक अनुभवों में जीता है, बल्कि उन्हें 'करता' भी है। अतः यह कहना अनुचित होगा कि मनुष्य स्वभाव से आध्यात्मिक है और उसके आध्यात्मिक होने का अर्थ यह नहीं है कि वह जैविक नहीं है। शिशुओं के व्यवहार और उनके स्वप्नों के विश्लेषण से सिद्ध है कि शैशव यौन वृत्ति का क्रीड़ास्थल मात्र नहीं है, जैसा कि फ्रायड ने सिद्ध करने का प्रयास किया है, बल्कि वृत्ति और अध्यात्म के द्वन्द्वों की संघर्ष-भूमि भी है।

तेजस् की आधारभूत धारणाओं के विवेचन में कहा जा चुका है कि प्राकृतिक प्रवाह से तेजस् की मुक्ति प्रतीक द्वारा प्रकृति की अपेक्षा उन्नत प्रावण्य के अर्पित होने पर ही सम्भव है। मानव के चित्तीय स्वभाव में बद्धमूल द्वन्द्व किसी उपघातज अनुभव से उद्वेलित हुए होंगे। द्वन्द्वों के उद्वेलन से उत्पन्न तनावों ने सामरस्य-व्यंजक

शून्य के प्रतीक को जन्म दिया होगा। शून्य उस पूर्णता को प्रतीकित करता है जिससे अहं-चेतना जन्मती है जो नामरूपात्मक विश्व का अनुभव करती है। शून्य से एक उत्पत्ति हुई—एको अहम। शिशु—व्यवहार के अध्ययनों से सिद्ध है कि शिशु मैं कहना तभी सीखता है जब वह वृत्त या शून्य बनाने में समर्थ होता है। अहं स्वभावतः विस्तारप्रिय है—बहुस्याम्। शून्य से एक अहं हुआ। एक से दो हुए और फिर अनेक हुए। शून्य, वृत्त और चक्रों का प्रतीकत्व एक ही है। चक्र के आविष्कार ने मानव सभ्यता के विकास की सम्भावानाओं के द्वारा खोले और तभी से इनसान चक्कर लगाता है, चक्कर काटता है, चक्कर कटवाता है, चक्कर में पड़ता है और चक्कर से छूटता है।

अहं के उदय की प्रक्रिया पर विचार करने के उपरान्त उसके स्वरूप पर किंचित गहनता से विचार किया जा सकता है। युंगीय दृष्टि से अहं एक ग्रन्थि घटक है जिससे सभी चेतन सामग्री सम्बद्ध है। यह चेतना के सभी व्यक्तिगत कार्यों का विषयि है। युंग के शब्दों में, 'चित्तीय सामग्री का अहं से सम्बन्ध चेतना के अधिकार क्षेत्र को रूपायित करता है, क्योंकि कोई भी सामग्री जब तक कि वह किसी विषयि को प्रस्तुत न हो, चेतन नहीं हो सकती।[51] सिद्धान्ततः चेतना के क्षेत्र की कोई सीमा निर्धारित नहीं की जा सकती, क्योंकि यह अनन्त विस्तार के लिए सक्षम है, किन्तु आनुभविक दृष्टि से, यह अज्ञात द्वारा सीमित है। अज्ञात में वह सब कुछ समाहित है जिसके बार में हम नहीं जानते और इसीलिए जो चेतना के क्षेत्र के केन्द्र-रूप अहं से सम्बद्ध नहीं है। अज्ञात के दो रूप हैं—अज्ञात बाह्य विश्व और अज्ञात आभ्यन्तर विश्व। अज्ञात आभ्यन्तर विश्व को—अज्ञात चित्त—को युग ने अचेतन की अभिधा दी है।[52]

समग्र विवेचन के उपरान्त कहा जा सकता है कि अहं का उदय मनुष्य के मनोकायिक स्वभावक में बद्धमूल द्वन्द्व से होता है और अहं के उदय एवं विकास का लक्ष्य केवल जैविक आवश्यकताओं की पूर्ति के लिए बाह्य विश्व से समंजन ही नहीं है, बल्कि आभ्यन्तर विश्व से अथवा मानव के चित्तीय यथार्थ से समंजन भी है।

(ख) मनोवैज्ञानिक प्रकार—चित्त की प्रक्रियाओं के अध्ययन में युंग ने मनोवैज्ञानिक प्रकारों और कार्यों की विस्तृत चर्चा की है। मनोवैज्ञानिक प्रकारों का सम्बन्ध मनोवैज्ञानिक कार्यों और अभिवृत्तियों से है। मनोवैज्ञानिक कार्य से तात्पर्य चित्तीय क्रिया के उस विशिष्ट रूप से जो विभिन्न स्थितियों में सिद्धान्ततः यथावत रहता है।[53]

युंग ने मनुष्य के चार आधारभूत मनोवैज्ञानिक कार्यों का विवेचन किया है—चिन्तन, भावना सहजानुभूति और संवेदन। चिन्तन वह मनोवैज्ञानिक कार्य है जो स्वनियमाधीन रहकर प्रत्यय के विषय का धारणात्मक संयोजन करता है।[54]

भावना 'पूर्णतः विषयिपरक प्रक्रिया'[55] है। इसमें प्रिय या अप्रिय, स्वीकार्य और

अस्वीकार्य की धारणाओं के द्वारा किए गए मूल्यांकन के आधार पर विश्व का बोध होता है।[56] संवेदन मुख्यत: केन्द्रीय बोध है। यह एक ओर प्रत्ययीकरण का तत्व है, क्योंकि मन में बाह्य वस्तुओं के मानसिक बिम्बों का उद्‌बुद्ध करता है एवं दूसरी ओर भावना का तत्व है, क्योंकि शारीरिक परिवर्तनों के बोध से यह भावना को भाव में परिणत करता है।[57] युंगीय मनोविज्ञान में भाव का पारिभाषिक अर्थ वह भावनात्मक अवस्था है जिसमें एक और शारीरिक तन्त्रिकोत्तेजन का वैशिष्ट्य एवं दूसरी ओर प्रत्ययीकरण की प्रक्रिया का संक्षोभ लक्षित होता है।[58] सहजानुभूति द्वारा बाह्य या आभ्यन्तर विषयों के अस्तित्व की खोज या व्यवस्था के बिना ही हम उनका सम्पूर्ण रूप में ग्रहण करते हैं।[59] दूसरे शब्दों में, यह एक अचेतन व्यापार है जिसके द्वारा वस्तुओं की सत्ता का आभ्यन्तर रूप उद्‌घाटित होता है।[60] उदाहरणार्थ किसी प्राकृतिक दृश्य को देखकर संवेदनप्रधान व्यक्ति फूलों, वृक्षों, रंगों आदि के प्रति सचेत होगा और सहजानुभूति प्रधान व्यक्ति उसका सम्पूर्ण प्रभाव ग्रहण करेगा। कोई व्यक्ति मुख्यत: किसी एक ही मनोवैज्ञानिक कार्य से बाह्य विश्व के साथ समंजन स्थापित करता है।[61] यह पृथक्कृत या उच्चतर कार्य कहलाता है जो व्यक्ति के मनोवैज्ञानिक प्रकार का निश्चायक है। इस उच्चतर कार्य के अति पृथक्कृत हो जाने पर व्यक्ति मानसिक सन्तुलन खो बैठता है।[62]

उक्त मनोवैज्ञानिक कार्यों के अतिरिक्त युंग ने दो सामान्य मनोवैज्ञानिक अभिवृत्तियों का भी उल्लेख किया है—बहिर्मुखता और अन्तर्मुखता। ये क्रमश: प्रवृत्ति और निवृत्ति की पर्याय मानी जा सकती है। इन अभिवृत्तियों की प्रधानता के आधार पर किसी व्यक्ति को बहिर्मुखी या अन्तर्मुखी कहा जा सकता है। बहिर्मुखी व्यक्ति की दृष्टि विषयप्रधान होती है और अन्तर्मुखी व्यक्ति की दृष्टि विषयिप्रधान होती है। बहिर्मुखी व्यक्ति प्राय: बाहरी दुनिया से समंजित हो जाता है और अन्तर्मुखी व्यक्ति उसमें असफल रहता है।[63]

उपर्युक्त अभिवृत्तियों और कार्यों के आधार पर युग ने मानव चित्त के मुख्यत: आठ प्रकारों का विवेचन किया है। डॉ. सीताराम जायसवाल ने अपने ग्रन्थ में इनका संक्षिप्त परिचय इस प्रकार दिया है—

"1. अन्तर्मुखी चिन्तन प्रकार के व्यक्ति की यह विशेषता है कि उसमें ऐसे विचारों की प्रधानता होती है जो व्यक्तिनिष्ठ है। दूसरे शब्द में इस प्रकार का व्यक्ति केवल अपनी ही दृष्टि से चिन्तन करता है।

2. अन्तर्मुखी भावना के व्यक्ति में भावनाओं और संवेगों की प्रधानता होती है। यह व्यक्ति दिवास्वप्न में लीन रहता है और किसी प्रकार का सामाजिक सम्बन्ध नहीं करता।

3. अन्तर्मुखी संवेदन प्रकार का व्यक्ति अपने सामाजिक पर्यायवरण के कार्यों की ओर ब्यान देता है, लेकिन फिर भी वह मूलत: उनके प्रति सचेत नहीं रहता।

इसकी मानसिक स्थिति कलाकारों के समान होती है जो समाज में रहते हुए उसके प्रति उदासीन रहते हैं।

4. अन्तर्मुखी सहजबोध (इस शब्द के लिए प्रस्तुत ग्रन्थ में 'सहजानुभूति' शब्द का प्रयोग किया गया है।) इस प्रकार के व्यक्ति अधिकतर धार्मिक और रहस्यवादी प्रवृत्ति के होते हैं। इनकी कल्पना अत्यन्त उर्वर होती हैं।

5. बहिर्मुखी चिन्तन प्रकार के व्यक्ति अपने बाह्य जीवन के प्रति अधिकतर सचेत होते हैं। जैसी परिस्थिति होती है, उसके अनुसार कार्य करने की कोशिश करते हैं।

6. बहिर्मुखी भावना प्रकार के व्यक्ति अपने बाह्य जीवन से सम्बन्धित वस्तुओं के प्रति भावुक होते हैं। इनमें भिन्नता करने की क्षमता अधिक होती है।

7. बहिर्मुखी संवेदन प्रकार के व्यक्ति यथार्थवादी होते हैं और उनका दृष्टिकोण भौतिक होता है। दूसरे शब्दों में उनके कार्य और व्यापार का आधार वे संवेदन है जो बाह्य जीवन सम्बन्धित हैं।

8. बहिर्मुखी सहजबोध प्रकार के व्यक्ति अपने प्रत्यक्ष ज्ञान से प्राप्त अनुभव पर अधिक निर्भर नहीं रहते, वरन् वे परिस्थिति के अनुसार अपने सहजबोध का उपयोग करते हैं।''[64]

आठ मनोवैज्ञानिक प्रकारों का उपर्युक्त विवेचन अतिसरलीकृत है। व्यवहार में स्थितियाँ इतनी सरल नहीं होती। युंग ने मनोवैज्ञानिक दृष्टि से मानवों को आठ वर्गों में रखा—इसका अर्थ यह नहीं है कि प्रत्येक मानव का व्यवहार वर्गगत है। व्यक्ति के मनोवैज्ञानिक कार्य भी बदलते रहते हैं या विकसित होते रहते हैं।

जोलेंडी जेकोबी के अनुसार, अभिवृत्ति वर्ग मूल जैविक गठन होता है और हमारे कार्यात्मक वर्ग की अपेक्षा अधिक स्पष्टतया जन्म से, निर्धारित होता है।[65]

मानव चित्त में चार मनोवैज्ञानिक कार्यों में से एक उच्चतर होता है और एक सहायक होता है। तीसरा मनोवैज्ञानिक कार्य अपवादतः उपलब्ध होता है एवं चौथा मनोवैज्ञानिक कार्य लगभग अचेतन रहता है। स्वस्थ मानव चित्त अपने समग्र जीवन में दोनों अभिवृत्तियों और चारों कार्यों का भोग करता है। उदाहरणार्थ यदि कोई व्यक्ति अपने जीवन के पूवार्द्ध में अन्तर्मुखी है तो उसके चित्तीय विकास की स्वाभाविक दिशा यही होगी कि वह जीवन के उत्तरार्द्ध में बहिर्मुखी बने। आदमी की उम्र का वह दौर जिसमें उसकी अभिवृत्तियाँ और मनोवैज्ञानिक कार्य बदल रहे होते हैं, आमतौर पर 35 वर्ष और 45 वर्ष की उम्र की बीच में होता है।

(ग) अचेतन—मनोविज्ञान में अचेतन की धारणा के जन्मदाता फ्रायड थे। बाद में उन्होंने चित्त की तंत्र-त्रयी इदम, अहं और पराहम् की स्थापना की और चित्तीय सामग्री का चेतन अथवा अचेतन होना चित्तीय सामग्री का गुण माना। ऊर्जावाद को अपनाने के कारण युंग उक्त तंत्र-त्रयी के प्रति विश्वासी न हो सके।

उन्होंने ऋजु मार्ग अपनाया। उनकी दृष्टि में बाह्य विश्व के दो रूप हैं—एक वह जो हमारे लिए ज्ञात है और दूसरा वह जो हमारे लिए अज्ञात है। इसी प्रकार आभ्यन्तर विश्व के अर्थात् मानव चित्त के भी दो स्तर या रूप हैं—एक वह जो ज्ञात है और दूसरा वह जो अज्ञात है। ज्ञात आभ्यन्तर विश्व अर्थात् मानव चित्त का अज्ञात अंश ही अचेतन है। मानव चेतना की तुलना में यह अज्ञात अथवा अचेतन चित्त महत्तर और बृहत्तर है।

अचेतन की सत्ता तो फ्रायड ने ही सिद्ध कर दी थी। युंग के अनुसार मनोवैज्ञानिक तथ्यों से पुष्ट अचेतन की सत्ता का अस्वीकार अज्ञात के भय की आदिम प्रवृत्ति का द्योतक है।[66] अचेतन के दो स्तर हैं—व्यक्तिगत और सामूहिक। व्यक्तिगत अचेतन का सम्बन्ध विस्मृत और दमित सामग्री से है।[67] सामग्री की इस विस्मृति में हम कुछ चेतन प्रत्ययों के प्रति अनवधान हो जाते हैं, क्योंकि हमारी चेतना एक समय में कुछ चुने हुए प्रत्ययों को ही धारण कर सकती है। इन विस्मृत प्रत्ययों का पूर्ण लोप नहीं होता। ये व्यक्तिगत अचेतन में विद्यमान रहते हैं। इस सामान्य विस्मृति के अतिरिक्त युंग ने अस्वीकार्य स्मृतियों के विस्मरण को फ्रायड के समान दमित सामग्री कहकर स्वीकार किया है।[68]

स्पष्ट है कि अचेतन की फ्रायडीय धारणा को युंग ने व्यक्तिगत अचेतन के रूप में स्वीकार किया। इस व्यक्तिगत अचेतन के साथ ही युंग ने एक-दूसरे चित्तीय निकाय अस्तित्व भी स्वीकार किया जो अपनी प्रकृति में सामूहिक, सार्वभौम और अव्यक्तिगत होने के कारण सभी व्यक्तियों में समान रूप से विद्यमान रहता है।[69] इस चित्तीय निकाय को उन्होंने सामूहिक अचेतन कहा है। सामूहिक अचेतन से उनका तात्पर्य उस समग्र चित्तीय सामग्री से है जो एक व्यक्ति से नहीं अपितु बहुजन अर्थात् समाज, जाति या सामान्य मानवता से सम्बन्धित है।[70] सामूहिक अचेतन चित्त का वह अंश है जिसका अस्तित्व व्यक्तिगत अचेतन के समान स्वानुभव पर आश्रित नहीं है और फलतः स्वार्जित भी नहीं है। व्यक्तिगत अचेतन अनिवार्यतः उस सामग्री से निर्मित है जो कभी चेतन रही थी, किन्तु अब विस्मरण या दमन के कारण चेतना से विलुप्त हो गयी है। इसके विपरीत सामूहिक अचेतन की सामग्री कभी भी चेतना में नहीं रही, अतः वह कभी व्यक्तिगत रूप से गृहीत भी नहीं हुई। उसका अस्तित्व केवल आनुवंशिकता पर निर्भर है। जहाँ व्यक्तिगत अचेतन का सम्बन्ध अनिवार्यतः ग्रन्थियों से है, वहाँ सामूहिक अचेतन का निर्माण अनिवार्यतः आद्यरूपों से होता है।[71]

युंग का अचेतन केवल भूत का संग्राहक नहीं है, उसमें भावी चित्तीय स्थितियों और प्रत्ययों के बीच भी निहित हैं।...यह एक तथ्य है कि भूत की चेतन स्मृतियों के साथ ही पूर्णतः नए विचार और सृजनात्मक प्रत्यय भी स्वयमेव अचेतन से प्रस्तुत हो सकते हैं।[72]

'हिन्दी साहित्य कोश' के अनुसार, फ्रायड के शिष्य युंग भी अचेतन मानस में विश्वास करते हैं, किन्तु फ्रायड के अचेतन की धारणा को उन्होंने कुछ परिवर्तित और विस्तृत कर दिया है। 'लिबिडों' शब्द का अर्थ वह वही जीवन-शक्ति या जीवनेच्छा करते हैं। वह यह भी मानते हैं कि अचेतन कुछ अर्थों में जातिगत या वंशगत होता है। अचेतन मानस में सोचने और अनुभव करने के कुछ ऐसे ढंग मिलते हैं, जिन्हें प्रागैतिहासिक पूर्वजों से आया हुआ मानते हैं।[73] इस सन्दर्भ में उल्लेखनीय है कि सामूहिक अचेतन की धारणा फ्रायड के व्यक्तिगत अचेतन की धारणा का केवल कुछ परिवर्तित और विस्तृत अंश नहीं है। यह स्पष्ट है कि युंग ने उसे व्यक्तिगत अचेतन से पूर्णतः पृथक् किया है। उनकी दृष्टि में व्यक्तिगत अचेतन की अपेक्षा सामूहिक सामूहिक अचेतन बृहत्तर है, क्योंकि वैयक्तिक अचेतन का आधार यह गम्भीरतर और व्यापकतर सामूहिक अचेतन ही है। फलतः उनका अचेतन कुछ अंशों में जातिगत और वंशगत न होकर बृहदंश में आनुवंशिक है। इस प्रकार अचेतन की युंगीय धारणा के विषय में अनेक भ्रांतियाँ पनपी हैं। इसी कारण लोग प्रायः विश्लेषणात्मक मनोविज्ञान को रहस्यात्मक और तथ्यों से अपुष्ट मानते रहे।[74] इसीलिए युंग को बार-बार यह सफाई देनी पड़ी कि वे दार्शनिक नहीं तथ्यों के सम्परीक्षक हैं।[75] वे मनोवैज्ञानिक सन्दर्भों में धार्मिक विषयों का आनुभाविक दृष्टि से प्रेक्षण तो करते हैं, किन्तु रहस्यवादी या धार्मिक चिन्तन से बचते हैं।[76]

युंग ने चेतना, व्यक्तिगत अचेतन और सामूहिक अचेतन के बीच कोई स्पष्ट विभाजक रेखा नहीं खींची, क्योंकि ऊर्जीय प्रक्रियाओं के रूप में उन्होंने चित्तीय समग्रता को समझने का प्रयास किया। वृत्तियों की आनुवंशिकता और उसके फलस्वरूप इदं (अचेतन) की आनुवंशिकता को तो फ्रायड ने भी स्वीकार किया, किन्तु उनका विवेचन प्रमुखतः व्यक्तिगत अचेतन तक ही सीमित रहा। युंग ने मानव चित्त की सार्वभौमिकता पर अपना ध्यान विशेषतः केन्द्रित किया और सिद्ध किया कि मनुष्य के मनुष्यत्व का रहस्य उसकी बिम्ब-सृजन क्षमता में निहित हैं। ये बिम्ब अचेतन से उदित होते हैं। सामूहिक अचेतन आद्यरूपों का अपरिहार्य सहसम्बन्धी है। यह कहना अनुचित न होगा कि सामूहिक अचेतन आद्यरूपमय है। युंग के अनुसार चेतन और अचेतन का सम्बन्ध अनिवार्य सम्पूरकता का सम्बन्ध है जिसका अभिप्राय है कि चेतन-अचेतन, प्रवृत्ति-निवृत्ति आदि विरोधी तत्वों में ऊर्जा का सन्तुलन स्वतः बना रहता है, उदाहरणार्थ किसी प्रवृत्तिपरक मानसिक प्रयास के उपरान्त हमारी चेतना में प्रायः निवृत्तिपरक भावात्मक प्रतिक्रियाएँ घटित होती हैं। साथ ही भौतिक ऊर्जा की भाँति चित्तीय ऊर्जा में भी पूर्णतया समान प्रवाह से उत्क्रम सम्भव है। चेतन के प्रति अचेतन चित्त का व्यवहार क्षतिपूरक या सम्पूरक होता है अथवा यह भी कहा जा सकता है कि चेतन चित्त अचेतन के प्रति सम्पूरक रूप में रूप में व्यवहार करता है। इसके निम्नलिखित कारण हैं—

1. चेतना की अपनी सीमा में एक ऐसी गहनता रहती है जो इसकी सामग्री को प्राप्त करनी ही होती है, अतः जो सामग्री इतनी ऊर्जस्वी नहीं होती कि वह उक्त गहनता को प्राप्त कर सके, अचेतन रहती हैं।

2. अपने निदेशित कार्य के कारण हमारी चेतना सभी अक्षम सामग्री के प्रति एक निषेधात्मक व्यवहार करती है, जिसे फ्रायड ने सेन्सरशिप कहा है और जिससे फलस्वरूप वह सामग्री अचेतन हो जाती है।

3. चेतना समंजन की सामयिक प्रक्रिया का गठन करती है, जबकि अचेतन में व्यक्ति के अपने जीवन की विस्मृत सामग्री ही नहीं, बल्कि चित्तीय संरचना का गठन करने वाली आनुवंशिक व्यवहार की छापें भी रहती हैं।

4. अचेतन में वे सभी फंतासी संयोजन विद्यमान रहते हैं जिन्होंने अभी तक चेतना–सीमा की गहनता प्राप्त नहीं की है, लेकिन जो वक्त आने पर एवं अनुकूल अनुबन्धों पर चेतना के प्रभामंडल में प्रवेश करेंगे।[77]

युंग के अनुसार, ''निश्चिता और निदेशितता चेतना के वे गुण हैं जो मानवेतिहास में सापेक्षतया देर से प्राप्त किए गए हैं और जिनकी, उदाहरणार्थ आदिम मनुष्यों में, आज भी, न्यूनता रहती है। मनस्तापित में ये गुण प्रायः दुर्बल हो जाते हैं जो सामान्य व्यक्ति से इस अर्थ में भिन्न होता है कि उसकी चेतना की गहनता ज्यादा आसानी विचलित रहती है। दूसरे शब्दों में, मनस्तापित व्यक्ति में चेतन और अचेतन का विभाजन बहुत ज्यादा व्याप्त हो जाता है। दूसरी ओर, उन्मादी व्यक्ति अचेतन के प्रत्यक्ष प्रभाव में होता है।[78] इस प्रकार युंग की दृष्टि में सामान्य व्यक्ति के चित्त में और चेतन और अचेतन के सहज सम्बन्ध रहते हैं। मनस्तापित व्यक्ति में चेतन और अचेतन की दूरी बढ़ जाती है और उन्मादी व्यक्ति अचेतन के प्रत्यक्ष प्रभाव में रहता है। प्रतिभासम्पन्न व्यक्तियों के विषय में युंग का मत इस प्रकार है—हम सामान्यतः यह कह सकते हैं कि सामाजिक मूल्यहीनता इस हद तक बढ़ जाती है कि ये गुण अचेतन चित्त द्वारा क्षीण कर दिए जाते हैं। महान् कलाकार और अन्य प्रतिभासम्पन्न व्यक्ति इस नियम के, निश्चय ही, अपवाद हैं। ऐसे व्यक्तियों की यह विशिष्ट उपलब्धि, सारतः चेतन और अचेतन के विभाजन की व्यापकता में निहित होती है। लेकिन उन व्यावसायिक एवं सामाजिक गतिविधियों के लिए, जो उक्त गुणों की समुचित निरन्तरता और विश्वसनीयता की अपेक्षा रखती हैं, इन आपवादिक मानवों का कोई महत्त्वपूर्ण मूल्य नहीं होता।''[79] इस प्रकार युंग ने प्रतिभासम्पन्न व्यक्तियों के वैशिष्ट्य को भी व्याख्यायित किया है।

3. आद्यरूप—आद्यरूप के युंगीय प्रत्यय की व्याख्या निम्नलिखित शीर्षकों में की जा सकती है—

क. आद्यरूपः कोशगत अर्थ

ख. युंगीय मनोविज्ञान में आद्यरूप।

क. आद्यरूप : कोशगत अर्थ—आद्यरूप अंग्रेजी के आर्केटाइप का हिन्दी प्रतिशब्द है। आर्केटाइप शब्द ग्रीक आर्केटाइपोस[80] या आर्केटाइपोन[81] से व्युत्पन्न माना जाता है। इसके कोशगत अर्थों का अध्ययन निम्नलिखित उपशीर्षकों में रखकर किया जा सकता है—

1. आद्यरूप : सामान्य कोशों में उपलब्ध अर्थ
2. आद्यरूप : विज्ञान कोशों में उपलब्ध अर्थ।

1. आद्यरूप : सामान्य कोशों में उपलब्ध अर्थ—सामान्य कोशों में आद्यरूप के सामान्य और पारिभाषिक अर्थ दिए गए हैं। आद्यरूप के सामान्य अर्थ हैं—प्रतिमा या प्रतिकृति[82] निर्मित या अनुकृत वस्तु का मूल प्रारूप या प्राग्रूप[83] पूर्णतः विशिष्ट बानगी, आदिमतम रूप[84] दूसरों के लिए प्रतिमाभूत प्रथम रूप[85] मूल प्रारूप या प्रतिमा जिसके अनुरूप प्रतिकृतियाँ निर्मित की जाती हैं।[86] पाश्चात्य काव्यशास्त्र के लेखक ने आद्यरूप का यह सामान्य अर्थ ही ग्रहण किया है। उसके अनुसार, "आद्यरूप के सम्बन्ध में यह कहा जा सकता है कि वह प्राथमिक रूप-रचना या आकृति है जिसकी नकल कर वाद में प्रतिकृतियाँ बनती हैं।"[87] 'एनसाइक्लोपीडिया ऑफ पोइट्री एण्ड पोएटिक्स' में आद्यरूप के सामान्य अर्थ पर अपेक्षतया विस्तार से विचार किया गया है। उसके अनुसार आद्यरूप सामान्यतः प्रतिरूपों का मूल प्रारूप या जातिविशेष की वस्तुओं के जातिबोधक अनिवार्य तत्वों का द्योतक प्रत्यय है। दूसरे शब्दों में, यह सम्बद्ध जाति-विशेष में निहित गौण विशेषताओं से लगभग पूर्णतया मुक्त अति अमूर्त पदार्थ हैं।[88]

पारिभाषिक अर्थ में "आद्यरूप" शब्द युंगीय मनोविज्ञान की एक धारणा का बोधक है। "द रेंडम हाउस डिक्शनरी ऑफ इंगलिश लेंग्वेज" के अनुसार आद्यरूप का पारिभाषिक अर्थ (युंगीय मनोविज्ञान में) वैयक्तिक चित्तों में सार्वभाम रूप से विद्यमान एवं जातीय पूर्वजों से आनुवंशिक रूप में प्राप्त प्रत्यय, विचार-प्रारूप या बिम्ब आदि है।[89] "ए सप्लीमेंट टु द ऑक्सफोर्ड इंगलिश डिक्शनरी" में आद्यरूप को युंगीय मनोविज्ञान के अनुसार सामूहिक अचेतन का अंगभूत परिव्यापी प्रत्यय, बिम्ब या प्रतीक माना गया है।[90] साहित्यिक समीक्षा के अन्तर्गत पुराकथाओं, परीकथाओं आदि में विद्यमान महामाता, आप्त-पुरुष, मंत्रमुग्य राजकुमार जैसी रूढ़ियों के लिए विशेषतः और किसी भी परिव्यापी प्रतीकात्मक प्रस्तुतीकरण के लिए व्यापकतः आर्केटाइप शब्द का व्यवहार स्वच्छन्दता से होता है।[91]

2. आद्यरूप—विज्ञान-कोशों में उपलब्ध अर्थ—युंग ने अपने व्यापक अध्ययन और गहन अनुभव के आधार पर मानव चित्त के गहनतम स्तरों में प्रवेश करके चित्तीय प्रक्रियाओं के विश्लेषण का साहस दिखाया। इसीलिए उनके मनोविज्ञान को ग्रन्थि-मनोविज्ञान या विश्लेषणात्मक मनोविज्ञान की आख्या प्राप्त हुई। उनके परवर्ती मनोवैज्ञानिकों में इस शक्ति और साहस का सामंजस्य प्रायः नहीं रहा। इसीलिए

उनकी पद्धति लोकप्रिय नहीं हो सकी। फलतः उनके सिद्धान्त या तो मनोविज्ञान के क्षेत्र में ही अल्पाख्यात रहे या भ्रांतियों के साथ प्रचारित हुए। इस तथ्य का प्रमाण विज्ञान-कोशों पर, विशेषतः मनोविज्ञान-सम्बन्धी कोशों पर दृष्टिपात करते ही मिल जाता है। हैरीमन की 'एनसाइक्लोपीडिया ऑफ साइकोलोजी', एवं 'एनसाइ-क्लोपीडिया ऑफ साइकोऐनेलिसस' में आद्यरूप पर कोई स्वतंत्र टिप्पणी नहीं है। अन्य कोशों की व्याख्याएँ इस प्रकार हैं—

(क) डिक्शनरी ऑफ फिलासफी एंड साइकोलोजी में आद्यरूप की व्याख्या केवल प्लेटो की अवधारणा के आधार पर की गई है जिससे यह भ्रम हो सकता है कि मनोविज्ञान में युंग ने भी इसी धारणा को अपनाया है। उसके अनुसार आद्यरूप प्रत्येक वस्तु का पूर्ण या निरपेक्ष प्रत्यय द्योतित करने वाला 'प्लेटोनिक शब्द' है।[92] युंग द्वारा प्रयुक्त आद्यरूप प्लेटो के प्रत्यय का व्यंजक होकर भी पर्याय नहीं है। प्लेटो के प्रत्यय की अर्थवत्ता विषय के शुक्ल पक्ष तक सीमित है, जबकि युंग के आद्यरूप की अर्थवत्ता में शुक्ल और कृष्ण दोनों पक्ष समाहित हैं।[93] प्लेटो की धारणा दार्शनिक है और युंग की मनोवैज्ञानिक।

(ख) आद्यरूप के विषय में एक भ्रामक धारणा यह भी है कि इसका आधार जातीय स्मृति है। 'डिक्शनरी ऑफ साइकोलोजी' के अनुसार यह जातीय अचेतन की सामग्री है।[94] यहाँ उल्लेख है कि युंग ने आद्यरूप और सामूहिक अचेतन का अनिवार्य साहचर्य स्वीकार किया है।[95] सामूहिक अचेतन जातीय अचेतन की अपेक्षा गहनतर है।

(ग) 'साइकिएट्रिक डिक्शनरी' के अनुसार युंग के सिद्धान्त में जातीय अनुभवों से प्राप्त एवं व्यक्ति के अचेतन में विद्यमान विश्वबोध के नियामक प्रत्ययों को अथवा विचार-रीतियों को आद्यरूप कहते हैं।[96]

(घ) 'एनसाइक्लोपीडिया ऑफ साइकोलोजी' में सामूहिक अचेतन और जातीय अचेतन एवं आद्यरूप और उसके अभिव्यक्त रूप आद्यबिम्ब में कोई अन्तर नहीं किया गया है।[97]

(च) 'ए कम्प्रीहन्सिव डिक्शनरी ऑफ साइकोलजिकल एण्ड साइको-एनेलिटिकल टर्म्स' में आद्यरूप को आद्यबिम्ब मान लिया गया है।[98]

(छ) 'इंटरनेशनल एनसाइक्लोपीडिया ऑफ सोशल साइंसेज' के अनुसार आद्यरूप बिम्बों में अभिव्यक्ति एक अचेतन शक्ति है जिसके द्वारा सामूहिक अचेतन व्यक्ति को प्रभावित करता है।[99] यहाँ उल्लेखनीय है कि आद्यरूप ऊर्जा (एनर्जी) है, शक्ति नहीं।

(ज) 'मानविकी पारिभाषिक कोष' के मनोविज्ञान खंड के अनुसार प्रत्न भाव प्रतिमा (आर्केटाइप) सामूहिक अज्ञात मन की निधि है और व्यक्ति इन्हें अपने पूर्वजों से ग्रहण करता है। इनका स्थानान्तरण होता रहता है। हर एक प्रत्न भाव

प्रतिमा सामान्य मानव स्वभाव की द्योतक होती है। इनके द्वारा स्वतंत्र रूप से सामान्य मानसिक तथ्यों का दिग्दर्शन होता है। प्रत्न भाव प्रतिमा स्थिर है तथा सामान्य प्रकार के प्रतीक रूप में हैं और हरेक व्यक्ति में विद्यमान है।[100]

स्पष्ट है कि विभिन्न विज्ञान कोशों में भी आद्यरूप की व्याख्या प्राय: भ्रामक, अस्पष्ट या अपर्याप्त है।

(ख) युंगीय मनोविज्ञान में आद्यरूप—आद्यरूप का प्रत्यय विश्लेषणात्मक मनोविज्ञान की रीढ़ है। आर्केटाइप शब्द का प्रयोग युंग से पहले भी होता था। सेंट आगस्टाइन, प्लेटो और लेवी ब्रूल्ह आदि ने इस शब्द का प्रयोग किए बिना इसके निहितार्थ को स्पष्ट किया था।[101] युंग ने यह शब्द कारपस हर्मेतिकस और दियोनीसियस से ग्रहण किया था।[102] उन्होंने इस शब्द और इससे सम्बद्ध परम्परागत अर्थों का उपयोग अपनी मनोवैज्ञानिक धारणाओं के विकास में किया।

विश्लेषणात्मक मनोविज्ञान में आद्यरूप की धारणा विकासशील रही है। अन्ततः युंग ने आद्यरूप को साइकोइड रूप में विवेचित किया, जिसका तात्पर्य उसके चित्तीय स्वभाव के समान ही कायिक स्वभाव से भी था।[103]

युंग के परवर्ती वैज्ञानिकों ने इस धारणा का और अधिक विकास किया। उन्होंने पशुओं में भी आद्यरूप के अस्तित्व की सम्भावना निरूपित की। इस दृष्टि से एडोल्फ पोर्टमेंन, एच.हेडीगर, के. लारेन्ज आदि के नाम उल्लेखनीय है।[104] आर. केलाग ने बच्चों के अहं-विकास की आद्यरूपात्मक संरचना का अध्ययन कर युंग के सिद्धान्त की पुष्टि की है।[105] माइकेल फारदेम ने भी शिशु मनोविज्ञान सम्बन्धी अध्ययनों से आद्यरूपों के चेतनापूर्ण अस्तित्व का निष्कर्ष निकाला है।[106] यहाँ आद्यरूप की धारणा के अधुनातम विकास को दृष्टि में रखते हुए उसके स्वरूप की विवृत्ति की जा रही है।

आद्यरूप शाश्वत हैं।[107] इनकी उत्पत्ति का रहस्यात्मक प्रश्न अव्याकरणीय है।[108] इनकी सटीक व्याख्या असम्भव है।[109] स्वयं युंग भी इसकी पूर्ण व्याख्या के भ्रम में कभी नहीं पड़े।[110] वे मुख्यत: आद्यरूप के चित्तीय जीवन से सम्बद्ध पक्षों के अध्ययन में प्रवृत्त रहे। उन्होंने आद्यरूपों को ऐसे प्रेरकों और आशयों (मोटिफ्स) के रूप में परिभाषित किया जो चित्तीय तत्वों को आद्यबिम्बों में इस प्रकार व्यवस्थित करते हैं कि उनका संज्ञान उनके द्वारा उत्पादित प्रभाव से ही सम्भव है। वे चेतना-पूर्व सत्तावान समग्र चित्त के मूल घटक हैं।[111] आद्यरूप की व्यापकतर सन्दर्भों में व्याख्या निम्नलिखित उपशीर्षकों में प्रस्तुत है—

I. आद्यरूप और ग्रन्थि

II. आद्यरूप और वृत्तियाँ

III. आद्यरूप और चित्तीय संरचना

IV. आद्यरूप : साइकोइड सत्ता के रूप में।

I. आद्यरूप और ग्रन्थि—फ्रायड के अनुसार व्यक्ति के जीवानुभवों, विशेषत: दमित अनुभवों से ग्रन्थियाँ बनती हैं। उन्होंने ग्रन्थिविषयक इस धारणा का उपयोग मानसिक रोगों के निदान एवं उपचार में किया। युंग ने अपने अनुभव के आधार पर देखा कि कुछ ग्रन्थियाँ तो स्वार्जित होती हैं, किन्तु कुछ अन्य एक विशेष क्षण में अभिव्यक्त होने से पूर्व व्यक्ति-चेतना का विषय कभी नहीं रही होंती।[112] उनके अनुसार पहली कोटि की ग्रन्थियों का वाहक व्यक्तिगत अचेतन और दूसरी कोटि की ग्रन्थियों का वाहक सामूहिक अचेतन है। जैकोबी ने इन्हें क्रमश: रुग्ण एवं स्वस्थ व्यक्ति की ग्रन्थियाँ कहा है।[113] सामूहिक अचेतन की ग्रन्थियाँ ही आद्यरूप हैं। व्यक्तिगत अचेतन की ग्रन्थियों इन आद्यरूपों के अत्यन्त व्यक्तिगत विषयों में लिप्त हो जाने पर बनती हैं।

युंग ने आद्यरूपों के ग्रन्थि बनने की प्रक्रिया पर भी विचार किया है। संरचनात्मक दृष्टि से प्रत्येक ग्रन्थि में एक केन्द्रक (न्यूक्लीयर एलिमेंट) होता है जो अचेतन और स्वायत्त होने के कारण चेतन नियन्त्रण में नहीं रहता। इस केन्द्रक यानी आद्यरूप में अपने ऊर्जीय मूल्य के अनुरूप पुंजन-शक्ति होती है जिससे उसमें व्यक्तिगत स्वभाव के एवं बाह्य अनुभवों से सम्बद्ध संवेगात्मक साहचर्य पूँजीकृत होते रहते हैं।[114] इस प्रकार प्रत्येक ग्रन्थि पुंजन-शक्ति से युक्त केन्द्रक एवं उससे संबद्ध संवेगात्मक साह्चर्यों से संरचित है। दूसरे शब्दों में, व्यक्तिगत स्वभाव के संवेगात्मक साहचर्या से सम्बद्ध होने पर ही आद्यरूप ग्रन्थि बनता है। स्पष्ट है कि ग्रन्थि का केन्द्रक ही आद्यरूप है और ऐसे केन्द्रकों से ही सामूहिक अचेतन का निर्माण होता है। मनश्चिकित्सा में प्राय: आद्यरूप के व्यक्तिगत संवेगात्मक साहचर्यों निर्ग्रन्थन का प्रयास किया जाता है। आद्यरूप को मिटाने का नहीं।[115] आद्यरूप के निर्ग्रन्थन से व्यक्तिगत समस्याओं का समाधान तो हो जाता है, लेकिन सम्पूर्ण मानव जाति की समस्याओं का समाधान नहीं हो पाता। व्यक्तिगत समस्याओं का समाधान हो जाने के उपरान्त मानव-मात्र की इन जातीय समस्याओं का समाधान आद्यरूपों के व्यंजकों अर्थात् आद्यबिम्बों के चेतना में समाहार से ही सम्भव है।[116]

इस प्रकार ग्रन्थि के मूल में केन्द्रक यानी आद्यरूप हैं जो चित्त की अपरिवर्तनीय संरचना का प्रतिनिधित्व करते हैं। इनके यथार्थ का प्रमाण यह है कि चेतन मन पर इनका निश्चयात्मक प्रभाव पड़ता है।[117] इन्हें हमारी चेतना के निगूढ़ और मूलभूत तत्वों के रूप में भी समझा जा सकता है।[118]

आद्यरूपों की सत्ता के ज्ञान में शब्द-साहचर्य की पद्धति की महत्त्वपूर्ण भूमिका रही। आधुनिक मनोविज्ञान के इतिहास में शब्द-साहचर्य पद्धति का प्रारम्भ युंग ने ही किया था और मानव चित्त में ग्रन्थियों की सत्ता की खोज उनके शब्द-साहचर्य-सम्बन्धी प्रयोगों का ही परिणाम थी। इस प्रकार मनोविज्ञान के क्षेत्र में ग्रन्थि की धारणा के जन्मदाता काल गुस्ताव युंग रहे। ग्रन्थियों की स्वायत्ता प्रत्येक स्तर पर

प्रदर्शित हो सकती है। कुछ सोती रह जाती हैं, तो कुछ चित्तीय अर्थव्यवस्था को वाकई भंग कर सकती है।

युंग के अनुसार ग्रन्थियों की पहचान प्रत्युत्तर की असफलता के रूप में की जा सकती है।[119] किसी भी स्थिति के प्रति यदि व्यक्ति सम्यक् प्रत्युत्तर में असफल रहता है तो यह उसकी किसी ग्रन्थि के कारण होता है। इसीलिए युंग ने कहा है कि ग्रन्थि का प्रत्येक सम्पुंजन चेतन की एक बाधित अवस्था की पूर्वपेक्षा करता है।[120] ग्रन्थि सामान्यत: संकल्प के बल पर निरोधित की जा सकती है, किन्तु उसे अस्तित्वविहीन नहीं किया जा सकता और प्रथम अनुकूल अवसर पर यह अपनी समग्र शक्ति के साथ पुन: प्रकट होती है। कुछ प्रयोगात्मक खोजें यह संकेत करती हैं कि इसकी गहनता या सक्रियता की रेखा एक तरंगवत् वैशिष्ट्य रखती है—घंटों, दिनों या सप्ताहों की तरंगावधि का। यह अत्यन्त जटिल प्रश्न अभी तक स्पष्ट नहीं हो सका है।[121] कहना यह है कि मानव चेतना को बाधित करने के लिए ग्रन्थि की सक्रियता की भी एक अवधि होती है। वह अवधि कितनी होती है—यह कहना मुश्किल है। यहाँ इतना आत्महत्या करने की बलवली कामना का आवेग आम तौर पर दो-ढाई घंटे रहता है। उसके बाद यह आवेग कम या समाप्त हो जाता है।

ग्रन्थियाँ इतनी अधिक स्वायत्त होती है कि उन्हें व्यक्ति चित्त में स्वतन्त्र चित्तों की अभिधा दी जा सकती है। युंग के विचार से उनकी उत्पत्ति सतत रूप से तथाकथित उपघात, संवेगात्मक आघात या इसी तरह की किसी बात से होती है जो चित्त के एक अंश को विघटित करता है। निश्चित रूप से इसके सामान्यतम कारणों में से एक नैतिक संघर्ष है जो अन्ततोगत्वा स्वयं के स्वभाव के अभिज्ञान की प्रत्यक्ष असम्भाव्यता से उद्‌भुत है। इस असम्भाव्यता में प्रत्यक्ष विघटन सन्निहित होता है, चाहे चेतन मन उसके प्रति जागरूक हो अथवा न हो।[122] इसीलिए ग्रन्थियों के निर्ग्रन्थन का एकमात्र मार्ग स्वयं की पहचान है जो अति दुष्कर है।

ग्रन्थि की सक्रियता की स्थिति में व्यक्ति-चेतना उससे अभिभूत हो जाती है। मानसिक प्रयोगों में इसके असंख्य उदाहरण हैं। सामान्यत: हम कहते हैं कि हमारे अन्दर ग्रन्थियाँ हैं, जबकि चित्तीय यथार्थ यह है कि हम ग्रन्थियों में होते हैं।

निष्कर्षत: आद्यरूप मानव चित्त की मूल संरचना से सम्बद्ध ऊर्जा के आदिम प्रारूप है। ये वे नाभिक या केन्द्रक है जो विभिन्न संवेगात्मक साहचर्यों को समपिण्डित करने में समर्थ है। मानव चित्त को यदि ग्रन्थियों के रूप में समझा जाए तो हमारा अहं भी एक ग्रन्थि है। हमारा चित्त ग्रन्थिमय है और आद्यरूप ग्रन्थिमूल है।

युंग के अनुसार आद्यरूप आकर्षक होते हैं। उस विशिष्ट आकर्षण का अनुभव करने पर हम उनकी विशिष्ट ऊर्जा को ग्रहण कर सकते हैं। वे मोहन मंत्र अधिकृत करने पर हम उनकी विशिष्ट ऊर्जा को ग्रहण कर सकते हैं। वे मोहन मंत्र की तरह हमें अधिकृत करते लगते हैं। यह विशिष्ट गुण व्यक्तिगत ग्रन्थियों का भी वैशिष्ट्य

है और जैसे कि व्यक्तिगत ग्रन्थियाँ अपना वैयक्तिक इतिहास रखती है, वैसे ही सामाजिक ग्रन्थियाँ आद्यरूपात्मक स्वभाव रखती हैं। लेकिन जहाँ व्यक्तिगत ग्रन्थियाँ व्यक्तिगत पूर्वाग्रह से ज्यादा कुछ उत्पादित नहीं करती, वहाँ आद्यरूप ऐसे मिथकों, धर्मों और दर्शनों का सृजन करते हैं जो सभी राष्ट्रों और इतिहास के नवयुगों को प्रभावित और विशेषित करते हैं। हम व्यक्तिगत ग्रन्थियों को चेतना के एकपक्षीय या दोषपूर्ण रुझानों की क्षतिपूर्ति के रूप में समझते हैं, उसी प्रकार धार्मिक प्रकृति के मिथकों को समग्र मानवता की चिन्ताओं और यातनाओं की एक प्रकार की मानसिक चिकित्सा के रूप में व्याख्यायित किया जा सकता है।[123] इससे स्पष्ट है कि आद्यरूप ग्रन्थियों का मूल स्वरूप है। जब वह मनुष्य मात्र की समस्याओं के अनुरूप पुंजन करता है तब सामाजिक ग्रन्थियों का रूप लेता है और जब वह व्यक्ति की समस्याओं के अनुरूप पुंजन करता है, तब वह व्यक्तिगत ग्रन्थियों का रूप लेता है।

II. आद्यरूप और वृत्तियाँ—युंग ने आद्यरूप और वृत्तियों के सम्बन्ध पर भी विचार किया है। उनके अनुसार फ्रायड और एडलर ने व्यक्ति का मनोविज्ञान स्थापित किया। उनके मनोविज्ञान में व्यक्ति-मन के सभी घटक व्यक्तिगत स्वभाव के रूप में व्याख्यायित हैं। इतना होने पर भी फ्रायड और एडलर का यह मनोविज्ञान कुछ जैविकीय घटकों पर आधारित है जो किसी भी रूप में व्यक्तिगत विशेषताएँ नहीं है। उदाहरणार्थ वृत्तियाँ गतिमय या प्रेरक स्वभाव की अव्यक्तिगत, सार्वभौम और आनुवंशिक घटक है। वे पूर्णतया चेतन होने में प्रायः असफल रहती है। आधुनिक मनश्चिकित्सा उन्हें यथासम्भव चेतन बनाने में रोगी की सहायता का दायित्व वहन करती है। ये वृत्तियाँ प्रकृतितः अनन्त नहीं हैं बल्कि विशेषतः रूपायित प्रेरक शक्तियाँ हैं। यह मानने का निश्चित आधार है कि आद्यरूप इन वृत्तियों के अचेतन बिम्ब अर्थात् वृत्त्यात्मक व्यवहार के प्रारूप हैं।[124]

'कम्प्लेंस आर्केटाइप सिम्बल' के आमुख में युंग ने कहा है कि स्वप्न, फैंटेसी आदि के माध्यम से वृत्तियाँ जिन रूपों में व्यक्त होती हैं, उनमें देशकाल-निरपेक्ष साम्य दिखाई देता है। वृत्तियों के इसी रूपात्मक पक्ष का सम्बन्ध आद्यरूपों से है। यहाँ इतना उल्लेखनीय है कि युंग ने अपनी आद्यरूप-विषयक धारणा के रूपात्मक पक्ष की ओर ही संकेत किया है। अन्यत्र उन्होंने आद्यरूप की व्याख्या पूँजीभूत चित्तीय ऊर्जा के रूप में भी की है।[125] वह असीम विकास और पृथक्करण में सक्षम है।[126] अपनी स्वायत्तता के कारण वह किसी भी समय किसी भी स्थल पर बिना किसी बाह्य प्रभाव के अभिव्यक्त हो सकता है।[127] हमारी चेतना यदि इस अभिव्यक्त को समाहित कर ले तो मानवीय चेतना के असीम विकास की सम्भावनाओं के द्वार खुल जाते हैं।[128] विपरीत स्थिति में, आद्यरूप चेतना को अधिकृत कर मानसिक रोगों को जन्म दे सकते हैं।[129]

III. आद्यरूप और चित्तीय संरचना—यह कहा जा चुका है कि युंग के

विचार से आद्यरूप चित्तीय संरचना के मूलभूत तत्व हैं। इसीलिए उन्हें सभी अमूर्त प्रत्ययों और वैज्ञानिक सिद्धान्तों का आधार भी माना गया है।[130] वे समशील स्थितियों और रूपों के ऐसे वर्ग भी माने गए हैं जिनकी आवृत्तियाँ होती है। इन आवृत्तियों के लिए युंग ने आशय (मोटिफ) शब्द दिया है।[131] जैविकी की व्यवस्था से सामूहिक अचेतन की इन रूढ़ियों की रूपात्मक और क्रियात्मक समानताएँ हैं।[132] आद्यरूप कुछ पक्षों के मानवीकरण के लिए आदिम प्रारूप प्रस्तुत करने के साथ-साथ अमूर्त सम्बन्धों और नियमों के मूल सिद्धान्तों का भी प्रतिनिधित्व करते हैं।[133] इन कथनों के प्रकाश से स्पष्ट है कि हमारे समस्त चित्तीय व्यापार आद्यरूपों पर निर्भर हैं। चित्त के ये मूल घटक वंशानुगत तो हैं, किन्तु परम्परागत बिम्बों के साथ इनका अनिवार्य सम्बन्ध नहीं है।[134] इनके वंशानुगत होने का अभिप्राय केवल इतना ही है कि हमारी चित्तीय संरचना का आधार सामान्य मानवीय दाय है और उसमें निश्चित तथा विशिष्ट रूपों में अभिव्यक्त होने की क्षमता है।[135] इसीलिए आद्यरूप वंशानुगत अभिव्यक्तियों नहीं, अभिव्यक्तियों की सम्भावनाएँ हैं।[136] एंथोनी स्टार्र के अनुसार आद्यरूप किसी विशेष संस्कृति में जन्मी वास्तविक अभिव्यक्तियाँ नहीं है तो भी ये सभी संस्कृतियों में जन्म सभी अभिव्यक्तियों में विद्यमान रहते हैं।[137] आद्यरूप अभिव्यक्तियों के प्रच्छन्न संगठनकर्ता है। वे अचेतन चित्त में निगूढ़ आद्य प्रारूप हैं।[138]

IV. आद्यरूप: साइकोइड सत्ता के रूप में—युंग ने अणु और आद्यरूप की धारणाओं के आधार पर विकासशील नाभिकीय भौतिकी एवं अचेतन के मनोविज्ञान के देर-सबेर निकट आने की सम्भावना व्यक्त की है।[139] उन्होंने आद्यरूप को साइकोइड मानकर चित्तीय और अचित्तीय दोनों रूपों में एक समान सत्तावान् किसी पदार्थ की सम्भावना प्रकट की है।[140] इससे आद्यरूप की मनोकायिक (साइकोफिज़िकल) प्रकृति अभिप्रेत है। परवर्ती शोधों ने इस सम्भावना की पुष्टि की है। वृत्तिविषयक शोध ने जैविकी को इस स्थिति में लाकर छोड़ दिया है कि इसके लिए वैज्ञानिक रूप में गहनतर बोध सम्भव नहीं रह गया है। हमारे जीवित भूतों से परे या उपने मूल में विद्यमान रहस्य का अतल तल है, जो मानव की आध्यात्मिक क्रिया के परीक्षण में बार-बार सामने आता है। यह भी संकेत मिला है कि एक और जैविक घटनाओं से परे और दूसरी और अचेतन से परे विद्यमान इस अज्ञात न्यास का आधार वही एक अव्याकरणीय रहस्य हो सकता है।[141]

4. आद्यबिम्ब—1946 ई. से युंग ने आद्यरूप और उसकी अभिव्यक्तियों में स्पष्ट भेद किया।[142] हमारी समस्त अभिव्यक्तियाँ आद्यरूप पर आश्रित हैं, क्योंकि ऐसी कोई भी मानवीय अभिव्यक्ति सम्भव नहीं है ,जो मूलत: किसी-न-किसी रूप में सार्वभौम न हो। बिम्ब भी मानव चित्त की अभिव्यक्त होने के कारण आद्यरूपात्मक है, आद्यबिम्ब है। अब प्रश्न यह उठता है कि आद्यरूप का आद्यबिम्ब से क्या सम्बन्ध

है और दूसरी आद्यरूपात्मक अभिव्यक्तियों से वह किस प्रकार भिन्न है। इस प्रश्न पर यहाँ निम्नलिखित रूप में विचार किया जा सकता है—

क. आद्यरूप और आद्यबिम्ब

ख. आद्यबिम्ब और अन्य आद्यरूपात्मक अभिव्यक्तियाँ ।

क. आद्यरूप और आद्यबिम्ब—अपने मूल रूप में आद्यरूप अव्यक्त रहता है। हमारी चेतना में उसका देशकालबद्ध व्यक्त रूप आद्यबिम्ब है।[143] आद्यरूप व्यक्तिगत चेतना से सामग्री प्राप्त कर बिम्बों और प्रतीकों के माध्यम से व्यक्त होते हैं। ये अपनी विशिष्ट ऊर्जा और निश्चित स्वायत्ता के कारण चेतना से उस सामग्री को प्राप्त करने में सक्षम हैं जो इनके सर्वाधिक अनुकूल बैठती है।[144] इस प्रकार आद्यरूप स्वत: अव्यक्त होते हुए भी अपनी अनुक्रियाओं अर्थात् बिम्बों के द्वारा गम्य हो सकता है।[145] जब वह चेतन मन के साथ अपने सम्बन्ध बनाने का प्रयास करता है, तब उसे ठोस रूप मिलता है और आद्यबिम्ब या प्रतीक में परिणत होता है।[146] इन कथनों के आलोक में इस प्रचलित भ्रम का निराकरण हो जाता है कि आद्यबिम्ब वंशानुगत होते हैं। वस्तुत: आद्यरूप तो शारीरिक संरचना की तरह वंशानुगत है, किन्तु आद्यबिम्ब नहीं। आद्यरूप ऊर्जा के आदिम प्रारूप हैं। प्रत्येक व्यक्ति में वंशानुगत आदिम प्रारूप—आद्यरूप—अपनी ऊर्जा से देशकाल के अनुसार चित्तीय सामग्री को आकर्षित और पुंजित करने में समर्थ है। इस ऊर्जा से सम्बद्ध पुंज निरन्तर बदलते रहते हैं और आद्यरूप अपने नए-नए पुंजों के अनुसार नए-नए आद्यबिम्बों में अभिव्यक्त होते रहते हैं। भाव यह है कि एक ही व्यक्ति के चित्त में एक ही आद्यरूप देशकाल के भेद से अनेक आद्यबिम्बों में व्यक्त हो सकता है। प्रत्येक आद्यबिम्ब अद्वितीय होता है, क्योंकि आद्यरूप की बिम्बात्मक अभिव्यक्ति देशकालानुसार परिवर्तनशील चेतन मन की स्थिति पर निर्भर होती है। इस प्रकार आद्यरूप घनीभूत चित्तीय ऊर्जा है और बिम्ब उसे गम्य बनाने वाला माध्यम है।[147]

ख. आद्यबिम्ब और अन्य आद्यरूपात्मक अभिव्यक्तियाँ—आद्यबिम्ब और अन्य आद्यरूपात्मक अभिव्यक्तियों में भी अन्तर है। आद्यरूप निम्नतर जैविक और उच्चतर आध्यात्मिक स्तर पर अभिव्यक्ति हो सकता है।[148] हमारा समस्त वृत्यात्मक व्यवहार जैविक स्तर पर आद्यरूप की अभिव्यक्ति में अन्तर्भुक्त किया जा सकता है। आध्यात्मिक स्तर पर आद्यरूप की अभिव्यक्ति बिम्ब या प्रतीक मे रूप में होती है। आद्यरूप की जैविक और आध्यात्मिक अभिव्यक्तियाँ अहं को विशिष्ट मानवीय व्यवहार की दिशा में प्रभावित करती है।[149] व्यक्ति और सम्पूर्ण मानवता के विकास की दृष्टि से जैविक अभिव्यक्ति की अपेक्षा आध्यात्मिक अभिव्यक्ति का असाधारण महत्त्व है, क्योंकि उससे चित्तीय विरोधों की द्विध्रुवीयता एक ऐसे बिन्दु पर संश्लेषित होती है, जिसके आधार पर, युगीन समस्याओं का समाधान सम्भव हो जाता है।

इन दोनों प्रकार की आद्यरूपात्मक अभिव्यक्तियों में साथ ही तीसरे प्रकार की

आद्यरूपात्मक अभिव्यक्तियाँ विभिन्न मानदण्डों, प्रथाओं और प्रचलित विचारों के रूप में होती हैं। समाज में प्रचलित मानदण्ड, प्रथाएँ, विचार आदि हमारी सामूहिक चेतना से सम्बन्धित हैं। जैकोबी ने इन्हें अचेतन आद्यरूपों की निष्प्रेम प्रतिकृतियाँ कहकर उक्त दोनों प्रकार की आद्यरूपात्मक अभिव्यक्तियों से अलग किया है।[150]

इस प्रकार आद्यरूपात्मक अभिव्यक्ति मूलत: जैविक और आध्यात्मिक स्तर पर होती है। आध्यात्मिक स्तर की अभिव्यक्ति ही आद्यबिम्ब है। आद्यबिम्ब पूर्णतया गृहीत या चेतना से अदृश्य हो जाने पर अपनी ऊर्जा खो बैठता है और समाज के सामान्य मानदण्डों, रूढ़ प्रथाओं और विशुद्ध प्रत्ययों आदि में परिणत हो जाता है। आद्यरूप की सप्रभ अभिव्यक्तियाँ आद्यबिम्ब हैं और समाज के मानदण्ड, प्रथाएँ, वाद आदि मृत आद्यबिम्ब हैं।

ग. आद्यबिम्ब और प्रतीक—युंगीय दृष्टि से आद्यबिम्ब और प्रतीक में कोई अन्तर नहीं है। बिम्ब और प्रतीक की युंगीय परिभाषाएँ इसका प्रमाण है। उनके अनुसार बिम्ब समग्र चित्तीय स्थिति की संघनित अभिव्यक्ति है[151] अथवा ''क्षण विशेष की चेतन-अचेतन स्थिति की अभिव्यक्ति है।''[152] यही बात उन्होंने शब्दभेद से प्रतीक के विषय में भी कही है।[153] आद्यबिम्ब और प्रतीक के अभेद को लक्षित कर जैकोबी ने ''काम्प्लैक्स /आर्केटाइप /सिम्बल'' के ''सिम्बल'' शीर्षक अध्याय में आद्यबिम्ब का ही विवेचन किया है। स्पष्ट है कि आद्यबिम्ब ही प्रतीक अथवा प्रतीक ही आद्यबिम्ब है।

घ. आद्यबिम्ब (प्रतीक), चिह्न और अध्यवसित रूपक—सभी प्रकार की चित्तीय अभिव्यक्तियाँ प्रतीकात्मक होती हैं। प्रतीकात्मक विचारों और भावनाओं की, कार्यों और स्थितियों की सत्ता निर्विवाद है।[154] युंग ने प्रतीक और चिह्न में भेद किया है। उनके अनुसार अपने स्पष्ट एवं प्रत्यक्ष अर्थ से अधिक व्यंजक शब्द या बिम्ब प्रतीकात्मक है।[155] अचेतन से सृजित होने के कारण प्रतीक में अस्पष्ट, अज्ञात अथवा प्रच्छन्न अर्थ निहित रहता है जबकि चिह्न हमारी चेतना द्वारा स्पष्टत: गृहीत अर्थ का द्योतक होता है। उदाहरणार्थ यूनेस्को आदि संकेताक्षरों को लिया जा सकता है। ऐसे संकेताक्षर सम्बद्ध विषयों के स्पष्ट द्योतक होने के कारण चिह्न कहलाते हैं।[156] व्यक्ति-भेद से चिह्न का प्रतीक के रूप में और प्रतीक का चिह्न के रूप में ग्रहण सम्भव है, उदाहरणार्थ क्रास एक व्यक्ति के लिए ईसाइयत का बाह्य चिह्न और किसी अन्य व्यक्ति के लिए समृद्ध भावोद्दीपक प्रतीक हो सकता है।[157] चिह्न के समान अध्यवसित रूपक भी प्रतीक से भिन्न है।[158] उदाहरणार्थ आदिम मानव जब सूर्योदय की घटना देखता है तो उसके अचेतन से उद्भूत किसी प्रतीक का उस पर प्रक्षेपण हो जाता है और इस रूप में वह किसी देवता या नायक के भाग्य का बिम्ब बन जाता है। इस प्रकार ऋतुओं आदि से सम्बद्ध आदिम मिथक बाह्य घटनाओं के व्यंजक अध्यवसित रूपक न होकर अचेतन आभ्यन्तर घटनाओं की प्रतीकात्मक

अभिव्यक्तियाँ है।[159] बाह्य और चित्तीय घटनाओं के युगपत साहचर्य की व्याख्या कार्य-कारण न्याय से नहीं, काकतालीय न्याय से ही की जा सकती है।[160] सूर्य-चक्र के प्राचीन प्रस्तरयुगीन रोडेशियाई शिलाचित्र इस तथ्य के पोषक हैं कि प्रतीकों की अभिव्यक्ति बाह्य घटनाओं के साथ संयोग हुए बिना भी हो सकती है।[161] अध्यवसित रूपक का मुख्यार्थ स्पष्ट और निश्चित होता है।

च. आद्यबिम्ब और मिथक—आधुनिक युग में अनेक कारणों से मिथकीय आलोचना बहुचर्चित रही है। मिथकीय आलोचना पर अन्यत्र अपेक्षित विस्तार से विचार किया जाएगा। यहाँ मिथकों का स्वरूप एवं आद्यबिम्ब से उसका सम्बन्ध विचारणीय है।

मिथक शब्द अंग्रेजी के मिथ का हिन्दी प्रतिशब्द है। प्रोफेसर नगेन्द्र के अनुसार, ''मिथक संस्कृत का सिद्ध शब्द नहीं है। संस्कृत में इसके निकटवर्ती दो शब्द हैं—1. मिथक या मिथ : जिसका अर्थ है परस्पर, और 2. मिथ्या जो असत्य का वाचक है। यदि मिथक का सम्बन्ध मिथक से स्थापित किया जाए तो इसका अर्थ हो सकता है—सत्य और कल्पना का परस्पर-अभिन्न सम्बन्ध अथवा ऐकात्म्य। मिथ्या से सम्बन्ध जोड़ने पर मिथक का अर्थ कपोल-कथा बन सकता है। परन्तु, वास्तव में मिथ के पर्याय रूप में मिथक शब्द के निर्माण में अर्थसाम्य की अपेक्षा ध्वनिसाम्य की प्रेरणा ही अधिक रही है—अर्थात् मिथक मिथ का समानार्थक शब्द होने की अपेक्षा समानध्वन्यात्मक शब्द ही अधिक है।''[162]

मिथक के स्वरूप विषय में अनेकानेक धारणाएँ हैं, किन्तु इस पर कोई मतभेद नहीं है कि मिथक का रूप कथात्मक होता है। उसकी घटनाएँ अलौकिक होती हैं। उसमें कल्पना का योगदान अवश्य रहता है, किन्तु उसकी प्रतीति सत्य के रूप में ही होती हैं। प्रो. नगेन्द्र के शब्दों में, ''अत: कल्पना और सत्य—भावगत सत्य और वस्तुगत सत्य—की अभेद प्रतीति मिथकीय की प्रकल्पना का आधार-तत्व है।''[163]

मानव मिथक-स्रष्टा है और इसलिए वह मानवेतर प्राणियों से श्रेष्ठ है, क्योंकि मानवेतर प्राणी वृत्तियों के संसार में रहते हैं; मिथकों के संसार में नहीं। आधुनिक मानव की चेतना वैज्ञानिक विकास के दबावों के कारण अपने मिथकीय स्रोतों से निरन्तर पृथक्कृत, विकसित और परिमाणतः त्रस्त होती जा रही है। इसी अनुपात में मिथकों का वैज्ञानिक अध्ययन ज़ोर पकड़ रहा है। आज आलम यह है कि हमारे सामने मिथकों की अनेकानेक दार्शनिक, नृतत्वशास्त्रीय एवं मनोवैज्ञानिक व्याख्याओं का जमघट हैं। दर्शन और नृतत्वशास्त्र के क्षेत्र में मिथकों को प्राय: आदिम मानव द्वारा सृष्टि की व्याख्या के सन्दर्भ में समझा गया है, किन्तु व्याख्या में व्याख्येय की पृथक् सत्ता रहती है और आदिम मानव की अहं-चेतना उक्त पार्थक्य प्रतीति में सक्षम नहीं थी। उसके सामने सृष्टि को जानने से पहले देखने या महसूस करने की समस्या थी। आज भी शिशु पदार्थों को महसूस करने की कोशिश पहले करता है।

आदिम मानव ने सूर्य की देवता के रूप में प्रतीति की थी; व्याख्या नहीं। ''क्या'' हमारा आदिमतम प्रश्न है। ''कैसे'', ''क्यों'' आदि प्रश्न परवर्ती हैं। इस प्रकार मिथक मानव के बहिरभ्यन्तर विश्व की ऐसी आदिम प्रतीतियाँ हैं जो प्रतीयमान से पृथक् नहीं हैं। अत: इसकी सही व्याख्या उनके बिम्ब या प्रतीक रूप में समझने पर ही सम्भव है; रूपक या चिह्न के रूप में नहीं।

मिथकों के गहनता मनोविज्ञान से सरोकार को रेखांकित किया जाना चाहिए। मिथकों के तंत्र में इतिहास के सूत्रों का भी सन्धान किया गया है, किन्तु ऐसे सूत्रों की व्याख्या इतिहास का विषय हो सकती है; मनोवैज्ञानिकों का नहीं। इसी प्रकार मिथकों का इतिहास नृतत्त्वशास्त्रियों, नृवंशशास्त्रियों और इतिहासवेत्ताओं के अध्ययन का विषय है; मनोविज्ञान का योगदान इस क्षेत्र में सीमित ही रहेगा।

मिथकों का अध्ययन मनोविज्ञान में प्रसंगात् ही प्रारम्भ हुआ था किन्तु शीघ्र ही मानव की चित्तीय प्रक्रियाओं के सन्दर्भ में उनकी निर्णायक भूमिका सिद्ध हो गयी और इसीलिए उनके अध्ययन को अनिवार्य समझा जाने लगा। अब भी मनोवैज्ञानिकों के अध्ययन का विषय प्रमुख रूप से चेतना-सापेक्ष मिथक हैं; चेतना-निरपेक्ष मिथक नहीं। दूसरे शब्दों में मनोविज्ञान में उस मिथक का अध्ययन किया जाता है जो हमारी चेतना में व्यक्त होता है। मनोवैज्ञानिक के लिए गृहीता चेतना के भेद से एक ही मिथक की अनेक व्याख्याएँ सम्भव हैं। रोगी की चेतना में उद्दीप्त सूर्य लिंग की व्याख्या और अभिनवगुप्त पादाचार्य के गगनलिंग की व्याख्या एक नहीं हो सकती। मिथक की व्याख्या में गृहीता चेतना से मिथक के सम्बन्ध को भुला देना अनर्थकर हो सकता है।

मिथक-सृजन वृत्त्यात्मक व्यवहार से व्यतिरिक्त है; सांस्कृतिक है। इसीलिए मिथकों की ऐसी कोई भी व्याख्या विश्लेषणात्मक मनोविज्ञान के जन्मदाता युंग को स्वीकार्य नहीं है जो मिथकों के सृजन को वृत्त्यात्मक व्यवहार में सीमित करती हो। फ्रायड और उसके अनुयायियों ने ऐसी ही व्याख्याएँ कीं और इसीलिए, वे युंग और योंगों के विरोध का विषय रहीं।

युंगीय दृष्टि से मिथक भी आद्यबिम्ब या आद्यबिम्ब-शृंखलाएँ हैं जिनके माध्यम से तेजस् रूपान्तरित होता है। मिथक द्वन्द्व जन्मा है। वह प्रकृति और अध्यात्म (नेचर बनाम स्पिरिट) के सनातन द्वन्द्व से जन्मता है। द्वन्द्वजन्मा होने के कारण मिथक द्वन्द्वों के सामरस्य का भी व्यंजक होता है। मिथकों की सामरस्य-व्यंजकता और सांस्कृतिक विकास में उनकी निर्णायक भूमिका को लक्षित कर युंग ने उन्हें आद्यरूपों की आध्यत्मिक अभिव्यक्ति माना है। वे इसलिए भी आध्यात्मिक विशेषण के अधिकारी हैं कि वे प्रकृतिमुक्त तेजस् के वाहक हैं। वृत्तियों के आदिम प्रारूपों—आद्यरूपों की ऊर्जा मिथकों माध्यम से ही अपने प्रकृत जैव या वृत्यात्मक प्रवाह से मुक्त होती है।

मिथक आदिम मानव के जीवन की भौतिक या बाह्य घटनाओं के प्राकृतिक

व्यापारों पर आरोप के द्योतक नहीं हैं, जैसा कि अधिकांश नृतत्वशास्त्री मानते हैं, बल्कि वे, प्रथमतः और प्रमुखतः आदिम मानव की चित्तीय प्रक्रियाओं के व्यंजक आद्यबिम्ब हैं। दूसरे शब्दों में, वे उसके अपने आभ्यन्तर विश्व की अभिव्यक्तियाँ हैं। मिथक मानव के भौतिक जीवन की बाह्य घटनाओं और प्राकृतिक व्यापारों के मिलन-बिन्दु न होकर उसके चित्तीय संसार और प्राकृतिक व्यापारों की सामरस्यपूर्ण आदिम प्रतीतियाँ हैं। आरम्भ में यह प्रतीतियाँ सूर्यदेव, वृक्षदेव, धरती माता जैसे मिथकों के रूप में हुई होंगी। कथा के रूप में मिथकों का विकास परवर्ती है, क्योंकि चित्त की आभ्यन्तर प्रक्रियाओं की कथात्मक प्रतीति के लिए गृहीता अहं-चेतना के विकास का एक स्तर अपेक्षित है। यह निश्चयपूर्वक कहा जा सकता है कि कथा के रूप में भी मिथक मूलतः मानव के आभ्यन्तर विश्व की घटनाओं के ही व्यंजक हैं।

मिथक की फ्रायडीय और युंगीय व्याख्याओं का भेद प्रो. नगेन्द्र के शब्दों में इस प्रकार है—"मनोविश्लेषण के दो प्रमाण-पुरुषों ने अपने-अपने सिद्धान्तों के आलोक में मिथक की परिभाषाएँ दी हैं। फ्रायड और उसके अनुयायी मिथक को स्वप्न का सजातीय मानते हुए उसे इच्छापूर्ति का एक विधान मानते हैं। जिस प्रकार हमारा अचेतन मन सदैव अपनी दमित इच्छाओं की स्वप्नों अथवा दिवास्वप्नों के द्वारा पूर्ति करता है, इसी प्रकार पुराकाल में आदिम मानव अपनी रागद्वेषजन्य इच्छाओं, प्रेमजन्य वासनाओं और मृत्युजन्य सन्त्रास की भावनाओं को मिथकों के रूप में प्रतिफलित करता था। इनके विचार से मिथक-रचना की प्रक्रिया निरन्तर चल रही है। उधर युंग और उनके मतावलम्बियों के अनुसार मिथक मानव जाति के सामूहिक अचेतन की आंकाक्षाओं और भावनाओं की आदिम अभिव्यक्तियाँ हैं। सामूहिक अचेतन में ऐसे तत्व तथा गुण सन्निहित रहते हैं जो सभी व्यक्तियों में समान—अर्थात् सार्वजनिक एवं सार्वभौम—होते हैं। इसलिए युंग ने इसे सामूहिक अचेतन कहा है। यह वास्तव में मानव प्रकृति का परावैयक्तिक स्तर है जिसमें किसी एक जाति अथवा युग के नहीं वरन् आदिम युग से संस्कार बिम्ब-रूप होते हैं, इसलिए इन्हें आद्यबिम्ब के नाम से अभिहित करना सर्वथा उचित है। युंग द्वारा बिम्ब की यह प्रकल्पना भारतीय दर्शन में प्रतिपादित जीव के प्रावतन संस्कारों अथवा जननान्तर वासनाओं के काफी निकट है। युंग के मत से मिथक की रचना इन्हीं आद्यबिम्बों या प्राक्तन संस्कारों से होती हैं।[164]

छ. आद्यबिम्ब और लोककथा—लोक साहित्य अत्यन्त व्यापक हैं। उसकी विविध विधाएँ हैं। लोकगीत, लोकगाथा, पशु-पक्षी कथाएँ, परी कथाएँ, क्रम सम्वृद्ध लोककथाएँ, आदिवासी लोककथाएँ, परीकथाएँ, निजमधरी कथाएँ आदि अनेकानेक रूपों में लोक साहित्य व्याप्त है। इन सभी विधाओं का विवेचन यहाँ अपेक्षित नहीं है। यहाँ केवल इतना उल्लेख पर्याप्त है कि लोककथाएँ चाहे वे परीकथाएँ हों अथवा पशु-पक्षी कथाएँ, अपनी प्रकृति में आद्यरूपात्मक अभिप्राय लिए होती है। निजमधरी

कथाओं के विषय में कहा जा सकता है कि उनमें आद्यरूपात्मक अभिप्राय इतिहास के वेश में प्रकट होते हैं। लोक साहित्य के विविध रूपों की बिम्बात्मक गहनताओं में अन्तर होता है। यह भी उल्लेखनीय है कि एक ही लोककथा की बिम्बात्मक दीप्ति में गृहीता चेतना के भेद से अन्तर हो जाता है।

ज. आद्यबिम्ब और स्वप्न—प्रत्येक मानव स्वप्नद्रष्टा है। स्वप्न मानव चित्त के आभ्यन्तर यथार्थ के व्यंजक होते हैं। स्वप्नों के इस असाधारण महत्त्व से मनुष्य सभ्यता के प्रारम्भ से ही परिचित है। स्वप्नों को अच्छा या बुरा समझा जाता रहा है। स्वप्नों की अर्थवत्ता भी परम्परा में स्वीकृति रही है और प्राचीन काल से ही मनुष्य स्वप्नों का अर्थ जानने की निश्चित विधियों के प्रति सचेष्ट रहा है। प्राचीन काल से ही दार्शनिकों और ज्योतिषियों ने अपने-अपने ढंग से स्वप्नों के निर्वचन के प्रयास किए। यहाँ प्रमुख प्रश्न स्वप्न-निर्वचन की पद्धति का न होकर आद्यबिम्ब के विशिष्ट सन्दर्भ में स्वप्नों के स्वरूप का है।

सामान्यतः अधिकतर स्वप्न याद नहीं रहते, किन्तु स्वप्नों को याद रखने का संकल्प करने पर व्यक्ति अपने अधिकांश स्वप्नों को याद रख सकता है। स्वप्न अनिश्चित होते हैं अर्थात् वे स्पष्ट भी हो सकते हैं और अस्पष्ट भी। बिना सपनों वाली नींद सबसे अच्छी और एकमात्र ठीक नींद है। फ्रायड का यह दृष्टिकोण एक सीमा तक सही है कि स्वप्न नींद में मन पर क्रिया करने वाले उद्दीपकों पर मन की प्रतिक्रिया का प्रकार हैं।[165] स्वप्नों का अधिकांश नेत्रगोचर प्रतिबिम्बों का ही बना होता है। इन्द्रियानुभवों की दृष्टि से स्वप्न दृश्यकाव्य की तरह माने जा सकते हैं। स्वप्नों के विषय में यह धारणा अतिप्रचलित रही है कि वे नींद में होने वाले शारीरिक उद्दीपकों की मानसिक प्रतिक्रिया हैं, किन्तु यह धारणा स्वप्न की अर्थवत्ता को दूर तक स्पष्ट नहीं कर पाती। मनोविश्लेषण के अनुसार उद्दीपकों के प्रभाव के सिद्धान्त से स्वप्नों के बहुत थोड़े से हिस्से की व्याख्या हो पाती है।[166] फ्रायड के शब्दों में, ''जो स्वप्न मनुष्य को जगा देते हैं, उनमें ही बाहरी नींद बिगाड़ने वाले उद्दीपकों के प्रभाव को जानने का सबसे अच्छा मौका है। दूसरे अधिकतर उदाहरणों में यह काम अधिक कठिन होगा।''[167]

जिस प्रकार मनुष्य की काया को विश्राम की आवश्यकता होती है, उसी प्रकार हमारे चित्त को भी विश्राम आवश्यकता होती है। फ्रायड के शब्दों में कहें तो, ''मालूम होता है कि जिस दुनिया में हम इतनी अनिच्छा से आए थे, उससे हमारा सम्बन्ध तभी सहने योग्य होता है, जब बीच-बीच में हम उससे अलग होते रहें, इसलिए हम कुछ-कुछ समय बाद उस अवस्था में चले जाते हैं जिसमें हम दुनिया में आने से पहले थे अर्थात् गर्भावस्था के जीवन में आ जाते हैं।''[168]

प्रयोगात्मक मनोविज्ञान के दृष्टिकोण से स्वप्न हमारी प्रातःकालीन स्मृति पर आधारित लगने वाली विरल घटनाएँ नहीं हैं, बल्कि वास्तव में ये स्वस्थ मनुष्य की

रात्रिकालीन निंद्रा की लगभग एक चौथाई अवधि में रहते हैं। यह भी पाया गया है कि स्वप्न की यह समग्र अवधि चार से छह विभिन्न काण्डों में विभक्त रहती है जिनके बीच में अनुमानतः 60 मिनट की स्वप्नरहित निन्द्रा का अन्तराल होता है।[169] स्वप्न के विषय में फ्रायड और युंग दोनों ही इस तथ्य से सहमत हैं कि स्वप्न अचेतन चित्त के उत्पाद हैं। युंग के अनुसार स्वप्न चेतन चित्त के नैरन्तर्य से पूर्णतया विच्छिन्न नहीं होते, क्योंकि लगभग प्रत्येक स्वप्न में विगत दिन या दिनों की छापें विद्यमान रहती हैं। स्वप्न के इस वैशिष्ट्य से ऐसा प्रतीत होता है कि वे पश्चोन्मुख होते हैं, किन्तु गम्भीरतापूर्वक विचार करने पर स्वप्न की अग्रगामिता भी सिद्ध हो जाती है।[170] युंगीय दृष्टि से सिद्धान्ततः प्रत्येक स्वप्न में एक व्यक्ति की समग्र पूर्व जीवनानुभूति पायी जा सकती है।[171] यही नहीं, बल्कि मानव सभ्यता के इतिहास की झलकियाँ एक स्वप्न में विद्यमान हो सकती हैं।

स्वप्नों की व्याख्या का फ्रायडीय दृष्टिकोण हेतुवादी है जबकि युंगीय दृष्टिकोण अंत्यवादी है। फ्रायडीय दृष्टिकोण से स्वप्न व्यक्ति के अचेतन चित्त की दमित सामग्री का व्यंजक है और उसका लक्ष्य उन इच्छाओं की पूर्ति मात्र है जिन्हें सामाजिक विधि-निषेधों के कारण व्यक्ति तृप्ति नहीं कर पाता युंगीय दृष्टिकोण से स्वप्न केवल इच्छा-तृप्ति नहीं है, बल्कि उसका एक उद्देश्य होता है और उसमें व्यक्ति के भावी चित्तीय विकास की सम्भावनाएँ होती हैं। युंग के अनुसार केवल स्वप्न ही नहीं, बल्कि सभी चित्तीय अभिव्यक्तियों में, चाहे वे संवेगात्मक प्रतिक्रियाएँ ही क्यों न हों, भविष्योन्मुखता होती है।[172] स्पष्ट है कि स्वप्न अपनी प्रकृति में केवल रोगलक्षणात्मक ही नहीं होते, बल्कि बिम्बात्मक भी होते हैं। आद्यरूप स्वप्नों में भी स्वयं को व्यक्त करते हैं। ऐसे स्वप्नों में अनेक सृजनात्मक प्रत्यय विद्यमान रहते हैं। अतः स्वप्नों को ऐसे आद्यबिम्बों के रूप में भी समझा जा सकता है जिनमें हमारी अहं-चेतना निष्क्रिय रहती है।

स्वप्न और दिवास्वप्न में अन्तर है। यह अन्तर व्यक्ति के अहं की स्थिति का अन्तर है। स्वप्न में अहं निष्क्रिय रहता है जबकि दिवास्वप्न में अहं उतना निष्क्रिय नहीं रह पाता।

झ. आद्यबिम्ब और फंतासी—आधुनिक जीवन और साहित्य में फंतासी की अत्यधिक चर्चा रही है। फंतासी से युंग का तात्पर्य दो भिन्न क्रियाओं से है फेंटाज्म और प्रातिभ क्रिया। फंतासी इस दोनों में से किस अर्थ में प्रयुक्त हो रही है, इसका पता प्रसंग से चलता है। फेंटाज्म के अर्थ में फंतासी एक प्रत्यय-ग्रन्थि है जो दूसरी प्रत्यय ग्रन्थियों से इस अर्थ में भिन्न है कि यह कोई विषयपरक सन्दर्भक (रेफ रेंट) नहीं रखती। हालांकि यह मूलतः स्मृति-बिम्बों पर आधारित हो सकती है, किन्तु इसकी सामग्री बाह्य वास्तविकताओं से सम्बद्ध नहीं होती। यह सृजनात्मक चित्तीय क्रियाओं का सहज प्रस्फुटन है अर्थात् ऊर्जस्वी चित्तीय तत्वों के योग की अभिव्यक्ति

या उत्पाद है। जहाँ तक चित्तीय ऊर्जा ऐच्छिक रूप से निदेशित की जा सकती है, वहाँ तक एक फंतासी चेतनतः और इरादतन सृजित की जा सकती है—चाहे वह समग्र हो या, कम से कम, अंश में। समग्रता वाली स्थिति में यह चेतन तत्वों के योग के अतिरिक्त और कुछ नहीं है—शुद्ध सैद्धान्तिक रुचि का कृत्रिम प्रयोग है। प्रत्येक दिन के वास्तविक मनोवैज्ञानिक अनुभव में फंतासी या तो अपेक्षा की सहजानुभूति में अभिवृत्ति द्वारा संवेग में गठित होती है अथवा यह अचेतन सामग्री का चेतना में स्फुटन है। अपेक्षा की सहजानुभूति से यहाँ अभिप्राय है कि अपने जीवन से हमारी अपेक्षाएँ समग्रता में क्या हैं। इसी के अनुसार हमारा चित्त फंतासी का सर्जन करता है। हम सक्रिय और निष्क्रिय फंतासी में भेद कर सकते हैं। सक्रिय फंतासियों सहजानुभूति की उत्पाद हैं। वे अचेतन की सामग्री के ग्रहण के लिए निदेशित है। उनमें तेजस् तत्काल अचेतन से उभरती सामग्री को विनियोजित करता है और समानान्तर सामग्री के साहचर्यों द्वारा उन्हें दृश्यात्मक रूप में प्रकाशित करता है। निष्क्रिय फंतासी दृश्यात्मक रूप से बहिर्गठन (आउट सेट) पर प्रकट होती है। वे सहजानुभूति की अपेक्षा से संयुक्त या परिचालित नहीं है। विषय के अभिवृत्ति के समग्रतः निष्क्रिय होने के कारण स्वभावतः वे केवल चित्त के सापेक्षित असमन्जन अथवा विघटन की परिणाम है, क्योंकि उनमें चित्तीय ऊर्जा के चेतन नियन्त्रण से परे होने की तथा अचेतन सामग्री के परिणामोन्मुख क्रियाशीलता की स्थिति रहती है। निष्क्रिय फंतासियाँ चेतना विरोधी और चेतन अभिवृत्ति के समान शक्तिशाली हो सकती है। वे चेतना को अधिकृत कर सकती हैं। सक्रिय फंतासियों में प्रकाशस्पर्शी अचेतन के अंशों को चेतना में समाहित किया जाता है, अतः वे अनिवार्यतः चित्तीय अवस्था के विघटन का परिणाम न होकर चेतना के विधेयात्मक योग का परिणाम होती है। जहाँ निष्क्रिय फंतासी अप सामान्यता की सूचक होती है, वहाँ सक्रिय फंतासी चित्तीय क्रिया के उच्चतम रूपों में से एक है। उसमें व्यक्ति के चेतन और अचेतन व्यक्तित्व संगठित रूप में तथा एक एक सामान्य उत्पाद के रूप में, सहप्रवाहित रहते हैं। ऐसी फंतासी व्यक्ति की व्यक्तिता के एकत्व की उच्चतम अभिव्यक्ति हो सकती है और यह उस व्यक्तिता को उपलब्ध करा सकता है—उसके महत्त्व को पूर्ण अभिव्यक्ति देने के द्वारा। सामान्य नियम के रूप में निष्क्रिय फंतासी कभी संगठित (यूनिफाइड) व्यक्तिता की अभिव्यक्ति नहीं है। स्वप्न और दिवास्वप्न निष्क्रिय फंतासियाँ ही हैं। सक्रिय फंतासी कलात्मक मानसिकता का मुख्य चिह्न है।[173] इस प्रकार युंगीय दृष्टि से सक्रिय फंतासी आद्यबिम्ब पर्याय है।

(ट) आद्यबिम्ब : स्वरूप-विवृत्ति—आद्यबिम्ब या प्रतीक को युंग ने अद्वितीय और उत्तम अभिव्यक्ति के रूप में स्वीकार किया है। अर्थगर्भित प्रतीक ही जीवन्त माना गया है। एक बार उसका अर्थ ज्ञात होने पर अथवा उसमें गर्भित अर्थों के लिए कोई अन्य प्रतीक मिल जाने पर वह मृत या अर्थहीन हो जाता है और उस का केवल

ऐतिहासिक महत्त्व ही शेष रहता है।[174] ज्ञात पदार्थ की द्योतक अभिव्यक्ति प्रतीक न होकर चिह्न कहलाती है। इसीलिए ज्ञात साहचार्यों से जीवन्त अर्थ वाले प्रतीक का सृजन असम्भव है क्योंकि इस प्रकार का सृजन प्रदत्त अर्थ से अधिक अर्थवान नहीं होता।[175] भारतीय शब्दावली में कहें तो ऐसे सृजन की व्यंजनाएँ अनन्त नहीं होतीं। इसके विपरीत क्षण-विशेष में किसी अज्ञात या अल्पज्ञात की अभिव्यक्ति करने वाला प्रत्येक चित्तीय सृजन उस स्थिति में प्रतीक कहा जा सकता है जब प्रमाता उसे अज्ञात या अल्प ज्ञात की अभिव्यक्त के रूप में स्वीकार करें।[176] प्रत्येक वैज्ञानिक भी प्राक्कल्पना भी अनिवार्यत: अज्ञात पदार्थ की व्यंजक होने के कारण प्रतीक है।[177] इस विवेचन से दो निष्कर्ष प्राप्त होते हैं—1. केवल चेतन प्रयास द्वारा आद्यबिम्ब या प्रतीक का सृजन सम्भव नहीं है, और 2. किसी अभिव्यक्ति का प्रतीक होना प्रमाता के प्रतीकात्मक दृष्टिकोण पर निर्भर है।

युंग की दृष्टि में आद्यबिम्ब या प्रतीक का उदय आत्यान्तिक रूप से चेतन या आत्यान्तिक रूप से अचेतन स्रोत द्वारा न होकर दोनों के सम्यक् सहयोग से सम्भव है।[178] अत: आद्यबिम्ब चेतन और अचेतन की सन्धि का परिणाम होता है। इस सन्धि के अभाव में चेतन प्रयास द्वारा की गई अभिव्यक्तियाँ चिह्न या रूपक बनकर रह जाती हैं और विशुद्धत: अचेतन अभिव्यक्तियाँ रोगलक्षणात्मक कही जा सकती हैं। सन्धिज आद्यबिम्बों या अचेतनोद्भूत लक्षणों का निर्णय हमारी आलोचनात्मक दृष्टि से होता है। युंग यह मानते थे कि बिम्ब या प्रतीक का उदय तो कुछ-कुछ दिव्य दर्शन या विभ्रम की पद्धति पर होता है, लेकिन उसमें ऐसे विकार-सूचक चिह्न नहीं होते जो रोगियों में पाए जाते हैं।[179] इसका यह अर्थ कदापि नहीं है कि प्रतीकोदय और विभ्रम एक ही चित्तीय स्थिति के द्योतक हैं। इस अन्तर को एक उदाहरण से स्पष्ट किया जा सकता है। रज्जू को देखकर यह निश्चय कर न पाना कि साँप है या रस्सी—सन्देह है। उसे सर्प समझ लेना भ्रम है। रज्जू के अभाव में भी सर्प का दर्शन करना विभ्रम है। स्थिति का प्रक्षेपण है। आद्यबिम्ब का प्रतीक का उदय ऐसे प्रक्षेपण के रूप में नियम के रूप में नहीं होता; अपवाद के रूप में हो सकता है। जब कोई प्रतीक नहीं है तो उसकी अभिव्यक्ति पद्धति को आदिम कहना होगा, क्योंकि आदिम स्तर पर आभ्यन्तर प्रतीक का दिव्य-दर्शन या विभ्रमात्मक प्रक्षेपण रोग-लक्षणों के अभाव में भी सम्भव है।[180]

इस प्रकार आद्यबिम्ब न तो हमारी चेतना की प्रयासजन्य अभिव्यक्ति है और न ही विभ्रम आदि के समान अचेतन की स्वच्छन्द विवृत्ति है। युंग ने इसे समग्र चित्त की अभिव्यक्ति माना है। इसीलिए वह संगत-असंगत की सीमाओं से मुक्त है। वह संगत और असंगत मनोवैज्ञानिक कार्यों के सम्यक् योग का परिणाम है और प्रमाता के समग्र मनोवैज्ञानिक कार्यों को प्रभावित करता है। अत: जीवन्त प्रतीक का उदय पूर्वस्थापित रूढ़ियों में बँधी अविकसित या अल्प विकसित चेतना में सम्भव ही नहीं

है। अत्यधिक विकसित चेतना की आवेशपूर्ण अनुकम्पा ही जीवन्त प्रतीक का सृजन कर सकती है।[181]

चेतन-अचेतन की सन्धिजन्य अभिव्यक्तियों का बिम्बात्मक होना या न होना प्रभाता की चेतना पर निर्भर है। इसके विपरीत, यह भी सत्य है कि ऐसी चित्तीय अभिव्यक्तियाँ सम्भव हैं, जो अपने बिम्बत्व के लिए प्रमाता की चेतना पर निर्भर नहीं हैं। प्रभाता की चेतना पर पड़े बिम्बात्मक प्रभाव से ही उनका बिम्बत्व स्वतः सिद्ध होता है।[182]

कहा जा चुका है कि आद्यरूप ऊर्जा के आदिम प्रारूप है और आद्यबिम्ब उन ऊर्जीय प्रारूपों में ढली हुई सामग्री है। स्पष्ट है कि ऊर्जीय प्रारूप तो सार्वभौमिक है, किन्तु उमें ढली हुई सामग्री हमारे चित्तीय निकाय के व्यक्तिगत, पारिवारिक, सामाजिक, राष्ट्रीय या अन्तरराष्ट्रीय स्तरों से सम्बन्धित हो सकती है। इन स्तरों के अनुसार प्रतीकों के भेद किए जा सकते हैं। युंगीय मनोविज्ञान में वैयक्तिक और सामूहिक प्रतीकों के नाम से दो प्रमुख भेद प्रचलित हैं। वैयक्तिक और सामूहिक दोनों प्रकार के प्रतीकों का भेद सतही है, क्योंकि दोनों अन्ततः सार्वभौमिक संरचनात्मक प्रारूप या आद्यरूप पर आधारित है।[183] इतना होने पर भी प्रभाव की दृष्टि से यह कहा जा सकता है कि प्रतीक का उद्गम जितना अधिक सार्वभौमिक स्तर से होगा, उतनी ही शक्ति से ब्रह्माण्ड उसमें व्यक्त होगा।[184] यहाँ आद्यरूप और आद्यबिम्ब के सम्बन्ध, आद्यबिम्ब और अन्य आद्यरूपात्मक अभिव्यक्तियों के अन्तर, आद्यबिम्ब और प्रतीका के अभेद एवं प्रतीक, चिन्ह और अव्यवसित रूपक के भेद पर विचार करते हुए आद्यबिम्ब की स्वरूप-विवृत्ति का प्रयास किया गया है। आगे उस प्रक्रिया पर विचार किया जा रहा है, जो आद्यबिम्बात्मक अभिव्यक्ति में परिणत होती है।

5. आद्यबिम्बन-प्रक्रिया—पशुओं के पास संकेत और चिह्न तो होते हैं, परन्तु प्रतीक प्रतीक नहीं।[185] प्रतीक-संसार मानव की सम्पदा है। प्रवृत्तियों के पाश्विक संसार से सृजन के मानवीय संसार में उन्मेष के लिए प्रतीक-सम्पदा की अभिव्यक्ति अनिवार्य है।[186] दर्पण की भाँति बाह्याभ्यन्तर संसार का व्यंजक चित्त प्रतीकों की सृष्टि करता है और उन्हें आत्मा से आत्मा तक संप्रेषित करता है।[187] प्रतीकों से अचेतन में प्रतिगमित ऊर्जा का चेतना में प्रगमन होता है।[188] इसीलिए युंग ने प्रतीकों को चित्तीय ऊर्जीय के रूपान्तरकारी कहा है।[189] अतः आद्यबिम्बन-प्रक्रिया को चित्तीय ऊर्जा एवं तत्सम्बन्धी आधारभूत प्रत्ययों के विवेचन से ही समझा जा सकता है।

आद्यबिम्ब या प्रतीक का उदय मानव की उच्चतम आध्यात्मिक आकाँक्षाओं और उसके अस्तित्व के गहनतम मूलों से अर्थात् उसकी समग्र जैविकता से होता है। यह अत्यधिक पृथक्कृत मानसिक कार्य की उपज न होकर चित्त के उच्चतम और निम्नतम स्तरों से उभरता है।[190] चित्त के आध्यात्मिक और प्राकृतिक स्तरों की

बिम्बप्रसविनी सहधर्मिता तभी सम्भव है जबकि उनमें पूरी तरह से चेतन संघर्ष हो। ऐसा संघर्ष अनिवार्यतः व्यक्ति की स्वयं से सम्पृक्ति को उस स्तर तक मूर्तित करता है, जहाँ याद और प्रतिवाद परस्पर विरोधरत् होते हैं और अहं को बाध्यतः दोनों में अत्यधिक योग देना पड़ता है। इस संघर्ष में यदि अहं एक अंश का सहयोग पा लेता है तो प्रतीक पूर्वोनिश्चत रूप से दूसरे अंश को व्यक्त करेगा और तब वह प्रतीक की अपेक्षा निरोधित अंश का लक्षण अधिक होगा। प्रतीक के केवल लक्षण होने से उसका उद्धारक प्रभाव नहीं पड़ता। चाहे हमारी चेतना इस तथ्य को स्वीकार करे अथवा नहीं, निरोधित अंश के प्रतिवाद का सूचक होने से प्रतीक में चित्त की समग्रता व्यक्त नहीं होगी।[191] इससे स्पष्ट है कि आद्यबिम्ब का उदय उस स्थिति में सम्भव ही नहीं है, जब हमारे मानसिक संघर्ष का शमन वाद या प्रतिवाद के निरोध में हो, क्योंकि ऐसी स्थिति में अचेतन अभिव्यक्ति सदैव निरोधित अंश की ओर, फलतः, अनुद्धारक होती है। इसके विपरीत यदि चित्तीय विरोधों में अहं के योगदान से प्रमाणित समान शक्ति हो तो संकल्प का निलम्बन अनिवार्य हो जाता है, क्योंकि तब संकल्प उस प्रत्येक प्रेरक के साथ कार्यरत नहीं रह सकता जो समान प्रतिप्रेरक रखता हो।[192] युंगीय मनोविज्ञान में संकल्प का अर्थ है—चित्तीय ऊर्जा का चेतना के अधीन अंश।[193] समान शक्ति वाले विरोधों के संघर्ष से मूलभूत ऊर्जा अवरूद्ध हो जाती है, जिससे जीवन में ठहराव की स्थिति आ जाती है। जीवन ऐसे ठहराव में नहीं रह सकता। अतः विरोधों के तनाव से एक नया योजक परात्पर कार्य जन्म लेता है। यह कार्य, स्वभावतः, अवरूद्धता के कारण तेजस् के प्रतिगमन से उदित होता है।[194] ठहराव की स्थिति में तेजस् अपने स्रोत की ओर—अचेतन की ओर—प्रवाहित होता है। इससे अचेतन सक्रिय हो जाता है। उस सक्रियता से बिम्बोदय होता है। आद्यबिम्ब के रूप में दोनों विरोधों की स्वीकृति के लिए मध्यम भूमि प्राप्त होती है, क्योंकि उसका उदय ऐसे स्तर से होता है जहाँ सभी विरोधों की अद्वय स्थिति है। बिम्ब दोनों विरोधों के साहचर्यों से पुंजित होता है। अब दोनों विरोधी उसे अपने-अपने पक्ष में खींचने का प्रयास करते हैं और यदि अहं दोनों में पूर्णतः विभाजित न होकर किसी एक के पक्ष में अधिक झुकता है तो उसी पक्ष में प्रतीक विलीन हो जाता है। इससे तनाव या संघर्ष का तात्कालिक शमन तो हो जाता है, लेकिन कालान्तर में अमुक्त पक्ष पुनः अपना अधिकार चाहता है। अतः यही आद्यबिम्बन प्रक्रिया पुनः उच्चतर स्तर पर स्वयं को दोहराती है। इसके विपरीत यदि हमारा अहं दृढ़ है अर्थात् दोनों पक्षों में समान रूप से सक्रिय है तो कोई भी पक्ष आद्यबिम्ब को अपने अधीन करने में सफल नहीं हो पाता। यह स्थिति सिद्ध करती है कि आद्यबिम्ब दोनों पक्षों से उच्चतर है। अहं की दृढ़ता और आद्यबिम्ब की उच्चता एक-दूसरे के अनुकूल पड़ते हैं। अतः ये एक-दूसरे को अनुकूलित करने वाले सहसम्बन्धी हैं। अहं की दृढ़ता के निर्धारक घटक के रूप में कभी अजन्मी व्यक्तिता की दृढ़ता और कभी आद्यबिम्ब

की उच्च शक्ति की प्रतीति होती है। वस्तुतः व्यक्तिता की दृढ़ता और आद्यबिम्ब की उच्चता एक ही सिक्के के दो पहलू हो सकते हैं।[195]

अक्षुण्ण आद्यबिम्ब सृजन-प्रक्रिया का कच्चा माल प्रस्तुत करता है जिसमें वाद और प्रतिवाद दोनों ही क्रीड़ारत रहते हैं। इस रूप में यह एक ऐसी नयी सामग्री बन जाता है जो विभाजन को समाप्त करते हुए और विरोधों की ऊर्जा को सामान्य रूप में सरणीकृत करते हुए समग्र अभिवृत्ति को शासित करती है। इससे मानसिक ठहराब काबू में आता है और जीवन नयी शक्ति के साथ नए लक्ष्यों की ओर उन्मुख होता है।[196]

इस आद्यबिम्बन-प्रक्रिया को उसकी समग्रता में युंग ने चित्त की परात्पर कार्य कहा है।[197] जब यह परात्पर कार्य पूर्णतया सम्पन्न होता है तब दुनिया को कोई बुद्ध, तुलसी या गांधी मिलता है।

6. आत्मोपलब्धि— 'आत्मोपलब्धि' शब्द उस प्रक्रिया का द्योतक है जिसके द्वारा व्यक्ति एक मनोवैज्ञानिक इकाई अर्थात् एक पृथक् अविभाज्य इकाई या पूर्ण बन जाता है।[198] पूर्णता की उपलब्धि से युंग का अभिप्राय चेतन और अचेतन के जीवन्त सम्बन्ध में बँधे रहने से है।[199] यह पूर्णता सदैव सापेक्ष रहती है, क्योंकि ऐसे जीवन्त सम्बन्ध में बँधे रहना भी एक स्थिति न होकर व्यक्ति-चित्त में निरन्तर घटित होने वाली जीवन्त प्रक्रिया है। यह सापेक्ष पूर्णता ही हमें जीवनपर्यन्त किसी-न-किसी कार्य में प्रवृत्त रखती है। चित्त की ऐसी व्यवस्था को बनाए रखने के लिए तेजस् आद्यबिम्बों के माध्यम से सदैव सन्तुलन की एक दिशा में सरणीकृत होता रहता है। दूसरे शब्दों में, हमारा चित्त तेजस् की एक स्वतः नियमन (सेल्फ रेगुलेटिंग) व्यवस्था के जिसमें तेजस् सदैव सन्तुलन की दिशा में प्रवाहित रहता है। तेजस् का ऐसा प्रवाह आद्यबिम्बों के माध्यम से होता है।

एंथानी स्टार्र ने आत्मोपलब्धि को अनिवार्यतः जीवन के उत्तरार्द्ध में घटित होने वाली प्रक्रिया कहा है।[200] युंगीय मनोविज्ञान की अत्यधिक प्रामाणिक व्याख्याता जैकोबी के अनुसार आत्मोपलब्धि समग्रतः एक सहज स्वच्छन्द चित्तीय प्रक्रिया है। यह सक्षम रूप में प्रत्येक व्यक्ति में विद्यमान है, यद्यपि अधिकांश व्यक्तियों को इसका ज्ञान नहीं है।[201] इस रूप में भी यह चित्त के निरन्तर स्वतःनियमित होने की प्रक्रिया ही है जो आद्यबिम्बों के द्वारा तेजस् के सरणीकरण का लक्ष्य है। जैकोबी के इस विचार से स्पष्ट है कि आत्मोपलब्धि की प्रक्रिया केवल जीवन के उत्तरार्द्ध में घटित नहीं होती। साथ ही यह भी सही है कि युंग ने उत्तरार्द्ध में घटित होने वाली आत्मोपलब्धि की प्रक्रिया पर प्रमुख रूप से विचार किया है।

इस प्रकार आत्मोपलब्धि के दो मुख्य सोपान हैं। अनीला जैफ़ी के अनुसार आत्मोपलब्धि-प्रक्रिया दो विशिष्ट किन्तु विरोधी दिशाओं में घटित होती है। इसका पहला सोपान अचेतन से चेतना का पृथक्करण और विकास है। दूसरा सोपान

अलगाव की स्थिति में पड़ी अतिविकसित चेतना का अचेतन से पुनः सम्बन्ध-स्थापन है।[202] जैकोबी ने भी इन दो सोपानों की चर्चा की है। उनके अनुसार आत्मोपलब्धि-प्रक्रिया के विरोधी और सम्पूरक विशेषताओं से युक्त दो मुख्य सोपान हैं। इनका लक्ष्य क्रमशः बहिर्जगत् एवं अन्तर्जगत् से समंजन है। युंग ने दूसरे सोपान पर विशेषतः विचार किया है। इसलिए जब वह आत्मोपलव्यि-प्रक्रिया की चर्चा करते हैं तो उनके मन में प्राथमिक रूप से दूसरा सोपान रहता है।[203]

इस प्रकार आत्मोपलब्धि प्रक्रिया चित्त की स्वतः नियमन व्यवस्था है। इस व्यवस्था को बनाए रखने के लिए तेजस् का सरणीकरण प्रत्येक व्यक्ति के चित्त में होता है, किन्तु आम आदमी के चित्त में यह प्रक्रिया अधिकांशतः अचेतन रूप में ही घटित होती है। फलतः उसके लिए व्यक्ति की पूर्णता का—आत्म का—सचेत साक्षात्कार अत्यन्त दुर्लभ रहता है, क्योंकि उनमें आद्यबिम्ब उदित होकर चित्तीय विरोधों में से किसी एक में विलीन हो जाते हैं। कोई महामानव ही बिम्बोदय को अक्षुण्ण रख पाता है और तब मानव संस्कृति अपने विकास का नया मार्ग पाती है जो पूर्ववर्ती मार्गों की अपेक्षा पूर्णतर होता है। युंग ने ऐसे सचेत साक्षात्कार पर बल दिया है।

7. आत्मोपलब्धि-प्रक्रिया की आद्यबिम्ब-शृंखलाएँ—अपने पूर्ण व्यक्तित्व के अर्थात् अपनी व्यक्तिता के सचेत साक्षात्कार के लिए गहन विश्लेषणात्मक प्रयास, आभ्यन्तर प्रक्रियाओं के प्रति चेतनता और सच्ची एकाग्रता अपेक्षित है। ऐसा प्रयास अचेतन सामग्री को पूरी तरह सक्रिय बनाकर विरोधी युग्मों का तनाव कम करता है, उनकी संरचना के जीवन्त ज्ञान को सम्भव बनाता है और असन्तुलित चित्त के स्तर पर स्तर भेदता हुआ हमारे चित्तीय अस्तित्व के अन्तिम आधार के रूप जो आभ्यन्तर केन्द्र अर्थात् आत्म है उसकी ओर उन्मुख होता है।[204] हमारे चित्त के केवल एक लघु अंश से भेद करने के लिए युंग ने आत्म को चित्त की समग्रता के रूप में विवेचित किया है।[205] चित्त की समग्रता का केन्द्र होने के कारण आत्म सभी स्वप्नबिम्बों का सर्जक, नियामक और स्रोत है।[206] आत्मोपलब्धि की प्रक्रिया तभी वास्तविक होती है जब व्यक्ति इसके प्रति सजग और सचेत होकर इसके साथ जीवन्त सम्बन्ध स्थापित करे।[207] इस प्रक्रिया का समुचित विकास आत्म के सन्देशों में अहं की रुचि पर निर्भर है।[208] यह प्रक्रिया व्यक्ति के आहत और विषण्ण होने पर ही आरम्भ होती है।[209] इस प्रक्रिया की विभिन्न अवस्थाओं में आद्यरूपों पर आश्रित चित्र-विचित्र प्रतीक अभिव्यक्त हाते हैं।[210] व्यक्ति की विशिष्ट चेतनावस्था के अनुरूप उनकी अभिव्यक्ति के रूप और समय में वैशिष्ट्य रहता है।[211] मानवीय और मानवेतर रूपों में अभिव्यक्त कुछ प्रतीक आत्मोपलब्धि की प्रक्रिया में विशेष महत्त्वपूर्ण होते हैं और उन्हें प्रकार-शृंखलाओं के अनुरूप कुछ वर्गों में विभाजित किया जा सकता है।[212] यहाँ यह स्पष्टीकरण अनिवार्य है कि आत्मोपलब्धि की

प्रक्रिया की आद्यबिम्ब-शृंखलाओं के ये वर्ग जीवन के उत्तरार्द्ध में घटित होने वाली आत्मोपलब्धि प्रक्रिया के आद्यबिम्बों के ही हैं। युंग ने पुरुष की आत्मोपलब्धि की प्रक्रिया में छाया, माया और आप्तपुरुष के आद्यबिम्बों का विस्तार से विवेचन किया है। स्त्री की आत्मोपलब्धि की प्रक्रिया में माया और आप्तपुरुष के स्थान पर एनिमस और महामाता के आद्यबिम्ब हैं। इन सब का सम्बन्ध चित्त के विभिन्न आयामों से है। इनके अन्त में योजक प्रतीक—चित्तीय केन्द्र अर्थात् आत्म के प्रतीक—आते हैं। इन आद्यबिम्ब-शृंखलाओं का परिचय इस प्रकार हैं—

(क) छाया के आद्यबिम्ब—विश्लेषणात्मक मनोविज्ञान में छाया का स्थान बहुत महत्त्वपूर्ण है। हमारे व्यक्तित्व का दूसरा हीन अथवा कृष्ण पक्ष छाया है।[213] सामान्यतः छाया चेतना के लिए अपेक्षित मूल्यों को ऐसे रूप में धारण करती है जिसका समन्वय व्यक्ति के जीवन में कठिन होता है।[214] छाया का विकास अहं-विकास के समान्तर होता है।[215] आत्मोपलब्धि की प्रक्रिया में हमारा प्रथम साक्षात्कार छाया से होता है।[216] छाया के साक्षात्कार का अर्थ अपनी प्रकृति की सचेत आलोचना है।[217] इस आलोचना में व्यक्ति के कार्यात्मक और अभिवृत्यात्मक वर्ग का सचेत अनुभव भी सम्बद्ध है।[218] छाया स्वप्न आदि में हमारे समलिंगी व्यक्ति के रूप में प्रकट होती है।[219] अपने अस्तित्व के अंश रूप में इसके अस्तित्व की स्वीकृति के उपरान्त ही हम चित्तीय द्वन्द्वों का साक्षात्कार कर सकते हैं।[220] इस साक्षात्कार के अभाव में बाह्य जीवन पर छाया का प्रक्षेपण मानवीय सम्बन्धों को दूषित कर देता है जिसका प्रमाण अधिकांश राजनीतिक आंदोलन है।[221] छाया की मित्रता या शत्रुता का आधार हमारा व्यवहार है। वह अनिवार्यतः विरोधी नहीं होती। ठीक से न समझे जाने पर ही वह प्रतिकूल होती है।[222] छाया एक नैतिक समस्या है, जो हमारी पूर्ण अस्मिता को चुनौती देती है, क्योंकि कोई भी व्यक्ति पर्याप्त नैतिक प्रयास के अभाव में छाया के प्रति सजग नहीं हो सकता। इसे जानने के लिए अपने व्यक्तित्व में यथार्थतः विद्यमान कलुषता की पहचान आवश्यक है। यह कार्य किसी भी प्रकार के आत्मविज्ञान का अनिवार्य अनुबन्ध है, फलस्वरूप, नियमतः पर्याप्त प्रतिरोध का सामना करता है।[223]

अन्तर्दृष्टि और शुभ संकल्प से एक सीमा तक छाया को सचेत व्यक्तित्व का अंग बनाया जा सकता है तथापि अनुभवसिद्ध है कि छाया की कुछ विशेषताएँ नैतिक नियन्त्रण के प्रति दुर्लंघ्य प्रतिरोध प्रस्तुत करती है और प्रायः अप्रभावित रहती है। प्रायः प्रक्षेपण से सम्बन्धित ये प्रतिरोध अनभिज्ञात रहते हैं और उनका अभिज्ञान एक असाधारण नैतिक उपलब्धि है।[224]

प्रक्षेपण का कार्य हमारे चेतन चित्त के द्वारा नहीं, अचेतन चित्त के द्वारा सम्पन्न होता है। अतः व्यक्ति प्रक्षेपण करता नहीं, प्रक्षेपण पाता है। प्रक्षेपण का प्रभाव व्यक्ति को परिवेश से काटता है, क्योंकि परिवेश के साथ वास्तविक सम्बन्ध के

स्थान पर भ्रामक सम्बन्ध स्थापित करता है। अतः अन्तिम विश्लेषण में वे स्व रत्यामक स्थिति की ओर ले जाते हैं जहाँ व्यक्ति अलभ्य वास्तविकताओं के संसार का सपना देखता है।[225] व्यक्ति और परिवेश के मध्य जितने अधिक प्रक्षेप होंगे, अहं के लिए भ्रमों के पार देखना उतना ही अधिक दुष्कर होगा।[226]

युंग ने छाया के दो भेद स्वीकार किए हैं—व्यक्तिगत छाया और सामूहिक छाया। एंथोनी स्टार्र के अनुसार छाया के इन दोनों रूपों को युंग ने स्पष्टतः विवेचित नहीं किया है।[227] जैकोबी ने इन दोनों का अन्तर स्पष्ट करते हुए कहा है कि व्यक्तिगत छाया व्यक्ति के जीवन के प्रारम्भ से अत्पभुक्त या अभुक्त चित्तीय पक्षों को धारण करती है। सामूहिक छाया सामूहिक अचेतन के पक्षों से सम्बन्धित है और आप्तपुरुष अथवा आत्म के कृष्ण पक्ष की अभिव्यक्ति के अनुरूप होती है।[228] छाया की अभिव्यक्ति का व्यक्तिगत या सामूहिक होना इस बात पर निर्भर है किवह अहं और व्यक्तिगत अचेतन से सम्बन्धित है या सामूहिक अचेतन से।[229] दूसरे शब्दों में व्यक्तिगत छाया व्यक्ति के कालुष्य से सम्बन्धित होती है और सामूहिक छाया सारे विश्व के शाश्वत कालुष्य से सम्बन्धित होती है। अल्प आत्मालोचन से व्यक्तिगत छाया को तो समझा जा सकता है, किन्तु सामूहिक छाया का साक्षात्कार कठिन है। मनुष्य के लिए अपने स्वभाव की कलुषता का संज्ञान तो सम्भव है, लेकिन शाश्वतः कालुष्य का दर्शन दुर्लभ और विस्फोटक अनुभव है।[230]

(ख) माया अथवा एनिमस के आद्यबिम्ब—अहं को प्रायः क्षुब्ध करने वाले आद्यबिम्ब छाया और माया से सम्बद्ध हैं। इनमें छाया सर्वाधिक सरलता से अनुभवगम्य है, क्योंकि इसकी प्रकृति प्रायः व्यक्तिगत अचेतन की सामग्री से अनुमेय है।[231] छाया के प्रसंग में हमें उस शिक्षा का लाभ भी प्राप्त है जो हमेशा लोगों को यह समझाती है कि वे खरा कंचन नहीं है। इसीलिए छाया, हीन व्यक्तित्व आदि का अर्थ प्रत्येक व्यक्ति तत्काल समझ जाता है। माया या एनिमस के साथ ऐसा नहीं है।[232] ऊपर कहा जा चुका है कि छाया के साक्षात्कार में सबसे बड़ी बाधा बहिर्जगत् में उसका प्रक्षेपण है। युंग के अनुसार प्रक्षेपों की जननी एनिमा है।[233] पूर्व की भाषा में इसे माया कहा जा सकता है।[234]

छाया के साक्षात्कार के उपरान्त आत्मोपलब्धि-प्रक्रिया में हमारा द्वितीय साक्षात्कार भिन्नलिंगी के बिम्ब से होता है जिसे युंग ने पुरुष के चित्त में माया और स्त्री के चित्त में एनिमस की अभिधा प्रदान की है।[235] हमारे चित्त में भिन्नलिंगी के बिम्ब की प्रकृति हमारी आन्तरिक मनोवैज्ञानिक स्थिति की स्वाभाविक मापक है।[236] भिन्नलिंगी के बिम्ब का व्यक्ति के मुखौटे की प्रकृति से प्रत्यक्ष सम्बन्ध है।[237] मुखौटा व्यक्ति की अभ्यस्त बाह्य अभिवृत्ति के एवं माया अथवा एनिमस अभ्यस्त आभ्यन्तर अभिवृत्ति के सदृश है।[238] अहं और बाहरी दुनिया का संयोजक मुखौटा है तथा अहं और आभ्यन्तर विश्व की संयोजक माया अथवा एनिमस है।[239] युंगीय मनोविज्ञान में

एनिमस की अपेक्षा माया का विस्तृत विवेचन है, क्योंकि पुरुष होने के कारण युंग के लिए माया-बिम्बों की व्याख्या सहज थी।[240] एंथनी स्टार्ट ने युंग के पारिवारिक जीवन को दृष्टिगत रखते हुए यह निष्कर्ष निकाला कि माया या एनिमस की धारणा का उदय इस तथ्य से हुआ कि युंग एक संवेगात्मक रूप में उखड़ा हुआ व्यक्ति था।[241] साथ ही उन्होंने स्पष्ट कहा कि उक्त कथन का अभिप्राय यह कदापि नहीं है कि युंग की माया या एनिमस से सम्बन्धित धारणा गलत है। इसके विपरीत व्यक्ति के चित्त में भिन्नलिंगी के बिम्ब सत्ता सिद्ध है।[242]

माया या एनिमस से अधिकृत व्यक्ति सामान्यतः अपने मुखौटे की रक्षा नहीं कर पाता।[243] यह स्थिति माया या एनिमस के चेतन साक्षात्कार से समाप्त होती है।[244] चेतन साक्षात्कार प्रायः संघर्ष के अभाव में नहीं होता। अधिकांश स्थितियों में हम अपने जीवन के पूर्वार्द्ध की समाप्ति पर ही यह साक्षात्कार कर पाते हैं। इस प्रकार माया या एनिमस का साक्षात्कार प्रौढ़ावस्था का कार्य है। यह साक्षात्कार जीवन के पूर्वार्द्ध की समाप्ति एवं आन्तरिक समंजन की ओर उन्मुख उत्तरार्द्ध के प्रारम्भ का सूचक है।[245]

युंग के अनुसार माया स्वप्नों, दिव्य-दर्शनों और फेंटेसियों में एक ऐसी मानवी का रूप धारण करती हैं, जिसमें इसकी समग्र विशेषताएँ विद्यमान हों।[246] माया का बिम्ब माता का स्थानापन्न नहीं है। विपरीतः सम्भावना यह है कि मातृ-बिम्ब के सभी प्रबल गुणों का स्रोत माया का आद्यरूप हो।[247] युंग ने मातृ आद्यरूप के मनोवैज्ञानिक पक्षों का विवेचन करते हुए स्पष्ट किया है कि पुरुष के सम्मुख नृत्यरता प्रकृति का दार्शनिक मिथक माता के आद्यरूप से सम्बन्धित न होकर माया के आद्यरूप से सम्बन्धित है। यह माया ही पुरुष के मनोविज्ञान में, निर्वैकल्पिक रूप में, मातृबिम्ब से संयुक्त हो प्रकट होती है।[248] प्रत्येक माता और प्रत्येक प्रिया इस कालातीत सर्वव्यापक बिम्ब की, पुरुष के चित्त के गहनतम यथार्थ की, प्रतिमा और वाहिका है। उसके हृदय में स्थित यह खतरनाक नारी-प्रतिमा उस वफादारी की द्योतक है जो जीवन-निर्वाह में कभी-कभी त्यागनी पड़ती है। यह निराशात्मक जोखिमों, संघर्षों और बलिदानों की क्षतिपूर्ति करती है। यह जीवन की कटुता में विश्रान्ति देती है। साथ ही, वह महाठगिनी भी है, जो अपनी माया से मनुष्य को जीवन के संगत और उपयोगी पक्षों में ही नहीं; सदसत्, सफल-निष्फल, आशा-निराशा जैसे द्वन्द्वों से युक्त जीवन में भी बाँधती है।[249] माया की धारणा में अन्तर्भुक्त सम्परीक्षात्मक यथार्थ अचेतन की अत्यन्त नाटकीय सामग्री है। संगत और वैज्ञानिक भाषा में भी इस सामग्री का विवेचन सम्भव है, किन्तु इस रूप में इसके जीवन्त स्वरूप की अभिव्यक्ति में व्यक्ति पूर्णतः असफल रहता है। इसीलिए चित्त की जीवन्त प्रक्रियाओं के विवेचन में युंग ने जानमुक्त कर चिन्तन और कथन के पौराणिक, नाटकीय रूप को वरीयता दी है। यह पद्धति अधिक व्यंजक भी है और

अमूर्त वैज्ञानिक शब्दावली की अपेक्षा उपयुक्त भी। वैज्ञानिक शब्दावली के प्रयोग से यह भ्रामक धारणा पनप सकती है कि सैद्धान्तिक अभिव्यक्तियाँ किसी सुदिन में बीजगणितीय सूत्रों में परिणत हो जाएँगी।[250]

माया का एनिमस के आद्यबिम्बों में सामूहिक अचेतन की स्वायत्ता व्यक्त होती है। वे इसकी वह सामग्री मानवीकृत करते हैं जो प्रक्षेपण से मुक्त होने पर चेतना में आत्मसात् की जा सकती है। इस सीमा तक इन बिम्बों के माध्यम से सामूहिक अचेतन की सामग्री चेतन मन के लिए ग्राहय होती है।[251] माया या एनिमस का अहं पर प्रभाव सिद्धान्ततः समान है। इस प्रभाव की विलुप्ति आत्यान्तिक रूप में दुष्कर है, क्योंकि प्रथमतः, यह आसाधारण रूप में तीव्र होता है और तत्काल अहं व्यक्तित्व को औचित्य और साधुता के अकम्प्य भावों से अभिभूत करता है। दूसरी बात यह कि इस प्रभाव का कारण प्रक्षेपण है और वह विषयों तथा विषयपरक स्थितियों में विद्यमान होकर प्रकट होता है। युंग ने इन दोनों विशेषताओं को आद्यरूप की सामान्य विशेषताओं के रूप में स्वीकार किया है।[252] उन्होंने इस बात पर पर्याप्त बल दिया है कि छाया का आत्मसात् या व्यक्तिगत अचेतन की यथार्थानुभूति विश्लेषणात्मक प्रक्रिया की पहली अवस्था है। इसके अभाव में माया या एनिमस का संज्ञान असम्भव है। छाया के यथार्थानुभव के लिए समलिंगी भिन्न के साथ और माया या एनिमस के यथार्थानुभव के लिए भिन्नलिंगी के साथ सम्बन्ध सहायक हैं, क्योंकि ऐसे सम्बन्ध में उनका प्रक्षेपण सहयोगी होता है।[253]

(ग) आप्तपुरुष या महामाता के आद्यबिम्ब—माया या एनिमस के साक्षात्कार के उपरान्त आत्मोपलब्धि-प्रक्रिया में जिस आद्यरूप की अभिव्यक्ति होती है उसे पुरुष के चित्त में आप्तपुरुष और स्त्री के चित्त में महामाता की संज्ञा से अभिहित किया गया है।[254] माया अथवा एनिमस के समान इनकी अभिव्यक्ति के रूप अनन्त हैं।[255] ये क्रमशः आध्यात्मिक सिद्धान्त और प्रकृति के विषयपरक सत्य का प्रतिनिधित्व करते हैं।[256] इस प्रसंग में उल्लेख्य है कि पुरुष के स्वप्न आदि में देवी, पुजारिन आदि का बिम्ब माया के अन्तर्गत विवेच्य है, जबकि स्त्री के स्वप्न में वह महामाता की अभिव्यक्ति होगी।[257]

महामाता की अपेक्षा आप्तपुरुष पर युंग ने विस्तार से विचार किया है। उनके अनुसार आप्तपुरुष आध्यात्मिक सिद्धान्त का मानवीकरण है।[258] इसकी अभिव्यक्ति सदैव उन स्थितियों में होती है, जब अन्तर्दृष्टि, समझ, शुभ परामर्श, निश्चय, आयोजन आदि अपेक्षित गुणों की प्राप्ति अपने बूते से बाहर की बात हो जाए।[259] परीकथाओं में भी आप्तपुरुष उस समय प्रकट होता है, जब नायक स्वयं को असहाय और प्रतिकूल परिस्थितियों में पाता है और गूढ़ चिन्तन या आकस्मिक विचार अर्थात् कोई आकस्मिक कार्य या अन्तःचित्तीय स्वचालन उसे मुक्त कर सकता है। अन्तः इस अक्षमता की क्षतिपूर्ति के लिए अपेक्षित ज्ञान मानवीकृत विचार के रूप में सहायक

आप्तपुरुष के रूप में प्राप्त होता है।[260] आप्तपुरुष नायक को मार्गबाधाओं के प्रति सचेत करता है और उन्हें पार करने का प्रभावक ढंग भी बतलाता है।[261] इस प्रकार आप्तपुरुष एक ओर ज्ञान, चिन्तन, अन्तर्दृष्टि, प्रज्ञा, चातुर्य और सहजानुभूति एवं दूसरी ओर शुभ संकल्प और तत्पर सहयोग जैसे नैतिक गुणों का प्रतिनिधित्व करता है, जो उसके आध्यात्मिक चरित्र को यथेष्ट स्पष्ट करते हैं।[262] इसके साथ ही वह दूसरों के नैतिक गुणों की परीक्षा करता है एवं उसके आधार पर उन्हें उपकृत करता है।[263] सभी आद्यरूप द्विपक्षीय हैं। श्रेयस्कर, अनुकूल, उज्ज्वल और ऊर्ध्वमुखी पक्ष के समकक्ष उनका अधोमुखी पक्ष भी होता है। आप्तपुरुष का आद्यरूप भी इसका अपवाद नहीं है।[264] वह रक्षक और भक्षक दोनों रूपों में आ सकता है।[265] सामान्यत: आप्तपुरुष गुरु, यातुधान, चिकित्सक, पुरोहित, शिक्षक, आचार्य, पितामह आदि के रूप में प्रकट होता है।[266]

इस प्रकार आप्तपुरुष या महामाता की अभिव्यक्ति का प्रभाव द्विपक्षीय है। इनके द्वारा अधिकृत व्यक्ति स्वयं को अतिमानवीय शक्तियों से सम्पन्न समझने की भ्रांति कर सकता है।[267] इसके विपरीत आप्त व्यक्तित्व का निर्माण करने वाली सामग्री का चेतन साक्षात्कार पुरुष के लिए पिता से एवं स्त्री के लिए माता से स्वतंत्र होने एवं अद्वितीय व्यक्ति होने के प्रथम बोध प्राप्त करने का सूचक है।[268]

(घ) आत्म के आद्यबिम्ब—छाया, माया, एनिमस एवं आप्तपुरुष/ महामाता के प्रति सचेत होने और उसकी वास्तविकता को स्वीकार करने से उनका खतरा स्वत: नष्ट हो जाता है।[269] इस चेतन प्रयास के उपरान्त हम आत्मोन्मुख होते हैं। चित्तीय केन्द्र होने कारण आत्म हमारा वास्तविक व्यक्तित्व है।[270] युंगीय मनोविज्ञान में 'आत्म', 'अचेतन' और 'ईश्वर' का प्रयोग बहुधा समान अर्थों में हुआ है। इस सन्दर्भ में उल्लेखनीय है कि हमारे चित्त का अधिकांश अचेतन है। हमारी चेतना का अचेतन की परिधि से पूर्णतया मुक्त रह पाना असम्भव है, चाहे वह कितनी भी विकसित क्यों न हो। इसलिए आत्म को कभी-कभी समग्र अचेतन के अर्थ में भी प्रयुक्त किया जाता है। दर्शनों की ईश्वर-सम्बन्धी धारणाएँ, युंग की अचेतन-सम्बन्धी धारणा, जैविकीविदों के "रहस्य का अतल-तल" की धारणा और भौतिकीविदों की आध्यात्मिक सिद्धान्त से सम्बन्धि धारणा की पारस्परिक अभेद्यता का अर्थ उनकी अव्याकरणीयता ही है।[271] ईश्वर और अचेतन की धारणाएँ पर्याय हैं क्योंकि ईश्वर के प्रतीकों और आत्मप्रतीकों में अन्तर नहीं किया जा सकता।[272] इसीलिए आत्म को वे भी सभी विशेषण दिए जा सकते हैं जो विभिन्न संस्कृतियों में ईश्वर को दिए जाते रहे हैं। युंग के अनुसार आत्म अणुओं से भी अणु तथा महत् से भी महत् है। इस रूप में यह भारतीय परम्परा में वर्णित पुरुष है।[273] इसका अर्थ यह कदापि नहीं है कि मनोविज्ञान में आत्म की धारणा दर्शनों में प्रतिपादित ईश्वर की धारणा से अभिन्न है। आत्म ईश्वर की दार्शनिक धारणा न होकर ईश्वर की मनोवैज्ञानिक

धारणा है जिसका दार्शनिक धारणा से इतना ही साम्य है कि दोनों अन्ततः अव्याख्येय हैं। 'आत्म' और 'ईश्वर' की अव्याकरणीयता का अर्थ दोनों धारणाओं का यौगपत्य है, तादात्म्य नहीं।[274] इस प्रकार युंगीय मनोविज्ञान में सम्पूर्ण व्यक्तित्व के केन्द्र को आत्म कहा गया है और उसे पौर्वात्य दर्शनों के आत्मन, पुरुष, ब्रह्म् आदि के समकक्ष माना गया है।[275] चेतन चित्त के केन्द्र बिन्दु अहं और अचेतन चित्त के केन्द्र बिन्दु प्राण से भिन्न समग्र चित्त के इस केन्द्र बिन्दु को युंग ने 'द सीक्रेट ऑफ गोल्डन फ्लावर' शीर्षक ग्रन्थ में विशेष रूप से व्याख्यायित किया है। यह चित्त का केन्द्र भी है और उसका वृत्त भी। उसकी परिधि में सभी प्रकार के विरुद्धों का सामंजस्य हो जाता है।[276]

आत्म-बिम्ब का उदय अनिवार्य संघर्ष से होता है और वह नयी चेतना के विकास द्वारा उसका शमन करता है।[277] तेजस् के आधारभूत प्रत्ययों के विवेचन में कहा जा सकता है कि परिवर्तनशील बहिर्जगत् में हमारी एकपक्षीय अभिवृत्ति के अपर्याप्त होने पर प्रगति रुक जाती है और प्रगति के रुकने पर चित्तीय प्रक्रियाओं के समन्वित प्रवाह में सम्बद्ध द्वन्द्व उद्वेलित हो जाते हैं। इस स्थिति में द्वन्द्वों में से किसी एक का दमन अथवा निरोध होता है। दमन और निरोध में अन्तर है और इस अन्तर को महत्त्व दिया जाना चाहिए। दमन की तुलना में निरोध अस्वीकार्य निर्णयों पर काबू पाने के लिए एक चेतन नैतिक चयन है। निरोध चिन्ता, संघर्ष, यातना का कारण तो बन सकता है, किन्तु मनस्ताप का कारण नहीं बन सकता। दमन मनस्ताप के लिए आधार प्रस्तुत करता है और मनस्ताप सदैव न्यायसंगत यातना का स्थानापन्न होता है।[278] दमन से भावी विकास अवरुद्ध हो जाता है, जबकि निरोध से भावी विकास की सम्भावनाएँ शेष रहती हैं। दमन अचेतन रूप में होता है और निरोध चेतन रूप में। इस प्रकार निरोध अहं द्वारा चित्तीय विरोधों में से एक का ग्रहण और दूसरे का त्याग है। अहं जिस अंश का निरोध करता है अपनी सुप्तावस्था में अर्थात् वृत्त्यावस्था या अचेतनावस्था में रहता है। साथ ही यह भी स्पष्ट है कि वह चिर काल तक अभुक्त नहीं रह सकता। अतः वह अचेतन की अभिव्यक्ति में मुखर होता है। आद्यबिम्बन प्रक्रिया के विवेचन में अचेतन की ऐसी मुखरता लक्षणात्मक कही गयी थी और वहाँ उसके लक्षणात्मक कहने का तात्पर्य इतना ही था कि वह चित्त की समग्रता को व्यक्त नहीं करता; प्रतीक नहीं होता; उद्धारक प्रभाव नहीं रखता। ऐसी अभिव्यक्ति अचेतन को वह तेजस् प्रदान करती है जो अभुक्त अभिवृत्ति और अभुक्त कार्य से सम्बद्ध होता है और इस प्रदत्त तेजस् के माध्यम से अहं बाह्य या आभ्यन्तर जीवन में प्रवृत्त होता है। चेतना में अचेतन की ऐसी अभिव्यक्ति हमें जीवित रखती है अर्थात् हम किसी-न-किसी कार्य में व्यस्त रहते हैं। इस रूप में यह प्रकृत आत्मोपलब्धि-प्रक्रिया का माध्यम है जिसका व्यक्ति चित्त के या मानव जाति के विकास से कोई सम्बन्ध नहीं है। जब हम यह कहते हैं कि इस विकास से कोई

सम्बन्ध नहीं है, तब हमें विकास का अर्थ समझना चाहिए। यह अर्थ एक उदाहरण से स्पष्ट किया जा सकता है। यदि कोई व्यक्ति निरन्तर भौतिक लक्ष्यों की दिशा में आगे बढ़ रहा है तो यह उस का निरन्तर समृद्ध होना कहलाएगा; विकास नहीं कहलाएगा और यदि वह निश्चित स्तर तक भौतिक रूप से समृद्ध होने के उपरान्त अध्यात्म की ओर अग्रसर होता है तो भी यह उसका विकास नहीं है। यह तो स्वाभाविक गति है जो जीवन की द्योतक तो है, किन्तु विकास की द्योतक नहीं है, क्योंकि इस स्थिति में उसकी भौतिक लक्ष्यों में प्रवृत्त चेतना आध्यात्मिक लक्ष्यों में प्रवृत्त हुई है; उसका ऐसा रूपान्तरण नहीं हुआ है जिससे भौतिक और आध्यात्मिक लक्ष्यों में समन्वित प्रवृत्ति हो। चेतना का ऐसा रूपान्तरण, जिसमें भौतिक और आध्यात्मिक लक्ष्यों में चेतना की समन्वित प्रवृत्ति हो, नयी चेतना का उदय या द्विजत्व की प्राप्ति कहलाता है। विकास द्विजत्व-प्राप्ति पर ही सम्भव है। जिस बिम्ब के चेतना में उदित होने और अक्षुण्ण रहने से द्विजत्व-प्राप्ति सम्भव होती है, वह बिम्ब ही आत्म का आद्यबिम्ब है; आत्मबिम्ब है। आद्यबिम्बन-प्रक्रिया के विवेचन में चित्तीय विरोधों के चरम संघर्ष से जन्मे जिस जीवन्त बिम्ब का उल्लेख किया गया है वह आत्म का आद्यबिम्ब ही है। ऐसा चरम संघर्ष प्रायः उस समय होता है जब व्यक्ति या सम्पूर्ण मानव जाति को शाश्वत समस्याओं का सामना करना पड़ता है।

इस प्रकार आद्यबिम्ब की अभिव्यक्ति प्रायः जीवन के संकटमय क्षणों में होती है जब उसकी मूल अभिवृत्तियाँ एवं जीवन पद्धतियाँ परिवर्तनशील होती हैं। यह परिवर्तन प्रायः जल को पार करने की प्रतीकात्मक क्रिया के रूप में अभिव्यक्त होता है।[279] अन्य आद्यरूपों की भाँति आत्म की अभिव्यक्ति के रूप भी अनन्त हैं। व्यक्तित्व की पूर्णता का पर्याय होने कारण आत्म का आद्यरूप निम्नतम और महिम्नतम रूपों में अभिव्यक्त हो सकता है।[280]

मनोवैज्ञानिक दृष्टि से आत्म चेतन और अचेतन की सन्धि है। यह चित्तीय समग्रता का द्योतक है।[281] अहं और आत्म का अंगागिभाव सम्बन्ध है।[282] इस सम्बन्ध को आत्मा और परमात्मा के सम्बन्ध के समकक्ष भी माना जा सकता है।[283] अहं हमारे सभी अनुभवों की धुरी है। इसके अभाव में आत्मोपलब्धि कभी यथार्थ नहीं बन सकती, क्योंकि तब हम आत्मोपलब्धि के किसी भी विषय का सचेत अनुभव कर ही नहीं सकते। इस अर्थ में आत्म अहं पर सापेक्षतया निर्भर है क्योंकि जब अहं ही नहीं होगा तो आत्म का साक्षात्कार कैसे होगा?[284] दूसरी ओर अहं आत्म पर निर्भर उसी का ही एक क्षुद्र अंश है। आत्मोपलब्धि का इच्छुक व्यक्ति अपने अहं को आत्म के प्रति समर्पित करता है।[285]

युंग ने अहं और आत्म के जीवन्त सम्बन्ध पर बल दिया है। यह पर्याप्त सुज्ञात है कि अहं आत्म के विरुद्ध कुछ नहीं कर सकता। इसके विपरीत विकास की प्रक्रिया में वह व्यक्तित्व के अचेतन संघटकों द्वारा अधिकृत और फलतः परिणत हो

जाता है।[286] यदि अहं किसी भी अवधि के लिए अचेतन घटक के साथ पड़ जाता है तो सामंजस्य–बाधा से सभी प्रकार की दुर्घटनाओं का द्वारा खुल जाता है।[287] अतः चेतन संसार से प्रतिबद्धता और सारभूत समंजन द्वारा प्राप्त दृढ़ता अहं के लिए सर्वाधिक महत्त्वपूर्ण है। इसके लिए नैतिक पक्ष में अवधान, अन्तःप्रवृत्ति, सहिष्णुता जैसे गुण और बौद्धिक पक्ष में अचेतन के लक्षणशास्त्र का सटीक अवेक्षण एवं विषयपरक आत्मालोचन जैसे गुण महत्त्वपूर्ण हैं।[288]

आत्म–साक्षात्कार कोई ऐसी उपलब्धि नहीं है जो एक बार प्राप्त होने पर चिरकाल तक अक्षुण्ण रहे। इतना अवश्य है कि जो व्यक्ति ऐसा साक्षात्कार कर पाता है, वह किसी भी संघर्ष में टूटता नहीं। आत्मोदय चेतन व्यक्तित्व के लिए स्थानच्युति का ही नहीं, उसके परिणामस्वरूप जीवन के प्रति पूर्णतया परिवर्तित दृष्टिकोण एवं अभिवृत्ति का अर्थात् चित्तीय कल्प का, द्योतक है।[289] आत्म की यह उपलब्धि मात्र फैशन न होकर उच्चतम मानवीय कार्य है। उसके द्वारा व्यक्ति स्वयं को उस शाश्वत स्रोत में प्रतिष्ठित करता है जहाँ जीवन और मृत्यु केवल मार्ग के विराम–स्थल हैं और जहाँ जीवन का अर्थ अहं तक सीमित नहीं है।[290] युंग ने दुनिया को छोटा मानने के विरोध में बहुत कुछ कहा है।

8. आद्यबिम्ब और यौगपत्य—युंग ने अत्यन्त प्रदीर्घ चिन्तन के उपरान्त यौगपत्य के सिद्धान्त की स्थापना 1950 ई. के आसपास की। उनकी दृष्टि में आधुनिक भौतिकी की खोजों ने दुनिया की हमारी वैज्ञानिक तस्वीर में इस अर्थ में महत्त्वपूर्ण परिवर्तन किया है कि वे प्राकृतिक नियम (नेचुरल ला) की निश्चित वैधता को ध्वस्त करके उसे सापेक्ष बना चुकी हैं।[291] प्राकृतिक नियम के मूल में हेतुत्व का दार्शनिक सिद्धान्त है, लेकिन अगर कारण और कार्य का सम्बन्ध केवल सांख्यकीय दृष्टि से ही और केवल सापेक्षतया ही सही सिद्ध होता है तो हेतुवादी सिद्धान्त प्राकृतिक प्रक्रियाओं की व्याख्या के लिए केवल सापेक्षिक उपयोग का ही है। और, फलतः स्पष्ट है कि, एक सही व्याख्या के लिए हेतुवादी सिद्धान्त के अलावा एक या कुछ अन्य घटकों की सत्ता भी अनिवार्य होगी।[292] कहना यह है कि हेतुवाद का सिद्धान्त प्रकृति की सभी घटनाओं की व्याख्या के व्याख्या के लिए उपयुक्त नहीं है।

दरअसल विज्ञान के क्षेत्र में हमारी खोजबीन की प्रयोगात्मक पद्धति का लक्ष्य ऐसी नियमित घटनाएँ होती हैं जिनकी आवृत्ति की जा सके। परिणामतः अद्वितीय अथवा आपावादिक घटनाएँ इस पद्धति द्वारा उपेक्षित हो जाती हैं। अलावा इसके यह पद्धति प्रकृति को सीमित करने वाली स्थितियों में रखकर अपने प्रश्नों का जबाव देने के लिए बाध्य करती है। प्रकृति का प्रत्येक उत्तर कमावेश पूछे गए प्रश्न के स्वरूप से प्रभावित होता है और उसका परिणाम सदैव एक दोगले उत्पाद के रूप में सामने आता है।[293] हम जैसा सवाल करते हैं वैसा उत्तर पाते हैं। सीमाएँ हमारे प्रश्नों की हैं; प्रकृति के उत्तर की नहीं हैं।

हेतुवाद की इन सीमाओं को ध्यान में रखकर उसे सन्तुलित करने के लिए एक दूसरे व्याख्याकारी सिद्धान्त की बात की जाती है। वह सिद्धान्त है—संयोग का सिद्धान्त। संयोग के सिद्धान्त के सिद्धान्त के अन्तर्गत दुनिया में असम्बद्ध घटनाएँ केवल संयोगवश सम्बद्ध मान ली जाती हैं। युंग यह माने हैं कि घटनाओं की व्याख्या के लिए संयोग का दृष्टिकोण भी प्रकारान्तर से हेतुवादी ही है, क्योंकि उसके मूल में यह विश्वास है कि संयोगवश होने वाली घटनाओं में भी कार्य-कारण सम्बन्ध की भी सत्ता रहती है किन्तु हमें हमें उसका ज्ञान नहीं होता है।[294]

इस प्रकार मानव जीवन में ऐसी अनेक घटनाएँ होती हैं जिनकी व्याख्या कार्य-कारण न्याय अथवा काकतालीय न्याय से सन्तोषजनक रूप में नहीं की जा सकती। इसीलिए ऐसी घटनाओं के विषय में यह सन्देह होना स्वाभाविक है कि यह सार्थक सम्पात की स्थिति है।[295] यौगपत्य का सिद्धान्त प्राकृतिक घटनाओं की व्याख्या सार्थक सम्पातों के रूप में करता है। सार्थक सम्पातों का अर्थ है—घटनाओं का युगपत भाव से इस रूप में घटित होना कि उनमें एक सार्थकता निहित होने की संवेगात्मक अनुभूति हो।

विज्ञान के क्षेत्र में इस प्रकार के संयोगात् सम्पातों की व्याख्या के लिए अनेक प्रयोग किए गए। उनसे यह सिद्ध हुआ है कि इस प्रकार के सार्थक सम्पातों में देशगत दूरी का कोई प्रभाव नहीं पड़ता। युंग के अनुसार यह तथ्य, कि युगपत भाव से घटित होने वाली इस प्रकार की घटनाओं में देशगत दूरी सिद्धान्ततः निष्प्रभ रहती है, प्रदर्शित करता है कि विचारणीय विषय ऊर्जा या शक्ति का प्रतिभास नहीं हो सकता वरना स्थानगत दूरी का असर कार्य पर पड़े बिना नहीं रह सकता था।[296] इससे भी अधिक आश्चर्य का विषय यह है कि उपर्युक्त स्थानगत दूरी के समान ही काल का घटक भी है। अतः इस प्रकार के प्रयोगों में काल का घटक भी निष्प्रभावी सिद्ध हुआ है।[297] कहने का मतलब यह है कि इस प्रकार के संयोगात् सम्पातों की व्याख्या कार्य-कारण न्याय अथवा काकतालीय न्याय से की ही नहीं जा सकती, क्योंकि इन सिद्धान्तों में दिक्काल की अनिवार्य अपेक्षा रहती है। युंगीय दृष्टि से, ''यदि दिक् और काल चिततीय रूप से सापेक्ष सिद्ध होते हैं तो गतिमय पदार्थ एक समवर्ती सापेक्षता धारण करता ही है।''[298]

विश्लेषणात्मक मनोविज्ञान के दृष्टि से ऐसे सार्थक सम्पातों की वैज्ञानिक व्याख्या के लिए हमें एक ओर अपनी दिक्काल की धारणा की आलोचना से और दूसरी और अचेतन की धारणा से प्रारम्भ करना होगा।[299]

सार्थक सम्पाती घटनाओं की व्याख्या के लिए युंग ने व्याख्या के हेतुवादी सिद्धान्त के समकक्ष एक प्राक्कल्पनात्मक घटक को रूपायित करने के लिए 'यौगपत्य' शब्द का प्रयोग किया।

युंग ने यौगपत्य को चित्तीय रूप से अनुकूलित दिक्काल की सापेक्षिकता के

रूप में पारिभाषित किया है।[300] यौगपत्य से अभिप्राय दो या दो से अधिक ऐसी घटनाओं का कार्यकारण न्याय से परे एक ही समय में सम्पात है जो एक या समान अर्थ रखती है।[301] हमारे जीवन में एक निश्चित चित्तीय स्थिति के साथ एक या अनेक बाह्य घटनाओं का इस प्रकार से युगपत भाव से होना कि वे हमारे लिए सार्थक समानान्तर प्रतीत हों, यौगपत्य है।[302] यौगपत्यात्मक प्रतिभासों के निम्नलिखित वर्ग किए जा सकते हैं—

1. गृहीता की चित्तीय स्थिति का युगपत भाव से वस्तुनिष्ठ बाह्य जगत् के साथ ऐसा सम्पात जो चित्तीय स्थिति का समवर्ती हो और जहाँ चित्तीय स्थिति एवं बाह्य घटना में कोई कार्यकरण सम्बन्ध न हो और जहाँ देश और काल की चित्तीय सापेक्षता को ध्यान में रखते हुए ऐसा कोई सम्बन्ध कल्पनातीत हो।

2. चित्तीय स्थिति का समवर्ती (कमोवेश युगपत भाव से) ऐसी बाह्य घटना के साथ सम्पात, जो ऐसे स्थान पर घटित हो रही है, जो गृहीता चेतना के बोध से परे हो और जिसे बाद में ही सत्यापित किया जा सके।

3. चित्तीय स्थिति का ऐसी समवर्ती घटना के साथ सम्पात जो भविष्य में घटित हो और जिसे वाद में ही सत्यापित करना सम्भावित हो।

विश्लेषणात्मक मनोविज्ञान के अनुसार मानव के अचेतन के लिए दिक् ओर काल सापेक्ष प्रतीत होते हैं अर्थात् वहाँ ज्ञान स्वयं को दिक्काल के ऐसे सातत्य में पाता है जिसमें दिक् फिर दिक् नहीं रहता और काल फिर काल नहीं रहता। इसलिए यदि अचेतन चेतना की दिशा में एक शक्ति का विकास करता है तो सामानान्तर घटनाओं का ज्ञान किया जाना या ग्रहण किया जाना सम्भव है।[303] इस प्रकार व्यक्ति चित्त के लिए यह सम्भव है कि समान्तर घटनाओं में सार्थकता के सम्बन्ध की संवेगात्मक प्रतीति हो। हेतुवादी सिद्धान्त यह मानता है कि कारण और कार्य का सम्बन्ध एक अनिवार्यता है। यह यौगपत्य सिद्धान्त इस बात पर बल देता है कि सार्थक सम्पात युगपत भाव से और अर्थ से सम्बद्ध होता है।[304]

युंग ने अपने यौगपत्य के सिद्धान्त को प्राचीन मेधावियों के चिन्तन की छाया में भी प्रतिष्ठित किया। लायबनिज के चिन्तन पर विचार करते हुए उन्होंने यह मत व्यक्त किया कि कार्यकारण न्याय के साथ-साथ लायबनिज ने चिदणु के अन्दर और बाहर दोनों की घटनाओं की सम्पूर्ण पूर्वस्थापित सामानान्तरता को रूपायित किया। युगपत का सिद्धान्त इस प्रकार उन सभी स्थितियों में एक निश्चित क्रिया बन जाता है जहाँ कोई आभ्यन्तर चित्तीय घटना किसी बाह्य घटना के साथ युगपत रूप से घटित होती है। इसके विपरीत हमें यह ध्यान रखना ही चाहिए कि यौगपत्यात्मक प्रतिभास जो संवेदनात्मक रूप से सत्यापित, नियम का विचार करने में तो दरकिनार, इतने अपवादिक होते हैं कि अधिकांश व्यक्ति उनकी सत्ता में सन्देह करते हैं।[305] कहना यह है कि जीवन की अधिकांश घटनाओं की व्याख्या हेतुवादी दृष्टिकोण से

ही की जानी चाहिए, लेकिन कतिपय आपावादिक घटनाएँ ऐसी होती है जहाँ हेतुवादी दृष्टिकोण विफल हो जाता है । यौगपत्य का सिद्धान्त ऐसी ही स्थितियों की व्याख्या का एक वैज्ञानिक सिद्धान्त है।

युंग के यौगपत्य का सिद्धान्त कोई दार्शनिक दृष्टिकोण नहीं है, बल्कि यह बौद्धिक रूप से अनिवार्य सिद्धान्त को रूपायित करने वाली आनुभाविक धारणा है।[306] आद्यरूप के विवेचन में यह कहा जा सकता है कि आद्यरूप दिक्कालातीत है। इस प्रकार यौगपत्य की धारणा आद्यरूप से अनिवार्यतः सम्बन्धित है। एक स्थान पर युंग ने स्पष्ट रूप से कहा है कि आद्यरूपात्क प्रक्रियाओं का कार्यकरण न्याय से दूर का भी ऐसा सम्बन्ध नहीं है जो नियमानुरूप हो। इस प्रकार आद्यरूपात्मक प्रक्रियाओं की व्याख्या यौगपत्य के सिद्धान्तानुसार ही सम्भव है।[307] कहना यह है कि कभी-कभी व्यक्ति के चित्त में अभिव्यक्त आद्यरूपों की सम्यक् व्याख्या यौगपत्य के सिद्धान्त से ही की जा सकती है, क्योंकि आद्यरूप की दिक्कालातीतता निर्विवाद है।

अध्याय : 2

आद्यबिम्ब और साहित्यालोचन : आधार

आलोचना के क्षेत्र में आद्यबिम्ब की युगीय धारणा के सम्प्रयोग से सम्बद्ध होने के कारण प्रस्तुत अध्ययन की प्रकृति अन्तरशास्त्रीय है। इस प्रकार के अन्तरशास्त्रीय अध्ययनों पर यह आक्षेप प्रायः किया जाता रहा है कि इनसे आलोचना की स्वायत्तता सीमित या नष्ट हो जाती है। अतः अध्ययन की प्रकृति पर किंचित् विस्तार से विचार करना अप्रासंगिक न होगा।

जड़-जंगम के प्रचलित भेद को भी संदिग्ध बना देने वाली वैज्ञानिक शोधों के इस युग में साहित्यकारों और वैज्ञानिकों का अलग-अलग खिचड़ी पकाना सांस्कृतिक विकास के सन्दर्भ में स्वाभाविक नहीं रहा है। ज्ञान के कारण विभिन्न विज्ञानों की पारस्परिक निर्भरता बढ़ी है और उससे अन्तरशास्त्रीय सम्वाद को असाधारण महत्त्व मिला है। ऐसी स्थिति में आलोचना की स्वायत्तता के नाम पर साहित्य की व्याख्या और मूल्यांकन के क्षेत्र से इतर अनुशासनों के उपयोग का बहिष्कार हिन्दी आलोचना के सम्यक् विकास के लिए घातक हो सकता है।

आलोचना की स्वायत्तता प्रारम्भ से ही सापेक्ष रही है और सदैव सापेक्ष रहेगी। अभिनवगुप्त पादाचार्य का रस-सिद्धान्त शैव दर्शन पर और ध्वनि-सिद्धान्त स्फोट पर आधारित है। काव्य के यथार्थ को लेकर प्रायः होने वाले आधुनिक विवाद की जड़ें प्लेटो और अरस्तु के काव्य-सत्य-विषयक दार्शनिक विवाद में निहित हैं। काव्य-सत्य के विवाद के मूल में प्लेटो के दार्शनिक प्रत्यय की सत्ता है। साहित्य और समाज, साहित्यकार का दायित्व जैसे प्रश्नों को लेकर होती रहने वाली चर्चाओं का प्रारम्भ प्लेटो के दार्शनिक प्रत्यय ने ही किया था। कहना यह है कि प्राचीन देशी-विदेशी काव्यशास्त्रीय सम्प्रदाय दर्शन-सापेक्ष रहे है। आधुनिक काव्यशास्त्र के सभी सम्प्रदाय किसी-न-किसी दर्शन या विज्ञान की अपेक्षा करते हैं। अतः आलोचना की स्वायत्तता की चर्चा सीमित अर्थों में ही सार्थक है।

अन्तरशास्त्रीय अध्ययनों और तुलनात्मक अध्ययनों में स्पष्टतया मौलिक अन्तर है। तुलनात्मक अध्ययन अन्तरशास्त्रीय हो भी सकता है और नहीं भी हो सकता।

उदाहरणार्थ किसी दो कवियों का तुलनात्मक अध्ययन यदि मनोविश्लेषण की दृष्टि से किया जाए तो उसकी प्रकृति अन्तरशास्त्रीय होगी, किन्तु तुलना का आधार यदि रस, ध्वनि, अलंकार आदि है तो इसे अन्तरशास्त्रीय अध्ययन नहीं कहा जा सकता।

आलोचना के क्षेत्र में इतर अनुशासनों के उपयोग की प्रमुखत: तीन दिशाएँ हैं। भारतीय काव्यशास्त्र में निपुणता को भी काव्य-हेतु के रूप में स्वीकार किया गया है। मेधावियों की रचनाएँ भी निपुणता-निरपेक्ष नहीं होतीं। अत: ऐसी सर्जनाओं को समझने के लिए सम्बद्ध अनुशासन का ज्ञान अनिवार्य हो उठता है। उदाहरणार्थ दर्शन, आयुर्वेद और ज्योतिष की जानकारी के बिना हम बिहारी के अनेक दोहों को नहीं समझ पाएँगे। इसी प्रकार आधुनिक साहित्यकारों की रचनाओं में विभिन्न विज्ञानों के अनेक प्रत्ययों का प्रयोग हुआ है। अत: उन रचनाओं के अभिधेयार्थों का ज्ञान भी सम्बद्ध विज्ञानों की जानकारी के बिना सम्भव नहीं है। ऐसे उपयोग की आवश्यकता दिनोंदिन बढ़ती जाएगी, क्योंकि वैज्ञानिक विकास की गति तीव्र है और मानव जीवन एवं साहित्य पर उसका प्रभाव भी गहरा होता जा रहा है। इस दिशा में हिन्दी आलोचना और शोध को पूर्वापेक्षा अधिक गतिमय रहना है।

इतर अनुशासनों के उपयोग की दूसरी दिशा साहित्यिक कृतियों की व्याख्याओं से सम्बन्धित है, उदाहरणार्थ मार्क्सवादी व्याख्या या मनोविश्लेषणात्मक व्याख्या। जाहिर है कि ऐसी व्याख्याओं में उन्हीं अनुशासनों का उपयोग सम्भव है जिनके प्रत्यय परिव्यापी हों और ये व्याख्याएँ वहीं तक स्वीकार्य या अस्वीकार्य हो सकती है जहाँ तक सम्बद्ध परिव्यापी प्रत्यय स्वीकार्य या अस्वीकार्य हैं।

इतर अनुशासनों के उपयोग की तीसरी दिशा है—आलोचना के मानदण्डों का साहित्यिक कृतियों के मूल्यांकन के सन्दर्भ में विकास। वस्तुत: इस प्रकार के उपयोग का महत्त्व सर्वाधिक है। इससे आलोचना की सापेक्ष स्वायत्ता भी अक्षुण्ण रहती है। इतर अनुशासन उसकी मूल प्रकृति में ढल कर ही प्रयुक्त होते हैं। इसीलिए इस दिशा में सबसे ज्यादा ध्यान देने की जरूरत है। इस सिलसिले में यह तथ्य महत्त्वपूर्ण है कि हमारे पास संस्कृत काव्यशास्त्र की अत्यधिक समृद्ध परम्परा है और किसी अनुशासन के किसी भी परिव्यापी प्रत्यय के आधार पर नए मानदण्डों के विकास का अर्थ पुराने मानदण्डों को ताक पर धर देना नहीं है।

हिन्दी आलोचना में इतर अनुशासनों का उपयोग प्रारम्भ से ही होता रहा है, उसकी दिशा और उसके स्तर को लेकर मतभेद हो सकता है। इस उपयोग का पूरा लेखाजोखा में न तो सम्भव है और न ही वाँछनीय।

हिन्दी आलोचना और शोध में नैपुण्य का विवेचन प्राय: प्रसंगात् ही हुआ है और यह कार्य अधिकांशत: मध्ययुगीन कवियों से ही सम्बद्ध रहा है। केशव का पांडित्य और बिहारी की निपुणता तो बहुचर्चित रही है, किन्तु अन्य मध्ययुगीन कवियों की रचनाओं में ज्योतिष, गणित, आयुर्वेद आदि अनेक शास्त्रों की छाया का

साँगोपाँग विश्लेषण अभी तक नहीं हो पाया है। इस दृष्टि से आधुनिक साहित्यकार तो और अधिक उपेक्षित रहे हैं।

अन्तरशास्त्रीय अध्ययन की आदर्श स्थिति वह है जिसमें दो या दो से अधिक अनुशासन रलमिल जाएँ। उपरिवर्णित इतर अनुशासन के उपयोग की पहली दिशा अन्तरशास्त्रीय अध्ययन की प्रवृत्ति को प्रोत्साहित तो कर सकती हैं, किन्तु वह स्वयं में अन्तरशास्त्रीय अध्ययन नहीं हो सकती क्योंकि उसमें केवल आलोचना का ही अनुशासन रहता है। यह भी ध्यातव्य है कि अन्तरशास्त्रीय अध्ययनों से प्राप्त मानदण्ड कालान्तर में एक स्वतंत्र अनुशासन के रूप में विकसित हो जाते हैं जैसे कि दर्शन और काव्यालोचन के संगलन ने रस सिद्धान्त को ओर मनोविश्लेषण और साहित्यालोचन के संगलन ने मनोविश्लेषणात्मक समीक्षा को विकसित किया।

हिन्दी में इतर अनुशासनों का उपयोग उक्त तीनों दिशाओं में और सैद्धान्तिक एवं व्यावहारिक दोनों रूपों में हुआ है। पहली दिशा में हुए उपयोग की चर्चा हो चुकी है। दूसरी दिशा में हुए उपयोग के सन्दर्भ में मार्क्सवाद और साहित्यलोचन के सम्बन्ध से विकसित प्रगतिवादी आलोचना का विकास एक स्वतंत्र आलोचना-सम्प्रदाय के रूप में हो चुका है और यह सम्प्रदाय असंदिग्ध रूप से प्रगति-पथ पर अग्रसर है। इस विकासशील सम्प्रदाय की दो सीमाएँ चिन्त्य हैं—अपव्याख्याएँ और मूल्यांकन के मानदण्डों के विकास की प्रवृत्ति का अभाव। मार्क्सवाद की शक्ति और सीमा यहाँ विवाद का विषय नहीं है। प्रगतिवादी व्याख्याओं की कसौटी यही है कि वे मार्क्सवादी दृष्टि से उचित हैं या नहीं हैं। ऐसा भी देखा गया है कि कवि ने अपने सृजन में मार्क्सवादी दर्शन और जीवन-पद्धति के किसी विशिष्ट पक्ष को उजागर करना चाहा है और व्याख्याकार ने किसी अन्य पक्ष का आरोप कर दिया है। ऐसी अपव्याख्याओं के मूल में मार्क्सवाद और विवेच्य कवि या साहित्यकार के विषय में अपेक्षित ज्ञान का अभाव और प्रतिबद्धता का सतही आवेश विद्यमान रहता है। हिन्दी की प्रगतिवादी आलोचना में कृति-विशेष के मूल्यांकन के मानदण्डों के विकास की अभी बहुत गुंजाइश है; रूपवाद के प्रसार के भय से उसकी उपेक्षा करते रहने का कोई कारण नहीं है। हिन्दी शोध के क्षेत्र में किए गए अधिकांश मनोवैज्ञानिक अध्ययनों की स्थिति तो सब साधे सब जाय जैसी रही है। हिन्दी की मनोविश्लेषणात्मक आलोचना भी घोर अपव्यख्याओं की शिकार रही है। अनेक मनोविश्लेषणात्मक अध्ययनों में या तो फ्रायड के दृष्टिकोण की सही समझ नहीं है अथवा उसका सही संप्रयोग नहीं है। सही समझ और सही संप्रयोग के उदाहरण गिने-चुने ही हैं।

साहित्य की व्याख्या के सन्दर्भ में इधर कुछ वर्षों से नृतत्त्वशास्त्र का भी उपयोग प्रारम्भ हो चुका है, किन्तु हिन्दी की मिथकीय आलोचना की नृतत्वशास्त्रीय शाखा अभी इतनी विकसित नहीं हो पायी है कि उसका सम्यक् मूल्यांकन हो सके। साहित्य के समाजशास्त्रीय अध्ययनों की ओर भी हिन्दी आलोचकों का रुझान बढ़ रहा है

किन्तु जो अध्ययन सामने हैं वे आलोचकों के स्थान पर समाजशास्त्रियों के लिए अधिक उपयोगी प्रतीत होते हैं। कारण स्पष्ट है कि समाजशास्त्र का कोई प्रत्यय उतना परिव्यापी नहीं हो पाया जितने परिव्यापी नृतत्त्वशास्त्र, मनोविश्लेषण या विश्लेषणात्मक मनोविज्ञान के प्रत्यय रहे हैं।

हिन्दी में इतर अनुशासनों के उपयोग से साहित्य की व्याख्या और मूल्यांकन के मानदण्डों के विकास की अमित सम्भावनाएँ हैं। इन सम्भावनाओं की ओर आलोचकों का उतना ध्यान नहीं गया है, जितना जाना चाहिए। शैली विज्ञान मूल्यांकन के नए प्रतिमानों के विकास का दावा अवश्य करता है, किन्तु जो शैली वैज्ञानिक आलोचनाएँ हमारे, सम्मुख हैं वे साहित्य के मूल्यांकन की परम्परा को अलंकार, रीति या वक्रोक्ति से आगे नहीं बढ़ा पायी हैं। आधुनिक युग में कोई ऐसा आलोचना-सम्प्रदाय नहीं टिक पाएगा जो कृति की समग्रता का आभास करने वाली सहजानुभूतिमय व्याख्याओं को तिरस्कृत कर रूप के विश्लेषण पर बल देता हो। आनेवाला कल ऐसी आलोचना-दृष्टि और पद्धति का है जिसमें अनेक अनुशासनों का मणिभीकृत उपयोग हो और जिसमें व्याख्या और मूल्यांकन रलमिल जाएँ।

समग्रत: हिन्दी आलोचना में इतर अनुशासनों के उपयोग की प्रवृत्ति दिनोंदिन बढ़ती जा रही है। उसका स्वरूप निरन्तर अन्तरशास्त्रीय होता जा रहा है। आलोचना के विकास में नृतत्त्वशास्त्र, समाजशास्त्र, विकासवाद, मनोभाषिकी, मनोविश्लेषण, मनोविश्लेषणात्मक, मनोविज्ञान आदि अनुशासनों आवेशों का शिकार बनती रहने से किया जाने लगा है। हिन्दी आलोचना सतही आवेशों का शिकार बनती रहने से बचने लगी है और अन्तरशास्त्रीय अध्ययन के क्षेत्र में गम्भीरतर प्रयास हुए हैं। हिन्दी में मिथकीय आलोचना का प्रारम्भ उसके अन्तरशास्त्रीय स्वरूप के विकास के प्रति हमें आश्वस्त करता है।

हिन्दी की मिथकीय आलोचना में 'आद्यरूप' शब्द अतिव्यवहृत हो गया है। अत: यहाँ साहित्यालोचन के विशिष्ट सन्दर्भ में उसकी अर्थवत्ता निश्चित करना अप्रसांगिक न होगा।

साहित्यकोशों में आद्यरूपों के विविध अर्थ ग्रहण किए गए हैं। 'करंट लिट्रेरी टर्म्स' और 'डिक्शनरी ऑफ लिट्रेरी टर्म्स' में आद्यरूप को युंगीय मनोविज्ञान की धारणा के रूप में स्वीकार किया गया है। 'ए हेंडबुक टु लिट्रेचर' के अनुसार साहित्य में 'आद्यरूप' शब्द युंग के गहनता-मनोविज्ञान से गृहीत है।[1] 'ए रीडर्स गाइड टु लिट्रेरी टर्म्स' के अनुसार मनोविश्लेषक युंग द्वारा प्रयुक्त यह शब्द नयी समीक्षा में इस शताब्दी के चौथे दशक से व्यवहृत हो रहा है।[2] 'एनसाइक्लोपीडिया ऑफ पोइट्री एंड पोइटिक्स' में साहित्य में आद्यरूप की धारणा पर अपेक्षतया विस्तार से विचार किया गया है। उसके अनुसार ऐतिहासिक रूप में आद्यरूपात्मक दृष्टिकोण लगभग बीसवीं शताब्दी के प्रारम्भ में दो स्रोतों से गृहीत प्रतीत होता है—नृतत्त्वशास्त्र से एवं

युंगीय मनोविज्ञान से। नृतत्त्वशास्त्रीय शोध के रूप में जे.जी. फ्रेजर द गोल्डन वो (1890–1615) के साथ, मोटे तौर पर गिल्बर्ट मरे, जेन ई. हैरीसन, जैसी अर्ल वेस्टन, एस. एच. हूको, लार्ड रैगलैन, ई. एन. बटलर और थियोडोर एच. गेस्टर का उल्लेख किया जा सकता है। मनोवैज्ञानिक स्रोत के रूप में युंगीय मनोवैज्ञानिक और अंशतः फ्रायडीय मनोविज्ञान एवं थियोडोर रिक, ओटो रांक, एरिक फ्राम आदि के द्वारा पुराकथा एवं कर्मकाण्ड से सम्बन्धित मनोविज्ञान के क्षेत्र में किए गए परवर्ती अध्ययनों का उल्लेख किया जा सकता है।[3] लगभग यही मत 'डिक्शनरी ऑफ वर्ल्ड लिट्रेरी टर्म्स' में स्वीकृत है। उसके अनुसार जीवन में एवं फलतः साहित्य में जो आधारभूत स्थिति, पात्र या बिम्ब निरन्तर आवर्ती दिखें, वही आद्यरूप हैं। यह धारण समग्र जाति की पुराकथाओं में अन्तःसम्बन्ध स्थापित करने वाले जे. जी. फ्रेजर की द गोल्डन बो (1615 ई.) एवं सामूहिक अचेतन के प्रवर्तक युंग की अचेतन का मनोविज्ञान (1916 ई.) के समय से विकसित हुई है।[4]

इन कोशगत टिप्पणियों से स्पष्ट है कि साहित्यिक समीक्षा में व्यवहृत 'आद्यरूप' शब्द युंगीय मनोविज्ञान से गृहीत हुआ। युंग ने अपनी मान्यताओं की पुष्टि के लिए वैविध्य में ऐक्य के अनुसन्धित्सु नृतत्त्वशास्त्रियों द्वारा किए गए अनुसन्धानों का भरपूर उपयोग किया है।

अधिकांश साहित्यिक समीक्षकों ने आद्यरूप को युगीय मनोविज्ञान के प्रत्यय के रूप में ही स्वीकार किया है। बादकिन के ग्रन्थ 'आर्केटाइपल पेटर्न्स इन इंगलिश पोयट्री' की रचना का तो उद्देश्य ही युंगीय धारण की परीक्षा है।[5] सर हर्बर्ट रीड ने आद्यरूप की युंगीय धारणा का उपयोग प्रमुखतः सृजन-प्रक्रिया की व्याख्या में किया है। उन्होंने कला को फार्म के रूप में और आद्यरूप को फार्म की योजक शक्ति रूप में स्वीकार किया।[6] उनके विवेचन से यह निष्कर्ष प्राप्त होता है कि कला आद्यबिम्ब है। सी.डे. लिविस ने भी आद्यरूप को युंगीय प्रत्यय के रूप में ग्रहण किया है। उनके अनुसार आद्यरूप कथ्य के माध्यम से व्यक्त सामान्य सत्य को प्रतीकित करता है।[7] आर्थर केस्लर ने भी युंगीय आद्यबिम्ब का उपयोग काव्य की व्याख्या और मूल्यांकन के सन्दर्भ में किया है।[8] 'लिट्रेरी क्रिटिसज्म : ए शार्ट हिस्ट्री' के रचयिताओं ने आद्यबिम्ब का परिचय युंगीय मनोविज्ञान के पारिभाषिक अर्थ में दिया है।[9] ग्राहम हग ने भी आर्केटाइप की धारणा का विवेचन युंगीय मनोविज्ञान के आधार पर किया है।[10]

हिन्दी समीक्षा में भी 'आद्यरूप' शब्द युंगीय मनोविज्ञान के पारिभाषिक अर्थ में ही प्रचलित है। डॉ. नगेन्द्र ने 'काव्य बिम्ब' शीर्षक ग्रन्थ में आद्यरूप के स्पष्टीकरण के लिए युंग का कथन उद्धत किया है। डॉ. रामपूजन तिवारी ने आद्यरूप का सामान्य अर्थ देने के साथ-साथ 'लिट्रेरी क्रिटिसिज्म : ए शार्ट हिस्ट्री' में व्यक्त विचारों का भी अनुकरण किया है।[11]

नार्थ्रप फ्राइ ने आद्यरूप को केवल सामान्य अर्थ में स्वीकार किया है। उनके अनुसार आद्यरूप ऐसा प्रतीक है जो एक कविता को दूसरी से जोड़ता है और इस प्रकार हमारे साहित्यिक अनुभव के योजन और समाकलन में सहायक होता है।[12] कीथ और चेईज़ ने नार्थ्रप फ्राइ का अनुसरण किया है।[13]

निष्कर्षतः साहित्यिक आलोचना में आद्यरूप का व्यवहार सामान्य अर्थ में भी हुआ है एवं युंगीय मनोविज्ञान के पारिभाषिक अर्थ में भी। विद्वानों ने आलोचना के अनेक पक्षों में उसका उपयोग किया है। आद्यरूप के पारिभाषिक अर्थ में उसका सामान्य अर्थ भी अन्तर्भुक्त है।

आद्यबिम्ब और साहित्यालोचन से सम्बन्धित अध्ययन को निम्नलिखित शीर्षकों में प्रस्तुत किया जा सकता है—

1. मिथकीय आलोचना,
2. फ्राइ की आद्यरूपात्मक आलोचना,
3. युंग का कला चिन्तन।

1. मिथकीय आलोचना—साहित्य के क्षेत्र में मिथक और आलोचना के एक स्वतंत्र सम्प्रदाय के रूप में मिथकीय आलोचना के विकास के मूल कारणों पर प्रकाश डालते हुए प्रो. नगेन्द्र में लिखा है—"वर्तमान युग में विज्ञान—विशेषतः उद्योग विज्ञान के प्रसार से जीवन में सर्वत्र तर्क और बुद्धिवाद का आतंक इतना अधिक फैलने लगा है कि भावना और विश्वास के लिए खतरा पैदा हो गया है—उपयोगितावादी दृष्टिकोण और व्यवहार-विवेक ने सहज रागात्मक मूल्यों को खंडित कर दिया है। इस बढ़ते हुए खतरे का सामना करने के लिए आदिम प्रवृत्तियों और संस्कारों की पुनः प्रतिष्ठा करना अनिवार्य हो गया। आदिम मानव प्रवृत्तियों में मिथक कल्पना का अपना विशेष स्थान और महत्त्व है। अतएव उसके प्रति आकर्षण आधुनिक संवेदना का एक सहज अंग बन गया है।"[14] प्रो. नगेन्द्र के मतानुसार आज का बुद्धिजीवी वर्ग शांति की खोज में मिथकजीवी हो रहा है। उनके शब्दों, "आज के बुद्धिजीवी वर्ग, विशेषकर संवेदनशील बुद्धिजीवी वर्ग के सामने एक विचित्र समस्या है। विज्ञान और तर्कशास्त्र से, उनके अमूर्त सिद्धान्तों और निष्कर्षों से उसके मन को परितोष नहीं होता—उधर धर्म उसके विधि-विधान के प्रति संकल्पनाओं की तलाश में है जिनमें बुद्धि और भावना, तथ्य और आदर्श, व्यक्ति और समष्टि तथा मानव और मानवेत्तर सृष्टि के बीच विभाजक रेखाएँ न हों—जो एक साथ उसके दिल और दिमाग दोनों को ग्राह्य हों। वस्तुतः वह धर्म के किसी ऐसे विकल्प की खोज में है जो युगानुरूप हो। एक विशिष्ट वर्ग के विचारकों के अनुसार यह विकल्प उसे मिथकविद्या में प्राप्त होता है।"[15]

साहित्य के अन्तरशास्त्रीय अध्ययनों को वरीयता देने वाले आलोचकों का यह भी कहना है कि सभी शास्त्रों का मूल मिथकविद्या है। दर्शन यदि विज्ञान का विज्ञान है तो मिथक दर्शकों का दर्शन है। प्रो. नगेन्द्र ने इस सन्दर्भ में लिखा है—कला तथा

साहित्य के मनीषियों का एक अन्य वर्ग इस प्रश्न का समाधान कुछ और ही प्रकार से प्रायः विपरीत तर्क के आधार पर, करता है। उसका तर्क है कि आधुनिक युग में ज्ञान–विज्ञान का क्षेत्र इतना व्यापक हो गया है कि साहित्य का सम्यक् अध्ययन एकान्त रूप में नहीं वरन् मानव चेतना की अन्य अभिव्यक्तियों—जीवविज्ञान, नृतत्वशास्त्र, मनोविज्ञान, दर्शन, भाषाशास्त्र आदि—के परिप्रेक्ष्य में ही किया जा सकता है और चूँकि इन सभी अनुशासनों की मूलवर्ती संकल्पनाएँ प्रकारान्तर से आदिम मानव जीवन के साथ अभिन्न रूप से सम्बद्ध मिथकविद्या से जुड़ी हुई हैं इसलिए साहित्य की मौलिक अवधारणाओं के अधिगम के लिए मिथकविद्या का सन्दर्भ अनिवार्य हो जाता है।[16]

इसमें दो मत नहीं हो सकते हैं कि मनुष्य की सभ्यता आज अपने विकास के लिए जिस चरण में है उससे प्रतिवर्तित नहीं हो सकती। आधुनिक जीवन में आदिम युग के संस्कारों की पुनः प्रतिष्ठा उनके प्रकृत रूप में सम्भव नहीं है, किन्तु यह सही है कि आधुनिक मानव अपने जीवन की सार्थकता के मिथक को पाने के लिए व्याकुल है और आधुनिक अध्ययन मिथकों की समझ में पिण्ड और ब्रह्माण्ड की मानवीय समझ का विकास देखता है।

आज मिथकीय आलोचना की चर्चा जोरों पर है, किन्तु वस्तुस्थिति यह है कि स्वयं मिथकीय आलोचना के अनेक सम्प्रदाय विकसित हो गए हैं। अध्ययन की सुविधा के लिए इन्हें तीन वर्गों में रखा जा सकता है—

1. भाषावैज्ञानिक मिथकीय आलोचना,
2. नृतत्वशास्त्रीय मिथकीय आलोचना,
3. मनोवैज्ञानिक मिथकीय आलोचना।

भाषावैज्ञानिक मिथकीय आलोचना के सन्दर्भ में आचार्य नगेन्द्र का यह कथन है—"इधर पिछले कई दर्शकों से भाषा विज्ञान का प्रभुत्व बढ़ा है और समीक्षा के एक विशेष वृत्त में उसे साहित्यों के अध्ययन के मूल आधार के रूप में प्रतिष्ठित करने का साग्रह प्रयास किया जा रहा है। आधुनिक भाषाविज्ञान की सीमाएँ भी जिन विविध क्षेत्रों को स्पर्श करती है उनमें सामाजिक नृविज्ञान अत्यन्त महत्त्वपूर्ण है, जो भाषा के उद्भुत और विकास का वैज्ञानिक अध्ययन प्रस्तुत करने के लिए प्रभूत सामग्री प्रस्तुत करता है। कहने की आवश्यकता नहीं कि आदिम मिथक समवाय इस सामग्री का अत्यन्त मूल्यवान उपकरण है। पश्चिम में आधुनिक समीक्षा की यह प्रवृत्ति विशेष जो भाषिक आधार लेकर चलती है, रूपात्मक अथवा संरचनात्मक समीक्षा के नाम से अभिहित है। इन भाषाविद् समीक्षकों के अनुसार भाषिक विधान सामन्यतः और काव्यात्मक भाषिक विधान विशेषतः एक प्रकार से मिथक–रचना की प्रक्रिया ही है जहाँ नाम और वस्तु, वाचक और वाच्य प्रतीक और अभिप्राय का भेद नहीं है। आधुनिक भाषाविद् के अनुसार भाषा का वास्तविक स्वरूप यही है और इस प्रकार अपने मूल रूप में भाषा मिथक से अभिन्न हैं।"[17] इस कथन के आलोक

में स्पष्ट है कि शैलीविज्ञान भी भाषा को अन्ततोगत्वा मिथक के रूप में देखता है और मिथक के रूप में काव्यात्मक भाषिक विधान की व्याख्या के लिए वह सामाजिक नृतत्त्वशास्त्र पर निर्भर है।

मिथक की नृतत्त्वशास्त्रीय व्याख्या के पुरोधा फ्रेजर रहे हैं और इस सन्दर्भ में उनके ग्रन्थ 'द गोल्डन बो' को असाधारण स्थिति मिली है। नार्थ्रप फ्राइ ने फ्रेजर की नृतत्त्वशास्त्रीय धारणाओं का उपयोग साहित्यालोचन के क्षेत्र में किया। उस पर आगे विचार किया जा रहा है। यहाँ केवल इतना उल्लेख्य होगा कि नृतत्त्वशास्त्रीय मिथकीय आलोचना की भी अनेक शाखाएँ विकसित हो गयी हैं।

मनोवैज्ञानिक मिथकीय आलोचना मुख्यत: युंगीय है, किन्तु उससे एक सीमा तक फ्रायड का नाम भी जुड़ा हुआ है, क्योंकि फ्रायड और युंग ने अपनी मूल स्थापनाओं की पुष्टि के लिए मानव-मन की जिन चेतन-अचेतन प्रक्रियाओं को प्रमाण-रूप में प्रस्तुत किया, उनमें स्वप्न और आद्यबिम्ब के साथ-साथ मिथक का भी विशेष महत्त्व रहा। अत: जब साहित्य के क्षेत्र में मनोविश्लेषणशास्त्र का प्रवेश हुआ तो मिथक भी अपनी सम्पूर्ण संकल्पनाओं के साथ, उसमें दाखिल हो गया।[18] मनोवैज्ञानिक मिथकीय आलोचना के विकास में फ्रायड और युंग के साथ-साथ ओटो रांक आदि अनेक परवर्ती मनोवैज्ञानिकों को भी योगदान है।

समग्र विवेचन से स्पष्ट है कि एक और मिथकीय आलोचना और उसके विभिन्न सम्प्रदायों का स्वतंत्र विकास हो रहा है। आद्यबिम्ब की युंगीय धारणा पर आधारित आलोचना को हम आद्यबिम्बात्मक मिथकीय आलोचना अथवा आद्यबिम्बात्मक आलोचना कह सकते हैं।

2. फ्राइ की आद्यरूपात्मक आलोचना—नार्थ्रप फ्राइ नृतत्त्वयशास्त्रीय आद्यरूपात्मक आलोचना के जनक हैं। कनाडा के इस आलोचक ने इस शताब्दी के तीसरे दशक से ही विद्वानों का ध्यान अपने आलोचनात्मक निबन्धों की ओर आकृष्ट करना प्रारम्भ कर दिया। सन् 1957 ई. में इन्होंने विलियम ब्लेक का एक अध्ययन प्रकाशित किया जो अपनी विशिष्ट एवं मूल्यवान् सहजानुभूतियों के कारण प्रख्यात् हुआ। सन् 1959 ई. में फ्राइ ने अपने पूर्वप्रकाशित निबन्धों को संशोधित करके 'एनॉटमी ऑफ क्रिटिसिज्म' के नाम से प्रकाशित कराया जिसका विश्वव्यापी प्रभाव पड़ा। इसके प्रकाशन के दस वर्ष के अन्दर ही अमेरिकन इंगलिश इंस्टीट्यूट ने फ्राइ के विचारों पर एक सम्मेलन का आयोजन किया। सन् 1957 ई. के बाद से अंग्रेजी आलोचना पर फ्राइ का गहरा असर पड़ा। जेम्स रीनी, जैक एम. डेविस, जॉन ई. ग्रांट, होप आर्नल ली, डारथी वैन गेंट, ग्रैम हफ़, हैजर्ड हेडम्ज, रिचर्ड ओमान, पाल स्मिथ, राबर्ट डी. फोल्क, राबर्ट शोल्ज आदि अनेक आलोचकों की आलोचना-दृष्टि एवं पद्धति पर फ्राइ के विचारों की छाप है।

नार्थ्रप फ्राइ उन सभी आलोचना को अस्वीकार करते हैं जो या तो काव्य के

मूल्यांकन को अपना लक्ष्य मनाती हैं या अपने प्रतिमानों को बाहरी अनुशासनों में जकड़ देती है। उनके अनुसार मूल्यांकन विषयिपरक होता है, क्योंकि उसे प्रत्यक्षत: सम्प्रेषित नहीं किया जा सकता है।[19] मूल्यांकन साहित्य के अध्ययन पर आधारित है, साहित्य के अध्ययन को कभी भी मूल्यांकन पर आधारित नहीं किया जा सकता।[20] बाहरी अनुशासनों में जकड़ी समीक्षा का विरोध वे इस आधार पर करते हैं कि उससे समीक्षा की स्वायत्तता नष्ट हो जाती है।[21] इसीलिए वे सामजिक विज्ञान के रूप में व्यवस्थित आलोचना के विकास पर बल देते हैं।

फ्राइ के अनुसार साहित्य अध्ययन का विषयी न होकर विषय है।[22] आलोचना एक विशिष्ट धारणात्मक साँचे में साहित्य का अध्ययन है। यह सांचा न तो साहित्य का है और न ही साहित्य से बाहर का।[23] आलोचना की स्वायत्तता के लिए यह अनिवार्य है कि उसके प्रतिमान आगमनात्मक पद्धति से साहित्य के अध्ययन के उपरान्त निर्धारित किए जाएँ।[24] इस दिशा में प्रयत्नशील रहकर नार्थ्रप फ्राइ ने ''व्यवस्थित आलोचना के 4 अंग स्वीकार किए हैं—ऐतिहासिक, नैतिक, आद्यरूपात्मक एवं भाषालंकारिक आलोचना। इनमें क्रमशः पद्धतियों, प्रतीकों, पुराकथाओं एवं विधाओं के सिद्धान्त विवेचित हैं। इस प्रकार आद्यरूपात्मक आलोचना फ्राइ द्वारा प्रस्तावित 'व्यवस्थित आलोचना' का एक अंग है। उसके स्वरूप को स्पष्ट करने के लिए पद्धतियों एवं प्रतीकों के सिद्धान्तों का परिचय अनिवार्य है।

फ्राइ के अनुसार प्रत्येक रचना के कथात्मक और कथ्यात्मक पक्ष होते हैं।[25] उन्होंने कथा की दो परम्पराओं का विवेचन किया है—त्रासदीय और कामदीय। त्रासदीय परम्परा में नायक समाज से बहिष्कृत होता है और कामदीय परम्परा में नायक समाज से समंजित होता है।[26] कथ्य की परम्पराओं के भी उन्होंने दो रूप माने हैं—उत्पाद्य और प्रख्यात। उत्पाद्य कथ्य में कवि के पृथक्कृत व्यक्तित्व से प्रसूत कल्पनाओं पर बल होता है। प्रख्यात कथ्य को अंगीकार करने वाला कवि अपने समाज का वकता होता है और उसकी कविता व्यापक अर्थों में शिक्षाप्रद होती है।[27] नायक की व्यापार शक्ति के आधार पर नार्थ्रप फ्राइ ने कथात्मक और कथ्यात्मक परम्पराओं की निम्नलिखित पाँच पद्धतियाँ निश्चित की हैं—

1. पुराकथात्मक जिसमें नायक का व्यक्तित्व लोकोत्तर होता है।
2. रोमेंटिक जिसमें लौकिक नायक अद्‌भुत शक्ति से सम्पन्न होता है।
3. उच्चानुकरणात्मक जिसमें नायक का व्यक्तित्व विशिष्ट गुणों से सम्पन्न तो होता है, किन्तु वह परिवेश का अतिक्रमण नहीं करता।
4. निम्नानुकरणात्मक जिसमें नायक सामान्य व्यक्ति के गुणों से सम्पन्न होता है, किन्तु वह परिवेश के अधीन रहता है।
5. व्यंग्यात्मक जिसमें नायक परिवेश के अधीन तो रहता ही है; उसका व्यक्तित्व भी सामान्य जन से हीन होता है।[28]

इन पाँचों पद्धतियों के दो–दो रूप होते हैं—सरल और जटिल। सरल से फ्राइ का अभिप्राय आदिम या प्रसिद्ध रूप से हैं और जटिल से अभिप्राय सरल के पुन:सृजन से है, यथा रोमेंटिसिज्म को रोमांस का और परीकथा को, अधिकांशत: लोककथा का जटिल रूप माना जा सकता हैं।[29] ये पाँचों पद्धतियाँ चक्रीय रूप में गतिमान रहती हैं।[30]

नैतिक आलोचना के अन्तर्गत फ्राइ ने प्रतीकों के सिद्धान्त को निरूपित किया है। प्रतीक से फ्राइ का अभिप्राय साहित्यिक संरचना की ऐसी इकाई से है जिसे आलोचनात्मक चिन्तन के लिए अलग किया जा सकता है।[31] उनकी इस परिभाषा के अनुसार सम्पूर्ण आलोचना साहित्यिक प्रतीकवाद का व्यवस्थीकरण है।[32] इस व्यवस्थीकरण के लिए उन्होंने प्रतीकों के निम्नलिखित चार स्तरों का विवेचन किया है—

1. अभिधात्मक और विवरणात्मक स्तर—इस स्तर में प्रतीक को अभिप्राय और चिह्न के रूप में समझा जाता है। पढ़ते समय हमारा ध्यान बाह्य और आभ्यन्तर दोनों दिशाओं में समाने रहता है। शाब्दिक संरचना बाह्य रूप से समझे जाने पर किसी पदार्थ की बोधक होती है। इस प्रकार समझा गया प्रतीक चिह्न होता है। जब हम शाब्दिक संरचना को आभ्यन्तर रूप से समझते हैं, तब वह समग्र शाब्दिक संरचना के अंग रूप में सामने आती है और समग्र अर्थ की एक अंग होती है। इस रूप में शाब्दिक तत्व या प्रतीक अभिप्राय होता है।[33] प्रत्येक पठन में ये दोनों पद्धतियाँ युगपत घटित होती हैं।[34] सभी साहित्यिक शाब्दिक संरचनाओं में अर्थ की अन्तिम दिशा आभ्यन्तर होती है।[35] साहित्यिक अर्थ को प्राक्कल्पनात्मक कहा जा सकता है। बाह्य विश्व से प्राक्कल्पनात्मक या यादृच्छिक सम्बन्ध कल्पनात्मक शब्द से निहितार्थ का अंग है।[36] साहित्य में सत्य या तथ्य् के प्रश्न शब्दों की संरचना को, उसके अपने प्रयोजन के लिए उत्पादित करने के प्राथमिक साहित्यिक लक्ष्य से शासित होते हैं, और प्रतीकों के चिह्न मूल्य अन्त:सम्बन्धित अभिप्रायों की संरचना के रूप में अपने महत्त्व से शासित होते हैं। इस प्रकार की स्वायत्त शाब्दिक संरचना ही साहित्य है। ऐसी संरचना के अभाव में हमारे पास ऐसी असाहित्यिक भाषा रह जाती है, जो किसी अन्य प्रयोजन की सिद्धि में मानव चेतना की सहायक होती है। सम्प्रेषण का एक विशिष्ट रूप भाषा है, और भाषा का एक विशिष्ट रूप साहित्य है।[37]

2. रूपात्मक स्तर—इस स्तर पर प्रतीक का ग्रहण बिम्ब के रूप में होता है। साहित्यिक आलोचना के सन्दर्भ में फ्राइ ने अभिधार्थ को एक नया अर्थ दिया और विवरणात्मक अर्थ को साहित्यिक अर्थ के अधीन माना।[38] रूप में शाब्दिक संरचना के उक्त दोनों पक्षों का समाहार होता है। एक और वह अभिधार्थ या संरचना की एकता का द्योतक है तथा दूसरी ओर वह सन्दर्भ और सामग्री का द्योतक है, जो साहित्य में बाह्य प्रकृति के समावेश का बोध कराती है।[39] शाब्दिक संरचना की ये

इकाइयाँ जो कविता और अनुकूल प्रकृति के अनुपात का सादृश्य व्यक्त करती हैं, बिम्ब है।[40] रूपात्मक समीक्षा कविता की बिम्बमालिका के विशिष्ट प्रारूपों को उद्घाटित करने का दृष्टिकोण अपना कर चलती हैं।[41]

3. पुराकथात्मक स्तर—इस स्तर पर प्रतीक को आद्यरूप की दृष्टि से समझा जाती है। रूपात्मक स्तर पर कविता का अध्ययन उसकी बिम्बामालिका की विशिष्ट संरचना का अध्ययन है। पुराकथात्मक स्तर पर कविता का काव्य की एक इकाई के रूप में अध्ययन किया जाता है।[42] रूपात्मक स्तर का केन्द्रीय सिद्धान्त है कि कविता प्रकृति का अनुकरण है। फ्राइ के अनुसार कविता प्रकृति के अनुसरण के रूप में ही परीक्षित नहीं की जा सकती है ; वह दूसरी कविताओं के अनुकरण के रूप में भी परीक्षित की जा सकती है।[43] विवेच्य कविता के, काव्य की एक इकाई के रूप में, दूसरी कविताओं के साथ सम्बन्ध पर विचार करने से हम पाते हैं कि विधाओं का अध्ययन परम्परा के अध्ययन पर आधारित करना होगा। इस तरह के विषयों से सम्बद्ध समीक्षा का आधार प्रतीकवाद का वह पक्ष होगा, जो कविताओं को परस्पर सम्बन्धित करता है। अत: यह आलोचना अपने मुख्य कार्य-क्षेत्र के रूप में कविताओं को परस्पर सम्बद्ध करने वाले प्रतीकों का चयन करती है। इसका अन्तिम विषय कविता की केवल प्रकृति के अनुकरण के रूप में ही स्वीकृति नहीं बल्कि शब्दों की समवर्ती व्यवस्था द्वारा अनुकृत समग्र प्रकृति की व्यवस्था की स्वीकृत है।[44]

4. रहस्यात्मक स्तर—आद्यरूपों का अध्ययन समग्र के अंश रूप साहित्यिक प्रतीकों का अध्ययन है। आद्यरूपों के अस्तित्व की स्वीकृति के उपरान्त इस दिशा में अगला कदम एक स्वयंलीन साहित्य-संसार की सम्भावना पर विचार करना है।[45] रहस्यात्मक स्तर पर साहित्य मानव के समग्र स्वप्न का अनुकरण है और इस तरह वह मानव के उस विचार का अनुकरण है जो परिधि पर है; यथार्थ के केन्द्र पर नहीं। इस स्तर पर वह कल्पनात्मक क्रान्ति पूर्ण होती है जो प्रतीकवाद के विवरणात्मक स्तर से रूपात्मक स्तर पर आने के बाद प्रारम्भ हुई थी। प्रारम्भ में प्रकृति का अनुकरण बाह्य प्रकृति के प्रतिवर्त से एक ऐसे रूपात्मक संगठन में संचरित हुआ, जिसका प्रकृति कन्टेंट थी, लेकिन रूपात्मक स्तर पर कविता अभी भी प्रकृति द्वारा धारित है और आद्यारूपात्मक स्तर पर समग्र काव्य प्रकृति की सीमाओं में धारित है। आद्यरूपात्मक स्तर से रहस्यात्मक स्तर पर आने पर प्रकृति में मानव द्वारा निर्मित वांछनीय रूप नहीं रहते, बल्कि स्वयं में प्रकृति के रूप बन जाते हैं। प्रकृति अब अनन्त मानव के चित्त में रहती है।[46]

साहित्य-संसार का केन्द्र वह कविता है, जिसे हम पढ़ते हैं। कविता समस्त साहित्य का अणुरूप है; शब्दों की समस्त व्यवस्था की एक वैयक्तिक अभिव्यक्ति है। इस प्रकार रहस्यात्मक रूप में प्रतीक एक इकाई है। वह सभी प्रतीकों को समाहित करने वाला एक अनन्त और शाश्वत शाब्दिक प्रतीक है, जो कथ्य के रूप

में प्रज्ञान है और कथा के रूप में समस्त-कार्य है।[47] समीक्षा का रहस्यात्मक दृष्टिकोण साहित्य-संसार की स्वायत्तता का समर्थक है। उसके अनुसार साहित्य जीवन के यथार्थ की आलोचना नहीं करता, बल्कि जीवन और यथार्थ को शाब्दिक सम्बन्धों की व्यवस्था में घटित करता है।[48]

प्रतीकों के उक्त स्तर पूर्वोक्त पाँच पद्धतियों के समान्तर है। अभिधार्थ कथ्यात्मक व्यंग्य की प्रविधियों से सम्बन्धित हैं। विवरणात्मक स्तर का निम्नानुकरणात्मक से और रूपात्मक स्तर का उच्चानुकरणात्मक स्तर से घनिष्ठ सम्बन्ध है। पुराकथात्मक स्तर रोमेंटिक पद्धति से जुड़ा है। आदि।[49]

पद्धतियों और प्रतीकों के सिद्धान्तों का निरूपण करने के उपरान्त फ्राइ के आद्यरूपात्मक आलोचना के अन्तर्गत पुराकथाओं का सिद्धान्त प्रस्तुत किया है। एनॉटॉमी ऑफ क्रिटिसिज़्म के आधार पर यहाँ उसका परिचय प्रस्तुत है। फ्राइ के अनुसार आद्यरूप के सिद्धान्त को स्वीकार करने वाला आलोचक कविता का अध्ययन काव्य के एक अंग-रूप में करता है और काव्य का अध्ययन प्रकृति के समग्र मानवीय अनुकरण के रूप में, जिसे हम सभ्यता कहते हैं। सभ्यता प्रकृति का अनुकरण मात्र नहीं है, बल्कि प्रकृति से समग्र रूप के निर्माण की प्रक्रिया है और उस शक्ति से प्रेरित है जिसे हम इच्छा कहते हैं।[50] आद्यरूपात्मक आलोचना में कवि का चेतन ज्ञान केवल उसी सीमा तक स्वीकार किया जाता है, जिस सीमा तक वह दूसरे कवियों का (स्त्रोतों का) अनुकरण कर सकता है अथवा एक परम्परा का सावधान प्रयोग कर सकता है।[51] साहित्य का आद्यरूपात्मक दृष्टिकोण साहित्य को एक समग्र के रूप में और साहित्यिक अनुभूति को जीवन की निरन्तरता के अंश के रूप में अपनाता है। इसके अनुसार मानवीय कार्य के लक्ष्यों का संदर्शन भी कवि-कर्म का अंग है।[52] आद्यरूपात्मक स्तर पर कविता प्रकृति का अनुकरण तो करती है पर रूपात्मक स्तर की तरह संरचना या व्यवस्था के रूप में नहीं, बल्कि एक चक्रीय प्रक्रिया के रूप में।[53]

फ्राइ के अनुसार यदि हम कविताओं को परस्पर सम्बद्ध करने वाली बिम्बमालिका में परम्परागत या आद्यरूपात्मक तत्व को स्वीकार नहीं करते, तो हमारे लिए साहित्य के पठन से बाहर कोई भी व्यवस्थित मानसिक प्रशिक्षण लेना असम्भव है।[54] उनकी दृष्टि में साहित्य के संरचनात्मक तत्व आद्यरूपात्मक और रहस्यात्मक आलोचना से ही गृहीत किए जा सकते हैं।[55] काव्य एक रूप है अत: उसका रूपात्मक कारण भी होना चाहिए। आद्यरूप ही काव्य का रूपात्मक कारण है।[56] आद्यरूपात्मक आलोचना के अन्तर्गत फ्राइ ने बिम्बमालिका की संरचनाओं का अध्ययन करने के बाद विधात्मक वर्णनों या कथात्मक विन्यासों का वर्णन किया है। विधात्मक वर्णन और कथात्मक विन्यास बिम्बालिकाओं की संरचनाओं के गतिमय रूप हैं। बिम्बमालिकाओं की संरचनाओं के वर्णन को उन्होंने आद्यरूपात्मक अर्थ का सिद्धान्त और विधात्मक वर्णन या कथात्मक विन्यास के वर्णन को माइथोस का सिद्धान्त कहा है।

आद्यरूपात्मक अर्थ को उन्होंने तीन भागों में बाँटा है—दैवी बिम्बमालिका, आसुरी बिम्बमालिका और सादृश्यात्मक बिम्बमालिका। दैवी बिम्बमालिका मानव इच्छा के रूपों में ढाल कर यथार्थ के विभिन्न स्तरों को प्रस्तुत करती है। इसके विपरीत आसुरी बिम्बमालिकाएँ इच्छाओं द्वारा वर्जित संसार का प्रस्तुतीकरण है। ये दोनों बिम्बमालिकाएँ क्रमशः पुराकथात्मक पद्धति और उसकी और उन्मुख व्यंग्यात्मक संसारों से सम्बद्ध रहती है। इन पद्धतियों में देवी और आसुरी बिम्बमालिकाएँ द्वन्द्वात्मक रूप में रहती है। रोमेंटिक पद्धति एक आदर्श संसार प्रस्तुत करती हैं। इसकी बिम्बमालिका में देवी संसार के समकक्ष मानवीय संसार का चित्रण रहता है। इसे फ्राइ ने शिशु–बोध का सादृश्य कहा है। उच्चानुकरणात्मक बिम्बमालिका के क्षेत्र को उन्होंने प्रकृति और बुद्धि का सादृश्य माना है। निम्नानुकरणात्मक पद्धति की बिम्बमालिका के क्षेत्र को वे अनुभव या सादृश्य कहते हैं।[57]

देवी और आसुरी संसार की लाक्षणिक संरचनाएँ अपरिवर्तनीय रहती है। वहाँ जीवन का नैरन्तर्य तो है,लेकिन जीवन की प्रक्रिया नहीं है। शिशु–बोध और अनुभव के सादृश्य पुराकथा के प्रकृति से समंजन का प्रतिनिधित्व करते हैं और जीवन की प्रक्रिया को व्यक्त करते हैं। इस प्रक्रिया का मूलभूत रूप चक्रीय गति है। चक्रीय प्रतीकों को फ्राइ ने, सामान्यतः चार मुख्य स्तरों पर विभाजित किया है—दिन के चार पहर, वर्ष की चार ॠतुएँ, जलचक्र के चार पक्ष (वर्षा, फब्वारा, नदियाँ, समुद्र, या बर्फ), जीवन की चार अवस्थाएँ (यौवन, प्रौढ़ि, वार्धक्य और मुत्यु) आदि। इस प्रकृति चक्र के ऊर्ध्व पर रोमांस का संसार और शिशु–बोध का सादृश्य है तथा निम्न अर्द्ध पर यथार्थ संसार और अनुभव का सादृश्य है। इस प्रकार पुराकथात्मक गति के चार प्रकार हैं—रोमांटिक, अनुभवात्मक, ऊर्ध्व और निम्न। ऊर्ध्वमुखी गति कामदीय गति है और अधोमुखी गति त्रासदीय है। फ्राइ ने उक्त कथाविन्यास को अनुभावित दो विरोधी युग्मों में बाँटा है—(1) त्रासदी और कामदी, (2) रोमांस और व्यंग्य। त्रासदी और कामदी परस्पर विरोधी हैं। दूसरी और कामदी का एक छोर पर अनजाने ही व्यंग्य में और दूसरे छोर पर रोमांस में मिलती है, रोमांस कामदीय या त्रासदीय हो सकता है—त्रासदी भी उच्च रोमांस से व्यंगात्मक यथार्थवाद तक पहुँचती है।[58]

फ्राइ की आद्यरूपात्मक आलोचना विवाद का विषय रही है। 'लिट्रेरी क्रिटिसिज्म : ए शार्ट हिस्ट्री' में आद्यरूपात्मक आलोचना पर यह आक्षेप लगाया गया है कि यह काव्य के मूल्यांकन के प्रतिमानों की उपेक्षा करती है।[59] फ्राइ द्वारा निरूपित चक्रीय गति का सिद्धान्त फ्रेजर के 'द गोल्डन बो' शीर्षक ग्रन्थ से प्रभावित है। ग्राहम के अनुसार पुराकथाओं के समग्र संसार की व्याख्या में इस सिद्धान्त की असमर्थता स्वीकार की जा चुकी है।[60] आद्यरूपात्मक आलोचना पर तीसरा आक्षेप यह है कि वह विभिन्न संस्कृतियों के भेदक तत्वों की उपेक्षा के लिए प्रेरित करती है।[61] बहुत सी कविताओं में व्यक्तिगत प्रतीक होते हैं। उनकी आद्यरूपात्मक ढंग से

व्याख्या करना उनका अतिपठन करना है।[62] साहित्य के प्रति आद्यरूपात्मक दृष्टिकोण एक जटिल विषय को सरलीकृत करता है।[63] यह साहित्य से हमारा ध्यान हटाकर नृतत्त्वशास्त्र की ओर ले जाता है।[64] इस अन्तिम आक्षेप को छोड़ कर शेष सभी आक्षेप तर्कसंगत हैं।

प्रस्तुत विवेचन से स्पष्ट है कि फ्राइ की आद्यरूपात्म आलोचना स्वतंत्र आलोचना-पद्धति न होकर व्यवस्थित समीक्षा के अन्य अंगों की अपेक्षा रखती है। व्यवस्थित आलोचना की एनॉटमी प्रस्तुत करने में फ्राइ ने नृतत्वशास्त्रीय धारणाओं का यथासम्भव उपयोग किया है। उनकी बहुत बड़ी शक्ति यही है कि साहित्यालोचन को नृतत्वशास्त्र के अनुशासन में जकड़ने के स्थान पर उन्होंने नृतत्त्वशास्त्र की महत्त्वपूर्ण धारणाओं का आलोचना की समृद्धि में उपयोग किया। उनकी सबसे बड़ी सीमा यह रही कि उन्होंने काव्य के मूल्यांकन जैसे आधारभूत प्रश्न को समीक्षा के क्षेत्र से बहिष्कृत कर दिया। समीक्षा के क्षेत्र में पड़ोसी अनुशासनों के उपयोग को तो उन्होंने उदारतापूर्वक स्वीकार किया, किन्तु यह स्वीकृति अधिकांशतः सैद्धान्तिक ही रही। यदि वे गहनता-मनोविज्ञान में, विशेषतः विश्लेषणात्मक मनोविज्ञान में, उतनी ही रुचि रखते जितनी रुचि नृतत्वशास्त्र में थी, तो सम्भवतः उनकी आलोचना-दृष्टि और आलोचना-पद्धति मूल्यांकन जैसे मूलभूत प्रश्नों के समाधान में भी समर्थ हो जाती। फ्राइ की उक्त सीमाओं के कारण ही आद्यबिम्ब की धारणा पर आधारित समीक्षा के विकास में युंग के चिन्तन को वरीयता दी गयी है।

3. युंग का कला-चिन्तन—आद्यबिम्ब की युंगीय धारणा का परिचय पहले दिया जा चुका है। यहाँ उनके कला-चिन्तन का अध्ययन निम्नलिखित शीर्षकों के अन्तर्गत किया जा रहा है—

क. पृष्ठभूमि
ख. चिन्तन
ग. स्वरूप

क. पृष्ठभूमि—कला को चित्तीय प्रक्रिया मानते हुए युंग ने मनोविज्ञान के साथ उसके अपरिहार्य सम्बन्ध पर बल दिया, किन्तु उसकी आधारभूत प्रकृति के अध्ययन को मनोविज्ञान के क्षेत्र से बाहर घोषित कर दिया। उनके शब्दों में, जब हम मनोविज्ञान और कला के सम्बन्ध की चर्चा करते हैं, तब कला के केवल उसी पक्ष का विवेचन अभीष्ट मानते हैं, जो बिना किसी दूसरे क्षेत्र में अतिक्रमण किए भी मनोवैज्ञानिक अध्ययन का विषय हो सकता है। मनोविज्ञान कला के सम्बन्ध में जो भी तथ्य निर्दिष्ट करें, वे कलात्मक प्रकृति की मनोवैज्ञानिक प्रक्रिया तक ही सीमित होंगे और उनका कला की अन्तरतम प्रकृति से कोई सम्बन्ध नहीं होगा।[65] इतना होने पर भी युंग ने काव्य-सृजन, सर्जक व्यक्तित्व, काव्य-प्रयोजन, काव्यत्व के निकष आदि से सम्बन्धित मनोविज्ञानिक धारणाएँ स्थापित की है, जिन्हें लक्षित करते हुए हर्बर्ट रीड

जैसे सौन्दर्यशास्त्री ने कहा कि युंग अपना नियम तोड़ने में सबसे आगे रहे, क्योंकि उन्होंने कला-सृजन के विशिष्ट गुणों से सम्बन्धित अत्यन्त महत्त्वपूर्ण अवेक्षण किए।[66] ऐसी स्थिति में कला के मनोवैज्ञानिक अध्ययन से सम्बद्ध युंगीय अनुशासन पर सम्यक् विचार अपेक्षित है।

गहनता-मनोविज्ञान और साहित्यिक आलोचना के सम्बन्ध की चर्चा फ्रायड की स्थापनाओं से प्रारम्भ हुई। फ्रायड की स्थापना के परिणामस्वरूप विचारकों के एक वर्ग ने समीक्षा के क्षेत्र में क्रान्ति का अतिवादी दावा किया।[67] कला के प्रति मनोविश्लेषणात्मक दृष्टि के पुरजोर समर्थक आलोचना से सम्बद्ध प्रत्येक समस्या का समाधान फ्रायडीय चिन्तन के सहारे करना चाहते थे। युंग ने फ्रायडीय दृष्टिकोण की सीमाएँ स्पष्ट करते हुए इस प्रकार के दावों और प्रयासों का निषेध किया। उनके उपर्युक्त कथन में कला की आधारभूत प्रकृति के मनोवैज्ञानिक विवेचन का निषेध कला के विषय में फ्रायड के चिन्तन एवं उस पर आधारित समीक्षा-पद्धति के प्रसंग में ही किया गया है। उन्होंने अपनी कला-विषयक स्थापनाओं से पूर्व फ्रायड के चिन्तन को अग्राहय सिद्ध किया है। अत: उनके काव्य-चिन्तन को उसकी समग्रता में समझने के लिए पृष्ठभूमि के रूप में फ्रायड के काव्य-चिन्तन का विवेचन अपेक्षित ही नहीं, अनिवार्य भी है।

साहित्य के विषय में फ्रायड की मान्यता थी कि साहित्य-सृजन और दिवास्वप्न या फंटेसी में मूलत: एक ही चित्तीय प्रक्रिया प्रतिफलित होती है।[68] दिवास्वप्न या फंटेसी की मूल प्रेरक शक्ति अतृप्त इच्छाएँ हैं। फ्रायड के शब्दों में, सुखी आदमी कभी कल्पना-चित्रों की सृष्टि नहीं करता, केवल असन्तुष्ट व्यक्ति ही यह सृष्टि करते हैं।[69] साहित्यकार भी एक असन्तुष्ट व्यक्ति होता है, उसमें भी एषणाएँ होती हैं, जिनकी तृप्ति के लिए उसके पास साधनों का अभाव होता है।[70] वह भी सामान्य व्यक्ति की तरह दिवास्वप्न देखता है, अत: फंटेसी की चित्तीय प्रक्रिया एवं सृजन-प्रक्रिया प्रारम्भिक रूप में समान है।[71] मनोविश्लेषण की इन मान्यताओं ने साहित्यकारों एवं आलोचकों को तत्काल प्रभावित किया और 1910 ई. के आसपास से ही साहित्यिक समीक्षा में मनोविश्लेषण का उपयोग प्रारम्भ हो गया।[72] 1616 ई. तक मनोविश्लेषणात्मक आलोचना इतनी फैल गयी कि उस पर एक व्यंग्य-रचना भी लिखी गयी।[73] मनोविश्लेषणात्मक आलोचना अपनी नवीन धारणाओं के कारण निर्विवाद नहीं रही। उसके प्रारम्भ से 1926 ई. तक तो उसका औचित्य अत्यन्त विवादग्रस्त रहा।[74] विवाद के विषय मुख्यत: सर्जक व्यक्तित्व, सृजन-प्रक्रिया एवं आस्वादन-प्रक्रिया के सन्दर्भ में फ्रायडीय मान्यताएँ थीं।[75] विवाद में फ्रायड-मंडल के मनोवैज्ञानिकों के अतिरिक्त साहित्यिक समीक्षकों एवं ऐसे लोगों ने भी मान लिया जिनका फ्रायड की स्थापनाओं के विषय में ज्ञान अन्य स्रोतों से गृहीत था।[76] मनोविश्लेषणात्मक आलोचना फ्रायडीय स्थापनाओं के प्रति दृढ़तापूर्वक स्वीकृति

का परिणाम थी एवं उनका तिरस्कार दृढ़तापूर्वक अस्वीकृत का। फ्रायड के विचारों को अस्वीकार करने वाले विद्वानों का प्रमुख आक्षेप यह रहा है कि उसने आम आदमी के दिवास्वप्न और कलाकृति को एक मान लिया और कलाकृति के विश्लेषणार्थ मूलतः वही पद्धति अपनायी जो मनस्तापितों के विश्लेषणार्थ अपनायी गयी। कलाकृति के मूल्यांकन के सन्दर्भ में प्राप्त निष्कर्षों के महत्त्वहीन न होने का आक्षेप पूर्ववर्ती आक्षेप का अनुगामी है।

मनोविश्लेषणात्मक आलोचना पर युंग ने भी मुख्यतः यही आक्षेप किए हैं। मनोविश्लेषणात्मक दृष्टि के विषय में उनका कहना है कि यदि कलाकृति और स्नायविक विकृति की पूर्णरूपेण एक ही व्याख्या हो तो या तो कलाकृति स्नायविक विकास है अथवा स्नायविक विकृति कलाकृति है। इस प्रकार की उक्ति विरोधात्मक शब्द-क्रीड़ा के रूप में तो चल सकती है, किन्तु जिस व्यक्ति के पास स्वस्थ बुद्धि है, वह कलाकृति और स्नायविक विकृति को एक कटघरे में रखने के विचार का ही विरोध करेगा।[77]

यहाँ उल्लेखनीय है कि स्थितप्रज्ञ को छोड़कर शेष सभी व्यक्ति मनस्तापित होते हैं, क्योंकि सभी में अनन्त इच्छाएँ हैं और अनन्त इच्छाओं की तृप्ति सम्भव नहीं है। विशेष अवस्था तक पहुँच कर मनस्ताप रोग बन जाता है। फ्रायड का विचार यह नहीं था कि कलाकार का मनस्ताप ऐसा होता है जिसकी मनचिकित्सा अनिवार्य हो। इसके विपरीत उन्होंने कलाकार की चित्तीय संरचना में वृत्तियों के उन्नयन की ऐसी प्रबल क्षमता स्वीकार की, जिससे कलाकार यथार्थ की ओर लौट पाता है, और फलतः रोगी होने से बच जाता है।[78] उन्होंने आम आदमी के दिवास्वप्न और कलाकृति में भी अन्तर किया। कलाकार रूपान्तरों और परिवर्तनों द्वारा अपने दिवास्वप्न के अहंपूर्ण स्वरूप का परिहार करता है।[79] इस प्रकार फ्रायड ने सिद्धान्ततः न तो कलाकार को रोगी कहा और न ही कलाकृति को आम आदमी के दिवास्वप्न से आत्यान्तिक रूप में अभिन्न माना। उन्होंने कलाकार में उदारीकरण की प्रबल क्षमता स्वीकार की। प्रो. कलीमुद्दीन अहमद ने फ्रायड की सीमाओं का उल्लेख करते हुए कहा है—हमें इस आपावादिक नैसर्गिक शक्ति या उदारीकरण की सबल क्षमता की कोई सन्तोषप्रद वैज्ञानिक व्याख्या भी नहीं मिलती।[80] इस प्रकार फ्रायड की एक प्रमुख सीमा यह थी कि उन्होंने कलाकार द्वारा दिवास्वप्न के अहंपूर्ण स्वरूप के परिहार की प्रक्रिया का मनोविश्लेषणात्मक विवेचन नहीं किया, जिससे एक सामान्य दिवास्वप्न और कलाकृति की समानताएँ तो उद्घाटित हो गयीं, किन्तु महत्त्वपूर्ण विषमताएँ उपेक्षित कर दी गयीं। इसके फलस्वरूप कलाकृति और कलाकार के व्यक्तिगत जीवन के कार्य-कारण सम्बन्ध पर तो बल दिया गया किन्तु दिवास्वप्न के अहंपूर्ण स्वरूप के परिहार की प्रक्रिया एवं कलाकृति के सौन्दर्य के मनोवैज्ञानिक आयाम उद्घाटित न हो सके। इसका एक परिणाम यह भी हुआ है कि कलाकृति एवं

स्वप्न की समानताओं पर विशेष बल दिया जाने लगा जिससे सृजन–प्रक्रिया में चेतना का योगदान उपेक्षित हो गया। क्लाइव बेल और फ्राइ जैसे प्रख्यात समीक्षकों ने मनोविश्लेषणात्मक आलोचना पर यह न्यायोहित आक्षेप किया कि उसमें स्वप्न और काव्य के प्राथमिक अन्तर का—रूप के तत्व का—विवेचन नहीं किया गया है।[81]

फ्रायड के चिन्तन के परिणामस्वरूप कलाकृति के सन्दर्भ में कलाकार के व्यक्तिगत जीवन का विश्लेषण समीक्षकों का मुख्य विषय रहा, क्योंकि मनोविश्लेषण ने कलाकृति और कलाकार के व्यक्तिगत सम्बन्ध और कलाकार के मनस्ताप को सिद्धान्त रूप में प्रतिष्ठित किया। प्रसिद्ध मनोवैज्ञानिक स्टेकल भी कलाकार और मनस्तापित में कोई मूलभूत अन्तर स्वीकार नहीं करते। उन्होंने कलाकार के मनस्ताप को हिस्टीरिया की कोटि में रखा और हिस्टीरिया को मानव के सांस्कृतिक विकास का कारण माना।[82] उनके अनुसार असंख्य मनस्तापितों की बाँझ चीत्कार के बाद एक महान कृति जन्म लेती है।[83] कलाकार में मनस्ताप जैसी पूर्वावस्था को युंग भी स्वीकार करते हैं, किन्तु इस सम्बन्ध में उनका मत फ्रायड से उल्लेखनीय सीमा तक भिन्न है। उन्होंने कहा है, ''यह तथ्य निर्विवाद है कि कलाकृति का उद्‌भव स्वभाविक विकार की तरह एक सी मनोवैज्ञानिक पूर्वावस्थाओं में होता है, क्योंकि कुछ मनोवैज्ञानिक पूर्वावस्थाएँ सर्वत्र विद्यमान होती हैं, और फिर मनुष्य के जीवन की अवस्थाओं में सापेक्षिक सदृशता होने के कारण सतत समरूप भी होती है, विवेच्य भले ही एक बौद्धिक प्राणी हो, या कवि हो या सामान्य व्यक्ति हो।[84] इससे स्पष्ट है कि सृजन–प्रक्रिया में कलाकार भी मनस्ताप जैसी पूर्वावस्था से गुजरता है। फ्रायड और उसके अनुयायियों ने अपनी सारी ताकत इस पूर्वावस्था के अध्ययन में लगा दी। युंग के अनुसार इस पद्धति से प्राप्त निष्कर्ष पूरे मानव समुदाय से सम्बन्धित होते हैं। कलाकार एवं कलाकृति के वैशिष्ट्य को उद्‌घाटित नहीं करते।[85] उन्होंने यह भी स्वीकार किया कि सृजन–प्रक्रिया में कलाकार का मनस्ताप एक पूर्वावस्था ही है और कलाकृति का अर्थ एवं इसकी विशिष्टता इसकी पूर्वावस्थाओं और पूर्वतत्वों में नहीं होती।[86] इस प्रकार फ्रायड के लिए साहित्य की मनोवैज्ञानिक समीक्षा में, जिसका प्राथमिक और सर्वाधिक महत्त्व है; वह युंग के लिए लगभग महत्त्वहीन है।

फ्रायड ने कलाकार के मनस्ताप को व्यक्तिगत जीवन से सम्बन्धित माना, जबकि युंग ने कलाकार ने मानसिक संघर्ष में समग्र युग के मानसिक संघर्ष की गूँज स्वीकार की। फ्रायड कलाकृति को कलाकार के व्यक्तिगत जीवन से सम्बन्धित मानते हैं, जबकि युंग के मत से काव्य में व्यक्तिगत जीवन की अभिव्यक्ति एक सीमा ही नहीं, पाप भी है। उनकी दृष्टि में यदि व्यक्तिगत अचेतन की धारणाओं में अधिक वेग हुआ तो कलाकृति प्रतीकात्मक न होकर रोगलक्षणात्मक हो जाती है। ऐसी कलाकृति को वे फ्रायड के हाथों निस्संकोच सौंप देने का समर्थन करते हैं। इस

प्रकार फ्रायड की पद्धति जिन कलाकृतियों की आलोचना के लिए उपयोगी है, वे महान साहित्य की—प्रतीकात्मक साहित्य की—कोटि में नहीं आतीं। इसे किंचित् भिन्न आधारों पर क्लाइव बेल और रोजर फ्राइ ने भी स्वीकार किया है। बेल के अनुसार फ्रायड ने उन विषयों पर विचार व्यक्ति किए, जिनका उन्हें ज्ञान नहीं था।[87] उनके विचार से फ्रायड का कला-विषयक विवेचन घरेलू नौकरियों के कला-विषयक चिन्तन का विवरण है, क्योंकि घरेलू नौकरियों के लिए उपन्यास फंटेसी की दुनिया में इच्छापूर्ति होते हैं।[88] फ्राइ के अनुसार फ्रायड ने जिस इच्छापूर्ति की चर्चा की है, वह लोकप्रिय कला के सन्दर्भ में तो ठीक है, किन्तु महान् उपन्यास के विषय में नहीं।[89] यह आक्षेप इस कारण से और अधिक संगत जान पड़ता है कि फ्रायड के अपने विचारों को ऐसे साहित्य के सन्दर्भ में व्यक्त किया है जिसे, फ्रायड के अपने शब्दों में, ''एक विशाल जनसमुदाय चाव से पढ़ता है।''[90] प्राचीन युगों के लेखकों—महाकाव्यों और त्रासदियों के प्रणेताओं—की तरह पूर्वप्रस्तुत लोकसम्मत सामग्री ग्रहण करने वाले सहित्यकारों के विषय में उनका कथन है कि यहाँ भी लेखक को कुछ स्वतंत्रता होती है, वह इच्छानुकूल इस सामग्री का चयन और उसमें परिवर्तन संशोधन कर सकता है। अपने मूल रूप में वह समग्र जाति के उस कोष से निकलती है, जो पुराणों, लोक-आख्यानों और परियों की कथाओं का भण्डार है। जातीय मनोविज्ञान की इन रचनाओं का अध्ययन अभी अपूर्ण है, किन्तु यह अत्यन्त सम्भव है कि ये पुराण सम्पूर्ण जाति की इच्छाओं और कल्पना-चित्रों के विभ्रष्ट अवशेष हैं—आदि मानव के युग-युग के स्वप्नों के चिन्ह।[91] ऐसे साहित्य की फ्रायड ने घोर उपेक्षा की है। फ्रायड के कला-चिन्तन के विषय में एंथोनी स्टार्र ने कहा है कि फ्रायड ने यह धारणा कभी स्वीकार नहीं की कि कला इच्छापूर्त्यात्मक फंटेसी की दिशा में पलायन की अपेक्षा प्रभाता को यथार्थान्मुख करने का मार्ग हो सकती है।[92] फ्रायड का दृष्टिकोण हेतुवादी था। उन्होंने दिवास्वप्न की प्रक्रिया में अतृप्त इच्छाओं को हेतु-रूप में स्थापित किया। इसीलिए आस्वादन-प्रक्रिया में भी इच्छापूर्ति सिद्धान्त की स्थापना के अतिरिक्त और कोई चारा न था।

फ्रायड की मान्यताओं के आधार पर जो आलोचना-पद्धति प्रचलित हुई, उसके मूल में मनस्तापितों के विश्लेषण में अपनायी गयी रीति है। युंग के अनुसार फ्रायड की पद्धति का मूल तत्व है अचेतन पृष्ठभूमि के सारे परिस्थितिगत साक्ष्य का संकलन और इस सामग्री के विश्लेषण एवं व्याख्या द्वारा प्राथमिक अचेतन एवं सहजवृत्तिमूलक प्रक्रियाओं का पुनर्निर्माण।[93] उनकी दृष्टि में विशुद्ध रूप से जैविकीय स्थापनाओं को स्वीकार करने वाला मनोविज्ञान कुछ सीमा तक मनुष्य के अध्ययन के लिए तो स्वीकार किया जा सकता है, किन्तु एक सच्ची कलाकृति को उससे नापा नहीं जा सकता और सृष्टा मानव का इससे अध्ययन करना और भी अधिक कठिन है।[94] फ्रायड कलाकृति को कलाकार की मानसिक अवस्था के लक्षण-रूप में ग्रहण

करते हैं, युंग ने उसे प्रतीक के रूप में ग्रहण किया है। लक्षण-रूप में गृहीत कलाकृति के विश्लेषण से निकाले गए निष्कर्ष रचयिता को प्राय: मनस्तापित सिद्ध करते हैं, जिससे सृष्टा मानव का मानवीय विकास में योगदान उद्घाटित नहीं हो पाता और सृजन का औदात्य भी उपेक्षित हो जाता है। फ्रायड की आलोचना पद्धति करते हुए युंग ने टिप्पणी की है कि यह पद्धति मनस्तापितों के विश्लेषण की पद्धति है एवं इससे प्राप्त निष्कर्ष मनस्तापितों को ही तुष्ट कर सकते हैं।[95] उन्होंने व्यक्ति की चित्तीय समस्याओं के विश्लेषण के लिए तो फ्रायड को एक सीमा तक स्वीकार किया है, किन्तु सृजक और सृजन के विश्लेषण के लिए फ्रायड के सभी प्रचारों का प्रबल विरोध किया है।

निष्कर्षत: फ्रायड के विचारों ने साहित्यिक आलोचना को जितनी तीव्रता से प्रभावित किया, उतनी ही तीव्रता से अपनी स्पष्ट सीमाओं के कारण वे गम्भीर समीक्षकों के उग्र विरोध का विषय बने। उदाहरण के लिए फ्रायड से गहनतया प्रभावित होकर 'पोइट्री एंड ड्रीम्स' की रचना करने वाले प्रेसकॉट की 'पोइट्री एंड मिथ' की शब्दानुक्रमणिका में भी फ्रायड का नाम नहीं था।[96] साहित्यिक आलोचना के क्षेत्र में फ्रायड के विचारों की सीमाओं को लक्षित करते हुए गिलबर्ट मरे, बादकिन जैसे समीक्षक युंग की ओर आकृष्ट हुए।

ख. चिन्तन—फ्रायड और युंग की कला-विषयक धारणाओं का अन्तर उनकी मनोवैज्ञानिक धारणाओं के अन्तर पर आधारित है और उनकी मनोवैज्ञानिक धारणाओं का अन्तर वैज्ञानिक दृष्टिकोणों के अन्तर पर। फ्रायड ने हेतुवादी दृष्टिकोण ग्रहण करने के कारण व्यक्तिगत जीवन में मनस्ताप के कारण खोजे और फंटेसी आदि के रूप में प्राप्त चेतन सामग्री को रोग-लक्षणात्मक स्वीकार किया। युंग ने अन्त्यवादी दृष्टिकोण अपनाने के कारण मनस्ताप को व्यक्ति के भावी विकास का दिशा-निर्देशक माना और फंटेसी आदि की प्रतीकात्मकता भी स्वीकार की। फ्रायड ने रोग को दूर करने में रुचि ली। युंग ने मानवीय क्षमताओं के विकास की सम्भावनाओं को केन्द्र बनाया। फ्रायड ने मनस्ताप को केवल व्यक्तिगत माना, जबकि युंग ने सृष्टा मानव के तथाकथित मनस्ताप को समग्र युग के मनस्ताप के रूप में ग्रहण करते हुए उसे मानवता के भावी विकास की पूर्वावस्था के रूप में स्वीकार किया। फ्रायड के अनुसार कला की सृजन-प्रक्रिया और भावन-प्रक्रिया में इच्छापूर्ति का हेतुवादी सिद्धान्त नियामक होने से कला विरेचक होती है; युंग के अनुसार वह बिम्बात्मक होने के कारण अचेतन ऊर्जा का विमोचन करती है। फ्रायड की दृष्टि में कला पलायन की ओर ले जाती है, जबकि युंग की दृष्टि में वह नवोन्मेष का निमित्त बनती है। इस प्रकार फ्रायड और युंग की कला-विषयक धारणाओं का सम्बन्ध विपरीत ध्रुवों का है। फ्रायड की भाँति युंग का काव्य-चिन्तन लेखों एवं यत्र-तत्र स्फुटित वाक्यों में ही व्यक्त हुआ। इसके अतिरिक्त युंग के काव्य-चिन्तन की विवृत्ति में यह

समस्या भी है कि उनकी कतिपय मनोवैज्ञानिक धारणाएँ विकासशील रही है। यहाँ उनकी अन्तिम धारणाओं के आधार पर उनके काव्य-चिन्तन को स्पष्ट करने का प्रयास किया जा रहा है।

काव्य के क्षेत्र में युंग ने मनोविज्ञान के दो उपयोग माने हैं—1. काव्य सृजन की व्याख्या और 2. सर्जक व्यक्तित्व की व्याख्या। काव्य-सृजन की व्याख्या करते हुए उन्होंने काव्य के दो रूप निश्चित किए हैं—मनोवैज्ञानिक काव्य और संकल्पात्मक काव्य।[97]

मनोवैज्ञानिक काव्य का सम्बन्ध मानव-चेतना से गृहीत सामग्री के साथ है।[98] चेतन अनुभवों से सम्बद्ध होने के कारण ऐसे काव्य के भावपक्ष एवं कलापक्ष बुद्धिगम्य होते हैं। बुद्धिगम्यता को स्पष्ट करते हुए ने कहा है कि मनोवैज्ञानिक काव्य के विषय में हम यह कभी नहीं पूछते कि उसकी सामग्री और उसका अर्थ क्या हैं।[99] अर्थात् मनोवैज्ञानिक काव्य की सामग्री और उसका अर्थ ज्ञात होता है। इसका अर्थ यह कदापि नहीं है कि सन्तों की उलटवासियाँ और साहित्यलहरी के कूटपद मनोवैज्ञानिक काव्य की परिधि से बाहर हो जाते हैं। उलटवासियाँ और कूट पद गूढ़ अवश्य हैं, किन्तु उनकी गूढ़ता बुद्धिगम्य है। वे गूढ़ तभी तक है जब तक हम अपने ज्ञान की सीमाओं के कारण उनका निश्चित अर्थ नहीं निकाल पाते। अपेक्षित ज्ञान होने पर उनका अर्थ सहज ही ज्ञात हो जाता है। इस प्रकार तथाकथित गूढ़ काव्य भी मनोवैज्ञानिक काव्य के अन्तर्गत ही है, क्योंकि उसका निश्चित अर्थ है और वह पूर्वज्ञात या सप्रयास ज्ञातव्य है। यहाँ गूढ़ काव्य का अभिप्राय केवल ऐसा काव्य है, जिसमें ज्ञातव्य अर्थ के अज्ञात होने पर आस्वाद बाधित होता है। भाव यह है कि गूढ़ता भी बुद्धिगम्य हो सकती है।

इस दृष्टि से अधिकांश साहित्यिक कृतियाँ मनोवैज्ञानिक काव्य की कोटि में रखी जा सकती है। कबीर की अधिकांश साखियाँ, बिहारी के अधिकांश दोहे, हरिऔध की प्रियप्रवास, प्रसाद की कामना पन्त की शिल्पी अज्ञेय की असाध्यवीणा, भारती की प्रेमथ्यु-गाथा आदि उल्लेख उदाहरण रूप में किया जा सकता है। साहित्य के सभी रूपों को मनोवैज्ञानिक एवं संकल्पात्मक काव्य की कोटियों में विभाजित कर देने के कारण हम इस प्रश्न से भी नहीं बच सकते कि पहेलियों, चित्रकाव्यों एवं चन्द्रकांता जैसे उपन्यासों को मनोवैज्ञानिक काव्य कहें अथवा संकल्पनात्मक काव्य की कोटि में रखें। इस प्रकार की सभी कृतियाँ मनोवैज्ञानिक काव्य के अन्तर्गत ही हैं, क्योंकि उनका अर्थ निश्चित एवं ज्ञात हैं और उनमें अनन्त व्यंजनाओं का अभाव है अथवा उनका व्यंग्य गुणीभूत है।

यहाँ यह स्पष्टीकरण आवश्यक है कि एक ही कृति में मनोवैज्ञानिक एवं संकल्पात्मक कहे जाने वाले अंश सम्भव है। स्वयं युंग ने फाउस्ट के पूर्वार्द्ध को मनोवैज्ञानिक एवं उत्तरार्द्ध को संकल्पनात्मक कहा है।[100] युंग ने मनोवैज्ञानिक काव्य

के सन्दर्भ में मनोविज्ञान का कोई उपयोग स्वीकार नहीं किया है, क्योंकि ऐसा काव्य स्वतः स्पष्ट होता है। उसकी मनोवैज्ञानिक व्यवख्याएँ अनपेक्षित होती हैं, किन्तु साहित्यिक समीक्षक तो ऐसे काव्य की भी उपेक्षा नहीं कर सकता। वह चाहे तो ऐसे काव्य के मूल्यांकन के मनोवैज्ञानिक निष्कर्षों पर भी विचार कर सकता है। आद्यबिम्ब की दृष्टि से मनोवैज्ञानिक काव्य की समीक्षा के प्रश्न पर आगे विचार किया गया है।

संकल्पात्मक काव्य की सामग्री अपरिचित होती है, क्योंकि उसमें व्यक्त आद्यानुभव हमें सुदूर अतीत में पहुँचा देता है।[101] यह आद्यानुभव हमारे व्यवस्थित चित्रफलक की धज्जियाँ उड़ा कर एक भिन्न संसार का चित्र प्रस्तुत करता है।[102] हम उसे देखकर विस्मित, के स्तम्भित या विभ्रमित हो जाते हैं और इसी कारण सामान्य पाठक और साहित्यिक आलोचक उसे सहसा स्वीकार नहीं करते।[103] मनोवैज्ञानिक काव्य के निश्चित आर्थ एवं सीमित व्यंजनाओं की अपेक्षा संकल्पात्मक काव्य में अनन्त अर्थछायाएँ एवं अनन्त व्यंजनाएँ होती हैं। संकल्पनात्मक काव्य चेतन अनुभव के सन्दर्भ में तो अव्याख्येय ही रहता है। ऐसे काव्य के आद्यानुभव को युंग ने फ्रायड की भाँति व्यक्तिगत अनुभव का प्रच्छन्न रूप नहीं माना है।[104] वे समृद्ध फंटेसी अथवा काव्यात्मक मन:स्थिति का परिणाम मान कर इसका चिरस्कार करना भी उचित नहीं समझते।[105] वे इसे भौतिक वास्तविकता के समान चित्तीय वास्तविकता के रूप में स्वीकार करते हैं।

काव्य के सम्बन्ध में युंग को हाप्टमेन का यह कथन विशेष प्रिय रहा है कि कविता हमारे शब्दों के परदे के पार आदिम की दूरवर्ती ध्वनि है।[106] भाव यह है कि काव्य में वर्तमान की भाषा में आद्य अनुभव ध्वनित होते हैं। एक अन्य स्थल पर युंग ने कहा है—आदि-बिम्ब (आद्यबिम्ब) का रूप ग्रहण मानो वर्तमान की भाषा में पुरातन का अनुवाद है।[107] युंग के इस कथन से स्पष्ट है कि वे संकल्पनात्मक काव्य को आद्यबिम्ब की शब्दबद्ध अभिव्यक्ति के रूप में स्वीकार करते हैं। दूसरे शब्दों में, दिवकालातीत आद्यबिम्ब की देश-कालबद्ध अभिव्यक्ति आद्यबिम्ब है और आद्यबिम्ब की शब्दबद्ध अभिव्यक्ति काव्य है। इस प्रकार काव्य शब्दबद्ध आद्यबिम्ब, बिम्ब या प्रतीक है अथवा आद्यबिम्बात्मक, बिम्बात्मक या प्रतीकात्मक शब्द काव्य है। बिम्बात्मक या प्रतीकात्मक शब्द का अर्थ है—बिम्ब या प्रतीक के तेजस् से दीप्त शब्द। शब्दों की तेजस्विता अनिवार्यतः बिम्ब या प्रतीक की होती है। इसीलिए युंगीय दृष्टि से काव्य को ऊर्जस्वित, तेजस्वित, प्राणवान् या जीवन्त शब्द के रूप में भी पारिभाषित किया जा सकता है।

काव्य के स्वरूप के सम्बन्ध में युंग के उक्त विचार फ्रायड से मूलतः भिन्न हैं। फ्रायड ने अचेतन की अभिव्यक्तियों को प्रतीक की संज्ञा दी और उन्हें व्यक्तिगत अनुभव का स्थानापन्न स्वीकार किया। काव्य को उन्होंने दिवास्वप्न आदि की तरह

अचेतन अभिव्यक्ति माना और दमन की प्रक्रिया से उसका हेतुक सम्बन्ध स्थापित किया। दमन की प्रक्रिया से सम्बन्ध रखने वाली सभी अभिव्यक्तियाँ अनिवार्यतः रोगलक्षणात्मक होती हैं। प्रतीक से फ्रायड का अभिप्राय ऐसी रोग लक्षणात्मक अभिव्यक्ति से था। काव्यात्मक अभिव्यक्तियों को भी उन्होंने इसी वर्ग में रख दिया। युंग ने रोगलक्षत्मक अभिव्यक्तियों को फ्रायड की भाँति प्रतीक न कहकर चिह्न कहा और काव्यात्मक अभिव्यक्तियों को उससे बिलगाया। उन्होंने फ्रायड की अचेतन की धारणा को व्यक्तिगत अचेतन की धारणा में आत्मसात् कर लिया। दमन की प्रक्रिया के कारण व्यक्तिगत चेतन से जन्मी अभिव्यक्तियों को तो उन्होंने भी रोगलक्षणात्मक ही स्वीकार किया किन्तु काव्यात्मक अभिव्यक्तियों का जन्म वे व्यक्ति के दमित अचेतन से स्वीकार नहीं करते। उनके मत में कलात्मक एवं आध्यात्मिक सृजन अचेतन की स्वाभाविक प्रक्रिया से जन्मते हैं।[108] युंग के अचेतन में चूँकि व्यक्तिगत अचेतन के साथ ही सामूहिक अचेतन का भी समावेश है उनके अनुसार अचेतन की स्वाभाविक प्रक्रिया से जन्मी अभिव्यक्तियाँ ही आद्यबिम्बात्मक होती है।

स्पष्ट है कि युंग ने अचेतन की रोगलक्षणात्मक अभिव्यक्तियों के साथ ही आद्यबिम्बात्मक अभिव्यक्यियों को भी स्वीकार किया है। अचेतन की सभी अभिव्यक्तियों को रोगलक्षणात्मक मानने के कारण फ्रायड की दृष्टि में फंटेसी, और फंटेसी के समान होने के कारण काव्य, का स्वरूप भी रोगलक्षणात्मक हो गया। दूसरे शब्दों में फ्रायड रोगलक्षणात्मक फेंटेसी एवं सृजनात्मक या प्रतीकात्मक फंटेसी के भेद के प्रति उदासीन रहे। परिणामतः काव्य, फंटेसी, स्वप्न आदि में अभेद स्थापित करने के प्रयास होने लगे और काव्य-सृजन में चेतना का योगदान उपेक्षित हो गया। युंग ने रोगलक्षणात्मक एवं सृजनात्मक फेंटेसियों के भेद पर अत्यधिक बल दिया। उन्होंने दो प्रकार की फेंटेसियाँ स्वीकार कीं—1. निष्क्रिय फंटेसी, और 2. सक्रिय फंटेसी। उनके अनुसार निष्क्रिय फंटेसी में विषयि का चेतन उदासीन रहता है। वह अनिवार्यतः चित्त के सापेक्षिक असमंजन का परिणाम होने के कारण रोगलक्षणात्मक होती है।[109] ऐसी फेंटेसियाँ व्यक्तिगत अचेतन से सम्बन्ध रखती हैं। इनका काव्य से कोई सम्बन्ध नहीं होता। युंग के शब्दों में, "इस क्षेत्र से भी (व्यक्तिगत अचेतन से) कई धाराएँ फूट कर कला में मिलती हैं—वे मटमैली और पंकिल हो सकती हैं, किन्तु यदि उनमें अधिक वेग हुआ तो कलाकृति प्रतीकात्मक रचना होने की अपेक्षा रोगलक्षणात्मक रचना होने लगेगी। इस प्रकार की कला को बिना खेद या हानि की सम्भावना के फ्रायड की विरेचन पद्धति के लिए छोड़ा जा सकता है।"[110] इस प्रकार फ्रायड जिन्हें प्रतीक कहते हैं, वे वस्तुतः अचेतन की रोगलक्षणात्मक अभिव्यक्तियाँ हैं और व्यक्तिगत अनुभव की स्थापना है। फ्रायड की दृष्टि में फंटेसी का जो स्वरूप है, उसका काव्य से दूर का भी सम्बन्ध नहीं हैं। युग की प्रतीक-सम्बन्धी धारणा भिन्न है। फ्रायड जिन्हें प्रतीक कहते हैं, युंग की

भाषा में, वे चिह्न हैं। युंग के अनुसार काव्य का सम्बन्ध निष्क्रिय अर्थात् रोगलक्षणात्मक फंटेसी से न होकर सक्रिय फंटेसी से हैं।

युंग की दृष्टि में सक्रिय फंटेसी चित्त की उच्चतम क्रिया है। इसमें विषयि के चेतन और अचेतन सम्मिलित रूप में सृजन-लीन रहते हैं। ऐसी फंटेसी हमारी समंजित व्यक्तिता की उच्चतम अभिव्यक्ति हो सकती और ऐसी अभिव्यक्ति व्यक्तिता को जन्म दे सकती है। इसके विपरीत निष्क्रिय फंटेसी, नियमतः, समग्र व्यक्तिता की अभिव्यक्ति कमी नहीं होती। सक्रिय फंटेसी ही हमारी समग्र व्यतिक्तता की अभिव्यक्ति होती है अथवा उसमें हमारी समग्र व्यक्तिता अभिव्यक्त होती है। आद्यबिम्ब या प्रतीक ऐसी ही फंटेसी है। काव्य ऐसी फंटेसी का ही शब्दबद्ध रूप है। हर्बर्ट रीड ने युग की सक्रिय फंटेसी की धारणा को साहित्यिक समीक्षा के सन्दर्भ में गहनता-मनोविज्ञान की अन्य धारणाओं की अपेक्षा सर्वाधिक महत्त्व दिया है। उनके अनुसार सृजन व्यापार सक्रिय फंटेसी के अलावा और कुछ नहीं। वास्तव में, कवि वह है जो विश्वव्यापी प्रभाव रखने वाली फेंटेसियों के सृजन में समर्थ है।[111] इस प्रकार संकल्पात्मक काव्य शब्दबद्ध सक्रिय फंटेसी या आद्यबिम्ब है।

युंग ने संकल्पात्मक काव्य के सर्जक के विषय में भी विचार किया है। वे फ्रायड की भाँति कलाकृति और कलाकार के व्यक्तिगत जीवन में अनिवार्य कार्यकारण सम्बन्ध स्वीकार नहीं करते।[112] उनके अनुसार काव्य के क्षेत्र में कवि का व्यक्तिगत जीवन एक सीमा ही नहीं; पाप भी है, क्योंकि महान् काव्य व्यक्तिगत जीवन के निम्नतर धरातल से नहीं आत्मा के उच्चतर धरातल से अभिव्यक्त होता है।[113] वस्तुतः काव्य-सृजन के क्षणों में कवि मानव न रहकर सामूहिक मानव बन जाता है।[114] ऐसे सर्जक व्यक्तिगत की पूर्ण व्याख्या असम्भव है।[115] युंग ने व्यक्ति के रूप में कलाकार और कलाकार के रूप में व्यक्ति का भेद स्पष्ट करते हुए कहा है—प्रत्येक सर्जनशील व्यक्ति में विरोधी अभिक्षमताओं (ऐप्टीच्यूइस) का द्वैत अथवा समन्वय होता है। एक और वह वैयक्तिक (व्यक्तिगत) जीवन से युक्त मनुष्य है तो दूसरी और वह निर्वैयक्तिक (अव्यक्तिगत) सर्जनशील प्रक्रिया है। चूँकि मनुष्य के रूप में वह स्वस्थ या अस्वस्थ हो सकता है, इसलिए उसके व्यक्तिगत निर्माण को देखना हमारे लिए आवश्यक है, किन्तु कलाकार के रूप में उसे हम तभी समझ सकते हैं जब उसकी सर्जनात्मक उपलब्धियों को देखें। मनुष्य के रूप में उसकी व्याक्तिगत भावदशाएँ इच्छाएँ और लक्ष्य हो सकते हैं, किन्तु कलाकार के रूप में वह उच्चतर अर्थ में मनुष्य है—वह सामूहिक मनुष्य है, जो मानव-जाति के अचेतन मानसिक जीवन को आगे बढ़ाता ही नहीं, उसे खास साँचों में ढालता भी है। इस कठिन कार्य को करने के लिए उसे सुख और उन समस्त उपकरणों का, जो साधारण मनुष्य के जीवन के लिए आवश्यक हैं, बलिदान करना आवश्यक हो जाता है।[116] इस प्रकार सामूहिक अचेतन का व्यापार होने से कला अव्यक्तिगत होती है।[117]

फलतः कलाकार का व्यक्तिगत जीवन कलाकार का व्यक्तिगत जीवन कलाकृति को समझने के लिए अनिवार्य नहीं, सहायक या बाधक है।[118] युंग के अनुसार संकल्पनात्मक काव्य का सर्जक सन्तों आदि के समान ही जीवन के कृष्ण पक्ष से परिचित होता है और निशाचरों के भयावह चित्र खींचता है।[119] उसकी सर्जक प्रतिमा अकेली कभी नहीं होती और इसीलिए असत्य आत्माओं से उसका संवाद होता है।[120] अपने आपको इस संवाद के योग्य बनाने के लिए, सृजनात्मक अग्नि का दिव्य वरदान पाने के लिए, व्यक्ति के रूप में महान् बलिदान करना होता है।[121]

युंग के अनुसार, एक व्यक्ति अपनी शक्तियों का भरपूर उपयोग कभी नहीं कर सकता, जब तक कि उसे सामूहिक शक्ति-राशि से, जिसे आदर्शों की संज्ञा दी जाती है, कोई प्रेरणा न मिले—यह आदर्श सहज-वृत्ति की अन्तर्निहित शक्तियों को अपनी आत्मा में उन्मुक्त कर देता है। इन शक्तियों तक व्यक्ति का सामान्य चेतन संकल्प अपने आप नहीं पहुँच सकता।[122] यहाँ सामूहिक शक्ति-राशि से सामूहिक अचेतन अभिप्रेत है, जो हमारे संकल्प की पहुँच से परे हैं। कला का उद्‌गम यही अचेतन है। युंग के शब्दों में, कलात्मक सृजन एक स्त्रैण विशेषता है और सृजन क्षणों में कलाकार अचेतन गहराइयों में, माताओं के राज्य में प्रवेश करता है।[123] आद्यबिम्ब का उदय इन्हीं गहराइयों से होता है। इस सृजन-प्रक्रिया को विवेचन की सुविधा के लिए चार चरणों में विभक्त किया जा सकता है—(1) सर्जक के चित्त में समानतः शक्तिसम्पन्न विरोधों का चरम संघर्ष (2) तेजस् की प्रतिगति (3) आद्यबिम्ब का उदय, एवं (4) आद्यबिम्ब की अक्षुण्णता। इन सभी चरणों पर पीछे आद्यबिम्बन-प्रक्रिया के अन्तर्गत अपेक्षित विस्तार के साथ विचार किया जा चुका है। काव्य को आद्यबिम्ब की शब्दमयी अभिव्यक्ति मानने पर सृजन-प्रक्रिया के सन्दर्भ में यह प्रश्न उठता है कि आद्यबिम्ब के भाषा के माध्यम से व्यक्त होने की प्रक्रिया क्या है। युंग के अनुसार सृजनात्मक, संकल्प-स्वातंत्र्य की भाँति, रहस्यात्मक होती है। मनोवैज्ञानिक इन्हें प्रक्रियाओं के रूप में तो विवेचित कर सकता है, किन्तु इनके विषय में उठायी गयी दार्शनिक समस्याओं का कोई भी समाधान नहीं दे सकता।[124] उक्त प्रश्न भी स्वभावतः दार्शनिक है अतः मनोविज्ञान दृष्टि से अव्याकरणीय है। यहाँ अव्याकरणीय होने का यह अर्थ नहीं है कि मनोविज्ञान में ऐसे प्रश्नों के दार्शनिक उत्तरों का विरोध किया गया है।

सर्जक, भावक और समाज के सन्दर्भ में काव्य-प्रयोजन की युंगीय धारणा को समझने के लिए सर्जक के चित्त में समानतः शक्तिसम्पन्न विरोधों के संघर्ष को समझना अनिवार्य है। युंग के अनुसार आद्यबिम्बन-प्रक्रिया का प्रारम्भ उस समय होता है जब परिस्थितियों की एक विशेष शृंखला, जो आदिकाल से मूल बिम्बों के निर्माण में योग दे रही थी, उभर कर सामने आ जाती है।[125] परिस्थितियों से तात्पर्य यहाँ बहिर्जगत् एवं चित्तीय परिस्थितियों के यौगपत्य से है। इस यौगपत्य में घटित चित्तीय प्रक्रियाएँ

ही युंग की के लिए विवेच्य रही हैं। उनके अनुसार, जिस प्रकार व्यष्टि के रूप में व्यक्ति की अपनी मनोवृत्ति होती है, उसी प्रकार समष्टि के रूप में लोक और युग की विशिष्ट प्रवृत्तियाँ अथवा दृष्टिकोण होते हैं।[126] युगीन दृष्टिकोण स्वभावतः एकपक्षीय होता है। एकपक्षीय दृष्टिकोण से उत्पन्न समस्याएँ, रूप में भिन्न होते हुए भी, मूलतः समान होती हैं। उदाहरणार्थ राम और रावण का संघर्ष पहले भी था और आज भी है; अन्तर केवल रूपों का है। मनोविज्ञान की शब्दावली में प्रत्येक युग में व्यक्ति एवं विश्व की समस्या एकपक्षीय मनोवैज्ञानिक अभिवृद्धि एवं कार्य के विकास के कारण अभुक्त अभिवृत्ति एवं कार्य के विकास की समस्या है। दूसरे शब्दों में, आत्मनियमन की समसया है। मानव चित्त में ऊर्जा की आत्मनियमन व्यवस्था के कारण यह समस्या स्वतः शमित होती रहती है और विश्व गतिमान रहता है। आद्यबिम्ब और आत्मोपलव्यि-प्रक्रिया के विवेचन में कहा जा चुका है कि आत्मनियमन व्यवस्था ही आत्मोपलव्यि-प्रक्रिया है और यह प्रक्रिया आद्यबिम्ब के माध्यम से निष्पन्न होती है। इस प्रकार नए-नए रूपों में बार-बार उभरती शाश्वत समस्याओं का समाधान नए-नए रूपों में बार-बार उभरते आद्यबिम्बों से होता है। इसीलिए युंग ने कहा है—''इन बिम्बों में प्रत्येक के अन्दर एक मनोवैज्ञानिक एवं मानवीय नियति समाहित है, वह हमारे सुख-दुख की स्मृति है जिसे जनजीवन की शाश्वत कहानी में हम बार-बार भोगते हैं, जिसकी प्रायः यही अबाध गति है।''[127]

महान् साहित्यकार जिन समस्याओं का सामना करता है, वे उसकी व्यक्तिगत समस्याएँ न होकर, समग्र युग की समस्याएँ होती हैं। अतः उसके मानसिक संघर्ष में समग्र युग का मानसिक संघर्ष सन्निहित रहता है और यह संघर्ष मूलतः सामूहिक चेतन और सामूहिक अचेतन का, उजाले और अँधेरे का, अध्यात्म और प्रकृति का संघर्ष होता है। यह संघर्ष सृजन के मार्ग पर पहला मुकाम है। इसके बाद तेजस् की प्रतिगति एवं आद्यबिम्ब का उदय होता है और फलतः आत्मनियमन-प्रक्रिया गतिमान रहती है। आत्मनियमन-प्रक्रिया अर्थात् आत्मोपलब्धि-प्रक्रिया युंग के लिए जीवन की सार्थकता है। उनके शब्दों में, ''अतः जिस प्रकार व्यष्टि के जीवन में उसकी एकांगी चेतन प्रवृत्ति अचेतन-प्रक्रियाओं द्वारा शोध-संस्कार या आत्म-नियमन की ओर उन्मुख होती है, उसी प्रकार कला में भी राष्ट्रों और युगों के जीवन में आत्मनियमन की प्रक्रिया परिलक्षित होती है।''[128] इस प्रकार युंगीय दृष्टि से सर्जक, भावक एवं समाज तीनों के सन्दर्भ में काव्य का चरम प्रयोजन आत्मोपलब्धि है। संकल्पात्मक काव्य के बहुरंगी कल्पना-चित्र सामूहिक अचेतन को अभिव्यक्त करते हैं एवं चेतन अभिवृत्ति के सम्पूरक होते हैं। सृजन-क्षणों में व्यक्त आद्यबिम्ब सर्जक के चित्तीय विकास के निर्णायक और उसके भाग्य-विधाता बन जाते हैं।[129] महान कलाकृति स्वप्न की भाँति अपनी व्याख्या स्वयं नहीं करती और कांतासम्मित उपदेश नहीं देती। वह प्रकृति की भाँति बिम्बरूपी पौधा उगा देती है और उसका अर्थ समझने के लिए

हमें कलाकार की कलाकृति के हाथों उसी प्रकार ढलना होगा जिस प्रकार उसका सर्जक कलाकार ढला था।[130] इस प्रकार, प्रभाता के सन्दर्भ में काव्य का प्रयोजन आद्यबिम्ब का उदय है जो आत्मनियमन प्रक्रिया को बनाए रखता है। इसी प्रकार कला समाज के चेतन दृष्टिकोण की सम्पूरक होती है। युग विशेष के चेतन दृष्टिकोण की सीमाओं को देखते हुए यह सम्पूरकता आवश्यक होती है।[131] सामूहिक अचेतन और सामूहिक चेतन की सन्धि के परिणामस्वरूप सर्जनात्मक कार्य समसामयिकों के लिए एक गम्भीर सन्देश लेकर प्रस्तुत होता है। दांते, हरमस आदि के सृजनात्मक कार्य इसीलिए अमर हैं।[132] अत: संकल्पात्मक सृजन समाज की आध्यात्मिक आवश्यकताओं को पूरा करता है।[133]

प्रस्तुत विवेचन से स्पष्ट है कि व्यक्ति एवं विश्व स्वत: नियमन व्यवस्था के अन्तर्गत गतिमान है। काव्य के माध्यम से भी व्यक्ति और विश्व का आत्मनियमन होता है। व्यक्ति और विश्व के प्रवृत्त आत्मनियमन में एवं काव्य के माध्यम से आत्मनियमन में महत्त्वपूर्ण अन्तर यह है कि प्रकृत आत्मनियमन व्यवस्था के अन्तर्गत व्यक्ति एवं विश्व गतिमान होते हैं, जबकि काव्य के माध्यम से आत्मनियमन में वे विकासोन्मुख रूप में गतिमान होते हैं। यह अन्तर वस्तुत: सहज रूप में घटित होने वाली आत्मोपलब्धि-प्रक्रिया का एवं बिम्बों के सचेत साक्षात्कार का अन्तर है। दूसरे शब्दों में उदित आद्यबिम्बों के विलीन होने एवं अक्षुण्ण रहने का अन्तर है।

इस प्रकार युंग की दृष्टि में कला का महत्त्व उसके अव्यक्तिगत या सामूहिक उद्‌गम में निहित में निहित है, क्योंकि सामूहिक अचेतन की भाषा में सहस्रों जिह्वाओं की शक्ति आ जाती है।[134] ऐसी सहस्र जिह्व भाषा के माध्यम से सर्जक वैयक्तिक नियति को मानव जाति की नियति में परिवर्तित कर देता है। इस प्रकार वह उन सभी मंगलमय शक्तियों को उद्‌बुद्ध कर देता है, जिन्होंने मानव जाति की प्रत्येक संकट में रक्षा की है और अँधेरी से अँधेरी रात में उसे जीवन का बल दिया है।[135]

ग. स्वरूप—आधुनिक युग में वैज्ञानिक विकास और नए दार्शनिक सम्प्रदायों के उदय ने साहित्यिक समीक्षकों को परम्परागत आलोचना के स्वरूप में परिवर्तन के लिए प्रेरित किया। स्वरूप-परिवर्तन की प्रक्रिया में आलोचना या तो पूर्णत: इतर अनुशासनों के प्रत्ययों की अनुगामी हो गयी हो गयी अथवा इतर अनुशासनों के प्रत्यय आलोचना की मूलभूत प्रकृति के अनुरूप ढल गए। इनमें से पहले रूप में आलोचना अपनी स्वायत्तता खो बैठी, जबकि दूसरे रूप में उसका विकास-पथ प्रशस्त हो गया। इसीलिए रिचर्ड्स जैसे प्रबुद्ध समीक्षक ने आलोचना को मनोवैज्ञानिक धारणाओं में जकड़ने के स्थान पर मनोवैज्ञानिक धारणाओं को आलोचना के अनुशासन में ढालने का प्रयास किया। नार्थ्रप फ्राइ ने इसी दृष्टिकोण से प्रेरित होकर आलोचना की स्वायत्तता पर बल दिया और उसकी समृद्धि के लिए नृतत्वशास्त्रीय धारणाओं का उपयोग किया। उनकी सीमा मुख्यत: यही रही कि उन्होंने मूल्यांकन की नितान्त

उपेक्षा कर दी। उन्होंने आद्यरूप को सामान्य अर्थ में ग्रहण किया है और वह अर्थ युंग द्वारा प्रदत्त पारिभाषिक अर्थ में अन्तर्भुक्त है। युंग मूलतः आलोचक न होकर मनोवैज्ञानिक थे। उन्होंने साहित्य के विषय में जो कुछ भी कहा है, वह मनोवैज्ञानिक होने के नाते कहा है और उनका लक्ष्य साहित्य की सामग्री से अपनी धारणाओं की पुष्टि रहा है। अतः उनके प्रत्ययों के उपयोग से आलोचना का विकास तभी सम्भव है, जब वे प्रत्यय समीक्षा की प्रकृति के अनुरूप ढाले जाएँ।

काव्य के स्वरूप, सृजन-शक्ति, सृजन-प्रक्रिया, सर्जक-व्यक्तित्व, काव्यप्रयोजन आदि से सम्बन्धित युंगीय धारणाओं को पीछे स्पष्ट किया जा चुका है। यहाँ काव्यशास्त्र की शब्दावली में उनका निर्वचन निम्नलिखित शीर्षकों के अन्तर्गत प्रस्तुत हैं—

1. काव्य का स्वरूप
2. सृजन-शक्ति
3. सृजन-प्रक्रिया
4. सर्जक-व्यक्तित्व
5. काव्यानुभूति की प्रक्रिया
6. काव्यानुभूति का स्वरूप
7. काव्य-प्रयोजन
8. काव्य की आत्मा

1. काव्य का स्वरूप—काव्य वाणी का व्यापार है। संस्कृत के आचार्यों ने शब्द और अर्थ अथवा केवल शब्द को दृष्टिगत रखते हुए उसके स्वरूप पर प्रकाश डाला है। मम्मटाचार्य ने दोषमुक्त, गुणयुक्त और कभी-कभी अलंकृत शब्दार्थ को काव्य कहकर काव्यभाषा के वैशिष्ट्य को उजागर किया।[136] पंडितराज जगन्नाथ और आचार्य विश्वनाथ ने शब्द और अर्थ के अभेद को स्वीकार करते हुए रमणीयता या रसात्मकता के आधार पर काव्य-भाषा को काव्येतर वाङ्मय की भाषा से पृथक् किया।[137] शब्द और अर्थ दोनों के साहित्य पर बल देने वाले आचार्यों में भामह का नाम सबसे पहले लिया जा सकता है।[138] परवर्ती आचार्यों ने इस सहित भाव या सहभाव की विविध व्याख्याएँ कीं। राजानक कुन्तक ने शब्द और अर्थ के परस्पर अन्यूनानतिरिक्तत्व,[139] भोज ने परस्पर तुल्यता या सम्मितत्व[140] और भट्टनायक ने शब्द और अर्थ के गुणत्व में निहित व्यापार[141] के रूप में सहभाव का निर्वचन किया। संस्कृत के प्रायः सभी आचार्यों ने शब्दार्थ या शब्द की रमणीयता या रसात्मकता को स्वीकार किया और दार्शनिक स्तर पर शब्द और अर्थ का अभेद भी प्रायः विवादमुक्त रहा।

शब्द और अर्थ के स्थानापन्न रूप और वस्तु के भेदाभेद को लेकर पश्चिम की आधुनिक आलोचना में काफी खींचतान हुई है। नयी समीक्षा में कलाकृति को रूप मात्र घोषित किया गया, रूप की स्वतंत्र सत्ता की प्रतिष्ठा हुई और रूप की आधारभूत अन्विति को ही काव्य का सौन्दर्य मान कर उसके सन्धान को आलोचना का लक्ष्य

स्वीकार किया गया।[142] वाल्टर पेटर और रोजर फ्राइ जैसे समीक्षकों के मतों पर विचार करने के उपरान्त डॉ. निर्मला जैन ने यह निष्कर्ष निकाला है कि रूप और वस्तु के एकीकरण के नाम पर प्रकारान्तर से यह रूप की प्रधानता प्रतिष्ठित करने का ही प्रयास है।[143] केवल शब्द को काव्य मानने वाले भारतीय आचार्यों के दृष्टिकोण और रूपवादी समीक्षकों के दृष्टिकोण में आधारभूत अन्तर यह है कि भारतीय आचार्यों के सम्मुख शब्द–ब्रह्म का प्रत्यय विद्यमान था, जबकि रूपवादी समीक्षकों के सम्मुख अस्तित्ववादी दर्शनों की प्रेरणा थी। भारतीय एवं पाश्चात्य मतों पर विचार करने के उपरान्त आचार्य नगेन्द्र ने इस तथ्य का आख्यान किया है कि पश्चिम में प्लेटो से लेकर क्लीन्थ ब्रुक्स आदि तक और भारत में भामह से लेकर आचार्य शुक्ल या आज के नए से नए समीक्षक तक किसी ने भी इसका प्रतिवाद नहीं किया कि कविता शब्द विधान है। एक सीमान्त पर अलंकारवादी भामह है और दूसरे सीमान्त पर रसवादी विश्वनाथ या उनके भी बाद आधुनिकों में आचार्य रामचन्द्र शुक्ल। काव्य के प्रति इन लोगों का दृष्टिकोण सर्वथा विपरीत है, किन्तु कविता शब्द विधान है—इस विषय में ये एकमत हैं।[144] काव्य के सन्दर्भ में शब्द–विधान का अर्थ वे अभिव्यंजना–नैपुण्य स्वीकार करते हैं।[145] विभिन्न समीक्षकों ने इस 'नैपुण्य या सौन्दय'[146] की विभिन्न व्याख्याएँ की हैं।

युंग के काव्य–चिन्तन से स्पष्ट है कि वे भी काव्य को शब्द–विधान ही मानते हैं, किन्तु शब्द–विधान से उनका अभिप्राय ऐसे शब्द–विधान से है जिसमें आद्यबिम्ब व्यक्त होता है। इस प्रकार जिस सीमा तक सभी ताकत हैं, उस सीमा तक युंग का मत भी भिन्न नहीं है और जिस सीमा से मत–विभिन्न प्रारम्भ होता है, वहाँ से युग का मत भी विशिष्ट है। फिर भी, वे ध्वनिवादी और रसवादी आचार्यों के अत्यन्त निकट हैं, क्योंकि शब्द या वाक्य आद्यबिम्बातत्व के कारण ही स्मरणीय या रक्षात्मक होता है। रमणीय या रक्षात्मक होने के लिए भाषा की जीवन्तता अनिवार्य है और यह जीवन्तता, ऊर्जस्विता अथवा तेजस्विता अनिवार्यतः आद्यबिम्ब की ही होती है। आद्यबिम्बत्व के अभाव में भाषा निष्प्रभ हो जाती है। सहृदय का चित्त आद्यबिम्बों को उद्बुद्ध करने वाली भाषा में ही रमण करता है।

2. सृजन–शक्ति—सृजन–शक्ति पर संस्कृत काव्यशास्त्र में अत्यन्त गहनता एवं विस्तार से विचार हुआ है। आचार्यों ने सृजन–शक्ति के रूप में प्रायः प्रतिभा की प्रधानता को अथवा केवल प्रतिभा को प्रतिष्ठित किया है। अभिनवयुक्त ने प्रतिभा को ही शक्ति कहा है।[147] पंडितराज जगन्नाथ ने भी केवल कविगत प्रतिभा को काव्य का कारण माना है।[148] भारतीय आचार्यों ने, विशेषकर अभिनवगुप्त ने, प्रतिमा को दार्शनिक स्तर पर प्रतिष्ठित किया है। तंत्रालोक के तेरहवें आह्निक में प्रतिभा का स्वरूप परम शक्ति के रूप में विवेचित है। प्रातिभज्ञान सम्पन्न शक्ति सब कुछ जान सकने और कर सकने में समर्थ है।[149] प्रतिभारूपी चिन्तामणि से सब कुछ उपलब्ध

हो जाता है।[150] प्रातिभज्ञान ही शास्त्राचार्यानिर्पेक्षी महाज्ञान है।[151] महिमभट्ट ने उसकी उपमा शिव के तृतीय नेत्र से दी है, जिससे वे तीनों कालों के पदार्थों का साक्षात् दर्शन करते हैं।[152] प्रतिभा और बुद्धि में अन्तर है। बुद्धि विषय को भेद के द्वारा ही ग्रहण कर पाती है और इसके लिए वह इन्द्रियज्ञान पर निर्भर है। इसके विपरीत प्रातिभज्ञान अतीन्द्रिय होता है और ज्ञेय विषय से उसका सम्बन्ध अभेद का होता है। प्रतिभा स्वयं चित्ति या संवित् का पर्याय है।[153] आचार्यों ने प्रतिभा को नवनवोन्मेषशालिनी अथवा अपूर्ववस्तु के निर्माण में सक्षम प्रज्ञा कहा है। राजशेखर ने प्रज्ञा को अतीत अनुभूत विषयों का स्मरण कराने वाली स्मृति और वर्तमान के विषयों का मनन कराने वाली मति से भिन्न अनागत या भविष्यदर्शिनी बुद्धि माना है।[154] प्रतिभाहीन के लिए प्रत्यक्ष दिखते हुए भी पदार्थ परोक्षवत् प्रतीत होते हैं और प्रतिभा के लिए अप्रत्यक्ष भी प्रत्यक्षवत् प्रतीत होता है।[155] कुन्तक के अनुसार प्रतिभा पूर्व जन्म और इस जन्म के संस्कारों का परिपाक है।[156] प्रतिभा नैसर्गिक या सहजात होती है। वह शास्त्राचार्यानिर्पेक्षी अनौपदेशिक है।[157] उसके स्फुरण का क्रम लक्षित नहीं होता। वह अक्रम अनन्त एवं चिद्रूप है।[158]

प्रतिभा के दो भेद प्रख्यात् हैं—कारयित्री और भावयित्री। कारयित्री प्रतिभा के तीन भेद किए गए हैं—सहजा, आहार्या और औपदेशिकी। नैसर्गिक शक्ति के रूप में प्रतिभा सभी लोगों में सहज भाव से विद्यमान होती है।[159] आवरण-रूप मेघों के हटने पर ही प्रतिभा-रूप सूर्य का प्रकाश उद्भावित होता है। आहार्या या उत्पाद्य प्रतिभा अभ्यासजन्य है। औपदेशिकी प्रतिभा मंत्रतंत्र आदि के उपदेश से प्राप्त होती है। संक्षेप में, भारतीय काव्यशास्त्र के अनुसार मूल सृजन शक्ति प्रतिभा है। परमशक्तिरूपा प्रतिभा, बुद्धि से भिन्न, जन्म-जन्मान्तर के संस्कारों से प्राप्त, नैसर्गिक, सहजात, शास्त्राचार्यानिर्पेक्षी, अनौपदेशिक, नवनवोन्मेषशालिनी अथवा अपूर्व वस्तु के निर्माण में सक्षम प्रज्ञा है, जिसके निर्मल होने पर कवि लौकिक विषयों का साधारणीकरण करने में सक्षम होता है।[160]

पाश्चात्य काव्यशास्त्र में सृजन-शास्त्र के रूप में प्रतिभा जैसी किसी एक धारणा का प्रतिपादन नहीं हुआ। उसमें प्रमुखतः सृजनात्मक सहजानुभूति (क्रिएटिव इन्ट्यूशन) अथवा सृजनात्मक कल्पना (क्रिएटिव इमेजिनेशन) को सृजन-शक्ति के रूप में स्वीकार किया गया है। सहजानुभूति और प्रतिभा सम्बन्धी धारणाओं के तुलनात्मक विवेचन के उपरान्त, डॉ. निर्मला जैन ने, उनमें पर्याप्त साम्य स्वीकार करते हुए अभिनवगुप्त के चिन्तन को पूर्णतर माना है।[161] वैसे भी, युंगीय मनोविज्ञान में 'सहजानुभूति' शब्द चित्त के चार मनोवैज्ञानिक कार्यों में से एक के द्योतनार्थ संकुचित रूप में प्रयुक्त है। सृजन-शक्ति के रूप में कल्पना का प्रतिष्ठा का श्रेय मुख्यतः पश्चिम के स्वच्छन्दतावादी कलाकारों एवं कला-चिन्तकों को प्राप्त है, जिनमें कॉलरिज का चिन्तन इतना महत्त्वपूर्ण है कि रिचर्ड्स जैसे समीक्षकों ने उसी

की व्याख्या को पर्याप्त समझा।[162] रिचर्ड्स ने विरोधों का सन्तुलन करने वाली कल्पना की समाहार शक्ति पर बल दिया है।[163] कल्पना का यह पक्ष उसकी गतिमयता का द्योतक होने के कारण सृजन-प्रक्रिया के अन्तर्गत विवेच्य है।

सृजन-शक्ति के सम्बन्ध में युंग का चिन्तन भारतीय चिन्तन से अद्‌भुत साम्य रखता है। उत्तम काव्य समग्र व्यक्तित्व की—आत्म की—अभिव्यक्ति है; आत्मबिम्ब है। आत्मोपलब्धि-प्रक्रिया के विवेचन में स्पष्ट किया जा चुका है कि आत्मा को वे सभी विशेषण दिए जा सकते हैं जो ब्रह्म को दिए जाते हैं। दर्शन की शब्दावली में जिसे परम शक्ति कहते हैं, मनोविज्ञान की शब्दावली में वही अचेतन ऊर्जा है। आत्म का बृहदंश अचेतन ऊर्जा के रूप में ही रहता है। अतः परमशक्तिरूपा प्रतिमा हमारी चेतना की जननी अचेतन ऊर्जा ही है। अभिनवगुप्त द्वारा वर्णित प्रतिभा की स्वतंत्रता की तरह अचेतन की स्वतंत्रता भी पर्याप्त विख्यात रही है और उसकी सृजनशीलता युंगीय मनोविज्ञान में बहुचर्चित है। अचेतन की गहराइयों से ही नवनवोन्मेष होता है। स्वतंत्र होने के कारण अचेतन भी शास्त्राचार्यानपेक्षी है। उसका स्फुरण अनायास, असंलक्ष्यक्रम और अनन्त होता है। युंग ने अचेतन की अभिव्यक्तियों पर ध्यान देने से भविष्य-दर्शन की सम्भावनाओं को भी स्वीकार किया है।[164] अतः अचेतन की धारणा में भविष्यदर्शिनी बुद्धि का भी समाहार है। अचेतन का नैसर्गिक और सहजात होना तो स्वतः स्पष्ट है। भारतीय आचार्यों ने उत्तम काव्य के सृजनार्थ प्रतिभा के साथ व्युत्पत्ति और अभ्यास पर जितना बल दिया है, उतना ही बल युंग ने अचेतन को अनुकूल करने के लिए चेतना के विकास और चेतन एवं अचेतन के जीवन्त सम्बन्ध पर दिया है। ये सभी कथन उस सामूहिक अचेतन के विषय में सार्थक है, जिसका आद्यरूपों से सतत स्वीकार किया गया है। इस दृष्टि से प्रतिभा को ऊर्जा के दिक्कालातीत प्रारूपों के समकक्ष भी समझा जा सकता है।

3. सृजन-प्रक्रिया—पश्चिम में सृजन-प्रक्रिया पर विस्तार से विचार हुआ है। वहाँ इस प्रश्न को अठारहवीं-उन्नीसवीं शताब्दी में महत्त्व मिला। यह वह समय था जब प्रत्येक कवि अपने को अद्वितीय सर्जक समझना था और पाठकों की ग्रहणशीलता के प्रति अनाश्वस्त होने के कारण अपनी सृजन-प्रक्रिया को विस्तार के साथ समझाने का प्रयास करता था।[165] हिन्दी आलोचना में साहित्यकारों के सृजन-प्रक्रिया-सम्बन्धी वक्तव्यों की बाढ़ से यह प्रश्नविचारणीय हो गया है। नयी आलोचना ने सृजन-प्रक्रिया-सम्बन्धी चर्चा का आलोचना की परिधि से बहिष्कार कर दिया है। इस प्रकार आलोचना में सृजन-प्रक्रिया के प्रश्न का महत्त्व निर्विवाद नहीं रहा है। वस्तुतः सृजन-प्रक्रिया के दो रूप हैं—सामान्य और विशिष्ट। प्रत्येक सर्जक सृजन-क्षणों में जिस प्रक्रिया से गुजरता है, उसे हम सृजन-प्रक्रिया का सामान्य रूप मान सकते हैं। व्यक्ति के रूप में सर्जक सृजन-क्षण में जिस अवस्थाओं में रहता है, वे सृजन-प्रक्रिया का विशिष्ट रूप है, उदाहरणार्थ सृजन-क्षण में प्रत्येक सर्जक

अचेतन की गहराइयों में डूबता है, लेकिन प्रत्येक सर्जक सड़ा हुआ सेब पास रखकर लिखने नहीं बैठता। इसीलिए समीक्षा में सृजन–प्रक्रिया का सामान्य रूप तो विचारणीय है, किन्तु विशिष्ट रूप व्यक्तिगत होने के कारण विवाद से परे है। अतः सृजन–प्रक्रिया पर विचार करते हुए कलाकार के व्यक्तिगत जीवन को कुरेदना अनावश्यक है।

पाश्चात्य समीक्षा में सृजन–प्रक्रिया के सन्दर्भ में तनाव या सन्तुलन की विशेष चर्चा हो रही है। कॉलरिज ने कल्पना की संश्लेषण–शक्ति द्वारा विरोधी गुणों के सन्तुलन का प्रतिपादन किया। रिचड्र्स ने व्यवहारवादी मनोविज्ञान से प्रेरित होकर विरोधी आवेगों के सामंजस्य के रूप में उसकी व्याख्या की।[166] इंलियट ने द्विधरातलीय वस्तुओं के संयोजन की प्रतिष्ठा की।[167] एलन टेट ने शब्द के बहिर्मुख एवं अन्तर्मुख अर्थ–संकेतों के तनाव या सन्तुलन को स्थापित किया।[168] शब्द और अर्थ का टकराव तो इतना प्रख्यात हो गया कि पाल वेलरी ने इस टकराव के समाधान को ही कवि–कर्म की सिद्धि माना है।[169] भारतीय काव्यशास्त्र के छात्र के लिए शब्द और अर्थ का यह टकराव सुज्ञात है। साहित्य का अर्थ ही शब्द और अर्थ का सहभाव है। एलन टेट द्वारा प्रतिपादित उपमितों के सन्तुलन का कुन्तक के अन्यूनानतिरिक्तत्व अथवा भोज के सम्मितत्व से अदभुत साम्य है।[170] द्विधरातलीय वस्तुओं का संयोजन (आब्जेक्टिव कोरिलेटिव) उपमा है।[171] विरोधी आवेगों का सामंजस्य युंग की आद्यबिम्बन–प्रक्रिया के निकट है। रिचड्र्स ने आवेगों की समंजन–प्रक्रिया को अचेतन स्वीकार किया है।[172] इतना अवश्य है कि वे सर्जक की चित्तीय प्रक्रियाओं के विवेचन के प्रति उदासीन रहे, फलतः उन्होंने सृजन–प्रक्रिया का साँगोपाँग निरूपण नहीं किया। 'नयी कविता की भाषा' शीर्षक लेख में प्रोफेसर जगदीश कुमार ने बिम्ब और उपमा के अभेद की स्थापना की है—उपमा मुक्तिबोधस्य और बिम्बं मुक्तिबोधस्य में कोई मौलिक अन्तर नहीं है।[173] शब्द और अर्थ का अन्यूनानतिरिक्तत्व उपमा या बिम्ब के सृजन पर ही सम्भव है। अतः सृजन–प्रक्रिया–सम्बन्धी उक्त चिन्तन बिम्ब–सृजन प्रक्रिया में समाहित किया जा सकता है।

टकराव या सन्तुलन के साथ ही सृजन–क्षणों में शून्यता और अनस्तित्व की अनुभूति, कला की निर्वैयक्तिकता (इमपर्सनेलिटी), व्यक्तित्व से पलायन, अहं के विसर्जन अथवा सृजन की अचेतनता पश्चिम में बहुचर्चित रही है। हिन्दी के नए कवियों ने ऐसी धारणाओं को दोहराया है।[174] कवि–कृतित्व पर प्रश्नचिन्ह लगाने वाले ये धारणाएँ अत्यन्त विवादग्रस्त रही हैं। इन अतिवादी धारणाओं के स्थान पर युंग का दृष्टिकोण सन्तुलित रहा है। युंगीय दृष्टि शब्द और अर्थ का, बहिर्मुख एवं अन्तर्मुख अर्थ संकेतों का अथवा विरोधी आवेगों का टकराव चित्तीय द्वन्द्वों का संघर्ष ही है। समानतः शक्ति–सम्पन्न विरोधों के चरम संघर्ष में सर्जक का संकल्म निष्प्रम हो जाता है और तेजस् अपने उदगम स्रोत की ओर लौटता है जहाँ भेदों के स्थान पर अद्वय की

सत्ता रहती है। तेजस् की ऐसी अवस्था को अहं के विलयन, शून्य और अनस्तित्व के अनुभव आदि के रूप में समझा गया है। प्रतिगति की यह अवस्था भारतीय काव्यशास्त्र में वर्णित समाधि-दशा के अत्यन्त निकट है। सृजन-प्रक्रिया में समाधि-दशा को भारतीय काव्यशास्त्र में पर्याप्त महत्त्व दिया गया है। समाधि-दशा में ही सर्जक के चित्त में बिम्ब का उदय होता है। इसमें सन्देह नहीं कि सृजन-प्रक्रिया में बिम्बोदय का असाधारण महत्त्व है, किन्तु बिम्बोदय सृजन प्रक्रिया का पूर्णता का द्योतक नहीं है। बिम्ब में निहित तेजस् को अक्षुण्ण रखने के लिए अहं की दृढ़ता पर युंग ने अत्यधिक बल दिया है जिसके अभाव में बिम्ब की तेजस्विता अक्षुण्ण नहीं रह पाती और वह वृत्त्यात्मक व्यवहार में विसर्जित हो जाती है। कलाविषयक पाश्चात्य चिन्तन में सृजन-प्रक्रिया का यह पक्ष अत्यन्त उपेक्षित रहा है। कला के अव्यक्तिगत होने का विचार अवश्यक युंग-पोषित है। लौकिक विषयों का साधारणीकरण तो भारतीय परम्परा में भी स्वीकृत है।

इस प्रकार काव्य-सृजन प्रक्रिया का अर्थ है—बिम्ब-सृजन-प्रक्रिया। बिम्ब-सृजन-प्रक्रिया में प्रतिगति या समाधि दशा का महत्त्व असाधारण है, क्योंकि उसी दशा में बिम्बोदय सम्भव है। उदित बिम्ब में समस्त द्वन्द्व समंजित होते हैं। द्विधरातलीय वस्तुओं का संयोजन भी समाधि दशा में ही होता है। सृजन-प्रक्रिया के विवेचन में हर्बर्ट रीड ने भी इस संयोजन के असाधारण महत्त्व को स्वीकार किया है। हर्बर्ट रीड काव्य को उपादानों का ऐसा विशिष्ट संगठन मानते हैं जो अनिवार्यतः रूपात्मक होता है।[175] कलाकार बिम्बात्मक अभिव्यक्ति के लिए विविध प्राकृतिक रूपों को पृथक्कृत और पुनस्संयोजित करता है।[176] वह संयोजन करने वाले सम्पूर्ण तंत्र के केवल स्वामी और संचालक के रूप में उत्तरदायी है।[177] हर्बर्ट रीड के अनुसार यह संयोजक तंत्र आद्यरूप ही है। उनके शब्दों, ''आद्यरूप स्पष्टतः ऐसे सिद्धान्त के रूप में पृथक्कृत हैं जो सौन्दर्यात्मक बोधों के वैविध्य को महत्त्वपूर्ण को महत्त्वपूर्ण एकता प्रदान करता है।''[178] फ्राइ ने भी व्याख्या भेद से आद्यरूप की हेतुरूपता स्वीकार की है।

4. सर्जक व्यक्तिगत—भारतीय परम्परा में कवि का स्थान बहुत ऊँचा है। ईश्वर, प्रजापति, शिव आदि के लिए भी कवि शब्द का प्रयोग हुआ है। कवि और ब्रह्म का सादृश्य प्रख्यात है। युंग ने भी सर्जक की असाधारणता और उसके बलिदानी स्वभाव की चर्चा अनेकत्र की है। युंग द्वारा वर्णित व्यक्ति और सर्जक का भेद भी भारतीय दृष्टि के निकट है। भारतीय आचार्यों की भाँति युंग भी व्यक्ति और उसके सृजन में कारण-कार्य सम्बन्ध को अस्वीकार करते हैं। प्रो. निर्मला जैन ने सर्जक व्यक्तित्व से सम्बन्धित भारतीय चिन्तन का विवेचन करते हुए कहा है—काव्य का सृष्टा अलौकिक कवि-व्यक्तित्व वाला व्यक्ति ही होता है, जो बहुत-कुछ युंग की वस्तुनिष्ठ अथवा आत्मेतर निर्वैयक्तिक चेतन सत्ता जैसा है।[179]

5. काव्यानुभूति की प्रक्रिया—सृजन-प्रक्रिया के समान ही रसानुभूति की प्रक्रिया के सम्बन्ध में पाश्चात्य काव्यशास्त्र में अनेक सिद्धान्त प्रचलित हैं। भारतीय आचार्यों ने इस सन्दर्भ में साधारणीकरण-सिद्धान्त की स्थापना की है। साधारणीकरण जैसे पूर्णतर सिद्धान्त के सम्मुख भावन-प्रक्रिया-विषयक पाश्चात्य विचारों का विवेचन प्रस्तुत प्रसंग में अनपेक्षित है। साधारणीकरण शब्द का प्रयोग, प्रथमतः भट्टनायक ने रस-निष्पत्ति-सम्बन्धी भरत-सूत्र की व्याख्या के लिए किया। उनके अनुसार काव्य और नाटक में अभिधा से भिन्न दूसरी भावकत्व शक्ति अपने व्यापार से विभावादि को साधारणीकृत रूप में प्रस्तुत कर स्थायी भाव को भाव्यमान बनाती है। ध्वनिवादियों ने लक्षणा और व्यंजना को स्वीकार करते हुए साधारणीकरण में भावकत्व शक्ति का निषेध किया। अभिनवगुप्त पादाचार्य ने विभावादि के साथ स्थायी भाव के साधारणीकरण की भी स्थापना की। विश्वनाथ ने रसानुभूति की प्रक्रिया में प्रमाता का आश्रय के साथ तादात्म्य का प्रतिपादन किया। जगन्नाथ ने साधारणीकृत के प्रसंग में दोष सिद्धान्त का प्रतिपादन किया। उनका दोष-सिद्धान्त समादृत नहीं हो सका। विभावादि या सर्वांग के स्थान पर आचार्य रामचन्द्र शुक्ल ने आलम्बनत्व धर्म के और आचार्य नगेन्द्र ने कवि के सम्वेद्य के साधारणीकरण पर बल दिया। साधारणीकरण-सम्बन्धी विवेचन में सर्वाधिक विवाद इस विषय पर रहा है कि साधारणीकरण किसका होता है। इस सन्दर्भ में तीन मत प्रचलित है—1. साधारणीकरण विभावादि का होता है, 2. साधारणीकरण आलम्बनत्व धर्म का होता है और 3. साधरणीकरण सर्वांग का होता है। कवि भावना का साधारणीकरण सर्वांग के साधारणीकरण से भिन्न नहीं है। आचार्य नगेन्द्र ने जिसे कवि-भावना कहा है, वह काव्य ही है, क्योंकि सृजनोपरान्त काव्य से भिन्न कवि-भावना की सत्ता नहीं रहती। सम्प्रति सर्वांग के साधारणीकरण का विचार अधिक प्रचलित है।

युंग ने काव्यानुभूति की प्रक्रिया पर स्वतंत्र रूप से विचार नहीं किया, किन्तु उनके सिद्धान्तों के आलोक में साधारणीकृत के विवादास्पद पक्षों की मनोवैज्ञानिक व्याख्या की जा सकती है। आचार्य रामचन्द्र शुक्ल् ने आलम्बनत्व धर्म के साधारणीकरण और आश्रय के साथ प्रमाता के तादात्म्य पर बल दिया। शुक्ल जी के मत पर दो आक्षेप लगाये गए—1. उन्होंने विभावादि के साधारणीकरण को आलम्बनत्व धर्म के साधारणीकरण में सीमित कर दिया और 2. प्रत्येक स्थिति में प्रमाता आश्रय के साथ तादात्म्य नहीं कर सकता। पहले आक्षेप का निराकरण करते हुए डॉ. आनन्द प्रकाश दीक्षित ने कहा है—"शुक्ल जी ने आलंबन का विचार आश्रय-सापेक्ष रूप में लिया है।—आश्रय सापेक्षता में अनुभावादि स्वभावतः साधारणीकृत अवस्था में प्रस्तुत होंगे।"[180] अतः आलम्बनत्व धर्म के साधारणीकरण का विचार विभावादि के साधारणीकरण के विचार से भिन्न नहीं है। यहाँ आश्रय से तादात्म्य का प्रश्न अवश्य विचारणीय है। आचार्य नगेन्द्र ने आश्रय से तादात्म्य की समस्याओं का समाधान

कवि–भावना के साधारणीकरण की स्वीकृति द्वारा किया है। शुक्ल जी के अनुसार जिस दशा में आश्रय के साथ प्रमाता का तादात्म्य नहीं होता, उस दशा में भी एक प्रकार का तादात्म्य और साधारणीकरण होता है। तादात्म्य कवि के उस अव्यक्त भाव के साथ होता है, जिसके अनुरूप वह पात्र का स्वरूप संघटित करता है।[181] भारतीय चिन्तन में आश्रय अथवा नायक को कवि के सम्प्रेष्य का प्रतीक माना गया है। शुक्ल जी ने सम्भवतः यह प्रतिपादित करना चाहा है कि सामान्यतः प्रमाता का आश्रय या नायक से तादात्म्य होता है किन्तु जहाँ, प्रहसन आदि के नायक के साथ अथवा लोकहृदय के विरुद्ध स्वभाव वाले आश्रय के साथ तादात्म्य बाधित हो वहाँ प्रमाता उस पात्र के माध्यम से कवि के भाव से तदात्म होता है। इस प्रकार तादात्म्य की गुत्थियों को शुक्ल जी ने भी उसी आधार पर सुलझाया है जिस आधार को नगेन्द्र जी ने अपनाया है। शुक्ल जी के चिन्तन की सीमा यह है कि उन्होंने लोकहृदय के विरुद्ध स्वभाव वाले आश्रय में व्यक्त कवि के भाव के साथ पाठक के तदात्म्य होने से प्राप्त रसानुभूति को मध्यम कोटि की मान लिया।

आलम्बनत्व धर्म के साधारणीकरण और विभावादि के साधारणीकरण का अभेद सिद्ध हो जाने पर यह प्रश्न उठता है कि साधारणीकरण विभावादि का होता है अथवा विभावादि के साथ स्थायी भाव का भी। स्थायी भाव के साधारणीकरण के विषय में डॉ. निर्मला जैन का मत है कि काव्य में जिन्हें स्थायी भाव की संज्ञा दी गयी है, वे पहले ही से साधारण है, इसीलिए उन्हें साधारणीकृत करने का प्रश्न ही नहीं उठता।[182] युंगीय दृष्टि से विचार करने पर अभिनव गुप्त का मत समीचीन सिद्ध होता है। स्थायी भाव सभी सहृदय के चित्त में स्थायी रूप से विद्यमान रहता है। स्थायी भाव के स्थान पर मनोविज्ञान में वृत्तियों की सत्ता प्रतिष्ठित है। आद्यरूप और वृत्तियों के सम्बन्ध को स्पष्ट करते हुए कहा जा चुका है कि वृत्तियाँ अव्यक्तिगत और सार्वभौम होती हैं। युंग ने वृत्तियों की संख्या तो निश्चित नहीं की, किन्तु उन्होंने वृत्तियों को प्रकृतितः अनन्त होने के स्थान पर विशेषतः रूपायित प्रेरक शक्तियाँ सिद्ध किया। आद्यरूप इन वृत्तियों के अचेतन प्रारूप हैं, जो स्वभावतः गतिमय हैं। आद्यरूपों की गतिमयता ही मानवचित्त को निरन्तर सक्रिय रखती है और लौकिक व्यवहार में मानव चित्त की सक्रियता मम–पर के बन्धनों से मुक्त नहीं रह पाती । इस तरह स्थायी भाव या वृत्तियाँ सामान्य तो हैं किन्तु लोकिक व्यवहार में बद्ध मानव उनकी अनुभूति अनिवार्यतः मम–पर के सम्बन्धों से बद्ध विशिष्ट रूप में ही करता है। उनका साधारण रूप मानव के लिए अगम्य ही रहता है। रसानुभूति की प्रक्रिया में स्थायी भाव या वृत्तियों का मम–पर के बन्धन में पड़ा विशिष्ट रूप साधारणीकृत हो जाता है। इस प्रकार स्थायी भावों की सामान्यता अथवा साधारणता की सत्ता तो है, किन्तु पाशबद्ध मानव के लिए वह अनुभवगम्य नहीं है। उसके लिए वृत्तियों या आद्यरूपों के मम–पर सम्बन्धों में बन्धे विशिष्ट रूप ही सत्तावान् होते हैं। जब

अभिनवगुप्त स्थायी भावों के साधारणीकरण की चर्चा करते हैं, तब उनका अभिप्राय उन्हीं विशिष्ट रूपों के साधारणीकरण से होता है, जिसके बिना विभावादि के साधारणीकरण का कथन ही अर्थहीन हो जाता है, क्योंकि विभावादि का साधारणीकरण वृत्तियों के साधाकरणीकरण का माध्यम मात्र हैं।

अब प्रश्न यह उठता है कि साधारणीकरण की प्रक्रिया कैसे निष्पन्न होती है और सहृदय की ममत्व से मुक्ति किस प्रकार सम्भव होती है। इस प्रश्न का सम्प्रेषण की समस्याओं से सीधा सम्बन्ध है। पूर्व और पश्चिम में इस प्रश्न का समाधान प्रायः भाषा की काव्यात्मकता की स्वीकृति से किया गया है। सहृदय को मम-पर के सम्बन्धों से मुक्त करने वाली भाषा की सम्प्रेषणीयता तभी सम्भव है जब उसका सर्जक ममत्वादि के बन्धनों से मुक्त हो। इसी को लक्षित कर अभिनवगुप्त ने स्पष्ट किया है कि शोकः श्लोकत्वमागतः का अर्थ मुनि का शोक नहीं है—न तू मुनेः शोकः इति मन्तव्यम्।[183] रिचर्ड्स ने भी कवि की सामान्यता को सम्प्रेषणीयता की अनिवार्य शर्त माना है।[184] काव्य की निर्वैयक्तिकता का सिद्धान्त पश्चिम में बहुप्रचलित है। युंग तो काव्य में कवि के व्यक्तिगत जीवन की अभिव्यक्ति को पाप मानते हैं। सर्जक की भाषा हृदय को ममत्वादि के बन्धनों से मुक्त करती है और उसके चित्त में बिम्ब-रूपी पौधा उगा देती है। सर्जक और भावक के चेतन अनुभवों में वैविध्य के कारण काव्यगत बिम्बों और सहृदयगत बिम्बों में सामग्री की दृष्टि से अन्तर हो सकता है, उदाहरणार्थ—शमशेर बहादुर सिंह की भोर शीर्ष कविता में उषःकाल के नभ का चित्रण जिन बिम्बों में है, उनमें से एक इस प्रकार है—

नील जल में या किसी की
गोर भिलमिल देह
जैसे हिल रही हो।[185]

यहाँ सर्जक के चित्त में नील जल और हिल रही गौर झिलमिल देह जिन साहचर्यों के साथ रही होगी, सहृदय के चित्त में उन्हीं का उद्दीप्त होना अनिवार्य नहीं। उसमें यह बिम्ब चेतन अनुभवों के अनुकूल साहचर्यों के साथ उद्दीप्त होगा। उद्यीप्त बिम्ब में नील वर्ण और झिलमिल गौर वर्ण तो अनिवार्यतः होंगे, किन्तु किसी बिम्ब में तालाब का जल हो सकता है, किसी में स्वीमिंग पूल का। इसी प्रकार विभिन्न प्रमाताओं के चित्त में उद्दीप्त विभिन्न बिम्बों में झिलमिल देह का रूपाकार भी भिन्न रहेगा, किन्तु वर्ण गौर ही रहेगा। भाव यह है कि सर्जक और भावक के बिम्बों के रूप में तो अनिवार्य अन्तर होता है, लेकिन उन बिम्बों की मूल अनुभूति समान होती है। इससे सृजन-प्रक्रिया और भावन-प्रक्रिया के भेद के साथ प्रतिभा के कारयित्री और भावयित्री रूपों के भेद की भी पुष्ट होती है।

6. काव्यानुभूति का स्वरूप—भारतीय काव्यशास्त्र की शब्दावली में काव्यानुभूति के स्वरूप का अर्थ है—रस का स्वरूप। सहृदय अपने चित्त में सत्वोद्रेक

की अवस्था में अखंड, स्वप्रकाशानंद, चिन्मय, इतर ज्ञान से मुक्त, ब्रह्मास्वाद-सहोदर, लोकोत्तर, चमत्कार-प्राण रस का अपने आकार से अभिन्न रूप में आस्वाद करता है।[186] युंग ने काव्यानुभूति-प्रक्रिया की भाँति काव्यानुभूति के स्वरूप का भी साँगोपाँग विवेचन नहीं किया है, किन्तु उनके कतिपय प्रत्ययों से काव्यानुभूति के स्वरूप पर प्रकाश पड़ता है। विश्लेषणात्मक मनोविज्ञान की दृष्टि से काव्यानुभूति का अर्थ है—शब्दों में व्यक्त आद्यबिम्ब की अनुभूति। सहृदय के लिए आद्यबिम्ब की अनुभूति सत्वोद्रेक की अनुकूल मनःस्थिति में ही सुलभ होती है। भारतीय परम्परा में सत्त्व चित्त के नैर्मल्य का, रजस् कर्म की आसक्ति का और तमस् प्रमाद, आलस्य आदि का द्योतक है। कर्मासक्त या प्रमादी व्यक्ति सहृदय नहीं हो सकता। रजोगुण या तमोगुण के उद्रेक में अहं से असंपृक्ति सम्भव नहीं होती, उसके लिए सत्वोद्रेक की मनोदशा ही सर्वाधिक अनुकूल है। मनोविज्ञान की शब्दावली में कहें तो काव्यास्वादन के क्षणों में सहृदय के चेतन और अचेतन का मित्रतापूर्ण सम्बन्ध में बँधे रहना अनिवार्य है, अन्यथा आस्वाद बाधित होगा। उदाहरणार्थ, सहृदय आदि यदि आस्वादन-क्षणों में मित्र के व्यवहार से क्षुब्ध हैं अथवा किसी के सन्देश की प्रतीक्षा में हैं तो प्रयास करने पर भी अचेतन की बाधाओं के कारण काव्यास्वाद से वंचित ही रहेगा। मन के नैर्मत्य के लिए चेतन और अचेतन का जीवन्त सम्बन्ध आवश्यक है। इस प्रकार युंगीय दृष्टि से सत्वोद्रेक की अवस्था का अर्थ—आस्वादन-क्षणों में अचेतन बाधाओं का अभाव एवं चेतना की विमलता है।

रसानुभूति को अखंड कहा गया है। अखंडता का अर्थ विभावादि की प्रतीति में क्रम का अभाव है। रसदशा में विभाव, अनुभाव आदि की प्रतीति क्रमशः न होकर एकघन रूप में होती है। संलक्ष्यक्रम या खंडित प्रतीतियाँ चेतन अनुभवों की ही होती है। सन्धिज बिम्बों का विभावादि के रूप में विभाजन समीक्षात्मक अवधान के लिए उपयुक्त हो सकता है, किन्तु रसानुभूति के सन्दर्भ में वह निरर्थक है। पृथक्कृत चेतना से हम काव्य की व्याख्या और मूल्यांकन तो कर सकते हैं; काव्यास्वादन नहीं। आस्वादन-प्रक्रिया अधिकांशतः अचेतन रूप में ही निष्पन्न होती है और फलतः उससे प्राप्त प्रतीति भी अखंड होती है।

रस इतर ज्ञान से रहित है। ज्ञान का अनुभव अहं का कार्य है। रसदशा में अहं का बोध नहीं रहता। यहाँ अहं के बोध का अभाव अहं की सत्ता के अभाव का द्योतक नहीं है। दूसरे शब्दों में आद्यबिम्ब से साक्षात्कार के क्षणों में ''मैं'' का ज्ञान नहीं रहता, लेकिन उसकी सत्ता बनी रहती है। अहं की सत्ता के अभाव में तो आस्वाद सम्भव ही नहीं है। अहं का बोध ममत्वादि से मुक्ति में बाधक है। उस बोध के अभाव में प्रमाता का अहं सम्बन्ध-विशेष की प्रतीति न होने पर लीला भाव से आस्वादावस्था प्राप्त करता है।

रस के चिन्मय और स्वप्रकाशानन्द होने का अभिप्राय आत्म-चैतन्य के आनन्द

से है। युंग के अनुसार आत्म अधिकांशतः अचेतन और सभी प्रकार के बिम्बों का मूल स्रोत है। अतः सहृदय बाह्य लौकिक अनुभूतियों से भिन्न अपने ही चित्त के—आत्म के—बिम्बों का आस्वादन करता है। बिम्ब बाह्यानुभव के द्योतक न होकर हमारे चित्त के गहनतर स्तरों के व्यंजक हैं। चित्त के गहनतर स्तरों की अनुभूति अनिवार्यतः लयात्मक और फलतः, आनन्दमयी होती है। अनुभूति का सुखात्मक या दुखात्मक होना अहं का बोध हरने पर ही सम्भव है। बिम्बास्वाद के क्षणों में अहम लौकिक सम्बन्धों से मुक्त रहता है। इस प्रकार रस-दशा अनवार्यतः आनन्दवस्था ही है।

रस चमत्कार-रूप है ओर यह चमत्कार लोकोत्तर होता है। चमत्कार में विस्मय या आश्चर्य के साथ ही आस्वाद का भाव भी अन्तर्मुक्त है। लोक की विलक्षणता ही विस्मयकर हो सकती है। संकल्पात्मक काव्य में आभ्यन्तर विश्व के विलक्षण बिम्बों का प्राधान्य होता है अतः उनके आस्वाद से सहृदय की चेतना का विस्मयाभिभूत होना सहज ही है। बिम्बास्वादन सभी प्रकार की भावानुभूतियों से अनिवार्यतः भिन्न रहता है, क्योंकि सुखदःखात्मक भावानुभूतियाँ लौकिक विषयों में अहं की आसक्ति के कारण होती हैं। आस्वादावस्था में अहं लौकिक विषयों से असंपृक्त लोकोत्तर चमत्कार को प्राप्त करता है।

मनोवैज्ञानिक शब्दावली में ब्रह्मानन्द का अर्थ है—समग्र चित्त की पूर्णतम अनुभूति। युंग के अनुसार मानव चित्त का गहनतम स्तर अविज्ञेय ही रहता है। काव्य में उसकी पूर्णतम अभिव्यक्ति की अपेक्षा पूर्णतर अभिव्यक्ति सम्भव है, क्योंकि भाषा पूर्णतम अनुभूति के वहन में असमर्थ रहती है। अतः काव्यास्वाद का आनन्द समग्र चित्त की अर्थात् आत्म की पूर्णतम अनुभूति के निकट तो है, किन्तु उसका पर्याय नहीं है।

7. काव्य-प्रयोजन—भारतीय आचार्यों ने काव्य-प्रयोजन पर अपेक्षित विस्तार से विचार किया है और यश, अर्थोपार्जन, व्यवहार आदि गौण प्रयोजनों के साथ दो मूल प्रयोजन स्वीकार किए हैं—आनन्द और लोक-मंगल। आनन्द और लोक-मंगल का अनिवार्य सहभाव भी विवादमुक्त रहा। काव्यास्वाद की आनन्दरूपता युंग के मनोवैज्ञानिक सिद्धान्तों से सिद्ध होती है। युंग ने उसका स्वतंत्र उल्लेख नहीं किया है किन्तु अपने काव्य-चिन्तन में उन्होंने काव्य की लोकमंगलकारिणी शक्ति का अत्यन्त प्रभावक शब्दों में अनेकधा विवेचन किया है और इसी शक्ति के कारण उन्होंने काव्य के असाधारण महत्त्व को मुक्त कंठ से स्वीकार किया है।

8. काव्य की आत्मा—भारतीय आचार्यों ने काव्य को शब्द-रूप या शब्दार्थ-रूप स्वीकार किया है और काव्यात्म-विषयक अपने सिद्धान्तों के अनुरूप शब्द या शब्दार्थ को विशेषित किया है। काव्य की आत्मा के सन्दर्भ में भारतीय काव्यशास्त्र में प्रमुखतः अलंकारवाद, रीतिवाद, वक्रोक्तिवाद, ध्वनिवाद एवं रसवाद प्रचलित

हुए। अलंकारवादियों ने लोकातिक्रान्तगोचरता की दृष्टि से, रीतिवादी वामन ने चित्त की अवस्थाओं अथवा मनः स्थितियों की दृष्टि से, वक्रोक्तिवादी कुन्तक ने लोकातिकान्तगोचरता से अभिन्न वक्रता की दृष्टि से शब्दार्थ को विशेषित किया। इनमें से रीतिवाद भारतीय परम्परा में समादृत न हो सका। अलंकारवाद और वक्रोक्तिवाद में दृष्टि के स्थान पर पद्धति का भेद अधिक है। दोनों ने लोकातिक्रान्तगोचरता को स्वीकार किया है। अन्तर केवल इतना है कि अलंकारवादी जहाँ औपम्य के विविध रूपों के सन्धान में प्रवृत्त हुए, वहाँ कुन्तक ने शब्दार्थ के विश्लेषणार्थ मुख्यतः व्याकरणिक इकाइयों को अपना आधार बनाया। साथ ही उन्होंने कवि-कर्तृत्व पर बल देते हुए वर्ण से लेकर प्रबन्ध तक सौन्दर्य की व्याख्या की। इधर आत्मवादी सम्प्रदायों का पारस्परिक विरोध तात्विक कम, शाब्दिक अधिक था। इस प्रकार, काव्यात्मा के सन्दर्भ में प्रमुख संघर्ष अलंकारवादियों और रसवादियों के बीच ही है। इनमें से विद्वानों का झुकाव रसवाद की ओर अधिक रहा है क्योंकि अलंकारवादियों ने जिस लोकातिक्रान्तगोचरता या औपम्य को काव्य-सौन्दर्य-रूप अलंकार का प्राण माना, उसका प्राण रस ही है।

युंग के काव्य-चिन्तन के आधार पर कहा जा सकता है कि काव्य का प्राण आद्यबिम्ब है। सृजन-प्रक्रिया के विवेचन में कहा जा चुका है कि औपम्य आद्यबिम्ब में ही अन्तर्मुक्त है। काव्य के सन्दर्भ में आद्यबिम्ब का अर्थ है—आद्यरूप के तेजस् से दीप्त शब्दार्थ। आद्यरूप का मनोवैज्ञानिक प्रत्यय और रस की काव्यशास्त्रीय धारणा परस्पर अत्यन्त निकट है। रस के समान ही आद्यरूप की सत्ता कविगत, काव्यगत और सहृदयगत है। रस की तरह आद्यरूप आस्वाद्य भी है और आस्वाद भी। दोनों धारणाओं का अन्तर शब्दावली का है। रसशास्त्र की शब्दावली दार्शनिक है जबकि आद्यरूप का सिद्धान्त मनोवैज्ञानिक है। शब्दों के पार देखने पर रसशास्त्र और विश्लेषणात्मक मनोविज्ञान के आधार पर खड़ी आलोचनाओं का सम्मिलन-बिन्दु तुरन्त प्रत्यक्ष हो जाता है।

समग्र विवेचन के उपरान्त कहा जा सकता है कि युंग ने काव्य के विषय में जो विचार व्यक्त किए हैं, वे परम्परागत धारणाओं को रौंदने के स्थान पर पुष्ट करते चलते हैं। उनके काव्य-चिन्तन का महत्त्वपूर्ण योगदान यह भी है कि कुछ अनावश्यक प्रश्न समीक्षा की परिधि से बाहर हो जाते हैं और कुछ मूलभूत प्रश्नों पर नयी रोशनी पड़ती है। उदाहरणार्थ, उन्होंने कवि और काव्य के कारण-कार्य सम्बन्ध का निषेध कर केस-हिस्ट्रियों से भरी पड़ी समीक्षा की अनुपयोगिता सिद्ध कर दी। सृजन-प्रक्रिया के विषय में उनके चिन्तन की महत्ता इसी से स्पष्ट है कि हबर्ट रीड जैसे आधुनिक सौन्दर्यशास्त्री ने उसी के आधार पर सृजन-प्रक्रिया में 'रूप' की समस्याओं का समाधान किया है। युंग को इसलिए भी याद किया जाएगा कि फ्रायडीय चिन्तन के कारण इच्छा-पूर्ति के सिद्धान्त के भंवर में पड़े काव्य और व्यक्तिगत अचेतन की

दलदल में फँसे कवि का उन्होंने उद्धार किया एवं काव्य की आनन्द-मंगल की उदात्त एवं पुरातन भूमिका को पुन: प्रतिष्ठित किया। उनके सिद्धान्तों के आलोक में इस बात का खतरा समाप्त हो गया है कि ''कहीं पूरब के सारे स्रोत ही सूखे साबित न हो जाएँ।''[187]

अध्याय-3

आद्यबिम्बात्मक आलोचना : स्वरूप

आद्यबिम्ब की युंगीय धारणा पर आधारित आलोचना को आद्यबिम्बात्मक आलोचना की अभिधा प्रदान की जा सकती है। आद्यबिम्बात्मक आलोचना के मूल दृष्टिकोण को विगत अध्याय में विवेचित किया जा चुका है। यहाँ आद्यबिम्बात्मक आलोचना की पद्धति और निकषत्व विचारणीय हैं।

आद्यबिम्बात्मक आलोचना में किसी भी कृति की समीक्षा के लिए कृतिकार के समग्र सृजन पर विचार करने के उपरान्त उसके चेतन उद्देश्यों और लक्ष्यों का समयक् ज्ञान अपेक्षित है। इस अपेक्षा-पूर्ति में कृतिकार के वक्तव्यों को ब्रह्मावाक्य के रूप में स्वीकार करना युक्तियुक्त नहीं है। खास तौर से, उन हालात में, जबकि ''हिन्दी में आप बीती आलोचना (समीक्षा का यह एक नया प्रकार है) की बाढ़-सी आ गयी है।...आप बीती के साथ-साथ 'मेरे हमदम मेरे दोस्त' और एक प्रकार सामने आ रहा है जिसमें प्रत्यक्ष कृतिकार तो नहीं पर 'कृतिकार' का हमदम जो अपने दोस्त के प्रत्येक गर्भपात का साक्षी रहा है।''[1] आलोचना की इस सामान्य पद्धति के साथ ही प्रत्येक समीक्षा-दृष्टि अपने अनुरूप पद्धति की अपेक्षा रखती है। अनुरूप पद्धति के विकास का अर्थ प्रचलित पद्धतियों को ताक पर रखना नहीं, बल्कि उन्हें समन्वित करना है। युंगीय चिन्तन के आधार पर विकसित आलोचना-दृष्टि के अनुरूप पद्धति और निकषत्व के विवेचन को अध्ययन की सुविधा के लिए निम्नलिखित शीर्षकों में विभाजित किया गया है—

1. प्रचलित पद्धतियों और निकष,
2. पद्धति और निकषत्व : मुक्तकों के सन्दर्भ में,
3. पद्धति और निकषत्व : प्रबन्धों के सन्दर्भ में।

1. प्रचलित पद्धतियाँ और निकष—प्रस्तुत शीर्षक के अन्तर्गत केवल उन्हीं पद्धतियों और निष्कर्षों पर विचार किया जा रहा है जिनका प्रत्यक्ष उपयोग काव्य की व्याख्या और मूल्यांकन में हुआ है। यद्यपि युंग साहित्य समीक्षक नहीं थे, फिर भी उन्होंने 'सिम्बल्स ऑफ ट्रान्सफॉरमेशन' में एक रोगिणी द्वारा स्वप्न में रची कविताओं

को विश्लेषित और व्याख्यायित किया है। उन्होंने प्रमुखतः विस्तरीकरण की पद्धति के द्वारा विश्लेषण के उपरान्त इन कविताओं में व्यक्त आध्यात्मिकता को एक आवरण और फलतः प्रभावहीन माना है।[2] नार्थ्रप फ्राइ ने भी विस्तरीकरण की पद्धति से ही कविताओं की बिम्बमालिका की संरचना का अध्ययन किया है। बादकिन ने इस प्राक्कल्पना का परीक्षण किया है कि हम विशिष्ट रूप या प्रारूप वाले ऐसे तथ्यों का अभिज्ञान कर सकते हैं, जो युग-युगों के वैविध्य में विद्यमान हैं और अपने द्वारा प्रभावित व्यक्तियों के चित्रों की संवेगात्मक प्रथाओं के प्रारूप के समवर्ती है।[3] उन्होंने ऐसे तथ्यों के अध्ययन के लिए दो पद्धतियाँ सुझायी हैं—1. जातीय जीवन में विद्यमान तथ्यों का अध्ययन और उन तथ्यों के रूपों की तुलना तथा 2. ऐसे तथ्यों के प्रमाताओं के प्रत्युत्तरों के रूप में व्यक्त आन्तरिक अनुभवों का विश्लेषणात्मक अध्ययन।[4] ये दोनों पद्धतियाँ क्रमशः मनोविश्लेषणात्मक विस्तरीकरण और साहचर्य की विधियों के निकट हैं। इन दोनों में से साहचर्य पद्धति को वरीयता दी गयी है। विलियम जे. कीथ ने ब्लेक की सनफलावर-सम्बन्धी गुत्थियों को सुलझाने के लिए उसकी काव्यार्थयोनियों का सन्धान किया, शब्दों के मर्म में पैठ कर उनके प्रतीकात्मक वैशिष्ट्य को उभारा तथा विस्तरीकरण की पद्धति से बिम्बों की व्याख्या की। लगभग यही पद्धति चेईज़ ने अपनायी है।[5] इस प्रकार आद्यबिम्ब की दृष्टि से साहित्य का अध्ययन करने वालू समीक्षकों ने मुख्यतः साहचर्य और विस्तरीकरण का उपयोग किया है।

साहचर्य के प्रथम प्रयोग शब्द-साहचर्य के प्रयोग थे। ये प्रयोग सर फ्रांसिस डाल्टन ने इंटेलीजेंस के प्रकारों का अध्ययन करने के लिए किए थे। दुर्भाग्यवश, प्रयोगों से प्राप्त सूचनाएँ ध्येय-सिद्धि में दूर तक सहायक नहीं हो पायीं। उसके उपरान्त युंग ने शब्द-साहचर्य-सम्बन्धी प्रयोग किए।[6] ग्रन्थियों की सत्ता प्रथमतः इन्हीं प्रयोगों के आधार पर वैज्ञानिक रूप में सिद्ध की गयी। फ्रायड ने मुक्त साहचर्य की पद्धति का विकास किया। युंग ने मुक्त साहचर्य के स्थान पर निदेशित साहचर्य की पद्धति को अधिक उपयुक्त समझा। समीक्षा के सन्दर्भ में मुक्त साहचर्य की अपेक्षा निदेशित साहचर्य की पद्धति अधिक मूल्यवान् है क्योंकि इस पद्धति से दीप्त साहचर्यों का विवेच्य बिम्ब से प्रत्यक्ष सम्बन्ध होता है।

यह पद्धति ऐसे बिम्बों के अध्ययन में विशेष रूप से सफल सिद्ध होती है जिनकी व्याख्या चेतन अनुभवों के सन्दर्भ में दुष्कर हो जाती है। इसका दूसरा उपयोग बिम्बों की शक्ति के अनुभव में किया जा सकता है, क्योंकि विवेच्य बिम्ब जितना अधिक तेजस्वी होगा, उसका संवेगात्मक प्रत्युत्तर उतना ही सघन होगा। निदेशित साहचर्य दो प्रकार के हो सकते हैं—अध्येता के और दूसरे प्रमाताओं के। प्रमाताओं के साहचर्यों का उपयोग उनकी सुलभता के व्यावहारिक प्रश्न से जुड़ा हुआ है। निदेशित साहचर्य की पद्धति की सीमा यही है कि वह कृति की व्याख्या और मूल्यांकन के सभी पक्षों को अन्तर्भुक्त नहीं करती।

विस्तरीकरण मूलतः सीमित, नियन्त्रित और निदेशित साहचर्य-प्रक्रिया ही है। इस प्रक्रिया में बिम्बों को उनके अर्थनाभिक (न्यूक्लीयर ऑफ मीनिंग) के अनुरूप सहधर्मी बिम्बों के व्यापकतर सन्दर्भ में विवेचित किया जाता है। इसमें यह अनिवार्य नहीं है कि समधर्मी बिम्बों की विवेच्य बिम्ब से सामग्री की दृष्टि में समानताएँ हों ही। बाह्य रूपाकार की दृष्टि से अत्यन्त भिन्न प्रतीत होने वाले बिम्ब भी एक ही आद्यरूप से सम्बद्ध होने के कारण परस्पर सहधर्मी कहलाएँगे, उदाहरणार्थ निराला के 'आराधना' शीर्षक कविता संग्रह में संगृहीत 'गगनवीणा बजी' शीर्षक कविता में गगन-वीणा का बजना, किरण के तार पर रागिनी का सजना, नदी-नद का बह चलना आदि बिम्ब बाह्य रूपाकार की दृष्टि से स्पष्ट भेद रखते हुए भी सहधर्मी है, क्योंकि वे सभी द्विजत्व के व्यंजक हैं।

साहित्य-समीक्षा में विस्तरीकरण का उपयोग केवल उक्त अर्थ में ही सीमित नहीं रहा। युंग, फ्राइ, कीथ आदि ने काव्यगत रूपों के सहरूपों की प्रयासजन्य खोज भी की है जिसे निदेशित साहचर्य के अन्तर्गत नहीं रखा जा सकता, उदाहरणार्थ यदि किसी कविता में नायक के गुहावासी होने का बिम्ब है तो पुराणों, लोककथाओं आदि में गुहावासी नायक का वर्णन उस बिम्ब की व्याख्या में सहायक हो सकता है। इस प्रकार के प्रयास निदेशित साहचर्य के अन्तर्गत स्वीकार नहीं किए जा सकते और न ही इनसे काव्य के मूल्यांकन में कोई सहायता मिलती है। ऐसे विस्तरीकरण का क्षेत्र अत्यन्त व्यापक हैं। इसके लिए समीक्षक रोजमर्रा की जिन्दगी से लेकर नानापुराण-निगमागम तक से सहायता ले सकता है।

2. पद्धति और निकषः मुक्तकों के सन्दर्भ में—फ्रायड के अनुसार, मनोविश्लेषण प्रायः अन्य विज्ञानों में स्वीकति किसी भी बात का खंडन नहीं करता।[7] ठीक इसी तरह युंग के मनोविश्लेषणात्मक प्रत्ययों के आधार पर विकसित आलोचना-पद्धति भी अन्य पद्धतियों को अस्वीकार नहीं करती, बल्कि उन पद्धतियों की सहचारी या पोषक है। यहाँ इस पद्धति की व्याख्या प्रमुखतः कविता के सन्दर्भ में की जा रही है। साहित्य की अन्य विधाओं के सन्दर्भ में स्वभावतः अनेक प्रक्रियाओं में संशोधन, परिमार्जन आदि की अपेक्षा हो सकती है।

यह स्पष्ट किया जा चुका है कि एक ही रचना में काव्य के मनोवैज्ञानिक एवं संकल्पात्मक दोनों रूप हो सकते हैं और प्रायः होते हैं। किसी एक रूप की प्रधानता के आधार पर ही किसी रचना को मनोवैज्ञानिक या संकल्पात्मक कहा जाता है। उदाहरणार्थ 'प्रियप्रवास' मनोवैज्ञानिक काव्य हैं और 'राम की शक्ति पूजा' या 'कामायनी' संकल्पात्मक काव्य-कृतियाँ हैं। मनोवैज्ञानिक काव्यों में काव्यात्मक अंशों का सौन्दर्य आद्यबिम्बों पर ही निर्भर है। यदि ऐसे काव्यों की भाषा में आद्यबिम्बों का कोई संस्पर्श न हो तो वह पूर्णतया निष्प्रभ हो जाती है। अतः दोनों प्रकार के काव्यों की भाषा का प्राण आद्यबिम्ब है। युंग ने मनोवैज्ञानिक काव्य की

अपेक्षा संकल्पात्मक काव्य का सापेक्षिक महत्त्व रेखांकित किया है, क्योंकि उसकी भाषा आद्यबिम्बों की दृष्टि से अधिक समृद्ध होती है। इसीलिए कविता की व्याख्या और उसके मूल्यांकन का, दूसरे शब्दों में, कविता की आलोचना का अर्थ है—भाषा में अभिव्यक्त आद्यबिम्बों की व्याख्या और उनकी तेजस्विता की परख।

देश और विदेश के प्रायः सभी विद्यानों ने शब्द-भेद से यह स्वीकार किया है कि काव्य-भाषा का अपना वैशिष्ट्य होता है, वह सामान्य व्यवहार की भाषा एवं शास्त्र की भाषा से अलग होती है। रिचर्ड्स ने भाषा के विविध—अभ्युदेशनात्मक (रिफरेंशियल) और रागात्मक—प्रयोग स्वीकार किए हैं। इन विविध प्रयोगों के मूल में दो प्रकार की मानसिक घटनाएँ रहती हैं। रिचर्ड्स ने उनमें स्थिति के प्रति व्यक्ति के प्रत्युत्तर के आधार पर अन्तर किया है। यह प्रत्युत्तर जिस सीमा तक बाह्य उद्दीपन की प्रकृति पर आश्रित होगा, उसी सीमा तक अभ्युदेशन कहलाएगा और जिस सीमा तक व्यक्ति की निजी आन्तरिक इच्छाओं और आवश्यकताओं से नियन्त्रित होगा, उस सीमा तक रागात्मक कहलाएगा। 'कविता की भाषा ऐसी रागात्मक भाषा है जिसमें अभ्युदेशन आन्तरिक इच्छाओं और आवश्यकताओं के सहायक रूप में गौण महत्त्व रखते हैं।[8] शास्त्र या विज्ञान की भाषा अभ्युदेशनात्मक होती है। सामान्य व्यवहार की भाषा की अपेक्षा काव्य की रागात्मक भाषा में आवेगों का अधिकाधिक सामंजस्य होता है और उसमें सर्वाधिक एकरूप आवेग ही व्यक्त होते हैं। आवेगों की इस एकरूपता के कारण कला के रूपतत्व (जैसे कविता में लय, छन्द, सुर, ताल, संगीत में तारता, सुरताल, चित्र में आकार तथा रंग आदि) उन उद्दीपनों को प्रस्तुत करते हैं कि जिनके ऊपर भावकों की अनुक्रियाओं की एकरूपता के लिए निर्भर हुआ जा सकता है।[9] पारिभाषिक शब्दों के घटाटोप को दूर कर रिचर्ड्स के भाषाविषयक दृष्टिकोण को इस रूप में स्पष्ट किया जा सकता है—स्थिति के प्रति व्यक्ति का प्रत्युत्तर वैज्ञानिक एवं रागात्मक भाषा में व्यक्त होता है। रागात्मक भाषा बहिर्जगत् के उद्यीपनों की अपेक्षा आन्तरिक चित्तीय स्थिति से नियन्त्रित रहती है। कविता की रागात्मक भाषा में ऐसी आन्तरिक चित्तीय स्थितियाँ व्यक्त होती हैं जिनमें अत्यधिक विरोधी आवेगों का सामंजस्य होता है। परिणामतः बहिजर्गत् के उद्दीपकों के प्रति व्यक्ति का प्रत्युत्तर भी उसमें समंजित हो जाता है। ये आवेग एकरूप होते हैं। दूसरे शब्दों में, काव्य-भाषा में ऐसे आवेग समंजित होते हैं जो मानव मात्र में सामान्य हैं । सामान्य और परस्पर विरोधी आवेगों के समंजन की प्रक्रिया अधिकांश अचेतन है। सारतः काव्यभाषा, अभ्युदेशनात्मक भाषा और रागात्मक भाषा का, सामान्य और अत्यधिक विरोधी आवेगों के समंजन की अचेतन प्रक्रिया पर आश्रित, ऐसा समंजन है जिसमें अभ्युदेशनात्मक भाषा का महत्त्व सहायक के रूप में है।

रिचर्ड्स का भाषा-विषयक दृष्टिकोण आद्यबिम्ब की धारणा के बहुत निकट

आ गया है। उनके अनुसार काव्य भाषा चित्तीय विरोधों के सामंजस्य से पैदा आ गया है। उनके अनुसार काव्य भाषा चित्तीय विरोधों के सामंजस्य से पैदा होती है। ऐसा सामंजस्य प्रतिगति या समाधि की रसदशा में ही सम्भव है। इस रसदशा में स्फुरित भाषा अनिवार्यत: बिम्बात्मक और शास्त्र की प्रयासजन्य भाषा से अलग होती है। आद्यबिम्बात्मक काव्य-भाषा का सामान्य वृत्यात्मक व्यवहार की भाषा से स्पष्ट भेद यही है कि सामान्य व्यवहार में प्रयुक्त भाषा यदि अचेतन-अभिव्यक्ति हो तो भी वह मम-पर के सम्बन्धों में बंधी रहती है जबकि काव्य-भाषा ऐसे सम्बन्धों से मुक्त होती है। अचेतन की अभिव्यक्ति-रूप व्यवहार-भाषा और काव्य की बिम्बात्मक भाषा का यह अन्तर आद्यरूप की वृत्यात्मक और बिम्बात्मक अभिव्यक्तियों का अन्तर है। मानव चित्त को चाहे आवेग-जाल मानें अथवा ग्रन्थि जाल, संकल्पात्मक काव्य की भाषा ही होती है।

नयी समीक्षा के जनक रिचर्ड्स ने काव्यभाषा के वैशिष्ट्य की वैज्ञानिक व्याख्या की। परवर्ती समीक्षक इस क्षेत्र में उनसे आगे नहीं बढ़ सके हैं। इलियट ने काव्य भाषा को मम-पर के सम्बन्धों से मुक्त मूर्त विधान के रूप में स्वीकार किया। यह चिन्तन विभाव-सम्बन्धी भारतीय चिन्तन में पचा लिया गया है।[10] विभाव-चित्रण बिम्ब के निकट है।[11] रेंसम ने भी बिम्ब के आधार पर ही काव्यभाषा को विज्ञान की भाषा को पृथक् किया है। उसके अनुसार काव्यात्मक प्रवचन और वैज्ञानिक प्रवचन में महत्त्वपूर्ण अन्तर है—उनका प्रतीक-प्रयोग। विज्ञानवत्ता एकार्थक प्रतीकों का प्रयोग करता है, कलाकार चित्रात्मक अर्थात् बिम्बाविधायी प्रतीकों का।[12] दूसरे शब्दों में विज्ञान की भाषा बिम्बहीन होती है और काव्य की भाषा बिम्बात्मक। एलन टेट काव्य-भाषा के विषय में किसी नए सिद्धान्त की स्थापना नहीं कर पाए। उनके विचार कुछ तो इलियट से लिए गए हैं और कुछ रेंसम से।[13] क्लियंथ बुक्स द्वारा प्रतिपादित भाषा-संरचना की अन्विति के सिद्धान्त में मूलत: अभिवृत्तियों के सामंजस्य को ही आधार बनाया गया है।[14] एम्पसन ने द्वि-अर्थता या अनेकार्थता को काव्यभाषा का वैशिष्ट्य स्वीकार किया। आचार्य नगेन्द्र के अनुसार, "भारतीय काव्यशास्त्र में प्रारम्भ से ही इस मत का प्रतिपादन प्राय: समान शब्दावली में होता आया है।"[15] आलोचना को नयी भूमिका देने वाले शैली विज्ञान के काव्य-भाषा विषयक चिन्तन का ताना-बाना नयी समीक्षा में प्रचलित उक्त सिद्धान्तों के सहारे ही बुना गया है।[16] डॉ. विद्यानिवास मिश्र ने साभिप्राय विचलन के आधार पर काव्यभाषा को सामान्य व्यवहार की भाषा से पृथक किया है। इस विचलन की अभिव्यक्ति के उन्होंने जितने स्तर उद्घाटित किए हैं, वे सभी सामान्य व्यवहार की भाषा में भी मिलते हैं।[17]

कहा जा चुका है कि काव्य की सृजन-प्रक्रिया के मूल में आद्यरूप की सत्ता है अत: आद्यबिम्ब के रूप में उसकी व्याप्ति वर्णविधान से लेकर समग्र बिम्ब तक होनी चाहिए। सर हर्बर्ट रीड ने इस स्थापना को सम्यक् रूप से प्रदर्शित नहीं किया

है । यहाँ समग्र भाषिक संरचना में आद्यबिम्ब की व्याप्ति को प्रदर्शित करने का प्रयास इस प्रकार किया जा रहा है—

(क) आद्यबिम्ब और वर्णविधान—पूर्व और पश्चिम के सभी आलोचना-सिद्धान्तों में रसानुकूल या भावानुकूल वर्णविधान के महत्त्व को स्वीकार किया गया है। आद्यबिम्बात्मक आलोचना यह मान कर चलती है कि संकल्पात्मक काव्य में वर्ण अनायास ही बिम्बानुकूल विन्यस्त हो जाते हैं। काव्यभाषा में एक संरचनात्मक अन्विति रहती है। इसलिए सिद्धान्ततः वर्णविधान, शब्दविधान आदि को पृथक्कृत रूप में विवेचित नहीं किया जा सकता । फिर भी, व्यवहारतः उनकी पृथक् सत्ता विश्लेषण का विषय रही है। भारतीय चिन्तन में वर्णों के भावानुकूल संयोजन पर विशेष बल दिया गया है। अलंकार सिद्धान्त के अन्तर्गत अनुप्रासादि अलंकारों में, रीति-सिद्धान्त के अतंर्गत रीति में और वक्रोक्ति-सिद्धान्त के अन्तर्गत वर्ण-वैचित्र्य वक्रता में वर्ण-विधान के समग्र सौंदर्य का विश्लेषण हुआ है। ध्वनि विज्ञान के अन्तर्गत विशिष्ट ध्वनियों की भावाभिव्यंजकता स्वीकार की गयी है। भाव यह है कि नए और पुरानी आलोचना पद्धतियों में भाषा के वर्ण-सौन्दर्य की माप विविध शैलियों में की गयी है। इस क्षेत्र में आद्यबिम्ब की धारणा पर आधारित समीक्षा का महत्त्वपूर्ण योगदान भी सम्भव है। एक उदाहरण से इस सम्भावना को स्पष्ट लिया जा सकता है—

प्रात नभ था बहुत नीला शंख जैसे
भोर का नभ।[18]

यह शमशेर बहादुर सिंह की 'उषा' शीर्षक कविता का प्रथम बिम्ब है। पूरी कविता की व्याख्या तो अन्यत्र की जाएगी। यहाँ केवल प्रस्तुत बिम्ब के वर्ण-विधान का विवेचन किया जा रहा है। इसमें तवर्ग के वर्णों की संख्या सर्वाधिक है और उसके बाद पवर्ग की प्रबलता है। छन्दशास्त्र के अनुसार प, र, और क दग्धाक्षर हैं। छन्द के आरम्भ में उनका प्रयोग निषिद्धि है किन्तु दीर्घत्व के कारण यहाँ छन्द-दोष का परिहार हो गया है। प्रश्न यह है कि जब प्रातःकालीन नभ का प्रथम पंक्ति में चित्रण हो चुका, तब दूसरी पंक्ति में उसे दोहराने का क्या प्रयोजन है? भोर के नभ का यदि कोई काव्यात्मक लक्ष्य नहीं है तो इस बिम्ब में कथितपदता आरै समाप्त—पुनरुक्ति वाक्य-दोष हैं। एक ही उच्चारण स्थान से उच्चरित होने वाले वर्णों की बहुलता से प्रस्तुत बिम्ब श्रुतिप्रिय तो है ही। आद्यबिम्ब की धारणा के आधार पर प्रस्तुत बिम्ब में तथाकथित कथितपदता और समाप्त-पुनरुक्ति की सार्थकता समझी जा सकती है।

कविता में गगन-शंख का बिम्ब है। 'जैसे' के प्रयोग से स्पष्टतया उत्प्रेक्षा अलंकार है। यहाँ गगन और शंख की प्रतीकात्मकता में अन्तर नहीं है। दोनों ही अचेतन के प्रसिद्ध प्रतीक हैं। गगन की शंख से उत्प्रेक्षा प्रतीकात्मक स्तर पर दोनों के अभेद के कारण जन्मी है। अतः प्रस्तुत बिम्ब अचेतन का प्रतीक है। इस बिम्ब के

साहचर्य से ही भोर का नभ आकृष्ट हुआ है। शंख फूंकने और भ बोलने में होठों की स्थिति एक जैसी होती है। शंख ध्वनि का आरम्भ 'भ' से होता है और समाप्ति में 'र' के उच्चारण की गूँज रहती है। इस प्रकार पहली पंक्ति में व्यक्त सम्भावना भोर के कारण गगन और शंख के अभेद में परिणत हो गयी है। इसीलिए दूसरी पंक्ति में 'भोर का नभ' प्रथम पंक्ति में प्रस्तुत बिम्ब को सघनतर करता है।

कह सकते हैं कि सृजन-प्रक्रिया के दौरान बिम्ब के अनुरूप वर्णों का संयोजन होता है। यह प्रश्न उठाया जा सकता है कि क्या वह नियम सभी कविताओं के सन्दर्भ में सत्यापित किया जा सकता है। इसका उत्तर होगा कि यदि कविता की भाषा बिम्बात्मक है तो उसका वर्ण-विधान सिद्धान्ततः भाषा में व्यंजित आद्यबिम्ब के ही अनुकूल होगा, अन्यथा उसमें प्रतिकूल वर्ण-दोष या श्रुति-कटुत्व दोष आ जाएँगे। इसी प्रकार यह भी मान सकते हैं कि वर्ण-विधान की व्याख्या से भाषा के बिम्बत्व का विचार किया जा सकता है। उदाहरण के लिए अज्ञेय की दो पंक्तियाँ ली जा सकती हैं—

हहर हहर घहराया बद्दल
लेकिन पहले आया भक्खड़

यहाँ हहर हहर मेघों की ध्वनि के प्रतिकूल है। हहर ध्वनि मेघ-गर्जन के स्थान पर आग के फैलने की ध्वनि प्रतीत होती है। सूर काव्य में भी दावानल हहराता आता है। वर्ण के इस प्रतिकूल विधान का कारण बिम्ब में सहज दीप्ति का अभाव ही है जो बद्दल के प्रयोग से और भी स्पष्ट हो जाता है। कान्तिकुमार के अनुसार, यहाँ 'बादल' की तुलना में 'बदल' अधिक सटीक है।[19] लोक भाषा के निकट आने की भावना तो प्रशंसनीय है किन्तु यहाँ निकट आने के सचेत प्रयास को चित्त के गहन स्तर का सहयोग नहीं मिल पाया अन्यथा समग्र पंक्ति में रकार की प्रबलता के अनुसार बद्दल की जगह बद्दर, बादर या बदरा ही सहजतः आकृष्ट होते। इस प्रकार वर्णों के विधान में कवि की असफलता का कारण आद्यबिम्ब के संस्पर्श का अभाव है। अज्ञेय की इन पंक्तियों की तुलना में प्रभाकर माचवे की निम्नलिखित पंक्तियाँ दृष्टव्य हैं :

...संग्रामातुर
वर्षा का उर
ठहर ठहर कर
घहर घहर कर।[20]

यहाँ मेघ ध्वनि के लिए घहर घहर प्रयोग हहर हहर की अपेक्षा स्पष्टतया अधिक काव्यात्मक है। बादलों के लिए वर्षा का संग्रामातुर उर के प्रयोग में हृदय-मेघ का बिम्बत्व निहित हैं। युद्धोचित काव्य के अनुकूल छन्द के चरण रकारान्त हैं। रेफ का आधिक्य ओज का व्यंजक है। तान्त्रिकों के अनुसार रेफ अग्निरूप है। इसी लिए तुलसीदास जी ने लिखा था—

बंदउं राम-नाम रघुवर को। हेतु कृशानु, भानु हिमकर को।

मुक्तिबोध की नाश-देवता शीर्षक कविता का इस अंश में भी वर्णन विधान का आद्यबिम्बत्व देखा जा सकता है—

सभी उरों के अँधकार में एक तड़ित वेदना उठेगी,
तभी सृजन की बीज-वृद्धि हित जड़ावरण की मही फटेगी।
शत-शत वाणों से घायल हो बढ़ा चलेगा जीवन-अंकुर,
दंशन की चेतन किरणों के द्वारा काली अमा हटेगी।[21]

'नाश देवता' की इन पंक्तियों में ओज गुण के अनुरूप ऋकार, रकार, शकार एवं टवर्ग के वर्णों के प्रयोग से परुषा वृत्ति है। 'तड़ित' में त्वरा एवं आघात के भाव निहित हैं। वेदना का ऐसा सटीक विशेषण हृदय-मेघ के बिम्ब के साहचर्य से ही सम्भव हो पाया है। अँधकार-रूप अचेतन के लिए भी मेघ का उपमान परम्परागत है। बिम्बात्मक स्तर पर बिजली का कड़कना और धरती का फटना एक ही है। शत-शत से वाणों के बाहुल्य के साथ ही गति और आघात का भी ध्वनन होता है। काली अमा स्पष्टत: कराला का आद्यबिम्ब है जो सृजनात्मक शक्ति के प्रसिद्ध प्रतीक नाग के दंश की किरणों के प्रकाश से तिरोहित होता है। इस प्रकार हृदय-मेघ, धरती के फटने, नाग-दंश आदि बिम्बों के साहचर्य से उद्धृत पंक्तियाँ वर्ण-विन्यास की दृष्टि से भी मूल्यवान हो गयी है। विद्युत का तड़ित पयार्य मुक्तिबोध को विशेष प्रिय रहा है। मेरे सहचर मित्र में कवि की बेचेनी तड़िल्लता की शैया पर लौटती है—

इस विप्लव की चल तड़िल्लता की
शैया पर
लौटती हुई बेचैनी की मेरी आँखें
हैं देख रहीं..
प्रश्नों की दानव काँखों में
ये दबे-घुटे कैदी उधर

यहाँ नायक की बेचेनी नाश देवता की तड़ित वेदना से अधिक गहरी है। यहाँ सूली ऊपर पिया की सेज और विप्लवियों की हत्या के लिए प्रयुक्त इलेक्ट्रिक चेयर के बिम्ब भी अनुस्यूत हैं। ऐसी मरणाकाँक्षा करने वाला नायक ही दानव-काँखों में घुटते हुए समाधानों को देख सकता है। मरणाकांक्षा उस बलिदान की प्रतीक हैं जो द्विजत्वोन्मुखी चेतना को सदैव करना पड़ता है।[22] दानव सामूहिक छाया के व्यंजक है जिनका साक्षात्कार इस बलिदान के उपरान्त सम्भव है। नायक का यह बलिदानी स्वभाव प्रस्तुत पंक्तियों में दीर्घ स्वरों एवं संयुक्त व्यंजनों के द्वारा चित्रित है। करुणा और मैत्री जैसे गुण भी मुक्तिबोध के कविता में ओजस्वी रूप में प्रस्तुत हुए हैं। बलिदानी एवं क्रान्तिकारी चेतना की प्रतीक तडिल्लता 'मेरे सहचर मित्र' शीर्षक कविता के अन्त में भी प्रयुक्त है—

माधुरी और करुणा में भीगी रहकर भी
जी के भीतर की शिलालेख चट्टान
गर्म रहती ही है।
संघर्ष मार्ग इतिहास मर्म कहती ही है
ओ मेरे सहचर मित्र
क्षितिज के मस्तक पर नाचती हुई
तो तडिल्लताओं में मैत्री रहती है।

यहाँ भी संयुक्त वर्णों के बाहुल्य एवं स्वरों के दीर्घत्व से ओज गुण की प्रधानता है। माधुरी, करुणा, और मैत्री जैसे गुण विवेच्य कविता के नायक को लोकसंग्रह के लिए संघर्ष की ओर ही प्रेरित करते हैं। समग्र अंश में परिव्याप्त परुषा वृत्ति के कारण तडिल्लता से ध्वनित नृत्य की गति ताँडव के निकट है। बिम्बानुकूल वर्ण-विन्यास को शमशेर ने भी साधा है, उदाहरणार्थ—

लौट आ ओ यार
टूट मत ओ साँझ के पत्थर
हृदय पर
(मैं समय की एक लम्बी आह
मौन लम्बी आह)[23]

पत्थर अचेतन के आदिमतम बिम्बों में से एक है। युग-युगों से वह हृदय या आत्म का प्रतीक भी रहा है। प्रायः सभी संस्कृतियों में पाषाण-पूजन होता रहा है।[24] प्रकाश और अँधकार की सन्धि के रूप में संध्या भी आत्म का बिम्ब है। रेखा आदि की तरह जल की धारा स्पष्टतः तेजस् का बिम्ब है। इस प्रकार उद्धृत अंश में पाषाणी संध्या तेजस् को जड़ीभूत करने वाले आत्मबिम्ब के ध्वंसात्मक पक्ष की प्रतीक है। अहं इस सर्वग्रासी पाषाण बिम्ब से विकल है। कविता के वर्ण-विन्यास में यही विकलता परिव्याप्त है। विकलता की तीव्रता के अनुरूप प्रथम पंक्ति में स्वरों का दीर्घत्व और व्यंजनों की परुषता है। साँझ या हृदय की कुलिशता के विपरीत धार की कोमलता 'ओ' के स्थान पर 'री' के प्रयोस से व्यक्त हो सकती है लेकिन विकलता के आवेग के अनुरूप ओ विन्यस्त हो गया है। इसी प्रकार पाषाणी संध्या के बिम्ब के अनुसार वर्ण विन्यास परुषा वृत्ति की प्रधानता है।

अज्ञेय की 'अरी ओ करूणा प्रभामय' में संगृहीत जापानी छन्दों में लिखी गयी अनेक लघु कविताएँ वर्ण-विधान की दृष्टि से सफल कही जा सकती है। इस संग्रह का एक प्रकृति-चित्र इस प्रकार है—

साँझ। बुझता क्षितिज।
मन की टूट-टूट पछाड़ खाती लहर
काली उमड़ती परछाइयाँ।

तब एक
तारा भर गया आकाश की गहराइयाँ।

आकाश (पुंसत्व) और धरती (स्त्रीत्व) की प्रतीयमान सन्धि का द्योतक क्षितिज संध्या के समान ही आद्यबिम्ब है। झुकता हुआ क्षितिज, पछाड़ खाती लहर और उमड़ती हुई काली परछाइयाँ आत्म से तदात्म्य चेतना की रिक्तता को प्रतीकित करते हैं। यह रिक्तता सर्वग्रासी अचेतन की व्यंजक है। सान्ध्य तारक चेतना को अचेतन की ऐसी जकड़ से मुक्त करता है। बादकिन ने तारकों के दर्शन को विराट् नृत्य का, क्रम और सामंजस्य का, आत्मा की उच्चतम अवस्था का प्रतीक माना है।[25] इस प्रकार विवेच्य कविता मृत्यु और द्विजत्व के अनुभव की व्यंजक है। शमशेर और अज्ञेय की कविताओं में महत्त्वपूर्ण अन्तर यह है कि शमशेर की कविता में द्विजत्व की प्रयासी चेतना का संघर्ष व्यंजित है जबकि अज्ञेय की कविता में सांध्य तारक का उदय उस संघर्ष की समाप्ति के तोष को व्यकत करता है। अनुभवों के धरातलों के इस अन्तर के कारण शमशेर की कविता में सर्वत्र परुषा वृत्ति है, जबकि अज्ञेय की कविता की अन्तिम दो पंक्तियों में ख, छ, झ, ट, ड आदि परुष वर्णों में से एक का भी प्रयोग नहीं हुआ है।

ख. आद्यबिम्ब और शब्द-विधान—भारतीय काव्यशास्त्र में शब्दों के सौन्दर्य पर अलंकार-सिद्धान्त में शब्दालंकारों, वक्रोक्ति-सिद्धान्त में पद पूर्वार्द्ध, पदपदार्थ एवं पद-वक्रताओं, रीति-सिद्धान्त में शब्द-गुणों तथा ध्वनि-सिद्धान्त में शब्द-शक्त्युदभव ध्वनियों के रूप में विचार किया गया है। शब्द-प्रयोग सम्बन्धी दोषों को भी विस्तार से गिनाया गया है। इसमें कोई सन्देह नहीं कि शब्द-सौन्दर्य के विश्लेषणार्थ भारतीय निकष अत्यधिक समृद्ध है। आद्यबिम्ब की धारणा से उक्त निकषों की प्रामाणिकता का मनोवैज्ञानिक पोषण किया जा सकता है। प्रस्तावित आलोचना में शब्द-विश्लेषण की पद्धति को निम्नलिखित उदाहरण से स्पष्ट किया जा सकता है—

अस्तमान रवि।
सुता भारती के वाहन की
तटबन्धों में सो रही
या कि पड़ी थी
एक अरक्षित नगरबधू
जो झेल रही उत्सर्जन केवल।
दिव्य अमलता लूट ली गयी
तरल देह की वक्र भंगिमा
पथराकर फैलाव बन गयी
प्रलय साँझ के

सन्नाटे में
त्वचा-स्पन्द तक जड़ित हो गया।[26]

इन शब्दों से एक लम्बी स्वप्न-कथा प्रारम्भ होती है। स्वप्न-कथा के मूल में फंटेसी रहती है। युंग के अनुसार केवल कलाकार ही नहीं, बल्कि प्रत्येक सर्जनात्मक प्रतिभा अपने जीवन की महत्तम उपलब्धियों के लिए फंटेसी की श्रेणी है। आज तक कोई सर्जनात्मक कार्य फंटेसी के अभाव में सम्पन्न नहीं हुआ है। वही मानव के समस्त व्यापारों की मूल है।[27] फंटेसी सदैव तेजस् की प्रतिगति से जन्म लेती है। इसीलिए सृजन-क्षणों में कलाकार अचेतन की गहराइयों में, माताओं के राज्य में प्रवेश करता है। 'प्रलय की छाया', 'राम की शक्ति-पूजा', 'तुलसीदास' जैसी संकल्पात्मक रचनाएँ सूर्यास्त के प्रतिगतिव्यंजक बिम्बों से ही प्रारम्भ होती है। 'कामायनी' का प्रलय भी प्रतिगति की अवस्था के विराट अनुभव से उद्भुत है। अज्ञेय की 'असाध्यवीणा' का प्रियवंद प्रतिगति की अवस्था में वृक्ष को-मातृबिम्ब को—समर्पित होता है। मुक्तिबोध देश के 'आधुनिक जन-इतिहास का, स्वतंत्रतापूर्व और पश्चात् का एक दहकता इस्पाती दस्तावेज' लिखने से पहले जिन्दगी के कमरों में अँधेरे का साक्षात्कार करते हैं। 'भारती की खँडहर' के उद्धृत अंश में भी इसी अवस्था की अनुभूति विद्यमान है।

उद्धृत पंक्तियों की शब्द योजना से अस्तमान रवि, यमुना की दुरवस्था और सांझ के सन्नाटे का प्रभाव चित्रित है। रवि, अग्नि और नायक पर्याय है।[28] पौराणिक दृष्टि से भी रवि, ईश्वर और अग्नि पर्याय हैं।[29] वैदिक साहित्य में रवि ही विराद् पुरुष (ब्रह्मा) है।[30] आदिम मानव ने भी आभ्यन्तर अनुभव के रूप में रवि-बिम्बो का चित्रण किया है।[31] सूर्योपनिषत् के अनुसार सभी प्राणी सूर्य से उद्भुत, सूर्य से पालित और सूर्य में लीन होते हैं, जो सूर्य है, वही मैं हूँ—

सूर्योद्भवन्ति भूतानि सूर्येण पालितानि तु।
सूर्ये लयं प्राप्नुवन्ति वः सूर्य सो हमेव च॥[32]

सूर्य को गगन-लिंग भी कहा गया है।[33] लिंग पुराण के अनुसार प्रलय-काल में सारी सृष्टि जिसमें लीन हो जाती है और सृष्टि-काल में जिससे सृष्टि होती है, उसे लिंग कहते हैं—

लयं गच्छन्ति भूतानि संहारे निखिलं यतः।
सृष्टिकाले पुनः सृष्टिस्तस्माल्लिंगमुदाहृतम॥[34]

अभिनवगुप्त पदाचार्य के अनुसार ल से लय और ग से आगम अभिप्रेत होने के कारण लिंग सृष्टि के अव्यय बोधक हैं—लयादागनाच्चाहुर्भावानाँ पदमव्ययम्।[35] सूर्य और लिंग की यह सहधर्मिता विश्लेषणात्मक मनोविज्ञान में स्वीकृति है। युंग के एक रोगी को भी सौर लिंग का विभ्रम हुआ था।[36] युंग ने सूर्य के तेजस् बिम्बत्व का भी विस्तृत विवेचन किया है। उनके अनुसार आदिम समाज और आधुनिक विज्ञान दोनों

ही दृष्टियों से रवि ही वस्तुत: ईश्वर का संगत बिम्ब है। दोनों ही दृष्टियों से वह परमपिता परमात्मा, जिससे सभी प्राणी जीवन पाते है; वह फलदाता और सृजक है; हमारे विश्व की शक्ति का स्रोत है।[37]अत: वह इस संसार के दृश्यमान ईश्वर को, हमारी आत्मा की सृजनात्मक शक्ति को, जिसे हम तेजस् कहते हैं, बिम्बित करने में पूर्णतया समर्थ है।[38] रवि का अस्त होना तेजस् की प्रतिगति का व्यंजक है। तेजस् का अस्त और उदय, प्रतिगति और प्रगति, मृत्यु और द्विजत्व, युंग के 'सिम्बल्स ऑफ ट्रान्सफॉरमेशन' शीर्षक ग्रन्थ का केन्द्रीय विषय है। युंग की दृष्टि में रवि-सम्बन्धी प्रत्येक पुराकथा पुन: शिशु होने, अभिभावक का आश्रय पाने और माता के गर्भ में प्रविष्टि होकर फिर से जन्म लेने के विचित्र प्रत्यय की व्यंजक है। द्विजत्व-प्राप्ति के सरलतम मार्गों में से एक यथार्थ व्यभिचार है, किन्तु व्यभिचार-निषेध इसमें बाधक हैं। अत: सूर्य एवं द्विजत्व की सभी पुराकथाएँ व्यभिचार का प्रभावक रूप में निषेध करते हुए तेजस् को नए रूपों में सरणीकृत करने के लिए मातृ-बिम्बों के कल्पनीय रूपों का विधान करती हैं।[39] भाव यह है कि सूर्य की प्रत्येक पुराकथा मृत्यु और द्विजत्व की व्यंजक है। 'भारती का खँडहर' के प्रारम्भ में भी मृत्यु-बिम्बों की प्रचुरता है। अस्तमान रवि के साथ मृतप्राय यमुना का बिम्ब भी अचेतन के आधिपत्य का प्रतीक है। यमुना की निष्प्राणता प्रलय की छाया में भी चित्रित है—

यमुना प्रशान्त मंद-मंद निज धारा में,
करुण विषादयी
बहती थी धारा के तरल अवसाद सी।[40]

यहाँ यमुना पर कमला की विषादयी चेतना का प्रक्षेपण हुआ है। धरा के तरल अवसाद से अचेतन स्मृतियों की सक्रियता व्यंजित है। अत: यमुना के उक्त बिम्ब एक ही आद्यरूपात्मक अवस्था के—प्रतिगति के—व्यंजक हैं। 'भारती का खँडहर' के चित्र में समसामयिक परिवेश का संस्पर्श एवं सहचारी बिम्बों का संश्लेषण भी लक्षित होता है।

यमुना-हंस-सुता है और हंस भारती का वाहन है। भारती या सरस्वती अचेतन के वत्सला रूप की व्यंजक है। शिव की स्पंदशक्ति ही सब प्रकार की दृष्टि के विस्तार का हेतु होने से सरस्वती कही गयी है—सरणात्सर्वदृष्टीनाँ कथितेषा सरस्वती।[41] हंस के विषय में कवि ने कृति की भूमिका में लिखा है—"सरस्वती का वाहन हंस साधनात्मक साहित्य में विशेष अर्थ रहता है। श्वेताश्वतरोपनिषद् में हंस ब्रह्मचक्र में घुमाए जाने वाले जीव का प्रतीक है—हंसो भ्राम्यते ब्रह्मचक्रे। (1/16) दक्षिणामूर्ति संहिता में उच्छ्वास के हकारात्मक और निश्वास के सकारात्मक होने के कारण प्राण को आत्माकार से स्थित रहने वाला हंसात्मा कहा है—

उच्छ्वासे च निश्वासे हंस इत्यक्षरद्वयम्
तस्मात्प्राणास्तु हंसात्मा आत्माकारेण संस्थित:॥"[42]

इससे हंस का तेजस् बिम्बत्व स्पष्ट है। इसलिए हंस और सूर्य पर्याय हैं। युंग के अनुसार स्वेन भी सन और साउंड की Sven धातु से व्युत्पन्न है।[43] हंस और सूर्य के बिम्बत्व में अभेद के कारण ही यमुना को हंससुता के साथ ही सूर्यतनया भी कहा गया है—कालिन्दी सूर्यतनया यमुना शमनस्वसा। वैदिक सम्पत्ति के रचियता ने इससे सूर्यकरण का अभिप्राय ग्रहण किया है।[44] स्पष्ट है कि सूर्यतनया या हंससुता यमुना यहाँ चेतना या भाषा की व्यंजक है, क्योंकि सूर्य व हंस तेजस् के बिम्ब हैं और युंग ने भाषा की तेजस् के सृजन के रूप में स्वीकार किया है।[45] उसके तटबन्धों में पड़ी रहने से भाषा के चेतना के अनुकूलित प्रतिवर्तों में बन्धे रहने की जड़ावस्था का ध्वनन है। इस अवस्था के लिए अरक्षित नगरबधू का बिम्ब उभरता है। नगरबधू से सम्बद्ध ऐतिहासिक सन्दर्भ विख्यात है। महानगरीय परिवेश में यमुना की स्थिति के व्यंजनार्थ 'अरक्षित' विशेषण साभिप्राय है। नगरबधू का रूपक भी परम्परागत है। नृपों को लंकेश या दिल्लीपति कहा जाता रहा है। नगरबधू को सत्ता का संरक्षण प्राप्त होता था, जिसके कारण उससे व्यक्तिचार सम्भव नहीं था। उसे उपहार तो दिए जा सकते थे, लेकिन उत्सर्जन की पात्र समझने का दुस्साहस कोई नहीं कर सकता था, क्योंकि इसमें प्रकारान्तर से सत्ता का अपमान समझा जाता था। बिम्बात्मक दृष्टि से सत्ता ईश-बिम्ब (गॉड-इमेज) है। राजा को इसीलिए ईश्वर का प्रतिनिधि माना जाता रहा है। संरक्षक सत्ता के अभाव में अरक्षित नगरबधू की, यमुना की, दिव्य अमलता लुट चुकी है। यमुना की दुर्दशा तरल देह की वक्र भंगिमा के पथराए फैलाव से भी व्यंजित है। यमुना की इस जड़ता में कालिय-दंश से उत्पन्न निस्पन्दता के पौराणिक प्रसंग का भी स्मरण हो जाता है। प्रलय, साँझ और सन्नाटा तीनों ही मृत्यु-बिम्ब हैं। इस प्रकार अनेकानेक सहचारी बिम्बों से दीप्त यह यमुना-बिम्ब अवश्य ही अन्तस्तल के गहनतम स्तरों से उद्भुत है।

शब्द-विधान का यह विश्लेषण स्पष्टतया साहचर्य और विस्तरीकरण की पद्धति से किया गया है। प्रलय की छाया के यमुना-बिम्ब का एवं कालिय-दंश से निस्पंद यमुना के पौराणिक बिम्ब का उल्लेख साहचर्य-पद्धति पर आधारित है। अन्य शब्दों के अध्ययन में मुख्यतः विस्तरीकरण की पद्धति अपनाई गई है। इन पद्धतियों के सहारे शब्दविधान को जातीय भावनाओं से, जातीय भावनाओं को बिम्बों से, बिम्बों को आद्य रूप से और आद्यरूप को समग्र स्वप्न-कथा से जोड़ा जा सकता है।

शब्द-विधान सम्बन्धी प्रस्तुत विवेचन से स्पष्ट है कि उक्त काव्य में शब्दों का मणिभीकरण (क्रिस्टेलायज़ेशन) होता है। शब्दों की व्यंजनाएँ इस मणिभीकरण पर ही निर्भर है। रिचर्ड्स ने भी यह स्वीकार किया है कि शब्द एक-दूसरे को अनुप्राणित करते हैं। युंगीय आलोचना पद्धति शब्दों के मणिभीकरण की प्रक्रिया के उद्घाटनार्थ साहचर्य और विस्तरीकरण की वैज्ञानिक पद्धतियों का उपयोग करती है। यह मणिभीकरण जितना गहरे स्तरों पर होगा, शब्दों का प्रभाव उतना ही सघन होगा।

मणिभीकरण की सघनता की पहचान यही है कि उसमें अधिकाधिक सहचारी बिम्बों के संश्लेष की क्षमता होती है। उदाहरण के लिए यदि पूर्वविवेचित बिम्ब से नगरबधू शब्द हटा में दें तो शेष सभी बिम्बों की चमक फीकी पड़ जाएगी। या 'सुता भारती के वाहन की' के स्थान पर 'यमुना' शब्द रख दें तो यमुना के सांस्कृतिक सन्दर्भ उद्दीप्त नहीं हो पाएँगे। इस प्रकार युंगीय आलोचना पद्धति शब्द-विधान के विश्लेषण और मूल्यांकन का—शब्दों के मणिभीकरण की प्रक्रिया के उद्‌घाटन का—राजमार्ग प्रशस्त करती है। काव्य में मणिभीकरण की इस प्रक्रिया का सूत्रधार आद्यरूप ही होता है।

शब्दों के मणिभीकरण की इस क्रिया में आद्यबिम्बों का दबाव न हो तो काव्य-बिम्ब का प्रभाव कुछ न कुछ बिखरने लगता है। एक उदाहरण देखिए—

पक्षी जो
एक अभी-अभी उड़ा
और एक बोलती लकीर सा
अभी-अभी
नील व्योम वक्ष में समा गया।[46]

यहाँ बोलती लकीर के समान अभी-अभी उड़े एक पक्षी के नील व्योम में समा जाने का बिम्ब है। दूसरी पंक्ति में अभी-अभी की ध्वन्यात्मकता तुरन्त खोले पँखों के गतिकांक्षी लघु-दीर्घ आघातों का बोध कराने में समर्थ हैं। पक्षी चेतना का प्रसिद्ध प्रतीक हैं। मुक्तिबोध का ब्रह्मराक्षस 'कंटीले शतत-विवर में मरे पक्षी सा' विदा हो जाता है। प्राण-पखेरू का परम्परागत रूपक लोक और साहित्य में प्रख्यात रहा है। मधुमालती अपने प्रिय की खोज में चिड़िया बन गयी थी। केशव के दशरथ का जीव-रूपी चकोर देह-गेह को तोड़कर उड़ गया था।[47] पक्षी की वेगमयी उड़ान के लिए लकीर की उपमा भी प्रभावशाली है। कवियों को तीर की उड़ान लकीर की सी दिखती रही है।[48] ध्वनि और रेख (यानी लेख भी) तेजस् के बिम्ब है। नील व्योम अचेतन का प्रतीक है। वक्ष का प्रयोग भी इस प्रतीकत्व को संघनित करता है। अंग्रेजी में उसका पर्याय चेस्ट है। चेस्ट का अर्थ बॉक्स या बक्सा भी है और बॉक्स या बक्सा की ध्वनियाँ वक्ष के निकट हैं। इस प्रकार सामग्री की दृष्टि से तो उक्त बिम्ब भी समृद्ध है, किन्तु शब्द प्रयागे में संश्लेष का अभाव आद्यबिम्ब के दबाव में कुछ कभी का सूचक है। दूसरी पंक्ति में एक, तीसरी में और एक तथा चौथी में अभी-अभी आदि शब्दों की सार्थकता असंदिग्ध नहीं है। दूसरी पंक्ति का 'एक' अनावश्यक है, क्योंकि पक्षी का अकेलापन तो 'जो' के प्रयोग से स्वत: स्पष्ट है। 'और एक' से किसी दूसरे पक्षी की भ्रामक प्रतीति भी हो सकती है जो वर्णित विषय के विरुद्ध है। डॉ. विद्यानिवास मिश्र ने 'अभी-अभी' जैसी आवृत्तियों को विशेष सार्थक माना है।[49] वस्तुत: इस आवृत्ति से पहले 'अभी-अभी' की चमक कुछ

धूमिल भी हो गयी है। 'अभी-अभी—समा गया' कहने से उड़ने का क्षण कुछ पीछे पड़ गया है। युगपत भाव की व्यंजक अतिशयोक्ति 'अभी-अभी' की आवृत्ति न होने पर अधिक सशक्त हो जाती है। बोलना और समाना क्रियाओं की दूरी कम हो जाने से कविता सचमुच बोलती लकीर-सी बोल उठती। तब लगता कि पक्षी उड़ा और गायब; शब्द फूटा और गायब। अब सवाल उठता है कि केदारनाथ अग्रवाल जैसे सशक्त कवि की रचना में भी यह दरार कैसे आ गयी। हमें लगता है कि कविता को अंग्रेजी वाक्य रचना के कुछ संस्कार प्रभावित कर गए हैं और फलतः शब्द-ब्रह्म का जातीय संस्कार अच्युत नहीं रह सका। यदि अंग्रेजी में इस गीत का अनुवाद करें तो ये प्रयोग कुछ सार्थक लगेंगे।[50] एक कारण यह भी हो सकता है कि लकीरों को बुलवाने के स्थान पर कवि स्वयं अधिक बोलना चाहता है। लकीरों को बुलानेवाला कोई ठोस कवि गीत के उत्तरार्द्ध का भाव 'समा गया' से ही ध्वनित कर सकता था क्योंकि उसमें 'आ गया' की गूँज बड़ी साफ है। इस तरह उस मूल स्वर को भविष्य में भी पाने का विश्वास एक वास्तविकता बन जाता।[51]

बिम्ब-सृजन की प्रक्रिया में अचेतन दबावों की कभी हीं नहीं; अधिकता भी एक मुख्य बाधा है। सृजन तो दोनों के सन्तुलन से ही सम्भव है। अचेतन बिम्ब के हावी हो जाने का एक उदाहरण देखिए—

मेरे छोटे घर-कुटीर का दिया
तुम्होरे मन्दिर के विस्तृत आंगन में
सहना-सा रख दिया गया।[52]

बिम्ब की सामग्री समृद्ध है। विश्वमन्दिर के आँगन में रखा चन्द्र-दीप एक विराट बिम्ब प्रस्तुत करता है। विश्व की सापेक्षता में चाँद का टिमटिमाता दिया हो जाना निस्सन्देह बहुत सार्थक है। दीपक से दूज के चाँद का रूप-साम्य और प्रभाव-साम्य भी स्पष्ट है। दूज का चाँद अनेक सांस्कृतिक संस्कार भी लिए हैं। यह आकाश-रूप शिव के भाल पर ही स्थित हैं। डॉ. विद्यानिवास मिश्र के अनुसार इस कविता में दूज के चाँद को मेरे छोटे घर-कुटीर और तुम्हारे मन्दिर के विस्तृत आँगन इन दोनों से जोड़कर एक नयी वास्तविकता दी गयी है जो उसे केवल सौर मंडल का एक पिंड नहीं रहने देती, बल्कि समष्टि को आलोकित करने के लिए व्यष्टि के संकल्प को एक मूर्त आकार के रूप में उसे स्थापित कर देती है।[53] शब्दों का विश्लेषण व्यष्टि के ऐसे संकल्प की गवाही नहीं देता। शुभ संकल्प की व्यंजना के लिए रखना क्रिया का कर्तृवाच्य में प्रयोग अपेक्षित था। भाववाचक क्रिया तो किसी बाध्यता की ही सूचक है। लगता है कि किसी कुलदीप को अज्ञात शक्ति के हाथों बलि का बकरा बनना पड़ा और जब वह अपने शहीद होने का दम्भ कर रहा है। सहमा-सा से स्पष्ट है कि बलिदान की यह बाध्यता अचेतन से उपजी है। सूर्य-चन्द्र का बलिदेवी पर रखा जाना एक आद्य धारणा है। 'चिति का दीप' भी अचेतन जीवन

की धारा में बहाया जाता है। प्रवृद्ध अहंकार की यही नियति है। कवि ने इस नियति का साक्षात्कार अचेतन रूप से किया है। चेतन सबल होता तो पहली पंक्ति में ही शब्दों का असंयत प्रयोग न होता।[54] 'छोटे घर-कुटीर' की जगह 'कुटीर' ही पर्याप्त ही पर्याप्त था। कुटीर में शहरी बंगले की ध्वनि भी आ जाती। उसे बचाना ही लक्ष्य था तो आँसू वाली कुटिया अपनाई जा सकती थी।[55]

स्पष्ट है कि शब्द-विधान की दृष्टि से विभिन्न रचनाओं के काव्यात्मक मूल्य का अन्तर मणिभीकरण के स्तरों का अन्तर है। रचना की संकल्पात्मकता मणिभीकरण की गहनता पर निर्भर है। मुक्तिबोध की कविता में शब्दों के गहरे मणिमीकरण के उदाहरण सुलभ हैं, यथा—

भूल-गल्ती
आज बैठी है जिरहबख़्तर पहन कर
तख्त पर दिल के
चमकते हैं खड़े हथियार उसके दूर तक
आँखे चिलकती हैं नुकीले तेज पत्थर सी,
खड़ी हैं सिर झुकाए
सब कतारें
बेजुबाँ बेबस सलाम में,
अनगिनत खम्भों व मेहराबों-थमे
दरबारे-आम में।
सामने
बेचैन घावों की अजब तिरछी लकीरों या कटा,
चेहरा
कि जिस पर काँप
दिल की भाप उठती है
पहने हथकड़ी वह एक ऊँचा कद
समूचे जिस्म पर पर लत्तर,
झलकते लाल लम्बे दाग़
बहते ख़ून के
वह क़ैद कर लाया गया ईमान
सुल्तानी निगाहों में निगाहें डालता
बेख़ौफ़ नीली बिजलियों को फेंकता
ख़ामोश।[56]

यह भूल-गलती के सुल्तानी दरबार में तने खड़े क़ैदी का दृश्य है। अरबी-फारसी के शब्दों का आधिक्य सुस्पष्ट है। जिरहबस्तर शिलष्ट प्रयोग हैं। फारसी में

जिरह स्त्रीलिंग है और बख़्तर पुल्लिंग। दोनों कवच के अर्थ में प्रयुक्त होते हैं। जिरह का एक अर्थ सत्य के ज्ञान के लिए की गयी बहस भी है। बख्तर आत्मरक्षा के निमित्त पहना जाता है। इस प्रकार जिरहबख्तर कवच के साथ-साथ आत्मरक्षार्थ की जाने वाली बहस के अर्थ में भी प्रयुक्त है। ऐसे बख़्तरबंद लोगों की चर्चा मुक्तिबोध ने 'दिमागी गुहान्यकार का ओरंगउटांग' शीर्षक कविता में भी की है।[57] दिल के लिए तख्त की उपमा परम्परागत है। भूल-गलती तख्त पर बिठायी नहीं गयी है; बख़्तरबंद होकर जबरदस्ती बैठ गयी है। जबरन कब्जा बनाए बैठी सत्ता का विरोध भी स्वाभाविक है और उस विरोध के दमन के लिए दूर तक हथियार खड़े हैं। हथियारों के दूर तक खड़े होने के लक्षणिक प्रयोग से शस्त्र-बल की अधिकता, उसके सीमान्तव्यापी प्रभाव और शस्त्रधारियों की सावधनता ध्वनित होती है। आँखें पथरायी हुई न होकर पत्थर के आदिम अस्त्र की तरह नुकीली और तेज है। बेजुबाँ और बेबस कतार सलाम करने को मजबूर किए गए आम लोगों का चित्र प्रस्तुत करती हैं। ऐसी शाही धाक अवाम के दरबार में पहुँचने पर ही विशेष सार्थक है, क्योंकि दरबारे-खास में तो उसकी उतनी ज़रूरत नहीं रहती। क़ैद कर लाया गया ईमान शाही धाक के सन्नाटे को एक बार झटका देकर और तेज कर देता है। सुल्तान और क़ैदी आमने-सामने हैं। ऊँचे कद वाले कैदी के हाथ बन्धे हैं। चेहरा घावों की लकीरों से विभक्त है और दिल की भाप उससे जाहिर है। समूचे जिस्म पर पड़ी हुई लत्तरों में दाग़ साफ-साफ दिखायी नहीं दे सकते, सिर्फ झलक सकते हैं। दाग़ बहते हुए खून के होने के कारण लम्बे हैं। निगाहों में निगाहें डालने की व्यंजनाएँ स्पष्ट ही हैं। इस प्रकार उद्धृत अंश में शब्द एक दूसरे को दीप्त करते हैं और सुल्तान के दरबारे-आम में प्रस्तुत विद्रोही ईमान का विरोधी चित्र उनसे दैदीम्यमान हो जाता है।

शब्दों का यह मणिभीकरण कवि के मन में पितृ-बिम्ब के आभ्यन्तर साक्षात्कार से हुआ है। फ्रायडवादी तो काव्य मात्र की व्याख्या ओडिपस ग्रन्थि के आधार पर ही करते हैं। युंग ने भी आत्मोपलब्धि प्रक्रिया में उसका महत्त्व स्वीकार किया है। पितृ-बिम्ब परम्परागत मूल्यों का संरक्षक होता है। बच्चा उसकी धाक से डरता है। यही पितृ-बिम्ब सत्ताधारियों पर प्रक्षेपित हो जाता है और आम लोग उनके सामने उनके बच्चों की तरह व्यवहार करते हैं। आम लोगों के समूह या सैनिकों की कतारें अचेतन तत्त्वों के प्रसिद्ध प्रतीक हैं। बहुत दबाए जाने पर वे सफल-असफल विद्रोह भी करते हैं। प्रसाद की 'कामायनी' में प्रजापति मनु के विरुद्ध सफल विद्रोह का चित्रण इसी प्रतीकार्थ में हुआ है। अचेतन की प्रतीक प्रजा एक सीमा तक ही सत्ता का संयमन स्वीकार करती है। भूल-गलती में ईमान का विद्रोह दब गया है, परन्तु समाप्त नहीं हुआ—

कोई बुर्ज के उस तरफ पहुँचा

\+ +

मुहैया कर रहा लश्कर

\+ +

प्रकट होकर विकट हो जाएगा॥

जिरहों के बख्तर से सुरक्षित भूल-गलती परम्परागत मूल्यों की रक्षा करती है और सच्चे ईमान को कुचलती है। पर इसमें पूरी कामयावी उसे नहीं मिल सकती, क्योंकि विद्रोही ईमान शिवाजी या अमरसिंह राठौर की तरह भरे दरबार में से निकल भागता है। यहाँ समासोक्ति शैली में जातीय इतिहास की एक गौरवपूर्ण कथा जुड़ गयी है। ऐसी व्यंजनाएँ लोक से सम्पृक्त कवियों में प्रायः आ जाती हैं। कबीर के एक दोहे में पृथ्वीसिंह संयोगिता की कथा का ऐसा चित्र देखिए—

आसपास जोधा खड़े सभी बजावें गाल।
माँझ महल ते ले गया ऐसा काल कराल॥

मुक्तिबोध ने अरबी-फारसी शब्दों के साथ ही तत्समों और तद्भवों को भी युगपत साधा है। 'मुझे पुकारती हुई पुकार' से पक्षी उड़ने का एक बिम्ब प्रस्तुत है—

किसी उजाड़ प्रान्त के
विशाल रिक्त-गर्भ गुम्बजों घिरे
विहंग जो
अधीर पँख फड़फड़ा दिवाल पर
सहायहीन, बद्ध-देह, बद्ध प्राण
हार कर न हारते
अरे नवीन मार्ग या खुला हुआ
तुरन्त उड़ गया सुनील व्योम में अधीर हो ।[58]

यहाँ 'रिक्त-गर्भ' एवं 'उजाड़ प्रान्त' से सूचित गुम्बजों के खोखलेपन को 'विशाल' प्रयोग विशेषतः ध्वनित कर रहा है। गुम्बजों का रिक्त-गर्भत्व विशाल होने के कारण अधिक चुभता है। 'विशाल' प्रयोग से अधीर पँखों की फड़फड़ाहट एवं 'रिक्त-गर्भ' प्रयोग से 'दिवाल' दीप्त हो उठती है, क्योंकि लघु और भरी हुई जगह में पक्षियों का झुण्ड नहीं होता ओर अगर हो भी तो उसकी फड़फड़ाहट सीमित ही रहेगी। 'बद्धदेह, बद्धप्राण' से असहायता गहरी हो जाती है। ऐसे असहाय, किन्तु हारकर भी न हारने वाले पक्षियों की अकाल मृत्यु को लोकदृश्य की पहचान वाला मन नहीं देख सकता। इसीलिए पक्षियों को नया मार्ग मिलता है और यह मार्ग बन्द या संकीर्ण न होकर खुला हुआ या उन्मुक्त है। इसीलिए वे सुनील व्योम में तुरन्त उड़ जाते हैं। यहाँ भी शून्य और तेजस् के द्वन्द्व में तेजस् की अन्तिम विजय का आद्यानुभव उपयुक्ततम शब्दों को आकर्षित करता है।

अनुकरणात्मक या ध्वन्यर्थ-व्यंजक शब्दों के प्रयोग में भी मुक्तिबोध पर्याप्त सफल रहे हैं। कुछ उदाहरण दृष्टव्य हैं—

1. यही सही है कि चिलचिला रहे फासले
तेज दुपहर भूरी
सब और गरम धार सा रेंगता चला
काल बाँका तिरछा।[59]
2. भुसभुसे उजाले का फुसफुसाता षड्यन्त्र।[60]
3. उन रत्नों के लिए तुम्हारी व्याकुलतर
गति सरसर[61]
4. कि पाबन्दी लगे से भेद सा बेचैन
दिल का खून
जो भीतर
हमेशा टप्प टप कर टपकता रहता
तड़पते से स्थलों पर।[62]
5. लगी है भनभनाती आग।[63]

इन उदाहरणों से स्पष्ट है कि मुक्तिबोध ने अनुकरणात्मक शब्दों के बिम्बात्मक प्रयोग किए हैं। पहले उदाहरण में टीकाटीक दोपहरी की सड़कों का बिम्ब हैं। सड़कें राही और मंजिल के बीच के फासले हैं। दोपहरी में चिलचिलाती सड़कों के लिए 'चिलचिला रहे फासले' का प्रयोग काव्यात्मक है, क्योंकि उससे स्थानगत दूरी के साथ ही अमूर्त दूरियाँ भी व्यंजित हो जाती हैं। तेज दुपहर के लिए 'भूरी' शब्द का प्रयोग अत्यधिक सुन्दर है, क्योंकि श्वेत के स्थान पर भूरा रंग आतंकप्रद होता है। काल–नाग का बिम्ब अत्यन्त प्राचीन है। फासले की व्यंजक सड़कें नागवत् प्रतीत होती हैं, जो सब और गर्म धार की तरह रेंगता चलता है। नाग या सर्प को परम्परा में काल की गति शक्ति का प्रतीक माना गया है। तीसरे उदाहरण में नागगति की व्यंजक ध्वनि सरसर है जो गति की तीव्रता का बोध कराती हैं। दूसरे उदाहरण में 'भुसभुसा' प्रयोग प्रकाश और प्रकाशवाहकों के खोखलेपन को तथा 'फुसफुसाता' प्रयोग षड्यन्त्र की गुप्त मंत्रणा को जाहिर करता है। चौथे उदाहरण में तड़पते स्थलों पर दिल के खून का टपकना अनुकरणात्मक शब्दों के प्रयोग से और अधिक स्पष्ट हो गया है। पाँचवें उदाहरण में बर्रों के काटने की पीड़ा झनझनाती आग में बिम्बित हो उठी है।

मुक्तिबोध वैज्ञानिक प्रत्ययों की बिम्बात्मक अभिव्यक्ति का विशेष प्रयास किया। इससे उनके काव्य में वैज्ञानिक प्रत्यय तो व्यंजित है, किन्तु विज्ञान की पारिभाषिक शब्दावली का प्रयोग अपेक्षतया सीमित रहा है। इस तथ्य का प्रमाण यह है कि गहनता–मनोविज्ञान से सुपरिचित होते हुए भी उसकी पारिभाषिक शब्दावली का व्यवहार मुक्तिबोध ने अपनी गद्य रचनाओं में पद्य रचनाओं की अपेक्षा अधिक किया है, फिर भी उन्होंने अपनी कविताओं में जिन पारिभाषिक शब्दों का प्रयोग

किया है, ''उन्हें समझने के लिए नृतत्त्व-शास्त्र, प्राणिविज्ञान, भौतिकी ताराभौतिकी, गणित, मनोविश्लेषण आदि शास्त्रों तक पहुँचना आवश्यक है। यह उल्लेखनीय है कि ऐसे पारिभाषिक शब्दों के प्रयोगों में काव्यात्मकता के साथ-साथ वैज्ञानिकता का निर्वाह भी प्रायः किया गया है।''[64] इसी प्रकार अंग्रेजी शब्दों का प्रयोग भी अत्यन्त सीमित रहा है। ''अँधेरे में जैसी पचास पृष्ठों की कविता में पैंतीस-चालीस अंग्रेजी शब्द आए हैं अर्थात् औसतन एक पृष्ठ पर एक शब्द से भी कम।''[65]

इस प्रकार मुक्तिबोध की रचनाएँ शब्दों के मणिभीकरण का सुन्दर उदाहरण प्रस्तुत करती हैं।

ग. आद्यबिम्ब और पदबन्ध-विधान—पदबन्ध का सामान्य अर्थ है—एकाधिक पदों का समूह जो वाक्य में एक व्याकरणिक इकाई की सत्ता रखता हो। रचना में प्रयुक्त सर्वाधिक महत्त्वपूर्ण पदबन्ध प्रायः उसके शीर्षक में प्रयुक्त होता है। पदबन्धों का दूसरा महत्त्वपूर्ण रूप मुहावरों में देखा जा सकता है। अतः आद्यबिम्बात्मक आलोचना में पदबन्धों के अध्ययन की पद्धति और निकषत्व पर यहाँ निम्नलिखित शीषकों में विचार किया जा रहा है—

(अ) शीर्षकों का आद्यबिम्बात्मक अध्ययन,

(ब) मुहावरों का आद्यबिम्बात्मक अध्ययन।

(अ) शीर्षकों का आद्यबिम्बात्मक अध्ययन—''शीर्षक'' शब्द आद्य-बिम्बात्मक है। व्यक्ति को आदिम मानव शिर या चेहरा देखकर पहचानने का अभ्यस्त रहा है। साधारण व्यक्ति आज भी सामान्यतः चेहरा देखकर ही किसी को पहचानता है। लोकविश्वास है कि किन्हीं दो व्यक्तियों के—जुड़वाँ भाइयों के भी—चेहरे नहीं मिलते। सर्जक लोकहृदय और लोकविश्वासों के धरातल के सृजन करता है। इसलिए वह अपनी रचना की पहचान आम तौर पर शीर्षक के वैशिष्ट्य से करवा सकने में विश्वास करता है। शीर्षकों का यह वैशिष्ट्य रचना के मूल बिम्ब अथवा मूल भाव को आत्मसात् कर लेने के कारण उत्पन्न होता है। ऐसे ही कुछ विशिष्ट शीर्षकों पर यहाँ विचार किया जा रहा है।

'पानी के प्राचीर' और 'जल टूटता हुआ' डॉ. रामदरश मिश्र के बहुचर्चित आँचलिक उपन्यास हैं। पानी के प्राचीर रूपक है। शीर्षक लाक्षणिक हैं। लक्षणा के व्यापारों में अचेतन योग अनिवार्यतः रहता है अतः शीर्षक मानव के अचेतन अनुभवों के सन्दर्भ में भी व्याख्येय है।

प्राचीर का अर्थ है—नगर आदि की रक्षा के लिए उसके चारों और निर्मित पक्की ऊँची दीवार, चारदीवारी, परकोटा आदि। इस शब्द का प्रयोग बाढ़ की दुर्लंघ्य बाधाओं के द्योतनार्थ किया गया है। दीवारें लोक और शास्त्र में बाधाओं की प्रसिद्ध प्रतीक रही हैं। विवेच्य शीर्षक के स्थान पर पानी की दीवारें शीर्षक का प्रयोग सहज ही किया जा सकता था। उसमें पानी के तद्भवत्व से दीवारों का

तालमेल बैठ जाता और दीवारों का बहुवचनत्व भी अखरता नहीं। विवेच्य शीर्षक में प की आवृत्ति से जन्मे वर्णसाम्य के बावजूद प्राचीनों का बहुवचन खटकता है। प्राचीर का बहुवचन रूप में प्रयोग एकदेशीयता के स्थान पर बहुदेशीयता की प्रतीति कराता है, क्योंकि सामान्यत: एक देश के लिए एक ही प्राचीर पर्याप्त समझा जाता है । यह बहुवचन-रूप बाढ़ के पौन:पुन्य का भी सम्यक् बोध नहीं करा पाता क्योंकि प्राचीन शब्द स्थितिबोधक है, जबकि पौन-पुन्य का सम्बन्ध गति से है। लोकमानस में प्राचीन शब्द से सुरक्षा का भाव सम्बद्ध है। अत: वह बाढ़ की विध्वंसात्मकता की प्रतीति के लिए भी उपयुक्त नहीं है। उसकी केवल यही सार्थकता हो सकती है कि बाढ़ के प्राचीर गाँव की जिन्दगी को कैद किए हैं, किन्तु प्राचीर से जुड़ा गरिमा का भाव इसे भी संदिग्ध बना देता है।

विवेच्य शीर्षक से बाढ़ की ध्वंसात्मकता को बोध कराने का प्रयास किया गया है। उपन्यास बाढ़ की विकरालता से और अपने अभावों के असूझ अँधकार से जीवट के साथ जूझती हुई जनता को समर्पित है। उसमें बाढ़जन्य विभीषिकाओं का माार्मिक चित्रण भी है, किन्तु बाढ़ की समस्या उपन्यास की मूल समस्या नहीं है। यह समस्या उपन्यास में आद्यन्त व्याप्त नहीं है। उपन्यास का कथानक इस समस्या के अनुरूप संघटित नहीं है। कथानक के पूर्वार्द्ध में बाढ़जन्य विभीषिका एक भी चित्र नहीं है। कथानक के आरम्भ और अन्त का इस समस्या से कोई सम्बन्ध नहीं है। उपन्यास में कहीं भी बाढ़ अंचल की अभावग्रस्तता के मूलभूत कारण के रूप में चित्रित नहीं है। वह एक स्थल पर कथा-विकास में सहायक अवश्य है। सम्पूर्ण उपन्यास में अंचल की अभावग्रस्तता एवं सम्पन्नों के अतिचार और वर्चस्व बनाए रखने के प्रयासों का हृदयद्रावक चित्रण है। उसमें अंचल विशेष के समाज की अभावग्रस्तता के प्रति गहरी मानवीय करुणा की आद्यन्त व्याप्ति है। समाज की स्वार्थपरता और रूढ़िग्रस्तता के प्रति गहरा विक्षोभ मानवीय करुणा का ही एक रूप है। उपन्यास के मूल प्रतिपाद्य से प्रत्यक्षत: सम्बद्ध नहीं है।

स्पष्ट है कि विवेच्य शीर्षक में खोट है और वह देश और उद्देश्य की गहरी समन्विति के अभाव की और संकेत करता है। इसे मिश्र जी ने भी महसूस किया है। उपन्यास के दूसरे संस्करण की भूमिका में उन्होंने लिखा है—"पानी के प्राचीन[74] छोटे-छोटे अध्यायों में बँटा उपन्यास है। ये छोटे-छोटे अध्याय उपन्यास की संरचना को गीतात्मक रूप देते हैं। इनमें से कई कथासूत्र को आगे बढ़ाने के स्थान पर वातावरण की सृष्टि करते हैं और वातावरण के माध्यम से परोक्ष रूप से कथा की रचना में योगदान देते हैं। द्वितीय संस्करण में मैंने कई छोटे-छोटे अध्यायों को तोड़ कर एक में मिला दिया और मात्र वातावरण की सृष्टि करने वाले कुछ छोटे-छोटे अध्यायों को निकाल दिया। इससे कथा की दृष्टि से उपन्यास में अधिक आयी है।" जाहिर है कि पानी के प्राचीन के प्रथम संस्करण में कथानक के संरचनागत शैथिल्य को

रचयिता ने भी महसूस किया। उनके अनुसार प्रथम संस्करण में मात्र वातावरण की सृष्टि करने वाले अध्याय भी थे। रचयिता के चित्त में वातावरण और कथानक का अलगाव उक्त उद्धरण से स्पष्ट है। ऐसे अलगाव की प्रतीति चित्त के चेतन और अचेतन स्तरों में जीवन्त सम्बन्ध की कमी का द्योतन कराती है। उसके कारण चाहे जो रहे हों।

प्रश्न यह उठता है कि उपन्यास के कथानक का एक गौण प्रसंग शीर्षक पर छा जाने जितना महत्त्वपूर्ण क्यों हो गया ? बाढ़ मनोवैज्ञानिक दृष्टि से अचेतन के चेतना को ग्रसने वाले ध्वंसात्मक पक्ष को प्रतीकित करती है। ऐसा अभिप्राय (मोटिफ) विश्व की अनेक पुराकथाओं में मुक्ततः विद्यमान हैं। पाप का घड़ा भरने पर कयामत आती है। 'कामायनी' में जलप्लावन के हेतु के रूप में देवों के अतिचार का चित्रण उक्त लोकविश्वास का ही प्रतिफलन है। लोकविश्वास सर्वथा निर्मूल नहीं होते। आधुनिक मानव दुदैव से उनकी उपेक्षा करता है। यह एक सुज्ञात तथ्य है कि आजादी के बाद हमारे देश में असंयत औद्योगीकरण के रूप में सम्पन्नों के अतिचार से बाढ़ को बढ़ावा मिला है। उक्त लोकविश्वास का मनोवैज्ञानिक आधार व्यभिचारनिषेध है। व्यमिचार मातृ-ग्रन्थि से और व्यभिचार-निषेध जीवन मूल्यों के वाहक पितृबिम्ब से सम्बद्ध है। विवेच्य शीर्षक का उपन्यास के मूल प्रतिपाद्य से सम्बद्ध न होकर बाढ़ से सम्बद्ध होना इस तथ्य का पोषक है कि उसके मूल में पितृ-ग्रन्थि है। उसकी असंगतियाँ उसकी ग्रन्थ्यात्मकता का निश्चित प्रमाण हैं। पितृ-ग्रन्थि और मातृ-ग्रन्थि परस्पर निर्भर हैं। एक के बिना दूसरे की सत्ता सम्भव नहीं है।

आंचलिक उपन्यास अंचल के वैशिष्ट्य की बिम्बात्मक प्रकृति से जन्मता है। धरती या अंचल माँ है। 'अंचल' शब्द ही मातृत्व-व्यंजक है। उसकी प्रतीति अनिवार्यतः मातृबिम्बात्मक होती है। विवेच्य उपन्यास का उद्येश्य भी मातृ आद्यरूप से सम्बद्ध है। युंगीय दृष्टि से विश्वबन्धुत्व, मानवीय करुणा, विश्वास, दयालुता जैसे गुणों का वाहक मातृबिम्ब होता है। उपन्यास का मातृबिम्बत्व पात्रों के चरित्र, भाषा आदि से प्रमाणित किया जा सकता है। इस प्रकार कृति के मूल में मातृबिम्ब है।

नीरू उपन्यास का नायक होने से उपन्यासकार की अंह-चेतना व्यंजक है। मनोवैज्ञानिक दृष्टि से उसकी समस्या अभावग्रस्त, रूढ़िग्रस्त और स्वार्थी समाज से समंजित होने की है। सामाजिक वैषम्य और नीरू की विपन्नता कारुणिक है। उपन्यास का सर्वाधिक कारुणिक प्रसंग नौकरी की तलाश में नीरू का गोरखपुर जाना है। स्वराज्य आन्दोलन, नीरू का गोरखपुर-गमन और बाढ़ का प्रकोप उपन्यास में क्रमशः चित्रित हैं। तीनों प्रसंगों का नियोजन उस स्थिति में होता है जब नायक के सम्मुख सामाजिक संमजन की समस्या अपने उग्रतम रूप में विद्यमान है। बाढ़ के प्रसंग से पहले नीरू अपने समाज से मुख्यतः भावना और संवेदना के आधार पर समंजित है। उपन्यास के आरम्भ में नीरू अपने अंचल की समस्याओं से जूझता है; उपन्यास के अन्त में हम उसे निजी समस्याओं में लिप्त पाते हैं। उपन्यास के उत्तरार्द्ध

में वह भावुक और संवेदनशील नहीं रहता, अपना घर भरता है। नीरू का चरित्र-विकास स्वाभाविक नहीं है। उसकी क्रान्तिकारिता और समझौतापरस्ती में स्पष्ट विरोध है।

चारित्रिक विकास की अस्वाभाविकता के लिए पितृ-ग्रन्थि उत्तरदायी है जिसका प्रथम प्रस्फुटन बाढ़ के रूप में हुआ है। युंगीय मनोविज्ञान के अनुसार सामाजिक समंजन के लिए मानव-चेतना का मातृबद्धता से मुक्त होना अनिवार्य है, क्योंकि मातृ-ग्रन्थि सामाजिक समंजन में प्रायः बाधक होती है। सामाजिक समंजन के लिए अपेक्षित मूल्यों का वाहक प्रायः पितृबिम्ब होता है। उपन्यास के पूर्वार्द्ध में नायक के चित्त में चिन्तन और सहजानुभूति दमित होते हैं। सामाजिक समंजन की समस्या के उग्रतम रूप ग्रहण करने पर मातृ-ग्रन्थि से मुक्ति एवं उक्त दमित मनोवैज्ञानिक कार्यों का अनुकूलन अपेक्षित था। गोरखपुर में नायक के दयालुता जैसे गुणों का वाहक मातृबिम्ब होता है। उपन्यास का मातृबिम्बत्व पात्रों के चरित्र, भाषा आदि से भी प्रमाणित किया जा सकता है। इस प्रकार विवेच्य कृति के मूल में मातृबिम्ब है।

नीरू उपन्यास का नायक होने से उपन्यासकार की अहं-चेतना का व्यंजक है। मनोवैज्ञानिक दृष्टि उसकी समस्या अभावग्रस्त, रूढ़िग्रस्त और स्वार्थी समाज से समंजित होने की है। सामाजिक देवष्य और नीरू की विपन्नता कारुणिक है। उपन्यास का सर्वाधिक कारुणिक प्रसंग नौकरी की तलाश में नीरू का गोरखपुर जाना है। स्वराज्य आन्दोलन, नीरू की का गौरखपुर गमन और बाढ़ का प्रकोप उपन्यास में क्रमशः चित्रित हैं। तीनों प्रसंगों का नियोजन उस स्थिति में होता है जब नायक के सम्मुख सामाजिक समंजन की समस्या अपने उग्रतम रूप में विद्यमान है। बाढ़ के प्रसंग से पहले नीरू अपने समाज से मुख्यतः भावना और संवेदना के आधार पर समंजित है। बाढ़ के बाद नीरू के चरित्र में जो परिवर्तन हुआ, वह स्पष्टतया सामाजिक समंजन के लिए अपेक्षित मूल्यों के वाहक पितृबिम्ब से सम्बद्ध है। उपन्यास के आरम्भ में नीरू अपने अंचल की समस्याओं से जूझता है, उपन्यास के अन्त में हम उसे निजी समस्याओं में लिप्त पाते हैं। उपन्यास के उत्तरार्द्ध में वह भावुक और संवेदन नहीं रहता, अपना घर भरता है। नीरू का चरित्र-विकास स्वाभविक नहीं है। उसकी क्रान्तिकारिता और समझोतापरस्ती में स्पष्ट विरोध है।

चारित्रिक विकास की अस्वाभाविकता के लिए पितृ-ग्रन्थि उत्तरादयी है जिसका प्रथम प्रस्फुटन बाढ़ के रूप में हुआ है। युगीय मनोविज्ञान के अनुसार सामाजिक समंजन के लिए मानव-चेतना का मातृबद्धता से मुक्त होना अनिवार्य है, क्योंकि मातृ-ग्रन्थि सामाजिक समंजन में प्रायः बाधक होती है। सामजिक समंजन के लिए अपेक्षित मूल्यों का वाहक प्रमुखतः पितृबिम्ब होता है। उपन्यास के पूर्वाद्ध में नायक के चित्त में चिन्तन और सहजानुभूति दमित होते हैं। सामाजिक समंजन की समस्या के उग्रतम रूप ग्रहण करने पर मातृ-ग्रन्थि से मुक्ति एवं उक्त दमित मनोवैज्ञानिक

कार्यों का अनुकूलन अपेक्षित था। गोरखपुर में नायक के संध्या से मिलने की प्रबल कामना से व्यंजित है कि नायक मातृ-ग्रन्थि से मुक्त नहीं हो सका। संध्या के भाई मिलिन्द की स्पष्ट बेरुखी के बावजूद संध्या से मिलने के अदम्य लालसा मातृ-ग्रन्थ्यात्मक है। संध्या नीरू के गाँव की लड़की है। अत: उसके प्रति प्रेम अगम्यागमन से सम्बद्ध है। उपन्यास के कथानक की समग्र संरचना से सपष्ट है कि नीरू के महेश और मि. त्रिपाठी से संयुक्तत: सम्बन्धित प्रसंगों के मूल में भी नीरू-संध्या की प्रेमकथा है। ये प्रसंग स्पष्टतया मातृ-ग्रन्थयात्मक हैं। नीरू के दाम्पत्य जीवन की कटुता और तज्जन्य निर्ममता भी मातृ-ग्रन्थि के सन्दर्भ में व्याख्येय है। उपन्यास के अन्त में—जो जस करई सो तस फल चाखा—का लोकविश्वास भी मातृ-ग्रन्थि से सम्बद्ध है। बाढ़ इस स्थिति के प्रति रचयिता के मन में बैठे पितृ बिम्ब के प्रस्फुटन को चित्रित करती है। रचयिता की अहं-चेतना ऐसे प्रस्फुटन का सचेत साक्षात्कार नहीं कर पायी। फलत: उपन्यास में नीरू के सामाजिक समंजन से सम्बद्ध प्रसंग और उनमें व्यक्त चरित्र अस्वाभाविक है।

रचना का शीर्षक रचना की समग्रता के प्रति रचयिता का प्रत्युत्तर होता है। विगत विवेचन से स्पष्ट है कि उपन्यास में अनेकत्र मातृ-ग्रन्थि की अभिव्यक्ति है। विवेच्य शीर्षक उपन्यास की सीमाओं के प्रति रचयिता के अचेतन का प्रत्युत्तर है। शीर्षक पितृबिम्ब से आतंकित चेतना की जड़ता या स्तब्धता को व्यक्त करता है। दीवार के स्थान पर प्राचीर जैसा तत्सम प्रयोग पितृ-बिम्ब से सम्बद्ध गरिमा को ही व्यक्त करता है। शीर्षक में दीवार का प्रयोग इसलिए भी नहीं हो सका कि उसका स्त्रीलिंग होना पितृबिम्ब के अनुकूल नहीं था। बड़ों के लिए आदरार्थ बहुवचन के प्रयोग की परम्परा है। अत: प्राचीर के बहुवचन रूप के प्रयोग में मूल में पितृ-ग्रन्थि का दबाव स्वीकार किया जा सकता है। निष्कर्ष यह है कि विवेच्य शीर्षक उपन्यास की महत्त्वपूर्ण सफलताओं के स्थान पर उसकी कतिपय असफलताओं से, जिनका आभास रचयिता को भी रहा है, पितृ-ग्रन्थि के दबाव के कारण सम्बद्ध हो गया है।

'जल टूटता हुआ' उपन्यास विवेचित उपन्यास के पूरक के रूप में चर्चित है। स्वयं मिश्र जी को भी इसकी पूरकता की गहरी प्रतीति रही है जिससे प्रकारान्तर से उनके चित्त में प्रथम उपन्यास के अधूरेपन की प्रतीति का भी बोध होता है। प्रथम उपन्यास में पूर्वी अँचल की स्वतंत्रतापूर्व की समस्याओं का चित्रण है। इस उपन्यास में एक अन्य पूर्वी अँचल की स्वतंत्रता-प्राप्ति के उपरान्त की समस्याएँ चित्रित हैं। मनोवैज्ञानिक दृष्टि से भी यह उपन्यास प्रथम का पूरक है। विवेच्य शीर्षक विवेचित शीर्षक की ग्रन्थ्यात्मकता से मुक्त है। 'पानी के प्राचीर' उपन्यास में भावना और संवेदन की व्याप्ति है। 'जल टूटता हुआ' में चिन्तन और सहजानुभूति को महत्त्व मिला है। पूर्व विवेचित स्थिति व्यंजक शीर्षक की तुलना में 'जल टूटता हुआ' शीर्षक गति-व्यंजक है।

उपन्यास में गाँव की जिन्दगी के टूटते जाने का चित्रण है। ग्रामीण जीवन को जल से प्रतीकित किया है। उपन्यास के अन्त में नायक सतीश सोचता है—"इस ज्वार का जीवन भी तो जल ही है, लेकिन पहले एक साथ बहता था, बाढ़ में उमड़ता था, एक साथ गर्मी में सूखता था, एक था। अब तो नए-नए बाँध रहे हैं। उस जल के किनारे...ये बांध भी पोख्ता नहीं है, जगह-जगह से दरक जाते हैं। जहाँ से दरकते हैं, थोड़ा पानी वह जाता है, थोड़ा कहीं और दरकता है तो कुछ पानी और बह जाता है, दूसरी दिशा को। और ये पानी कहीं मिल नहीं पाते, विपरीत या समान्तर धाराओं में बहते ही चले जाते हैं...हाँ टूट रहा है यहाँ का जल, टूट रहा है।" (पृ. 381) आजादी के बाद गाँव के जीवन का निरन्तर टूटते जाना एक कड़वी सच्चाई है। जीवन और जल पर्याय है। यह पर्यायत्व दोनों के आद्यबिम्बात्मक अभेद का बोधक है। लोक और शास्त्र में इस आद्यबिम्बात्मक अभेद के सैकड़ों उदाहरण हैं। कबीर ने मानव जीवन को जल से उपमित किया। सन्तों के लिए मानव जीवन पानी के बुलबुले के समान क्षणभंगुर रहा है। रहीम का मानस भी पानी गए बाद उबरता नहीं है। विश्वविख्यात दार्शनिक थोरों ने मनुष्य को चलता-फिरता जलकुंड कहा है। वैज्ञानिक दृष्टि से भी मानव जीवन एक तरह से जल के अलावा और कुछ नहीं है। इस प्रकार शीर्षक जल और जीवन के आद्यबिम्बात्मक अभेद से दीप्त है।

इस उपन्यास में पितृ-ग्रन्थि से जन्मी वह जड़ता भी टूटी है जो प्रथम उपन्यास की शक्ति को सीमित करती रही है। ध्यातव्य है कि नायक सतीश और उसके पिता अमलेश तिवारी के सन्तुलित सम्बन्ध को उपन्यास में अत्यधिक महत्त्व मिला है। मिश्र जी ने पिता-पुत्र सम्बन्ध को उल्लेखनीय सफलता के साथ चित्रित किया है जो पितृ बिम्ब के साक्षात्कार की व्यंजक है।

शीर्षक बाह्य यथार्थ का व्यंजक होने के साथ-साथ आभ्यन्तर यथार्थ का भी व्यंजक है। जल का टूटना मुहावरे में ही सम्भव है क्योंकि टूटना क्रिया का सम्बन्ध ठोस पदार्थों से है। मुहावरे प्राय: अचेतन अनुभवों से सम्बद्ध की प्रक्रिया का बोध कराता है जिसके संकेत पानी के प्राचीर के स्वराज्य आन्दोलन और स्वतंत्रताप्राप्ति के प्रसंगों में मिलते हैं और जो 'सूखता हुआ तालाब' में मूल प्रतिपाद्य के रूप में विद्यमान है। यह तथ्य इससे भी पुष्ट होता है कि 'जल टूटता हुआ' का नायक सतीश अपने समाज से अपेक्षित सीमा तक समंजित है। उसके चरित्र में वे असंगतियाँ नहीं हैं जो नीरू के चरित्र में हैं। अपने पिता के स्वभाव के सचेत साक्षात्कार के माध्यम से वह पितृबिम्बात्मक तेजस् का साक्षात्कार करता है। फलत: वह समंजन-मूल्यों का तिरस्कार नहीं करता। उसकी आदर्शप्रियता असामाजिक नहीं बनी है। नीरू की अपेक्षा सतीश के चरित्र में व्यक्त उपन्यासकार की अहं-चेतना अधिक सुदृढ़ है। इस प्रकार 'जल टूटता हुआ' में उपन्यासकार की अहं-चेतना के विकास की प्रक्रिया व्यक्त हुई है। प्रक्रिया का बिम्ब ही जीवन के जल से उपमित किए जाने का हेतु है

अन्यथा लोक और शास्त्र में जीवन-धारा का रूपक भी कम प्रख्यात नहीं है। धारा का टूटना या धार टूटना लोकजीवन में अप्रिय भावों से सम्बद्ध है, क्योंकि उससे चेतना के क्षतिग्रस्त होने की व्यंजना होती है। 'टूटता हुआ जल' अचेतन से फूटती नयी चेतना का व्यंजक है। इसीलिए शीर्षक की रूपकातिशयोक्ति में धारा के स्थान पर जल का उपमान सहजत: प्रयुक्त हो गया है।

रामदरश मिश्र के उपन्यास के शीर्षकों के उक्त अध्ययन से स्पष्ट है कि आद्यबिम्बात्मक अध्ययन केवल शीर्षकों के अध्ययन के माध्यम से भी कृति का उसकी समग्रता में साक्षात्कार कर सकता है।

(ब) मुहावरों का आद्यबिम्बात्मक अध्ययन—भाषिक प्रयोगों की दृष्टि से डॉ. रामस्वरूप चतुर्वेदी ने मुहावरों को काव्यभाषा का सर्वाधिक कमजोर तत्त्व माना है, क्योंकि मुहावरे और लोकोक्ति का रूप सीधा बन्धा हुआ है।[86] मुहावरों में प्राय: लक्षणा का व्यपार रहता है और लक्षणा के मूल में अचेतन का सृजनात्मक योग स्वीकृत है। इसलिए मुहावरों के प्रयोग में आद्यबिम्बों का अस्तित्व सम्भव है। कवियों की भावयित्री और कारयित्री प्रतिमाएँ उन आद्यबिम्बों का साक्षात्कार और पुनस्सृजन करती हैं। हिन्दी की नयी कविता की वैचारिकता चर्चित रही है अत: उसमें प्रयुक्त मुहावरों का विश्लेषण मुहावरों के आद्यबिम्बत्व को और अधिक प्रामाणिक रूप से पुष्ट कर सकता है।

मुहावरों में मानव के आद्य या सामान्य अनुभव व्यक्त होते हैं। उदाहरणार्थ पानी फिरना, पहाड़ टूटना, कच्चे को चबाना आदि मुहावरे लिए जा सकते हैं। आम आदमी पानी फिरने या पहाड़ टूटने का प्रत्यक्ष अनुभव नहीं करता और न ही सभ्य व्यक्ति कच्चा मांस खाता है। हमारी पुराण कथाओं के अनुसार मनु ने पानी देखा था, इन्द्र ने पहाड़ों को चूर-चूर किया था और राक्षस कच्चों को चबाते थे। अधिकांश मुहावरे ऐसे ही आद्य अनुभवों के अवशेष हैं। यहाँ कहा जा सकता है कि सभी मुहावरे में तो आद्यानुभव नहीं होते। गुड़ गोबर करना, चिराग तले अँधेरा जैसे मुहावरे तो सभ्य समाज के अनुभवों की साक्षी देते हैं। इस सन्दर्भ में उल्लेख है कि सभ्य समाज के ये अनुभव मात्र वैयक्तिक नहीं, सर्वसामान्य हैं। साथ ही, उक्त मुहावरों में भी आद्यरूपों का संस्पर्श रहता है। गुड की गोबर-रूप में परिणति चेतन अनुभव नहीं; विभ्रमजन्य प्रतीति है। 'चिराग तले अँधेरा' चित्त के गहनतर अचेतन स्तर की सत्ता का द्योतक है। इस प्रकार प्राय: सभी मुहावरे आद्यानुभवों या आद्यरूपों के व्यंजक हो जाते हैं। मुहावरे मूलत: आद्यबिम्बात्मक होते हुए भी प्रयोग-रूढ़ि के कारण अपना बिम्बत्व खो बैठते हैं। इस रूप में, उन्हें मृत प्रतीक कहा जा सकता है। सामान्य व्यवहार में जब मुहावरे का प्रयोग चित्त की गहराइयों से होता है, तब आद्यरूपों की वृत्त्यात्मक अभिव्यक्ति माननी चाहिए। कविता में मुहावरे अपने खोए हुए बिम्बत्व को पुन: प्राप्त कर लेते हैं। उनके प्रयोग से भाषा रमणीय हो जाती है,

क्योंकि सामान्य व्यवहार में मुहावरों के माध्यम से वृत्त्यात्मक रूप में प्रवाहित तेजस् काव्य में बिम्ब-रूप ग्रहण कर लेता है, उदाहरणार्थ-

सुल्तानी निगाहों में निगाहें डालता
बेखौफ नीली बिजलियों को फेंकता।[67]

यहाँ दो मुहावरे प्रयुक्त हैं—निगाहों में निगाहों डालना औरा आँखों से चिनगारियाँ निकलना। सामान्य व्यवहार में इन दोनों मुहावरों से किसी के विरुद्ध होने का तथ्य प्रकट होता है। यहाँ ये कैद कर लाए गए ईमान के रौद्र भाव को बिम्बित करते हैं। सामान्य व्यवहार में मन-पर के सम्बन्धों में बँधे रहने के कारण श्रोता का प्रत्युत्तर भी वृत्त्यात्मक होता है, जबकि यहाँ उसके चित्त में सशक्त बिम्ब का उदय होता है। इन मुहावरों को मुक्तिबोध ने पुनस्सृजित किया है। निगाहों में निगाहें डालना आसान हो सकता है, किन्तु सुल्तानी जलाल का सामना कर पाना बहुत कठिन है। आम लोग तो रणजीत सिंह जैसे महाराज की एक आँख में आँखें नहीं डाल सकते थे। चिनगारी की जगह बिजली रख कर और उसे नीली विशेषण देकर दूसरे मुहावरे को जीवन्त बनाया गया है। बिजली की नीली आग चिनगारियों की लाल-पीली आग से कहीं ज्यादा दाहक होती है। नील वर्ण अचेतन का व्यंजक है। बिजली प्रकाशमयी होने से तेजस्-बिम्ब है। नेत्र चेतना के प्रसिद्ध प्रतीक हैं। क़ैद कर लाया गया ईमान अपनी अचेतन ऊर्जा से दीप्त चेतना के द्वारा सुल्तानी निगाहों का सामना करता है। ईमान की ऐसी चेतना के कारण मनसबदार, शायर और सूफी, अलगजाली, इबने सिन्ना, अलबरूनी, आलिम फाजिल सिपहसालार, सब सरदार स्तम्भित हो जाते हैं।[68]

स्पष्ट है कि मुहावरों का प्रयोग सर्जनात्मक तभी माना जा सकता है जब कवि उसके रूप या मृत प्रतीक को पुनर्जीवित करें। मुहावरों का ऐसा प्रयोग अचेतन ऊर्जा के संस्पर्श से ही सम्भव है। अन्यथा, शाब्दिक उठक-बैठक से कविता का कोई लाभ नही होता—

जब में दफतर में
साहब की घंटी पर उठता-बैठता हूँ
मेरा पिट्‌ठू
नदी किनारे वंशी बजाता रहता है।[69]

यहाँ वाक्य-रचना पर जब रोम जल रहा था, नीरो वंशी बजा रहा था, जैसी लोकोक्ति का प्रभाव अत्यन्त स्पष्ट है। 'उठता-बैठता हूँ' के मूल में उठक-बैठक करना है। अचेतन के नीरो बन जाने से मुहावरे की दुर्दशा के साथ-साथ विधि-अयुक्त दोष भी लग गया है। यहाँ विधेय अर्थ है—घंटी बजने पर उठक-बैठक करता हूँ। इस विधेय अर्थ को अविधेय रूप से प्रतिपादित किया गया है—घंटी बजने पर उठता और बैठता हूँ।

आभिजात्य के कारण अज्ञेय के काव्य में मुहावरों के प्रयोग कम होते हुए भी

काव्यात्मक है। उदाहरणार्थ इतिहास का न्यास शीर्षक कविता ली जा सकती है—

जो जिए वे ध्वजा फहराते घर लौटे।
जो मरे वे खेत रहे।
जो झूमते घर लौटे, डूबे जय-रस में
(खंडहरों के प्रेत और कौन है
जिनके मुड़े हों पैर पीछे को?)
जो खेत रहे थे वे अंकुरित हुए
इतिहासों की उर्वर मिट्टी में
कुसुमित, पल्लवित हुए
स्वप्न-कल्पी लोक मानस में।[70]

इस कविता की समग्र भाषिक संरचना ही खेत रहना मुहावरे के बिम्बात्मक प्रयोग पर आधारित है। कवि ने विजयी व्यक्तियों को खँडहरों के प्रेतों से उपमित किया है और बलिदानियों के अमरत्व का गान किया है। खेत रहना मृत्यु के अर्थ में प्रचलित मुहावरा है। मुक्तिबोध ने भी 'एक भूतपूर्व विद्रोही का आत्मकथन' शीर्षक कविता में खेत रहे विद्रोहियों की देह की मिट्टी से गुलाबी फूल खिलने का विश्वास व्यक्त किया है—

अपनी ही आँखों के सामने
खूब हम खेत रहे।
खूब काम आए हम॥
-- -- --
जमीन में गड़े हुए देहों की खाक से
शरीर की मिट्टी से धूल से
खिलेंगे गुलाबी फूल।

विवेच्य मुहावरे में आद्यानुभवों का संस्पर्श सहज की लक्षित किया जा सकता है। किसी की मृत्यु की सूचना अभिधा में प्राय: नहीं दी जाती है। इसके मूल में अप्रिय भावों को नकारने की आदिम प्रवृत्ति रहती है। प्रियजनों के अमर रहने की आदिम इच्छा गोलोकवासी हुए, स्वर्गवासी हुए, चल बसे, खेत रहे जैसे भाषिक प्रयोगों में व्यक्त होती है। खेत या क्षेत्र अचेतन का प्रसिद्ध प्रतीक है। प्रतीक के स्तर पर खेत रहना प्रतिगति का और कुसुमित-पल्लवित होना प्रगति का व्यंजक है। ख़ाक में मिलकर गुले गुलजार होने के समवर्ती खेत रहे व्यक्तियों के पुष्पित-पल्लवित होने के विश्वास के मूल में द्विजत्व का आद्यरूप है।

मुहावरों के प्रयोग की दृष्टि से मुक्तिबोध की कविता पर्याप्त समृद्ध है। लाग डाँट करना, सुराग में रहना, थाह लेना, पार लगाना, काम आना, मन पिघलना, मति-मारी फिरना, आग लगना, लार टपकाना, गला बचाना, मुँह मोड़ना, आँखें फाड़

देखना, हाथ मलना आदि अनेक मुहावरे उनको कविता में सहजतः विन्यस्त हैं। मुक्तिबोध के काव्य में प्रयुक्त मुहावरे इस अर्थ में विशिष्ट हैं कि वे अनेकानेक साहचर्यों से दीप्त होने के कारण बिम्बात्मक हैं। उदाहरणार्थ 'मेरे सहचर मित्र' शीर्षक कविता का यह अंश प्रस्तुत है—

वह सम्बलाया कलियाया मुँह
है स्नेह भरी चिन्ता में
शाल्मलि वृक्ष तले
उद्विग्न खड़े बनवासी दुर्धर अर्जुन का
जिसके नेत्रों में चमक उठे,
चन्दन के पावन अँगारे,
जो सोच रहा क्यों मानव के
इस तुलसी-वन में आग लगी
क्यों मारी-मारी फिरती है
मन की यह गहरी सज्जनता
दु:ख के कीड़ों ने खायी क्यों
ये जुही पत्तियाँ जीवन की
निर्माल्य हुए क्यों फूल युवक
युवती जन के
क्यों मानव सुलभ सहज
आकाँक्षाओं के तरु
यों ठूँठ हुए वृन्दावन के
मानव आदर्शों के गुम्बद में आज यहाँ
उलटे लटके चिमगादड़ पापी
भावों के।

यहाँ नेत्रों में अँगारे चमकना, आग लगना, मारे-मारे फिरना, ठूँठ हो जाना आदि मुहावरे प्रयुक्त हैं। नेत्रों का अँगार हो जाना, नेत्रों से अँगार बरसना आदि मुहावरे प्राय: क्रोध को व्यक्त करते हैं। अँगार स्पष्टतया तेजस् का प्रतीक है। क्रोध में नेत्रों का अँगार जैसा या रक्तिम हो जाना आद्यानुभव है। अर्जुन के नेत्रों में चमकने वाले अँगार सत्व गुण के व्यंजक चन्दन की पावनता के साहचर्य से सत्वोद्रेक का ध्वनन कराता है। तुलसी के प्रति भारतीय लोकमानस की श्रद्धा स्पष्ट ही है। वह पावन भावों की व्यंजना कराने में समर्थ है। उसके साहचर्य से आग लगना मुहावरा दीप्त हो उठा है। 'गहरी' विशेषण सज्जनता को अपेक्षित गाम्भीर्य प्रदान करता है और सज्जनता का मारी-मारी फिरना स्पष्टतः मारी-मारी फिरती असहाय नारी के बिम्ब को दीप्त कर देता है। इस प्रकार मुहावरे के मूल में माया के आद्यबिम्ब की सहज

दीप्ति है। महत्त्वाकाँक्षाओं का ठूँठ बन जाना उतना चिन्त्य नहीं होता जितना कि सहजाकांक्षाओं का। लीला भूमि के संसर्ग से ठूँठ बनना मुहावरा और अधिक सार्थक हो गया है। मुहावरों का ऐसा सर्जनात्मक प्रयोग बिम्बरूप अनुभूतियों से ही सम्भव है।

शमशेर में चिन्तन की अधिकता के कारण मुहावरों के प्रयोग अपेक्षतया कम किए हैं। उनके काव्य में प्रयुक्त मुहावरे प्राय: प्रगतिवादी भावबोध को व्यंजित करते हैं। 'बात बोलेगी' शीर्षक कविता में बात बोलना भेद-खोलना, समय का रुख, पताकाएँ उड़ाना आदि मुहावरे प्रयुक्त हुए हैं। इसी तरह उन्होंने अन्यत्र भी अनेक मुहावरों का प्रयोग किया है—

यह सलामी दोस्तों को है, मगर
मुट्ठियों तनती हैं दुश्मन के लिए।
धूल में हमको मिला दो किन्तु आह
चाहते हैं धूल कनकन के लिए
तन ढँका जाएगा धागों से परन्तु
लाज भी तो चाहिए तन के लिए।
नाज पकने पर खुले आकाश से
बिजलियाँ गिरती हैं निर्धन के लिए।
संकुचित है आज जीवन का हृदय
व्यक्ति मन रोता है जन-मन के लिए।

यहाँ सलामी, देना, मुट्ठियाँ तनना, धूल में मिलना, धूल चाटना, बिजली गिरना, हृदय संकुचित होना और मन रोना आदि मुहावरों का प्रयोग हुआ है। मुट्ठियों के तेजस् प्रतीक होने से उनके तनने के मूल में तेजस् बिम्ब की सक्रियता है। सलामी का प्रारम्भ आदिम मानव के चित्त में आत्म-बिम्ब की उद्दीप्ति से हुआ होगा। अचेतन आत्म के व्यक्ति या पदार्थ पर प्रक्षेपित होने पर आदिम मानव भय या श्रद्धा से उसके प्रति विनत हुआ होगा। बाद में पुरोहित शासक, अधिकारी, मित्र आदि सलामी के पात्र बने। इस प्रकार सलामी देना, मुहावरे के मूल में आत्म का आद्यबिम्ब है। धूल में मिलाना, धूल चालना, और बिजलियाँ गिरना आदिम विश्वास है। विद्युत की एक देवता के रूप में उपासना भी की जाती रही है। उत्तरी भारत के कुछ क्षेत्रों में आज भी महिलाएँ गाज बीबी का त्योहार उत्साहपूर्वक मनाती हैं। आदिम मानव प्राकृतिक आपदाओं को देवी प्रकोप के रूप में अनुभव करता था। यहाँ बिजलियाँ गिरने में बोल्ट फ्राम द ब्लू की छाया भी है। नाज पकने पर होने वाली बरसात से निर्धन किसानों का बहुत ज्यादा नुकसान होता है। खुले आकाश सें बिजलियों का गिरना फसल काटने के समय साहूकारों के किसानों पर कर्ज उगाने के लिए बरस पड़ने का भी सहज स्मरण करा देता है। हृदय संकुचित होना और मन

रोना में बाह्य स्थिति और बाह्य क्रिया का अन्त:क्षेपण है। मुहावरों का ऐसा जीवन्त प्रयोग कवि का चेतना के लोक-जीवन से तादात्म्य का परिचायक है।

मुहावरों की दृष्टि से प्रभाकर माचवे की कविताएँ भी पर्याप्त समृद्ध हैं। उनकी तारससप्तक में संकलित कविताओं में ही भनक पड़ना, राग छेड़ना, पार न दिखना, खाक-धूल होना, नोनतेल-लकड़ी की फिक्र होना, मकड़ी का जाला, कोल्हू का बैल, गर्दन हिलाना, लकीर पीटना, पर्दाफाश करना, आदि मुहावरों का प्रयोग देखा जा सकता है। मुहावरों के ये प्रयोग अपनी सहजता के कारण आकर्षक हैं। 'निम्न मध्यवर्ग' शीर्षक कविता में मुहावरों का एकत्र प्रयोग द्रष्टव्य हैं—

नोन-तेल-लकड़ी की फिक्र में लगे घुन से
मकड़ी के जाले से, कोल्हू के बेल से।

यहाँ निम्न मध्यवर्ग को घुन की तरह बतलाकर उसके लिए तीन मुहावरों का एकसाथ प्रयोग किया है। मुहावरों के ऐसे एकत्र प्रयोग में संख्यात्मक प्रतीक की उद्दीप्ति लक्षित होती है। यहाँ मुहावरों की संख्या तीन है और प्रथम मुहावरे में फिक्र भी तीन पदार्थों की वर्णित है। तीन की सख्ंया का बिम्बात्मक महत्त्व निर्विवाद है। युंग ने इस संख्या के बिम्बात्मक पक्ष पर अपेक्षित विस्तार से विचार किया है। उनके अनुसार यह संख्या अचेतन के वृत्त्यात्मक पक्ष को प्रतीकित करती है। इसके स्थान पर चार की संख्या हमारी समग्र व्यक्तितता को अर्थात् आत्म को बिम्बित करती है। सम्भवत: संख्याओं के इसी आद्यबिम्बात्मक अनुभव से प्रेरित होकर कबीर ने कहा था—चौथे पद को जो जन चीन्हें तिन्हि परम पद पाया । इस प्रकार अनेक मुहावरों का यह एकत्र प्रयोग केवल संयोग न होकर कवि के चित्त में त्रिक् के आद्यबिम्ब की उद्दीप्ति का परिणाम है। इसीलिए वृत्त्यात्मक व्यवहार को सघनत: व्यंजित करने वाले मुहावरे का प्रयोग कविता में सबसे पहले हुआ है।

मुहावरों के बिम्बात्मक प्रयोग की दृष्टि से भारत भूषण अग्रवाल की निम्नलिखित पंक्ति महत्त्वपूर्ण है—

कड़ा करके जी कमर कस, चल पड़ा था उस दिवस अम्लान।[71]

यहाँ वंचितों के लिए कड़ा जी कर कमर कस चल पड़ने का संकल्प व्यक्त हुआ है। जी कड़ा करने से हृदय को पाषाण बनाने का जो ध्वनन होता है, उससे कविता की भाषा मनुष्य के आदिम अनुभवों की वाहिका बन जाती है। आदिम संस्कृति में पाषाण के महत्त्व से सभी परिचित हैं। कमर कसने में भी अचेतन प्रेरणा सहज लक्षित की जा सकती है। ब्रह्मचारी के लिए लँगोट का सच्चा होना मुहावरा अत्यधिक प्रचलित है। कमर कसना काम को विजित करने के प्रयासी मानव की सहज क्रिया है। प्राचीन काल से ही मानव महत्त्वपूर्ण अभियानों पर जाने से पहले कमर कस कर सनन्द होता रहा है। वंचितों के कल्याण के लिए तत्पर चेतना का काम पर विजय प्राप्त करना अनिवार्य है। मुहावरों के ऐसे सर्जनात्मक प्रयोग के

साथ-साथ भारत भूषण अग्रवाल की कविताओं में कतिपय स्थलों पर ऐसे प्रयोग भी मिलते हैं जिनका काव्यात्मक मूल्य संदिग्ध है, उदाहरणार्थ—

मैं सुखी हूँ कि तुमने अपनी नारी-सुलभ चातुरी से
बिखरा दी मेरी नादानी
पानी-पानी करके सत्वर[72]

मुहावरा है—पानी-पानी होना। यहाँ उसका विकृत रूप प्रयुक्त है। भाषा की ऐसी विकृति अचेतन ग्रन्थि से संकुचित चेतना से ही सम्भव है। यहाँ कवि की चेतना मायाबिम्ब की चपेट में आ गयी है। नारी-सलम चातुरी को कवि स्वीकार नहीं कर पाया है। फलत: उसकी नादानी सत्वर गति से बिखर कर रह गयी है।

गिरिजाकुमार माथुर के 'पृथ्वीकल्प' में 'गीतिका' के अन्तर्गत ग्रहण पड़ना, मुख खोलना, प्रेत बोना, छाती फाड़ना, सिक्के के दूसरे छोर पर, बलि देना, कीमत पर, रक्त का स्नान कराना, मनदोहन, ठोकना-पीटना आदि मुहावरों का प्रयोग हुआ है। ये मुहावरे घिसे हुए हैं और माथुर की बिम्बविधायनी प्रतिभा ने भी उनके प्रयोग में कोई चमत्कार नहीं दिखाया है। 'शिलापंख चमकीले' में एक मुहावरे का सशक्त प्रयोग अवश्य देखा जा सकता है—

कब कहा सूर्य ने मैं धरती खाता हूँ
इनसान मगर धरती को खाना चाह रहा।[73]

धरती को खाना या हड़पना एक प्रसिद्ध मुहावरा है। कबीरदास ने भी प्रयोग करते हुए कहा था—सोचा था हम खाएँगे बहुत जमीं बहु माल। ज्यों का त्यों सब रह गया पकरि ले गए काल। माथुर की कविता में सूर्य आप्तपुरुष का आद्यबिम्ब है जो इनसानों में नयी जान फूँकता है। वह निर्लिप्त है किन्तु उससे जीवन पाने वाले व्यक्तियों की सर्वग्रासी आकाँक्षा विध्वंसात्मक है।

जगदीश गुप्त ने भी कुछ मुहावरों के आद्यबिम्बात्मक सन्दर्भों से गर्भित प्रयोग किए हैं। उदाहरणार्थ—

कितने तीखे अनुतापों को
आघातों को
सहते-सहते
जाने कैसे असह दर्द के बाद
बन गयी होगी पत्थर
इस रसमय धरती की माटी।[74]

यहाँ पर पहले घाटी का मानवीकरण किया है, फिर दर्द के आघातों से उसके पथरा जाने का कल्पित कारण हेतुत्प्रेक्षता की शैली में बताया गया है। घाटी की शिलाएँ रसवती थीं। अब नीरस और जड़ हो गयी है, उसी तरह जैसे अहिल्या गौतम के शाप से हो गयी थी। मनुष्य का पथराना और पत्थर का मुस्कराना, मनुष्य का

स्तम्भित होना और स्तम्भों का काँपना आदिम चेतना के अनुभव हैं। घाटी को ताप और आघात से मुक्त कर सकने वाले राम की प्रतीक्षा इस मुहावरे के बिम्बात्मक प्रयोग से व्यंजित है।

घ. आद्यबिम्ब और वाक्य विधान—गद्य और पद्य की वाक्य-संरचना में अन्तर है। 'एनॉटामी आव् क्रिटिसिज्म' के अन्तिम अध्याय में नार्थ्रप फ्राइ ने लय के आधार पर गद्य और पद्य में अन्तर किया है। गद्य में नैरन्तर्य की और पद्य में पौनःपुन्य की लय होती है। लय के वैशिष्ट्य के कारण गद्य की अपेक्षा पद्य में वाक्य-विन्यास के वैविध्य की सम्भावनाएँ सीमित होती हैं। आद्यबिम्बात्मक आलोचना में वाक्य-विधान की उत्कृष्टता का निकष यही है कि उसमें बिम्बात्मक गहनता हो। किसी भी रचना के प्रत्येक वाक्य में ऐसी गहनता की अपेक्षा नहीं की जा सकती, फिर भी साहित्य की भाषा संवेगों की भाषा है और संवेगों के वाहक आद्यबिम्ब वाक्य के स्तर पर दीप्त होते हैं।

वाक्यगत सौंदर्य का विस्तृत विवेचन भारतीय काव्यशास्त्र में अलंकारों, वाक्य-वक्रताओं या वाक्यगत ध्वनियों के रूप में हुआ है। काव्य-दोषों के प्रसंग मे जिन वाक्यों-दोषों की चर्चा की गयी है, उनमें से अनेक स्पष्टतः संरचनागत है। आधुनिक आलोचना का झुकाव शैली विज्ञान की ओर अधिक है। शैली विज्ञान के अन्तर्गत बिम्ब की वाक्य-संरचना में निम्नलिखित चार तथ्यों पर बल दिया जाता है—

1. उसमें दो या दो से अधिक कथ्य (पदबन्ध या उपवाक्य) हों
2. वाक्य-संरचना के धरातल पर इन उपवाक्यों या पदबन्धों में समता हो,
3. अर्थ के धरातल पर इन तथ्यों में विभिन्नता हो,
4. उपवाक्यों एवं पदबन्धों के कथ्य एक संश्लिष्ट रूप में प्रत्यक्ष होने की क्षमता रखते हों अर्थात् अर्थपरक लक्षण के प्रक्षेपण द्वारा उपवाक्यों एवं पदबन्धों के अभिधार्थ को प्रभावित कर उनमें गुणात्मक परिवर्तन लाने में सक्षम हों।

इन तथ्यों की पुष्टि के लिए रवीन्द्रनाथ श्रीवास्तव ने केदारनाथ सिंह की 'अनागत' शीर्षक कविता के निम्नलिखित बिम्बों का विश्लेषण किया है—

फूल जैसे अँधेरे में दूर से ही चीखता हो,
इस तरह वह दरपनों में कोंध जाता है।

डॉ. श्रीवास्तव के अनुसार उक्त वाक्य में दो उपवाक्य हैं और आश्रित उपवाक्य में दो उपवाक्यों का रूपान्तरण है। सभी उपवाक्यों में उद्देश्य, समुच्चय बोधक, स्थानवाचक क्रिया-विशेषण और विधेय हैं। अतः सभी की रूप-प्रकृति समान है। इनमें आश्रित उपवाक्य के सभी पदों के अर्थपरक लक्षणों का प्रधान उपवाक्य के पदों पर प्रक्षेपण है। फूल मूलतः निर्जीव और अमानव है, किन्तु चीखने की क्रिया से अन्वित होकर वह सजीव और मानव बन गया है। दूसरे शब्दों में मानवीय गुणों के आरोपण के फलस्वरूप फूल का मानवीकरण हो गया। अब आश्रित उपवाक्य

का कर्ता फूल अपने कुछ गुणों को प्रधान उपवाक्य में अनागत के बोधक 'वह' पर प्रक्षेपित करता है, जैसे वह निर्जीव है किन्तु फूल के संसर्ग से सजीव हो गया है। दोनों उपवाक्यों के शेष पदों की व्याख्या भी इसी पद्धति से की गयी है।[75]

स्पष्ट है कि बिम्ब की भाषिक संरचना के अध्ययन में शैली विज्ञान अर्थपरक लक्षणों के प्रक्षेपण पर विशेष बल देता है। अर्थपरक लक्षणों के प्रक्षेपण का सिद्धान्त भाषा के मणिभीकरण के सिद्धान्त से भिन्न है, क्योंकि मणिभीकरण में पदों के अर्थपरक लक्षण स्थिर रहते हैं। मणिभीकरण के अनुसार विवेच्य बिम्ब में 'फूल' और 'चीखता हो' के अर्थपरक लक्षणों का 'वह' और 'कोंधता है' पर प्रक्षेपण नहीं हुआ है। वह को अनागत का मानवीकृत रूप न मानकर फूल के संसर्ग से सजीव क्यों माना जाए? फूल को मूलतः निर्जीव और चीखना से अन्वित होने पर ही सजीव क्यों कहें? क्या आज भी इस तथ्य में सन्देह है कि फूल प्रकृत्वा सजीव है? साथ ही, फूल की चीखना क्रिया के साथ अन्विति मानवीकरण का कारण न होकर चिह्न है। फूल के मानवीकरण की यह पहचान तो अलंकारों का सामान्य ज्ञान रखने वाला छात्र भी कर सकता है। चीखना क्रिया के साथ फूल का अन्वय समझ लेने से, उसके मानवीकरण का हेतु समझ में नहीं आता। हेतु की यह समस्या आद्यबिम्ब की धारणा से ही सुलझायी जा सकती है। फूल इसलिए चीखता है कि वह आत्म का आद्यबिम्ब है। अचेतन के स्तर पर फूल और शिशु में कोई अन्तर नहीं है। इसीलिए आदिम काल से सामान्य व्यवहार में शिशु को फूल जैसा या फूल कहा जाता रहा है। फूल टहनी से फूटता है और टहनी या लकड़ी अचेतन या अचेतन-रूप नारी की प्रतीक है। नारियों की देहयष्टि और देह-लता का वर्णन कवियों ने प्रायः किया है। शिशु भी आत्मबिम्ब है। आत्मबिम्ब का उदय चेतना के नवीकरण में सहायक होता है। इस तरह, फूल की चीखना क्रिया के साथ अन्विति फूल और शिशु के अचेतनगत अभेद के कारण सम्भव हुई है। आत्म का आद्यबिम्ब शिशु अनागत को, अजन्मी सम्भावनाओं को प्रतीकित करता है। वह के कोंधने में कवि को फूल के चीखने की सम्भावना इसी आधार पर दिखाई दी है।

निष्कर्ष यह है कि बिम्ब की वाक्य-संरचना का शैली वैज्ञानिक विश्लेषण एक लम्बी प्रक्रिया से गुजरने के बाद अलंकारों पर रुक जाता है। आद्यबिम्ब की धारणा पर आधारित आलोचना उसकी अर्थपरक गहराई को एक नया आयाम देती है।

च. आद्यबिम्ब और छन्द-विधान—शैली विज्ञान के अनुसार गद्य और कविता का अन्तर व्याकरणनिष्ठता की मात्रा के अन्तर से सम्बद्ध है। व्याकरणनिष्ठता की अपेक्षाकृत अधिकता गद्य की विशेषता है और उसकी अपेक्षाकृत न्यूनता कविता की।[76] व्याकरणनिष्ठता का यह अन्तर लय के वैशिष्ट्य पर निर्भर है। नार्थ्रप फ्राइ के अनुसार गद्य में नैरन्तर्य की ओर कविता में पौनःपुन्य की लय होती है। पौनःपुन्य की लय छन्द से अभिन्न है। इस प्रकार कविता और गद्य का अन्तर छन्द के होने और

न होने का अन्तर है। गद्य और पद्य के इस अन्तर को समझने के लिए छन्द और लय के स्वरूप की व्याख्या अपेक्षित है।

'छन्द' शब्द की व्युत्पत्ति छद् धातु से मानी गयी है जिसका अर्थ आवृत या रक्षित करने के साथ-साथ प्रसन्न करना भी होता है।[77] छन्द में वर्णिक या मात्रिक लय और यति के विशेष नियम होते हैं। इन छन्दों का आधार भी प्रायः आद्य अनुभव होते हैं। मत्तगयन्द, शार्दूलविक्रीडित आदि नाम इसी तथ्य के पोषक हैं कि उनका आधार गयन्द या शार्दूल की गतियों का आदिम मानव द्वारा किया गया अनुभव है। छन्दों और गीत-नृत्य की लयों का भी घनिष्ठ सम्बन्ध है। गीतनृत्यपरक रासो काव्य परम्परा में व्यवहृत छन्द तो नृत्य-शैलियों पर ही आधारित हैं। छन्द के 'चरण' भी उसे नृत्यों से जोड़ते हैं। सम्भवतः इसीलिए रिचर्ड्स ने छन्दों के ऐतिहासिक विकास के अध्ययन में नृत्यों के अध्ययन को अनिवार्य और महत्त्वपूर्ण माना है।[78] कहते हैं कि आदिम कविताएँ नृत्य के साथ ही गायी जाती थीं।[79] गीत के सप्त स्वरों का सम्बन्ध भी पशु-पक्षियों की बोलियों के आदिम अनुभव से जोड़ा ज़ाता है। अतः कहा जा सकता है कि आद्यरूपों के अनुरूप लयों के परम्परागत प्रारूप ही छन्द है। इस रूप में ये लयों के निर्मायक घटक हैं। छन्द के इस निर्वचन की पुष्टि रिचर्ड्स के मत से भी की जा सकती है। उनके अनुसार छन्द लय का निर्माण करने वाली विविध परिणामयुक्त आकाँक्षाओं को कालिक रूप-विधान (पैटर्न) प्रदान करता है और इसका प्रभाव हमसे बाहर (अपने सेब?) की किसी वस्तु में किसी रूप-विधान का प्रत्यक्षण प्राप्त करने में न देख कर हमारे मन के ही विशिष्ट रूप-विधान प्राप्त करने में देखा जाना चाहिए।...छन्द से ढलना रूप-विधान हमारे शरीर में व्याप्त एक चक्रीय उत्तेजना है, मन के स्त्रोतों से ढलता हुआ उत्तेजनाओं का ज्वार है।[80] स्पष्ट है कि लय के परम्परागत प्रारूप अर्थात् छन्द ऊर्जा के अचेतन प्रारूप अर्थात् आद्यरूप है।

अब इस प्रश्न पर विचार किया जा सकता है एक ही छन्द में लिखी गयी अनेक रचनाओं में काव्यात्मक मूल्य का अन्तर क्यों होता है। मूल्यों का यह अन्तर वस्तुतः आद्यरूप की सप्रभ और निष्प्रभ अभिव्यक्तियों का अन्तर है। आद्यरूपों की द्विविध अभिव्यक्ति होती है—वृत्त्यात्मक और बिम्बात्मक। इनमें से वृत्यात्मक अभिव्यक्ति तो सामान्य मानवीय व्यवहार में होती है। दूसरी अभिव्यक्ति बिम्बात्मक होती है। कालान्तर में बिम्ब मृत हो सकते हैं। इस तीसरे रूप को आद्यरूप की निष्प्रभ अभिव्यक्ति कहा गया है। छन्द मूलतः तो आद्यरूप की बिम्बात्मक अभिव्यक्ति हैं। प्रयोग से घिसकर वे रूढ़ हो गए हैं। सर्जक इन निष्प्रभ रूपों को पुनः प्रभासित करता है। प्रभा की कसौटी छन्द की लयात्मकता का प्रभाव है। काव्यात्मक मूल्यों का अन्तर छन्दों की लयात्मक प्रभविष्णुता का अन्तर है। इसकी अनुवर्ती धारणा यह है कि एक ही छन्द में बँधी रचनाओं की लयात्मक गहनताओं में अन्तर होता है।

लय और बिम्ब में अन्योन्याय सम्बन्ध है। लयात्मक गहनताओं का अन्तर बिम्बात्मक गहनताओं के अन्तर पर और बिम्बात्मक गहनताओं का अन्तर लयात्मक गहनताओं के अन्तर पर निर्भर है। कविता में इसीलिए शब्द, अर्थ और लय की अन्विति पर बल दिया जाता है। इस प्रकार कविता के लिए छन्द अपरिहार्य है। छन्द की इस अपरिहार्यता को रिचर्ड्स ने भी अनुभव किया था। उनके अनुसार छन्द सर्वाधिक कठिन और सर्वाधिक सूक्ष्म कथनों के लिए अनिवार्य साधन है।[81]

आद्यबिम्बात्मक आलोचना की दृष्टि से कविता के छन्द-विधान के सन्दर्भ में हमें युग द्वारा काव्य के मनोवैज्ञानिक रूपों को भी नहीं भूलना चाहिए। छन्द विधान एवं लय का इससे गहरा सम्बन्ध है। शमशेर बहादुर सिंह के काव्य की लयों का अध्ययन करते हुए प्रोफेसर जगदीश कुमार ने काव्य रूपों के दो वर्गों की स्थापना की है—कृत काव्य और दृष्ट काव्य। इस सम्बन्ध में उनका यह कथन द्रष्टव्य है— ''शमशेर की इस रचना-प्रक्रिया को पहचान कर ही मुझे काव्यरूपों के परम्परागत अभिधानों का त्याग करना पड़ा है। दृष्ट काव्य के लिए अतियथार्थवादी काव्य का प्रचलित विशेषण स्वचालित या स्वयंभूत (आटोमैटिफ) बहुत दूर तक उपयोगी हो सकता था। मैंने उसे भी छोड़ देना बेहतर समझा, क्योंकि शिल्प-सचेत शमशेर ने अतियथार्थवादी शैली के रूपों को अपने ढंग से कविता में पेश करने की कोशिश की (साक्षात्कार, पृ. 56) है। 'दृष्ट' विशेषण के प्रयोग से भी मैं पूरी तरह आश्वस्त नहीं हूँ क्योंकि शमशेर के ऐसे काव्य की दुरूहता के कारण कुछ लोग उसे दृष्टकूट से मिला दे सकते हैं। इस ख़तरे के बावजूद में दृष्ट विशेषण को ही अपना रहा हूँ, क्योंकि 'मंत्रद्रष्टारः' की व्यंजना दृष्टकूट में भी छिपी हुई है। उसके निकटवर्ती 'उलटवांसी' की औपनिषद् परम्परा का सूक्ष्म अध्ययन ध्यान-सम्प्रदाय का लेखक कर चुका है। 'द्रष्टारः' के तोल पर कर्तारः की ध्वनि कृत काव्य में भी संक्रमित है। अतः शमशेर के कृत काव्य में काव्य-कर्म की सक्रियता को और दृष्ट काव्य में प्रातिभ संकल्पों के उन्मेष,को विशेषतः लक्षित किया जा सकता है।''[82] यहाँ उल्लेखनीय है कि कृत काव्य और दृष्ट काव्य की यह स्थापना युंग के मनोवैज्ञानिक काव्य और संकल्पात्मक काव्य की धारणा के अत्यन्त निकट है। प्रोफेसर जगदीश कुमार के इस निबन्ध के आधार पर काव्य-रूपों की दृष्टि से दृष्ट काव्य और कृत काव्य के भेद को निम्नलिखित रूप में स्पष्ट किया जा सकता है—

1. कृत काव्य में ''वे रचनाएँ रखी जा सकती हैं, जो प्रेम की पाती के समान अभ्यास के बहाने प्रवर्तित हुई हैं।''[83] दृष्ट काव्य में वे काव्य रचनाएँ हैं जिनका सृजन प्रतिभा के एक प्रस्फुटन से होता है।

(क) कृत काव्य किया जाता है जबकि दृष्ट काव्य हो जाता है।

(ख) दृष्ट काव्य आद्यबिम्बात्मक होता है अतः रचना-प्रक्रिया के दौरान उसके विभिन्न ड्राफ्टों में कोई मौलिक अन्तर नहीं आता, जबकि ''कृत-काव्य की बिम्ब-

सामग्री ऐसी अनिवार्य नहीं होती। विद्यमान का लोप और अविद्यमान का आगमन वहाँ यादृच्छिक होता है। अनुभूति का गहरा आन्तरिक दबाव न होने से कविता के अवयवों का आरोहण और उन्मूलन किया जा सकता है।''[84]

स्पष्ट है कि संकल्पात्मक काव्य अथवा दृष्ट काव्य में छन्द और लय कवि के अन्तरतम की गहराइयों से उभरती है और फलतः वे आद्यबिम्बात्मक होती है। वर्ण, शब्द, पदबन्ध, एवं लय के विवेचन से यह निष्कर्ष निकलता है कि काव्य का प्राण बिम्ब है। अतः काव्य का सौन्दर्य भाषिक संरचना के बिम्बत्व पर निर्भर है। बिम्ब समग्र चित्त की अद्वितीय अभिव्यक्ति है। ऐसी अद्वितीय अभिव्यक्ति अत्यन्त दुर्लभ रहती है, अतः विभिन्न रचनाओं के सौन्दर्य का मूल्यांकन बिम्ब की सापेक्ष गहनताओं के आधार पर किया जाता है।

छ. समग्र बिम्ब का आद्यबिम्बत्व—साहित्य भाषाबद्ध बिम्ब है, किन्तु सभी रचनाओं का बिम्बत्व एक जैसा नहीं होताा। उनके साहित्यिक या बिम्बात्मक मूल्य में अन्तर होता है। विगत विवेचन में यह स्पष्ट किया जा चुका है कि बिम्ब और प्रतीक में कोई अन्तर नहीं है। जो बिम्ब जितने अधिक साहचर्यों से युक्त होगा और उसमें जितने अधिक साहचर्यों के उद्दीप्त करने की क्षमता होगी, वह उतना ही अधिक मूल्यवान होगा। इसलिए युंगीय दृष्टि से नए बिम्बों या प्रतीकों की अपेक्षा परम्परागत प्रतीकों का महत्त्व अधिक है। संकल्पात्मक काव्य में इन प्रतीकों का पुनस्सृजन होता है। सभ्यता के विकास के साथ ही ये परम्परागत प्रतीक नए नए रूप ग्रहण कर लेते हैं। मुक्तिबोध की कविता का एक अंश उदाहरणार्थ प्रस्तुत है—

उस गुहा-मीत से कान लगा मैं सुनता हूँ
जो बहस कि उससे ज्ञान हुआ—
यह ध्यान कि तुमने कन्धों पर
सहसा मुझको
क्यों खड़ा किया
अपने से दुगना बड़ा किया
जिससे पैरों की उँगली पर
तन कर ऊँची गरदन कर दोनों हाथों से
मैं स्याह चन्द्र का फ्यूज बल्ब
जल्दी निकाल
पावन प्रकाश का प्राण-बल्ब
वह लगा सकूँ
जो बल्ब तुम्हीं ने श्रमपूर्वक तैयार किया
विक्षुब्ध जिन्दगी की अपनी
वैज्ञानिक प्रयोगशाला में।

उस शाला का मैं एक अल्प-मति
विद्यार्थी
जड़ लेखक हूँ मैं अननुभवी
आयु में यद्यपि प्रौढ़
बुद्धि से बालक हूँ
मैं एकलव्य जिसने निरखा
ज्ञान के बन्द दरवाजे की दरार से ही
भीतर का महामन्थनशाली मनोज्ञ
प्राणकर्षक प्रकाश देखा।[85]

मेरे सहचर मित्र के इस अंश का बिम्बत्व गुहा, बल्ब, शाला और एकलव्य के प्रत्ययों में पुंजीभूत हैं। गुहा अचेतन के सृजनात्मक पक्ष को प्रतीकित करती है। मुक्तिबोध के काव्य में गुहा-बिम्बों के प्रचुर प्रयोग हैं।[86] कान लगाकर सुनना या कान लगाना मुहावरे को भीत और बहस के विधेयान्शों से दीप्त किया है। भीत अपने तद्भव रूप के कारण और अधिक व्यंजक हो गयी है क्योंकि पक्के हाल-कमरों की साउंड-प्रूफ दीवारों से कान लगाना तो व्यर्थ है। भीत से कान लगाकर सुन पाने की सम्भावना सामान्य है। बहस से ध्वनित वादों और प्रतिवादों का संघर्ष 'गुहा' को दीप्त कर देता है। बहस के सुनने से ज्ञान की प्राप्ति में वादे-वादे जायते तत्त्वबोधः का परम्परागत विश्वास निहित है। ध्यान-लब्धि की अनायासता गहनता-मनोविज्ञान और प्राचीन दर्शनों से समर्थित हैं। 'सहसा' क्रियाविशेषण से कान लगाना और ज्ञान दोनों ही दीप्त हो उठते हैं, क्योंकि 'सहसा' में ध्वनित कारण-कार्य सम्बन्ध की अप्रतीति ही कारण की जिज्ञासा उत्पन्न करती है। 'अपने से दुगना बड़ा किया' में सहचर मित्र के हृदय की उदारता झलकती है। 'चन्द्र' का फ्यूज बल्ब निकाल कर पावन प्रकाश का प्राण-बल्ब लगाने में आकाश छूना के पूर्व प्रयोग की पुष्टि और आकाश-दीप जलाने के आद्यानुभव की झलक भी स्पष्ट है।

विवेच्य अंश में बल्ब का बिम्ब विशेषतः ध्यातव्य है, क्योंकि वह सारी भाषिक संरचना के वृत्त का केन्द्र है। बल्ब मूलतः विद्युत या अग्नि से सम्बन्धित है और प्राण या आत्म का आद्यबिम्ब है। उसमें बलने के साथ बोलने की ध्वनि भी है।[87] स्याह चन्द्र के फ्यूज़ बल्ब के साहचर्य से वह सूर्य का संकेत भी करता है। चन्द्रमा स्याह है, क्योंकि उसमें अपना प्रकाश यानी आत्म-प्रकाश नहीं है। मुक्तिबोध की कविता में चन्द्रमा प्रायः पूँजीवादी सभ्यता के स्थान पर तामसिकता का प्रतीक रहा है। कवि पतनोन्मुख पूँजीवादी सभ्यता के स्थान पर समता के सूर्य-सत्य की स्थापना करना चाहता है। यह संकल्प जिस रूप में बिम्बित हुआ है, उसमें चेतन और अचेतन का जीवन्त सम्बन्ध दीप्त है। तनकर और गरदन ऊँची कर फ्यूज़ बल्ब की जगह प्राण-बल्ब लगाना एक और तो चेतन अनुभवों के अनुकूल है तथा दूसरे और सच्चाई के

रास्ते पर चलने वालों के स्वाभिमान का समर्थ व्यंजक है। यहाँ तनकर खड़े रहना और सिर उठाकर जीना जैसे मुहावरों की ध्वनि भी है। बल्ब का विक्षुब्ध जिन्दगी की वैज्ञानिक प्रयोगशाला मे तैयार होना उसकी मौलिकता का ध्वनन करता है, क्योंकि कारखानों में तैयार बल्ब तो अनुकृत होता है और साथ ही कारखाने प्रस्तुत प्रसंग में पूँजीवादी सभ्यता के पोषक होते। वैज्ञानिक प्रयोगशाला भी यहाँ जिन्दगी का रूपक मात्र न होकर बिम्ब है, क्योंकि उसके साथ सहचारी बिम्बों की शृंखला है। एकलव्य के साहचर्य से आप्तपुरुष का बिम्ब उद्दीप्त होता है और जीवन की प्रयोगशाला आप्तत्व के भारतीय विश्वासों से चमक उठती है। आप्तपुरुष के बिम्ब की दीप्ति से ही अहं विनीत हो जाता है। 'आयु से यद्यपि में प्रौढ़, बुद्धि से बालक हूँ' में संस्कृत की प्रसिद्ध सूक्ति को पुनस्सृजित किया गया है। यह पुनस्सृजन शिशु-बिम्ब के कारण है। एकलव्य का पौराणिक बिम्ब उपेक्षित जिज्ञासु की व्यंजना करने में तो समर्थ है ही, साथ ही आधुनिक भारत के गरीब छात्र की और भी ध्यान दिलाता है, जिसके लिए ऊँचे ज्ञान-मन्दिरों के दरवाजे प्रायः बंद-से हो गए हैं और जो सिर्फ दरारों से निरख कर ही अपनी तीव्र जिज्ञासा के कारण महामन्थनशाली प्राणकर्षक प्रकाश की अनुभूति कर लेता है।

स्पष्ट है कि विवेच्य अंश के अधिकांश बिम्ब परम्परागत है और चित्त की गहराइयों से उठे हैं। आधुनिक जीवन की सामग्री के संयोग ने उन्हें नया बना दिया है। ऐसे बिम्बों की भावन-प्रक्रिया में भी चित्त की गहराइयाँ स्वयमेव सक्रिय हो जाती हैं। इन परम्परागत प्रतीकों की तुलना में नितान्त नए प्रतीक सहृदय को कम प्रभावित करते हैं। नए प्रतीकों की प्रभावकता भी परम्परा से उनकी संपृक्ति पर निर्भर है। कहा जा सकता है कि उपरि-विवेचित अंश में भी तो केन्द्रीय प्रतीक बल्ब नया ही है। इस सन्दर्भ में उल्लेखनीय है कि बल्ब का बाह्य रूप तो नया है, परन्तु उसका भाषिक रूप जिस धातु से बना है, वह भारोपीय भाषाओं में आदिकाल से प्रचलित रही है। हमने यह भी देखा कि परम्परागत बिम्बों के पुनस्सृजन से अर्थ गौरव में भी वृद्धि हुई है। परम्परा और आधुनिकता के ऐसे समन्वय के अभाव में कविता का सौन्दर्यात्मक मूल्य और अर्थ-गौरव कम हो जाता है। तुलनार्थ अज्ञेय की पुरुष और नारी शीर्षक कविता ली सकती है—

सूरज ने खींच लकीर लाल
नभ का उर चीर दिया।
पुरुष उठा, पीछे न देख मुड़ चला गया
यों नारी का, जो रजनी है, धरती है,
बधुका है, माता है,
प्यार हर बार छला गया।[88]

यहाँ प्रथम दो पंक्तियों में भोर का बिम्ब है। उसमें प्रयुक्त कलेजा चीरना जैसा

मुहावरा अपने मूल रूप में पर्याप्त सशक्त है, क्योंकि राग-द्वेष की अतिशयता में लोग कलेजा चीरते ही नहीं चीरकर दिखाते भी हैं। ऐसा समर्थ सुहावरा 'लाल लकीर' के चक्कर में दुर्बल रह गया है। पूरे बिम्ब का अन्वय है—सूर्य नें लाल लकीर खींच कर नभ का उर चीर दिया। यहाँ नभ की लालिमा का भग्न हृदय से सादृश्य अभिप्रेत है, जो बिम्ब की भाषिक संरचना से व्यक्त नहीं हो पाता। भाषिक, संरचना से से लकीर खींचने और चीरने की क्रियाएँ पूर्वापर कम में घटित होती हैं, जबकि मूल बिम्ब के अभिप्रेतार्थ की दृष्टि से उनका क्रम असंलक्ष्य रहना चाहिए था। वर्तमान रूप में लकीर का साहचर्य हीरे की कनी से शीशा काटने का बिम्ब जगाता है। शीशा-ए-दिल तोड़ा या काटा तो जाता है, चीरने की क्रिया उससे घनिष्ठतः सम्बद्ध नहीं है। भाव यह है कि बिम्ब की भाषा अभिप्रेतार्थ के कथन या ध्वनन में असमर्थ है और यह असमर्थता लाल लकीर के कारण हैं। लकीर खींचने और उर चीरने के पूर्वापर सम्बन्ध का अर्थ तीसरी पंक्ति में सन्दर्भित पुरुष के व्यापार से स्पष्ट होता है। सूर्योदय का बिम्ब तो उसी रक्तपिपासा की पूर्व छाया भर है। प्रथम बिम्ब में पूर्वापर सम्बन्ध की रसापकर्षक प्रबलता के कारण तीसरी पंक्ति में उसके बोधक का अभाव हो गया है। अन्यथा, कवि जो कहना चाहता है, वह 'पुरुष उठा, मुँह मोड़ चला गया' के प्रयोग से और अच्छी तरह कह सकता था। अन्तिम खंड में रजनी धरती का मानवीकरण है, उससे चला गया में इलइला गया की कुछ गूँज भी आ गयी है।

अब प्रश्न उठता है कि एक सिद्ध कवि की उक्त कविता में भाषा इतनी शिथिल क्यों है? ऐसा लगता है कि कवि ने सूर्य जैसे समर्थ एवं सार्वभौम प्रतीक के मानवीय भावों की अजस्र परम्परा को पोटली में बाँधकर ताक पर रख छोड़ा है। कविता की भाषा में अचेतन की लक्षणात्मक अभिव्यक्तियों की प्रचुरता सम्भवतः ओडिपस-ग्रन्थि के कारण है। इस सम्भावना का सत्यापन मनोविश्लेषण का विषय है, विश्लेषणात्मक मनोविज्ञान मनोविज्ञान पर आधारित आलोचना का नहीं। फिर भी, इतना तो स्पष्ट कि कवि का तादात्म्य प्रवंचिताओं से है और प्रवंचक पुरुष शक्तिशाली और आततायी है। ऐसे बिम्ब का भावन आम तौर पर ओडिपस के शिकार व्यक्ति ही करते हैं।

ज. आद्यबिम्ब और बिम्ब वस्तु-वर्णन—साहित्य में प्राकृतिक दृश्य आदि का चित्रण सभी रमणीय होता है कि, जबकि उसे अचेतन का सहयोग मिले। उदाहरण के लिए बालकृष्ण राव और शकुन्त माथुर की दोपहर-सम्बन्ध कविताओं की तुलना की जा सकती है। बालकृष्ण राव ने मध्यान्ह का चित्रण इस प्रकार किया है—

> पल-पल बढ़ता जाता था दिन का प्रकाश
> पग-पग घटती जाती थी

अनुगामिनि स्मृतियों की छाया
ज्यो–ज्यों आगे बढ़ता रहा
निकटतर पाता रहा सिमटती छाया अपनी
अब यह दिन का मध्य बिन्दु है
खड़ा हुआ हूँ मैं प्रकाश का छत्र तानकर
छाया मेरी
वह अवशिष्ट अंश मेरी अनुभूत निशा का
कहाँ गयी वह
—कहाँ खो गयी है प्रकाश की एक किरण बन
—या बिलीन हो गयी अँधेरे अवचेतन में
गड़ा हुआ स्मृतियों के तम में
मैं प्रकाश का छत्र तान कर खड़ा हुआ हूँ।[89]

यहाँ मध्यान्ह में छाया के सिमटने का चित्र है। बिहारी ने भी इस दृश्य का अनुभव किया था—बेठि रही अति सघन बन, पेठि सदन तन माँह। देखि दुपहरी जेठ की, छाँहों चाहति छाँव।।[90] प्रकाश के प्रसार और छाया के संकोच का अनुभव दोनों कवियों ने समान रूप से किया है। बिहारी का सन्दर्भ सामाजिक है और राव का मनोवैज्ञानिक। प्रकाश के प्रसार और छाया के संकोच का अनुभव मानव–मात्र ने आदिम काल से किया है। राव ने इसी अनुभव को मनोवैज्ञानिक सन्दर्भ में बृहत (एनलार्ज्ड) किया है। दिन के वर्द्धमान प्रकाश से संकोचशील छाया के निकटतर आने की व्यंजना यही है कि चेतना के विकास के साथ ही अचेतन की जकड़ की सम्भावना प्रबलतर होती जाती है। इसे फ्रायड और युंग दोनों स्वीकार करते हैं। स्मृतियों के तम में गड़ हुए मैं का छत्र तनकर खड़ा रहना चित्तीय निकाय में अहं की मनोवैज्ञानिक स्थिति का व्यंजक है। युंग के अनुसार अहं एक ओर चेतना कुल क्षेत्र में रहता है और दूसरी ओर अचेतन के कुल योग पर निर्भर है।[91] यहाँ महत्त्व इस स्थिति का न होकर चित्तीय ऊर्जा के विभिन्न पक्षों में प्रवाह के नैरन्तर्य एवं ठहराव का है। नैरन्तर्य की व्यंजना बढ़ता जाता था, घटती जाती थी, बढ़ता रहा, सिमटती पाता रहा जैसे क्रिया पदबन्धों के युग्मों में है और ठहराव की गड़े हुए खड़े होने में। इस प्रकार भोक्ता और स्रष्टा चेतना को मनोवैज्ञानिक यथार्थ की नयी उपलब्धि एक आद्यानुभव के माध्यम से हुई है। इसीलिए उसकी रचना को आरोप, अव्यवसाय, अन्योवित आदि की किसी रूढ़ शैली का निर्वाह मात्र नहीं का जा सकता। चेतन और अचेतन के दो धरातलों का ऐसा परस्परानुप्रवेश शकुन्त माथुर की दोपहरी में नहीं है—

गर्मी की दोपहरी में
तपे हुए नभ के नीचे

काली सड़कें तारकोल की
अँगारे सी जली पड़ी थीं
छाँव जली थी पेड़ों की भी
पत्ते झुलस गए थे
नंगे-नंगे दीर्घकाय कंकाल से वृक्ष खड़े थे
हों अकाल के ज्यों अवतार।[92]

सम्भवत: पाठकों को समग्र सन्दर्भ खुलासा समझाने के लिए दोपहरी को गर्मी से विशेषित किया गया है। इसके बाद गर्मी के स्रोत तप्त नभ का जायजा लिया लिया गया है। उसके नीचे जली सड़कें, झुलसे पत्ते और वृक्षों के नग्न कंकाल हैं। कवयित्री के मन में शायद ऐसा अनुभव रहा है कि काले-काले सब जले और फिर अँगारे से राख हो गए। इस विनाश बेला में कंकाल का चित्र भी अनायास संयुक्त हो गया। जड़ और जीवन के जलने का यह अनुभव बड़ा सहज था, परन्तु दुर्बल चेतना उसके सम्यक् ग्रहण में सफल नहीं हो सकी। अनुभव के अनुकूल के अनुकूल सड़क राख होकर बिछ नहीं पायी पत्ते सिर्फ झुलस कर रहे गए। यथार्थ का आग्रह था तो फिर पेड़ों को भी नग्न कंकाल क्यों बनाया गया? अकाल के उपमेय पेड़ कैसे हो सकते हैं? स्पष्ट है कि कविता में प्रकृति का बिम्बात्मक चित्रण तो दूर, चित्रण भी नहीं। उसमें न तो अचेतन का सही नक्शा है और न चेतन की सजगता। बालकृष्ण राव और शकुन्त माथुर की इन कविताओं के विवेचन से सिद्ध है कि मनोवैज्ञानिक काव्य का वस्तु-वर्णन भी चेतन-अचेतन के सामंजस्य से ही रमणीय होता है।

देशप्रेम की भावनाएँ भी आद्यबिम्बों से संपृक्त होकर काव्यात्मक अभिव्यक्ति पाती हैं। उदाहरण के लिए केदारनाथ अग्रवाल की एक कविता ली जा सकती है—

मर जाऊँगा तब भी तुमसे दूर नहीं मैं हो पाऊँगा
मेरे देश तुम्हारी छाती की मिट्टी में हो जाऊँगा।
मिट्टी की नाभी से निकला मैं ब्रह्मा होकर आऊँगा
गेहूँ की मुट्ठी में बाँधे मैं खेतों-खेतों का जाऊँगा।
मेरे देश तुम्हारी शोभा में सोना से चमकाऊँगा।[93]

अमर होने और प्रेम में मर कर भी पास रहने की कामना आदिम है। काव्य परम्परा में रसखान ने ईश्वर-प्रेम के वशीभूत होकर गोवर्धन का पाहुन एक भारतीय आत्मा ने बलिदानी वीरों के मार्ग की धूल बनना चाहा था। प्रेमियों की इस आत्मबलिदानी प्रवृत्ति का जीवन्त प्रतीक पतंगा रहा है। उनकी ऐसी मृत्यु-कामना वस्तुत:' नए व्यक्तित्व के उदय की पूर्व-सूचक हैं।[94] प्रस्तुत गीत में भी मृत्यु-कामना का ऐसा आद्यानुभव वर्णित है। आदिम विश्वास है कि ध्रुवं जन्म मृतस्य च। अत: कविता में मृत्यु-बिम्बों के साथ द्विजत्व के बिम्ब भी अनायास आ गए हैं। मिट्टी अचेतन की, मृत्यु की प्रतीक है। युंग ने उसकी गणना मातृ-प्रतीकों में की है।[95]

भारतीय परम्परा में धरती का मातृत्व इतना प्रसिद्ध रहा है कि प्राच्यविद्या के प्रख्यात विद्वान् वासुदेवशरण अग्रवाल ने अपने एक सांस्कृतिक निबन्धों के संग्रह का नाभकरण ही अथर्ववेद के माताभूमि पुत्रो अहं पृथिव्यः। (1219112) के आधार पर माता भूमि किया है। कबीर की माटी एक दिन कुम्हार को रौंदने की घोषणा करती है। कमलोद्भव ब्रह्मा की पुराकथा को युंग ने द्विजत्व की प्रतीक माना है।[96] तेजस्-बिम्बों में उन्होंने गेहूँ आदि अनाजों के बीजों का भी उल्लेख किया है।[97] स्वर्ण की ऐसी प्रतीकात्मकता तो 'परसत ही कंचन भया' जैसे प्रयोगों से सिद्ध है। इस प्रकार समग्र गीत में राष्ट्रप्रेम की भावना मृत्यु और द्विजत्व के आद्यबिम्बों में व्यक्त हुई है। ऐसे आद्यबिम्बों के बिना उत्कृष्ट देशप्रेम भी कविता को जन्म नहीं दे सकता। उदाहरणार्थ महावीर प्रसाद द्विवेदी के आदर्श वाक्य के समान समादृत इन पंक्तियों को देखिए—जिसको न निज गौरव तथा निज देश का अभियान है। वह नर नहीं नरपशु निरा है और मृतक समान है॥

वस्तु-वर्णन में प्रकृति का महत्त्व सर्वाधिक रहा है। श्रेष्ठ प्रकृति-चित्रण में आद्यबिम्बों की अभिव्यक्ति लगभग अनिवार्य है। उदाहरण के लिए निराला की एक कविता लीजिए—

गगन वीणा बजी
किरण के तार पर
रागिनी जो सजी
वह चले नदी नद
छन्द बदलते हुए
तुहिन के कमल जल
उठे गिरते हुए
कली के हार के
भार डाली लजी।
कामियों ने कनक
वासना छोड़ दी
ऊँचा उठे निम्न
उतर कर, होड़ की
कामिनी तत्व की
चारुता से सजी।[98]

इस कविता में अचेतनोद्भूत बिम्बों का घटाटोप अर्थ-ग्रहण में बाधक है और साधारण समझ को चकराने वाला है। प्रातः काल का बिम्ब ही सहज ग्राह्य है। विश्लेषण में प्रवृत्त होने पर इतना और स्पष्ट हो जाता है कि प्रत्यूष-बेला में मन निर्मल हो उठता है। भैरवी जैसी रागिनियाँ भी इस निर्मलता की वृद्धि में सहायक

होती हैं। अब प्रश्न यह उठता है कि प्रातः काल का गगन ही वीणा कैसे बन गया? उस वीणा के स्वरों से नदी-नद कैसे है? तुहिन-कमलों के जल-गल उठने और डाली के झुकने की क्या संगति है?

कविता में सर्वप्रथम गगन का बिम्ब है। गगन नीलवर्ण, अक्षर, अनन्त और शून्य है।[99] ये सभी विशेषताएँ दृष्टि से अचेतन की व्यंजक हैं। वर्णमाला के रूप में अक्षर की अमिधा मातृका हे, जिससे उसकी वत्सलता और सृजनात्मकता व्यंजित है।[100] वाणी और वीणा संस्कृत भाषा में समानार्थी है। अज्ञेय की असाध्य वीणा वस्तुतः वाणी ही है। युंग ने गगन के मातृत्व का अवलोकन किया है—दाइ मदर, द स्काइ।[101] चित्तीय अनुभवों में माता सामूहिक अचेतन की और शिशु चेतना का प्रतीक है।[102] अतः प्रस्तुत कविता में गगन-रूपी वीणा सामूहिक अचेतन का आद्यबिम्ब है। किरण-तार पर सजी रागिनी में प्रकाश और ध्वनि-बिम्ब मिश्रित है। प्रकाश और ध्वनि के, अग्नि और वाक् के अभेद पर युंग ने पर्याप्त विस्तार से विचार किया है। उपनिषदों में इन दोनों का उद्‌गम-स्रोत मुख है।[103] भाष और भास जैसे शब्दों के मूल में भा धातु समान है।[104] अतः ये दोनों तेजस् से बिम्ब हैं। इस प्रकार विवेच्य कविता का प्रथम बिम्ब सामूहिक अचेतन से विनिर्युक्त तेजस् की प्रगति का व्यंजक है।

कविता का अगला बिम्ब जल-प्रवाह का है। युंग ने ध्वनि और प्रकाश की भाँति जल या रस को भी तेजस् का प्रतीक माना है। उनके शब्दों में, "वैदिक साहित्य में सोम और अग्नि पर्याय हैं।"[105] अग्नि सोम है।[106] सोम की पौराणिक विशेषताएँ अग्नि के समान हैं और अग्निदेव में सोम और अग्नि दोनों प्रतिष्ठित हैं।[107] प्रकाश और जल का यह अभेद मधुमालती के निम्नोउद्‌धृत बिम्ब से भी पुष्ट है—

सुर किरिन सिर माँग सोहाई। सभ जग जीति गगन पर आई॥

से जनु अभि, नहीं बहि आई। बदन चाँद नहिं अमिअ सिराई॥[108]

यह केवल संयोग नहीं है कि मधुमालती के माँग-वर्णन में भी सूर्य-किरण और नदी-प्रवाह का सादृश्य है। मंझन और निराला दोनों के सृजन में प्रकाश और जल तेजस् को बिम्बित कर रहे हैं। जल का ठहराव विषण्ण मानसिकता का प्रतीक है।[109]

छन्द का अर्थ आवृत्त या रक्षित करने के साथ ही प्रसन्न करना भी होता है। छन्द उसी से व्युत्पन्न है। इस प्रकार नदी-नाद का छन्द बदलते हुए वह चलना विषण्णता की समाप्ति एवं रूढ़िमुक्त के उदय का व्यंजक है।

अब कमल और हिम के प्रतीकत्व और लीजिए। कमल के जलज आदि पर्याय अचेतन से उदित चेतना की और संकेत करते हैं, क्योंकि जल अचेतन का प्रसिद्ध प्रतीक है।[110] अतः कमल भी प्रकाश, रागिनी और नदी के समान ही उदीयमान

चेतना का व्यंजक आद्यबिम्ब है। हिम की व्याख्या के लिए शेख करीमे जीली का कथन दृष्टव्य है—सृष्टि बरफ के समान है और तेज स्वरूप परमात्मा जल के समान, जो बरफ का मूल है। उसी जमी हुई वस्तु का नामकरण बरफ हुआ, पर जल ही उसका असली नाम है।[111] इससे स्पष्ट है कि तुहिनरूपी कमल और उसकी जलना, गलना, उठना आदि क्रियाओं से जड़ीभूत तेजस् की पुनः प्रगति बिम्बायित है। वीणा-वादन के ऐसे प्रभाव का विश्वास भी परम्परागत हैं उससे पत्थर तक पिघल जाते हैं।

निराला की कविता का अगला बिम्ब कली के हार के भार से लजी डाली का है। डाली और वृक्ष में अंशाशिभाव सम्बन्ध है। वृक्ष मातृ-बिम्ब है। अनेक पुराकथाओं में मानव वृक्ष से जन्म लेते हैं।[112] अतः वृक्ष, काष्ठ, डाली, आदि अचेतन के बिम्ब हैं। व्यवहार में भी लोगों की बुद्धि को काठ मार जाता है। कली इसी काठ में फूटती है। युंग के अनुसार अचेतन के आन्दोलनों का लक्ष्य चेतनोदय है। कली या फूल उसके बिम्ब है। भाविक दृष्टि से फूलना और फूटना में निकट का सम्बन्ध है। चेतना के सफल उदय से अचेतन कुतार्थ और नमित होता है। सिद्धार्थ के स्पर्श से वन्य श्यामाश्व का नतग्रीव होना इसी चित्तीय क्रिया का सूचक है।[113]

बिम्बों के विवेचन से स्पष्ट हुआ है कि यहाँ तेजस् की प्रगति व्यंजित है। कविता के सभी बिम्बों में अचेतन या अज्ञात से गृहीत तेजस् चेतन या ज्ञात हो रहा है; अहं से सम्बद्ध हो रहा है। तेजस् की इस प्रगति का प्रभाव कविता के अन्तिम अंश में व्यक्त है। बिम्ब अचेतन की भाषा है और वे चित्तीय ऊर्जा को पाशविक वृत्तियों से, भावना से, मुक्त करते हैं। कनक-वासना का त्याग इसी मुक्ति का सूचक हैं। कनक को वासना या अचेतन वृत्ति का प्रतीक भी माना जाता है। यह वासना का स्वर्ण अन्तस्तल की गहराइयों में गड़ा रहता है।[114] इससे मुक्त होकर ही हमारी चेतना परिमार्जित तत्व का दर्शन कर सकती है। ऐसा तत्व-दर्शन ही हमारी कविता-कामिनी का शृंगार बनता है। इस तत्व-दर्शन के लिए नीचे उतर कर ऊपर उठना होता है। युंग का विश्वास था कि अचेतनोन्मुक्त हुए बिना आत्मोपलब्धि असम्भव है। निष्कर्षतः महाप्राण निराला की 'आराधना' का साधारण सा दिखने वाला काव्य-बिम्ब आत्मोपलब्धि का सहज उच्छावास है।

निराला की उक्त कविता में सभी असम्बद्ध बिम्ब चेतनोदय या द्विजत्व के एक ही आद्यबिम्बात्मक अनुभव के व्यंजक हैं। इसके साथ ही यह भी सम्भव है कि किसी कविता में असम्बद्ध प्रतीत होने वाले बिम्ब एक ही चित्तीय स्थिति के व्यंजक हों। उदाहरणार्थ शमशेर बहादुर सिंह की 'उषा' शीर्षक कविता ले सकते हैं—

प्रात नभ था बहुत नीला शंख जैसे
भोर का नभ
राख से लीपा हुआ चौका

(अभी गीला पड़ा है)
बहुत काली सिल जरा से लाल केसर है
कि जैसे घुल गयी हो
स्लेट पर या लाल खड़िया चाक
मल दी हो किसी ने
नील जल में या किसी की
गौर झिलमिल देह
जैसे हिल रही हो
और—
जादू टूटता है इस उषा का अब
सूर्योदय हो रहा है।[115]

यहाँ प्रातःकालीन नभ को नीला, शंख, राख से लीपा हुआ चौका, लाल केसर से धुली बहुत काली सिल, खड़िया चाक से मली हुई स्लेट, नील जल में हिल रही गौर झिलमिल देह जैसे असम्बद्ध बिम्बों द्वारा चित्रित किया गया है। इन बिम्बों में न तो रंगसाम्य है और न ही आकारसाम्य। गगन-शंख का वर्ण नील है और सूर्योदय को छोड़ कर अन्य सभी बिम्बों में अनेक वर्णों का मिश्रण है। आकार की दृष्टि से शंख मंडलाकार है। स्लेट और चौका चौकोर है। जल को प्रसंग से नदी के समान सर्पिल या सरोवर के समान गोल माना जा सकता है। सिल का आकार अनिश्चित है। वह आयताकार, वर्गाकार या गोलाकार हो सकती है। अतः चेतना के धरातल पर असम्बद्ध दिखने वाले ये उपमान उषा के माध्यम से किसी अचेतन अनुभव की अभिव्यक्ति के द्योतक हैं।

गगन के बिम्बत्व पर विचार किया जा चुका है। निराला और शमशेर की कविताओं में गगन के साथ वाद्य-विशेष का साहचर्य है। हमारी दार्शनिक परम्परा में आकाश एक महाभूत है और उसका धर्म शब्द है। वाद्य भी शब्द का उद्‌गम-स्रोत है। यह तथ्य गगन और वाद्य के साहचर्य को स्पष्ट करते हैं। यहाँ गगन के साथ शंख का सादृश्य वेदों को चुरानेवाले शंखासुर का स्मरण भी कराता है।[116] शेष बिम्बों में वर्णों का मिश्रण उनके आत्मबिम्बत्व का सूचक है। युंग ने मनुष्य के पूर्ण और अविज्ञेय व्यक्तित्व को आत्म (सेल्फ) का युगल रूप कहा है।[117] मनोवैज्ञानिक दृष्टि से आत्म चेतन (पुंसत्व) और अचेतन (स्त्रीत्व) का युगल रूप है। यह युगल भाव चित्तीय समग्रता का द्योतक है।[118] प्रस्तुत कविता में गोबर के स्थान पर राख का प्रयोग कवि के चित्त में आत्म बिम्ब की उद्दीप्ति के कारण ही हुआ है, क्योंकि राख में श्याम-श्वेत का संकर होता है। परम्परा से वह शिव का भूषण है। विभूति तो शिव की शक्ति ही है। सिल और स्लेट के बिम्बों में भी श्याम और श्वेत वर्णों का संकर है। जल-बिम्ब में नील और गौर का संयोग है। सिल और स्लेट के बिम्बों में श्यामता

का आधिक्य है। जल-बिम्ब के नीलत्व में गौर वर्ण झिलमिला रहा है। पहले बिम्बों में श्यामता के आधिक्य से चेतना की क्षीणता व्यंजित है। नीलवर्णी जल और झिलमिलाती गौरवर्णी देह से अचेतन और चेतन की समता व्यक्त हुई है। इन बिम्बों के रंग-सामंजस्य का आद्यरूपात्मक आधार वही है, जो शिव-शक्ति राम-सीता, कृष्ण-राधा एवं काम-रति आदि युगल-मूर्तियों की पौराणिक कल्पनाओं का है। आकार की दृष्टि से सभी बिम्ब चतुष्क या मण्डल के रूप में है। युंग ने पूर्णता के प्रतीकों में वृत्त, वर्ग, क्रास आदि का विशेषतः उल्लेख किया है।[119] वृत्त और चतुष्कता की धारणा से ही मणियों के प्रतीक विकसित हुए हैं।[120] अतः बिम्ब व्यक्तित्व की पूर्णता के, व्यक्तिता (इंडिविजुएलिटी) या आत्म के प्रतीक हैं।

उषा के जादू में छाया द्वारा जड़ीभूत तेजस् का ध्वनन हैं ऐसे जादू और उसके निमित्त जादूदाँ का चित्रण 'चम्बल की घाटी में' शीर्षक कविता में मुक्तिबोध ने भी किया है। कवि के अनुसार वह स्याहपोश छाया-रूप है। वह रत्नकोष उड़ाता और पत्थरों में चुपचाप छिपा देता है। आदिम मानव के लिए तेजस् का, रत्नकोष का, यह प्रस्तुतीकरण एक कठोर और कटु तथ्य रहा है। उसका जीवन-प्रवाह अवरुद्ध हो जाता है, पदार्थ अपनी दीप्ति खो देते हैं, पौधे, पशु और व्यक्ति जड़ हो जाते हैं।[121] इस जादू को टूटने पर सूर्योदय होता है। मुक्तिबोध की उक्त कविता में भी हवा जादूदाँ को मुक्ति के लिए टूटने-बिखरने की सलाह देती है। जादू टूटने पर सूर्योदय का बिम्ब चेतना के उदय का व्यंजक है।[122]

स्पष्टतः इस प्रकृति-सम्बन्धी कविता में केवल तद्वत् चित्रण ही नहीं है। आद्यबिम्ब के संयोग ने कवि की गहनतर मनःस्थिति को भी व्यंजित कर दिया है। चेतनोदय की आन्तरिक अनुभूति से बाह्य दृश्य अनुरंजित है। कवि ने किसी घनीभूत क्षण में बाहरी दृश्य के साथ-साथ क्रमशः अपने भीतर के छाया रूप, माया-रूप और आत्म-रूप का साक्षात्कार भी किया है। श्यामता का आधिक्य छाया-रूप है, गौर वर्णी देह माया-रूप है और सूर्य आत्म-रूप है। इन आद्यबिम्बों के साक्षात्कार से ही रंगाकार के वे आदिम अनुभव उद्भुत होते हैं, जिनकी तार्किक व्याख्या कठिन हो जाती है।

निराला और शमशेर की इन कवितओं में बिम्ब की सामग्री में अन्तर है। निराला की कविता में गगन-वीणा है और शमशेर की कविता में गगन-शंख है। दोनों में आदि-बिम्बों के भेद से सम्बद्ध बिम्बों में भी अन्तर आ गया है। 'गगन-वीणा' के साथ किरण-तार, रागिनी, जल प्रवाह, कमल, कली, डाली आदि के बिम्ब हैं, जबकि 'गगन-शंख' के साथ राख से लीपा हुआ चौका और सिल आदि के बिम्ब हैं। मनोवैज्ञानिक दृष्टि से निराला की कविता में चेतना के उदय का प्रभाव व्यंजित है और शमशेर की कविता चेतना के उदय की प्रक्रिया पर केन्द्रित है। निराला की कविता के सभी सार्वभौम बिम्ब है। शमशेर की कविता में वह हिन्दुस्तान

के गृहस्थ जीवन से जुड़े हैं। उसमें केवल अन्तिम बिम्ब की प्रकृति सार्वभौम है और वह आत्म का आद्यबिम्ब है। बिम्बों के सार्वभौमिक होने के कारण निराला की कविता अधिक लयात्मक और फलतः अधिक काव्यात्मक है।

काव्यात्मक भाषा को चेतन अनुभवों के सन्दर्भ में ही पूरी तरह नहीं समझा जा सकता, क्योंकि वह सन्धिजन्य भाषा होती है। संकल्पात्मक काव्य की ऐसी भाषा का अर्थोद्घाटन और मूल्यांकन आद्यबिम्ब की धारणा से ही सम्भव है। इस धारणा के आधार पर हम यह भी निश्चित कर सकते हैं कि काव्य में सामान्य व्यवहार का अतिक्रमण करने वाली भाषा के प्रयोग की शक्ति और सीमा क्या है। दूसरे शब्दों में शक्ति और सीमा का यह प्रश्न संकल्पात्मक काव्य की सन्धिजन्य भाषा और अचेतन की भाषा के अन्तर से जुड़ा हुआ है। यह आवश्यक नहीं हैं कि काव्य-भाषा का व्यवहारातिक्रमण काव्यात्मक हो ही। भाषा का प्रत्येक विचलन या विपथन अनिवार्यतः संकल्पात्मक नहीं होता। जहां-कहीं यह संकल्पात्मता रहती है, उसे पहचानने का विश्वस्ततम मार्ग भाषा की गहनतर संरचना में अभिव्यक्ति आद्यबिम्बों का अध्ययन ही है। निम्नलिखित उदाहरण से बात और स्पष्ट हो जाएगी—

छिन्न-दल कर कागजी विस्मय
सत्य के बल शूल हूलूँ में
—शाम निर्धन की न भूलूँ मैं।

शमशेर के इस बिम्ब का अन्वय—कागजी विस्मय छिन्न-दल कर, मैं सत्य के बल (से) शूल हूलूँ (और) निर्धन की शाम न भूलूँ। क और ल की आवृत्ति, आनुनासिकता की प्रबलता तथा विस्मय के भय का 'मैं,' से ध्वनि-साम्य स्पष्ट है। कागजी में परिकर अलंकार अथवा विशेषण-वक्रता तथा हूलूं में क्रिया-वैचित्र्य वक्रता है। शैली विज्ञान के अनुसार भी हूलूँ और भूलूँ में स्वर के दीर्घत्व और अंकार के कारण बलाघात है। 'दल' में संख्या-वैचित्रय वक्रता की प्रतीति सम्भव नहीं है क्योंकि विस्मय अमूर्त है और कागजी विशेषण के प्रयोग से उसकी अमूर्तता का ईषत् परिहार ही हो पाया है। शाम से दुःखों की छाया का ध्वनन है। इस सारी व्याख्या से न तो भाषागत सौन्दर्य का ही सम्यक् उद्घाटन हो पाता है और न ही अर्थ की विवृत्ति होती है।

आलोक्य पंक्तियों में सर्वाधिक पेचीदा शब्द है—दल। समूह-बोधक होने के कारण वह कागजी विस्मयों के छिन्न-भिन्न होने का अर्थ दे सकता है। उसे क्रिया-रूप स्वीकार करने पर विस्मय के साथ क्रमशः दो क्रियाएँ घटित होती हैं, जिनमें तारतम्य है। वह पहले टूटता है, फिर दला जाता है। दल का अर्थ 'परत की तरह फैली हुई चीज की मोटाई' ग्रहण करने में छिन्न करना क्रिया के साथ उसका सम्बन्ध स्थापित नहीं हो पाता। किसी विशेष विचाराधारा के संगठन या दल का कोई संकेत भी प्रस्तुत प्रसंग में नहीं है।

आलोक्य अंश में ध्वनित संकल्पधर्मी चेतना मूलतः 'शूल हूलूँ मैं' में निहित है

और शेष अंश की भाषिक संरचना उस पर निर्भर है। शूल अत्यन्त प्राचीन अस्त्र है। आदिम मानव ने आत्माक्षार्थ पत्थरों या अन्य प्राकृतिक उपकरणों का उनके प्रकृत रूप में ही उपयोग किया। उस प्रकृत रूप में प्रथम संस्कार उन उपकरणों की नोक बनाने पर हुआ। शूल के मूल में प्राकृतिक उपकरणों का यह संस्कृत रूप ही है। पौराणिक परम्परा में यही अस्त्र शिव की शक्ति है। युंगीय मनोविज्ञान में शूल भी तीर इत्यादि की भाँति ही तेजस् का बिम्ब है। शूलूँ और हूलूँ एवं शूलना और हूलना पर्याय है। शूलना या हूलना मानव की आदिमतम क्रियाओं में से एक है। भाववाचक संज्ञा के रूप में हूलूं संस्कृत का हुल-हुल माना गया है, जिसके अर्थ हैं,—कोलाहल, हर्ष-ध्वनि, ललकार, आनन्द।[123] हूलूँ क्रिया में हर्ष और ललकार के भाव अत्यन्त स्पष्ट हैं। ऊँकार शिव का उच्छ्वास है। शूल के साहचर्य और ऊँकार के साहचर्य से यह स्वीकार किया जा सकता है कि कविता का 'मैं' व्यक्तिगत अहं का वाचक न होकर शिव-रूप अहं का या सामूहिक अहं का व्यंजक है। दूसरे शब्दों में वह तेजस् बिम्ब से दीप्त अहं है। तेजस् बिम्ब की दीप्ति ही आलोच्य पंक्तियों में आनुनासिकता की प्रबलता का कारण है। कविता में प्रयुक्त 'दल' कागजों या सामीम्य-सम्बन्ध से लफ़्ज़ों का लश्कर है। दुखद विस्मय से प्रताड़ित अहं इस दल या समूह को परास्त करना चाहता है। तेजस् के उदय से चेतना का नवीकरण हो जाता है। शिवत्वमयी चेतना उस दल को अपने शूल का लक्ष्य बनाती है। लफ़्ज़ों का यह दल सत्यविरोधी है। कवि के शूल में सत्य का बल है। इस प्रकार शूल से विस्मय को परास्त कर उसकी चेतना निर्धनों के दु:खों से तदात्म होने का शिव-संकल्प करती है।

इस विवेचन से स्पष्ट हुआ कि भाषा में चेतन और अचेतन दोनों प्रकार के अनुभव संयुक्त है। चेतन अनुभव यह है कि विस्मय के लफ्फाजी लश्कर के वशीभूत अहं सत्य का बल बटोर कर मुक्त होना और निर्धनों का साथ देना चाहता है। इसके साथ ही आदिम विस्मय से अभिभूत तेजस् की मुक्ति का आद्यानुभव भी जुड़ गया है। कविता में ये दोनों प्रकार के अनुभव परस्परानुप्रविष्ट हो गए हैं। फलतः अभिव्यक्ति संकल्पात्मक है, परन्तु भाषा की सतही संरचना और उसका काव्यशास्त्रीय या शैलीवैज्ञानिक विवेचन इस संकल्पात्मकता की पहचान में सहायक नहीं होते। गहनतर स्तर पर शूल के बिम्ब की पहचान से ही यह सम्भव है। इस पहचान के साथ ही भाषागत अन्य वैशिष्ट्यों की उपयुक्तता भी स्पष्ट हो जाती है।

3. पद्धति और निकषत्वः प्रबन्धों के सन्दर्भ में—सामान्यतः प्रबन्ध को पूर्वापर प्रसंग के आधार पर मुक्तक से अलग किया जाता है। पूर्वापर प्रसंग का अर्थ है—कथात्मक अन्विति। कथा का अर्थ है—नायक का व्यापार। इस प्रकार प्रबन्धात्मक रचनाओं का आधार है—नायक का व्यापार अथवा कथा। पाश्चात्य आलोचना में तो इसी बात को लेकर एक स्वतंत्र आलोचना-सम्प्रदाय खड़ा हो गया है जो कथा की आलोचना को ही आलोचना का सर्वस्व मानता है।

नायक की मृत्यु की धारणा के इस युग में नायक और उसके व्यापारों को प्रबन्धत्व का आधार कैसे माना जा सकता है? इसका समाधान यह है कि नायक-विषयक परम्परागत धारणाओं की समाप्ति का अर्थ प्रबन्ध का नायकहीन होना नहीं हैं। नायक का न होना और नायक का परम्परागत नायक से भिन्न होना दो अलग बातें हैं। यह भी कहा जा सकता है कि आधुनिक प्रबन्धों में बाह्य जीवन की अपेक्षा आभ्यन्तर चित्तीय स्थितियों की व्यंजना अधिक होने से बाह्य व्यापारों को प्रबन्धत्व की कसौटी स्वीकार करना समीचीन नहीं है। इसका उत्तर यह है कि काव्य में बाह्य जीवन से सम्बन्धित कथा भी आभ्यन्तर अनुभूतियों को व्यक्त करती है और साथ ही आभ्यन्तर अनुभूतियों को व्यंजित करने वाली कथा में भी बाह्य जीवन की आत्यन्तिक उपेक्षा नहीं होती। कथा चाहे प्रख्यात हो या उत्पाद उसमें मानव का आभ्यन्तर जीवन ही व्यक्त होता है।

गद्य-पद्य की प्रबन्धात्मक रचनाओं में छह तत्त्व सामान्य हैं—कथानक, पात्र, कथोपकथन, भाषा-शैली, देशकाल और उद्देश्य। संस्कृत काव्यशास्त्र में इनके स्थान पर तीन ही तत्त्व स्वीकार किए गए हैं—वस्तु, नेता, और रस। छह तत्वों के स्थान पर इन तत्वों को स्वीकार करना अधिक संगत है। कथोपकथन, भाषा-शैली, देशकाल और उद्देश्य तो वस्तु में ही अन्तर्भुक्त है। कथानक और नेता भी अलग नहीं है। नेता का व्यापार ही कथा है। संस्कृत काव्यशास्त्र या नाट्यशास्त्र में व्यापार से व्यंजित चरित्र या प्रकृति के उद्‍घाटनार्थ उसे अलग से विवेचित किया गया है। नेता और वस्तु के ऐसे सम्बन्ध की पुष्टि कथानक की कार्यावस्थाओं के विवेचन से भी होती है। प्रत्येक कार्यावस्था नायक की फल-प्राप्ति से सम्बद्ध है। फल ही आधुनिक आलोचना की भाषा में उद्देश्य है। वस्तु और नेता से रस का ध्वनन होता है। अतः प्रबन्धों की आलोचना का अर्थ है—नेता और वस्तु की आलोचना।

कार्यवस्थाएँ कथानक के विशेष स्थल हैं। मॉद बादकिन की आलोचना ऐसे विशेष स्थलों के विश्लेषण पर केन्द्रित है।[124] शुक्ल जी ने इन्हीं को मर्मस्थल कहकर इनकी पहचान को प्रबन्ध-पटुता में विशेष महत्त्व दिया है। युंगीय समीक्षा में भी कथा के मर्मस्थलों को विशेष महत्त्व दिया जाता है। प्रबन्ध की आलोचना में मर्मस्थलों का चयन वस्तुतः बिम्बात्मक इकाइयों का चयन है, क्योंकि मर्मस्थल पर अनेक बिम्ब किसी एक इकाई से सम्बद्ध हो जाते हैं। अतः वस्तु के अध्ययन का अर्थ है—बिम्बात्मक इकाइयों का अध्ययन।

आर्थर केसलर के अनुसार यौन सूत्रान्वेषी फ्रायडीय पद्धति की अपेक्षा काव्यात्मक बिम्ब-शृंखलाओं का स्रोतानुसन्धान अधिक फलदायक है। उन्होंने इस सन्दर्भ में बादकिन के प्रयासों की सराहना की है।[125] बिम्ब-शृंखलाओं के स्रोतानुसन्धान अधिक फलदायक है। उन्होंने इस सन्दर्भ में बादकिन प्रयासों की सराहना की है। बिम्ब-शृंखलाओं के स्रोतानुसन्धान में नार्थ्रप फ्राइ भी प्रवृत्त हुए हैं किन्तु उन्होंने

कथानक की बिम्बात्मक इकाइयों के बाह्य रूप पर बल दिया है। इसके लिए उन्होंने सप्रयास विस्तरीकरण की पद्धति अपनायी है। बादकिन ने सप्रयास विस्तरीकरण की अपेक्षा अनायास विस्तरीकरण अर्थात् निदेशित साहचर्य की पद्धति को महत्त्वपूर्ण माना है। कथा-विश्लेषण में सप्रयास विस्तरीकरण का उपयोग करते हुए निदेशित साहचर्यों को आधार बनाया जा सकता है। उदाहरण के लिए 'अँधेरे में' शीर्षक कविता में तिलक की भव्य पाषाण-प्रतिमा के साक्षात्कार का बिम्ब लिया जा सकता है। फ्राइ की पद्धति को स्वीकार करने पर पुराकथाओं, परीकथाओं, लोककथाओं आदि में पाषाण-प्रतिमा के साक्षात्कार के बिम्ब खोजने पड़ेंगे, जबकि बादकिन का अनुसरण करने पर विवेच्य बिम्ब से उद्दीप्त साहचर्यों पर विचार करना होगा। साहचर्य पुराकथाओं आदि की सामग्री के रूप में और व्यक्ति के स्वप्नों, फेंटेसियों या बहिर्जीवन की सामग्री के रूप में उद्दीप्त हो सकते हैं। फ्राइ की पद्धति से किए गए विश्लेषण में समधर्मी, किन्तु निष्प्रभ रूप ही प्राप्त होते हैं, जबकि बादकिन की पद्धति समधर्मी बिम्ब उद्दीप्त होते हैं, जिससे विश्लेषण के साथ ही मूल्यांकन में भी सहायता मिलती है। इसीलिए फ्राइ की पद्धति सर्वथा उपक्षणीय तो नहीं है, किन्तु संकल्पात्मक काव्य के प्रसंग में निदेशित साहचर्य की पद्धति पूर्णतर है।

एक ही प्रख्यात कथा के विविध प्रबन्धात्मक रचनाओं में गृहीत होने पर मर्मस्थल बदल सकते हैं, उदाहरणार्थ रामचरितमानस, रामचन्द्रिका और साकेत के मर्मस्थल अलग-अलग है। मर्मस्थलों के ऐसे परिवर्तन की व्याख्या प्रकरण-वक्रता अन्तर्गत की जाती है। इस परिवर्तन का कारण कवि-स्वभाव है। युंगीन मनोविज्ञान की भाषा में कहा जा सकता है कि यह परिवर्तन आद्यरूप एवं मनोवैज्ञानिक प्रकार पर आश्रित है। उदाहरण के लिए रचयिता की अन्तर्मुखी अभिवृत्ति और आप्त पुरुष के बिम्ब के कारण निर्वाण में रोहिणी-जल-विवाद के अवसर पर युद्ध के प्रति बुद्ध की विरति समग्र वस्तु-विधान में विशेष महत्त्वपूर्ण हो उठी है। यह भी ध्यातव्य है कि समग्र-रचना का मूल स्वर इसी मर्मस्थल पर मास्वर है—

क्षम का धर्म त्याग से भोग,
नहीं पर क्षत्रिय ही सब लोग।
ब्रह्म-चिन्तन में होकर लीन,
विजय पा लेना भी कब हीन ?[126]

कथा के विश्लेषण में बिम्बात्मक इकाइयों के अध्ययन के साथ ही उनके अन्यिति-सूत्र का उद्घाटन भी अनिवार्य है। आद्यरूप अन्विति का हेतु और उपादान है। अतः बिम्बात्मक इकाइयों की अन्विति के उद्घाटन का अर्थ है—भाषिक संरचना में ध्वनित आद्यरूप के युंगीन अभिप्राय का उद्घाटन। युंगीन अभिप्राय का उद्घाटन बिम्ब-विश्लेषण की पद्धतियों से ही किया जा सकता है।

प्रबन्धों के दो भेद प्रायः स्वीकृत रहे है—महाकाव्य और खंडकाव्य। इन दोनों

के भेद का मुख्य आधार वस्तु-विधान है। महाकाव्य में पताका और प्रकरियों का महत्त्व खंडकाव्य की अपेक्षा अधिक होता है और फलतः उसमें अंगीरस के साथ-साथ अन्य रसों का भी ध्वनन रहता है। अंगीरस प्रायः प्रधान कथा से और शेष रस पताका एवं प्रकरियों से सम्बद्ध होते हैं। अनेक रसों के ध्वनन की दृष्टि से खंडकाव्य की महत्ता सीमित होती है। महाकाव्य में मुख्य आद्यरूप प्रधान कथा से सम्बद्ध होता है। शेष आद्यरूप प्रायः उसके अंगरूप होते हैं और पताका एवं प्रकारियों से सम्बद्ध होते हैं। यहाँ उल्लेख है कि रामचरितमानस जैसे नानापुराणनिगमागमसम्मत महाकाव्य में विभिन्न कथाओं में व्यंजित आद्यरूपों की अन्विति सप्रयास होती है। अतः ऐसे महाकाव्य में युगीन अभिप्राय मुख्य कथा के विश्लेषण से ही उद्घाटित ही करना समीचीन है। इसके विपरीत कामायनी जैसे महाकाव्यों में वस्तु-विधान के माध्यम से व्यंजित विविध आद्यरूप अनायास अन्वित होते हैं। ऐसे महाकाव्यों के युगीन अभिप्रायों के उद्घाटनार्थ उनमें अनुस्यूत विविध आद्यरूपों का विवेचन तथा उन आद्यरूपों का परस्पर सम्बद्ध करने वाली चित्तीय प्रक्रियाओं का विवेचन अपेक्षित है।

वस्तु-विश्लेषण अथवा बिम्ब-विश्लेषण से पात्र-विश्लेषण भिन्न नहीं है। प्रबन्ध में कथात्मक या बिम्बात्मक इकाई मूलतः किसी एक पात्र से सम्बद्ध होती है। प्रधान कथा तो निश्चय ही नायक की कथा है। नायक प्रायः रचयिता की चेतना का व्यंजक होता है। प्रहसन आदि विधाओं की स्थिति थोड़ी भिन्न है। वहाँ वह चेतना का व्यंजक न होकर चेतना के विषय का व्यंजक होता है। शेष पात्र मानव चित्त के विविध पक्षों के व्यंजक होते हैं। उदाहरण के लिए कामायनी और राम की शक्तिपूजा को लिया जा सकता है। कामायनी का मनु स्पष्टतः मन का प्रतीक है और श्रद्धा एवं इड़ा मायाबिम्ब के विविध पक्षों का प्रतिनिधित्व करती हैं। इसी प्रकार राम की शक्ति-पूजा में राम अहं के और हनुमान स्फीत अहं के प्रतीक हैं। उसमें शक्ति मातृबिम्ब है जिसके कराला और वत्सला दोनों रूप प्रस्तुत हैं। रावण स्पष्टतः सामूहिक छाया का व्यंजक है। इस प्रकार प्रबन्ध-रचनाओं में नेता प्रायः कवि-चेतना या कवि-चेतना के विषय का व्यंजक होता है और शेष पात्र चित्त के विविध पक्षों के प्रतीक होते हैं। पात्रों के प्रतीकार्थों का उद्घाटन वस्तु-विश्लेषण के उपरान्त ही सम्भव है।

गद्य-रचनाओं में कथा-विश्लेषण में आद्यबिम्बात्मक आलोचना की पद्धति को 'गोदान' और पुनर्नवा उपन्यासों की कथा की संरचना के अध्ययन से उदाहृत किया जा सकता है।

गोदान मुंशी प्रेमचन्द की प्रतिभा का, सम्भवतः, सर्वोत्तम प्रस्फुटन है। उसके कथा-संगठन का शैथिल्य निर्विवाद रहा है, किन्तु शैथिल्य के स्वरूप को लेकर आलोचकों में मतभेद है। उपन्यास मूलतः होरी धनिया की कथा है। गोबर-झुनिया,

मातादीन सिलिया और भोला-नोहरी के प्रसंग उससे जुड़े हैं। साथ में राय साहब मेहता-मालती, खन्ना-गोविन्दी और मिर्जा खुर्शेद के प्रसंग हैं। राय साहब आदि के प्रसंगों को नगरकथा के अन्तर्गत स्वीकार किया जाता रहा है, किन्तु वस्तु स्थिति कुछ और है। राय साहब सामंतीय सभ्यता से बन्धे हैं जो नागर सभ्यता से उल्लेखनीय सीमा तक भिन्न हैं। पं. आंकार नाथ और लेखा के प्रसंग उनसे जुड़े हैं। उपन्यास में पूँजीवाद से सम्बद्ध खन्ना की कथा अधूरी है। यह खन्ना-गोविन्दी की कथा में परिणत हो गयी है। मेहता-मालती की कथा किसी भी रूप में नागर सभ्यता की समग्रता की बोधक नहीं है। मिर्जा खुर्शेद के सभी प्रसंग एक जैसे हैं। उसके स्थिर चरित्र के व्यंजक हैं। उनमें वह गतिमयता है ही नहीं जो कथा के लिए अनिवार्य होती है। इस प्रकार गोदान में मिर्जा खुर्शेद हैं; मिर्जा खुर्शेद की कथा नहीं है। उपन्यास में नगर-कथा है ही नहीं। होरी की कथा से पूरे गाँव की कथा की प्रतीति सम्भव है किन्तु उपन्यास में एक भी पात्र ऐसा नहीं है जिसको कथा में पूरे नगर की कथा की प्रतिति हो। गोदान के सन्दर्भ में नगरकथा की बात करने वाले आलाचकों ने कथा-संगठन पर ध्यान ही नहीं दिया है। उपन्यास के कथा-संगठन का शैथिल्य ग्राम कथा और नगरकथा की समानान्तरता के रूप में न होकर प्रधान कथा से असम्बद्ध प्रतीत होने वाले प्रसंगों के विधान और अनेक प्रसंगों के अनपेक्षित विस्तार के रूप में है।

गोदान में प्रधान कथा होरी—धनिया की है। प्रधान कथा के लगभग सभी प्रसंग बुद्धिजन्य हैं अर्थात् उपन्यासकार चेतना के बाह्य विषयों से संयोग पर आधारित है। दूसरे शब्दों में प्रधान कथा के रूप में संयोजित वस्तु बाह्य विषयों के चेतनानुभवों से सम्बन्धित हैं। इस कथा की चेतनानुभवों के सन्दर्भ में अनेक व्याख्याएँ की जा चुकी हैं। यहाँ उपन्यास के कथानक की संरचनात्मक समग्रता का अध्ययन है जिसका अर्थ है—उन बिम्बों का अध्ययन जिन पर कथानक का संरचनात्मक वैशिष्ट्य निर्भर रहा है।

प्रेमचन्द्र को लोकजीवन के मर्मस्थलों की गहरी पहचान थी। वे भारतीय जनजीवन के अत्यन्त सामान्य प्रसंगों की सप्रभ अभिव्यक्ति में अद्वितीय रहे हैं। गोदान की प्रधान कथा में ऐसे प्रसंगों के तीन परस्पर सम्बद्ध समुच्चय हैं जिन्हें कथा के तीन सोपानों के रूप में स्वीकार किया जा सकता है—1. गोहत्या 2. किसान का बिगड़कर मजदूर होना और 3. आर्थिक कारणों से अपनी अन्तिम पुत्री का अयोग्य वर से विवाह करने के लिए विवश होना। प्रथम सोपान की समाप्ति पर होरी बीमार पड़ जाता है; द्वितीय सोपान के चरम बिन्दु पर बेहोश होता है और तृतीय के अन्त में चल बसता है। इसके समवर्ती धनिया दरोगा का सफलतापूर्वक सामना करती है, दातादीन का प्रतिकार करने में असफल रहती है और गोदान करने के बाद पछाड़ आकर गिर पड़ती है।

प्रथम सोपान में प्रसंग मुख्यतः गाय के आने और मार दिए जाने से सम्बन्धित

हैं। होरी की गौ की लालसा अत्यन्त प्रबल है। उसकी इस लालसा से व्यंजित लक्ष्य है—मर्यादापूर्वक सामाजिक दायित्वों का निर्वाह करते हुए जीवन का सुखमय बनाना। जीवन की सुखमयता की कल्पना वह आदर्श घर के रूप में करता है जिसके द्वार पर गाय बँधी हो और जिसे देखकर लोग कहें—किसका घर है? होरी महतो का। गाय का आना निश्चित हो जाने पर वह रात मर सो नहीं। उसके संवेगों के चित्रण में उपन्यासकार ने गहरी रुचि ली है। उपन्यास का नायक होने से होरी उपन्यासकार की अहं-चेतना का व्यंजक है। गाय उसके सुखमय जीवन की पूर्णता को प्रतीकित करती है। सुखों की पूर्णता का बिम्ब का सम्बन्ध प्रायः माता के आद्यरूप से होता है। इस प्रकार गौ बिम्ब में उपन्यासकार के चित्त के मातृ-आद्यरूप द्वारा संपिंडित संवेग व्यक्त हुए हैं।

माता शिशुओं का प्रथम और प्रौढ़ों का अन्तिम विश्व है। मातृ-उद्धिग्नता और सहानुभूति, नारी का मायावी प्रभुत्व, स्नेहशीलता, पोषकत्व, अवलम्बनत्व आदि गुण मातृ-आद्यरूप से संलग्न है। विकरालता, सर्वग्राहिता आदि गुण मातृ-आद्यरूप से संलग्न है।[127] सामूहिक अचेतन की व्यजंक माता मृत्यु और द्विजत्व-प्राप्ति का स्थल भी है। 'सिम्बल्स ऑफ ट्रांसफॉरमेशन' में युंग ने मृत्यु और द्विजत्व के बिम्बों पर विस्तार से विचार किया है। चित्तीय द्वन्द्वों के चरम तनाव से तेजस् की प्रतिगति मृत्यु है और अचेतन तेजस् का चेतना में उदय द्विजत्व है। द्विजत्व प्राप्ति के लिए मरना अनिवार्य है। मरने का अर्थ है—सुरसा के मुख में प्रवेश या होलिका की गोद में बैठना या आग के दरिया में डूबना आदि। नयी चेतना की द्योतक प्रगति बिना प्रतिगति के सम्भव नहीं है।

मातृ आद्यरूप के सकारात्मक और नकारात्मक पक्षों को वत्सता और कराला की अभिधाएँ दी गयी हैं। विभिन्न संस्कृतियों में स्वर्ग, स्वर्गिक उद्यान, जन्नत, आदि के विश्वास वत्सता से और नरक, दोजख आदि के विश्वास कराला से सम्बद्ध माने जा सकते हैं। सेवासदन, प्रेमाश्रम आदि के यूटोपिया वत्सला से सम्बद्ध हैं। गोदान की गाय भी वत्सला से सम्बद्ध है। वह होरी का स्वर्ग है जो उसे जीते-जी मिल ही नहीं सकता था। मानव चित्त में सुखों की पूर्णता की व्यंजक वत्सला के बिम्बों का उदय मृत्यु को भी प्रतीकित कर सकता है। युंग के अनुसार जीवन की उच्चतमावस्था स्वयं को मृत्यु-बिम्ब में अभिव्यक्त कर सकती है, क्योंकि अपने से परे के किसी भी विकास का अर्थ मौत होता है।[128] होरी के लिए गाय पूर्णता है, वत्सला है और मौत भी।

गोदान का प्रारम्भ राय साहब के यहाँ जाने की होरी की तत्परता से होता है। होरी जिस दुनिया में रहता है, उसके मालिक प्रकारान्तर से राय साहब हैं। अतः होरी के लिए राय साहब सत्ता-प्रतीक हैं; आत्म-प्रतीक हैं। रसपानी तक न करने में व्यक्त होरी की जल्दबाजी उनके साक्षात्कार से कतराने का ही एक रूप है। यदि ऐसा न

होता तो वह मोती से इतनी देर तक बतियाता नहीं। साक्षात्कार से कतराने का कारण उसका मातृ-ग्रन्थि से प्रभावित होना है। मातृ-ग्रन्थि असंख्य मानवों को उन मूल्यों के अपनाने से रोकती है जो बहिर्जगत से समंजन के लिए अनिवार्य होते हैं। होरी के सन्दर्भ में राय साहब पितृ बिम्ब होने के कारण दुनियावी मूल्यों के व्यंजक हैं और उसके सामने बाधा के रूप में गाय हैं।

यहाँ पात्रों के ग्रन्थिग्रस्त मन के उपन्यास द्वारा चेतनतः चित्रित किए जाने और प्रसंग-विशेष के ग्रन्थ्यात्मक हो जाने के अन्तर का विवेचन अनिवार्य है। किसी प्रसंग के ग्रन्थ्यात्मक हो जाने से अर्थात् उसमें उपन्यासकार के चित्त की किसी ग्रन्थि के व्यक्त होने पर विभाव के अस्वाभाविक चित्रण से, सम्बन्धित वृत्ति का सौन्दर्य अनिवार्यतः अपकर्षित होता है जबकि पात्रों की ग्रन्थि प्रभावित सचेत मनःस्थितियों के वर्णन से वैसा नहीं होता। अब प्रश्न गोदान की प्रधान कथा के प्रथम प्रसंग की ग्रन्थ्यात्मकता के प्रमाण का है, क्योंकि रसपानी तक न करने की जल्दबाजी के भोला के साथ बलियाने के विरोध का प्रमाण होरी के कृषक स्वभाव के सन्दर्भ में अपुष्ट हो सकता है।

होरी पचास साल के विधुर भोला को उसके विवाह का प्रलोभन देकर तथाकथित छल करता है। उपन्यास के अन्त में होरी अपनी पुत्री की शादी रामसेवक से करने के लिए विवश होता है और उसके द्वारा भेजी गयी गाय के आने से पूर्व ही मर जाता है। प्रारम्भ और अन्त के प्रसंगों का सम्बन्ध स्पष्ट है और मनोवैज्ञानिक दृष्टि से महत्त्वपूर्ण है। प्रारम्भिक छल ही अन्त में प्रतिफलित होता है। होरी के तथाकथित छल को प्रेमचन्द ने उसकी व्यावहारिकता के सप्रभ वर्णन से निष्प्रभ करने का प्रयास किया है और ऐसे प्रयास से भी तुष्ट न होकर होरी की धर्मभीरूता और सज्जनता की व्यंजना के लिए भोला द्वारा भूसे के अभाव का उल्लेख करने पर द्वारा गाय के उस समय न लिए जाने का वर्णन है। इस वर्णन की अस्वाभाविकता प्रेमचन्द के इस कथन सहज लक्षित की जा सकती है—भोला जब नकद रुपए नहीं माँग रहा तो स्पष्ट था कि वह भूसे के लिए गाय नहीं बेच रहा है, बल्कि इसका कुछ और आशय है, लेकिन जैसे पत्तों के खड़कने पर घोड़ा अकारण ही ठिठक जाता है, वही दशा होरी की थी। पूरे प्रसंग में प्रेमचन्द ने पात्रों के व्यापारों की बारीकियों का विशेष ध्यान रखा है, लेकिन भोला के आशय का उल्लेख नहीं किया है जो इस तथ्य का द्योतक है कि प्रेमचन्द की अहं-चेतना किसी ग्रन्थि से बाधित है। भोला का होरी से भूसे के लिए पैसे माँगने का कोई आशय है ही नहीं। वह गाय उसे विवाह के प्रलोभन में उधार देता है। होरी की धर्मभीरूता की व्यंजना के लिए भोला के आशयहीन व्यापार का गहन तथा अस्वाभाविक चित्रण पूरे प्रसंग की ग्रन्थ्यात्मकता का द्योतक है, क्योंकि ग्रन्थियाँ प्रत्युत्तर की विफलता में भी व्यक्त होती है। प्रेमचन्द के मन की ग्रन्थ्यात्मकता उनके द्वारा गृहीत उपमा से भी व्यक्त है। घोड़ा तेजस् के प्रसिद्धतम

प्रतीकों में से एक है और पत्तों के खड़कने से उसका अकारण ठिठकना ग्रन्थि की सक्रियता से तेजस् के पूर्व निर्धारित दिशा में प्रवाह के अवरोध का व्यंजक है।

प्रमाता को भी निश्छल प्रतीत होने वाले होरी के तथाकथित छल को प्रेमचन्द का अचेतन छल ही समझता है। इसीलिए होरी की धर्मभीरूता के वर्णन से उसके छल को निष्प्रभ करने का प्रयास किया है। होरी के छल में कोई दोष-पाप नहीं है—इस विचार पर असामान्य बल देना ही उसके पाप को महसूस करना है। इस पाप-भावना के कारण होरी गाय नहीं ले पाता। वह सोचता है—जब मेरे पास चारा हो जाएगा तब गाय खोल लूँगा। भगवान करे, कोई महरिया मिल जाए। फिर तो कोई बात ही नहीं। होरी प्रतीक्षा नहीं पाता। अगले दिन ही गाय आ जाती है। इस अस्वाभाविकता का किंचित् निराकरण भोला के आग्रह से हो जाता है।

होरी की पाप-भावना व्यभिचार से सम्बद्ध है, जिसका प्रमाण भोला का विवाह निस्सन्तान परित्यक्ता से कराने का प्रलोभन देना है। उल्लेख है कि प्रेमचन्द ऐसे अनमेल विवाह के विरोधी थे। उनका विरोध रूपा की शादी के प्रसंग में स्पष्टतया व्यक्त हुआ है। भोला को प्रलोभन देने के तत्काल बाद होरी के मन से निस्सन्तान युवती परित्यक्ता सदैव के लिए लुप्त हो जाती है और कोई महरिया मिल जाए का भाव आ जाता है। यह लुप्त होना भी स्पष्टतया पाप-ग्रन्थि की सक्रियता के कारण हैं। होरी के लिए गाय पाने का रास्ता भोला के विवाह से गुजरता है। भोला के साथ उपन्यासकार की पितृ-ग्रन्थि सम्बद्ध हो जाती है। वह ग्वाला है, गोपालक है, मर्द के साठे पर पाठे होने की बात कहने वाले होरी के लिए पचास साल का होने पर भी बूढ़ा है, ऊपर से सांड़ किन्तु भीतर से स्निग्ध है, उसका बूढमस हास्यास्पद वस्तु है और उससे कुछ एँठ लेने में भी कोई दोष पा नहीं है। प्रेमचन्द ने उपन्यास के अन्त में नोहरी से विवाह करने पर भोला की अत्यधिक दुर्गति का भी चित्रण किया है। भोला के इन वैशिष्ट्यों से सिद्ध है कि उपन्यासकार पितृग्रन्थि की चपेट में आ गया है। यह मनोवैज्ञानिक तथ्य है कि पिता की कामुकता की प्रतीति उसके आतंक को कम करती है। भोला के दूसरा विवाह करने पर उसका पुत्र उसका जरा भी लिहाज नहीं करता। प्रेमचन्द ने तो यहाँ तक चित्रित किया है कि कामता ने भोला को पटक कर कई लातें जमाई और घर से निकाल रिदया। होरी की गो-लालसा उसकी मातृ-रति की आकाँक्षा से सम्बद्ध है और व्यभिचार को निषेधित करने वाले पितृ-बिम्ब को आतंक उसमें बाधित है। भोला की कामुकता के अनुभव से और उसे विवाह का प्रलोभन दिए जाने से पितृबिम्ब का आतंक कुछ कम हाकता है। इस प्रकार होरी की गाय की लालसा की तृप्ति के लिए जिस कथा-प्रसंग का विधान किया गया है उसमें पितृबिम्ब के आतंक से उभरने का प्रयास किया गया है, किन्तु अचेतन के पितृबिम्ब ने उस प्रयास को विफल कर दिया है और फलतः होरी गाय नहीं ले सका है। पितृ-बिम्ब के आतंक को कम करने का चेतन प्रयास उस पितृ ग्रन्थि की ओर अधिक उग्र

बना देता है। अतः होरी की मातृ-रति की इच्छा पर उसकी पाप-भावना हावी हो गयी है। छल कर रहा है—यह भाव से उसे वत्सला की गोद में बैठने से रोकता है। यह भाव पितृ ग्रन्थि से जन्मा है। मातृ-रति की अचेतन आकाँक्षा ने बाप का मज़ाक उड़ाने के लिए प्रेरित किया है और अचेतन पितृ-बिम्ब के आतंक ने चेतना के प्रयास को ध्वस्त कर दिया है। होरी गाय नहीं ले सका। वह गाय ले पाता है—राय साहब से मिलने के बाद। राय साहब की स्वीकारोक्तियों के सचेत वर्णन से पितृ बिम्ब का आतंक कुछ कम हो गया है। इससे यह भी स्पष्ट है कि क्यों प्रेमचन्द ने अपेक्षित होने पर भी राय साहब के शीर्षक रूप का भयावह चित्रण नहीं किया।

गोदान के प्रारम्भिक प्रसंग के विश्लेषण से स्पष्ट है कि वत्सलता को प्रतीकित करने वाली गाय मातृ-ग्रन्थि से सम्बद्ध हो गयी है। यह एक खुला सवाल है कि मातृ-ग्रन्थि का विकास इसकी रचना में एक प्रदर्शनीय हेतुक घटक के रूप में माता की भूमिका के बिना हो सकता है या नहीं। युंग का अनुभव यह रहा है कि, विशेषतः बाल-मनस्ताप या ऐसे मनस्ताप में जिसका निदान निस्सन्देह शैशववस्था में निहित होता है, माता सदैव विघ्न की उत्पत्ति में सक्रिय भाग लेती है। मातृ-ग्रन्थि के दुष्प्रभाव पुत्र और पुत्री पर अलग-अलग पड़ते हैं। पुत्र पड़े विशिष्ट दुष्प्रभाव हैं—समलैंगिकता, व्यभिचार और कभी-कभी नपुंसकता (इसमें पितृ-ग्रन्थि भी महत्त्वपूर्ण भाग लेती हैं)। लिंग के अन्तर के कारण पुत्र की मातृ-ग्रन्थि में, मातृ—आद्यरूप के साथ-साथ माया के—पुरुष के यौन प्रतिरूप के—बिम्ब की महत्त्वपूर्ण भूमिका होती है। मातृ-ग्रन्थि मनोविकृति-विज्ञान में सदैव क्षति और रुग्णता के विचार से सम्बद्ध होती है, किन्तु युंग ने उदारतापूर्वक इसके सकरात्मक प्रभावों का भी विवेचन किया है जिनमें प्रेम, मैत्री, सौन्दर्यबोध, शिक्षकत्व, इतिहासप्रियता, धार्मिक भावनाएँ, अडिग पौरुष, उच्चतम लक्ष्यों के लिए प्रयास, संकीर्णता, अन्याय आदि का प्रतिकार, न्याय के लिए बलिदान होने की भावना, क्रान्तिकारिता आदि का उल्लेख किया जा सकता है। गोदान में व्यक्त उपन्यासकार की मातृ-ग्रन्थि की रचना के लिए उत्तरदायी व्यक्तिगत घटकों का विवेचन यहाँ अनपेक्षित है, क्योंकि प्रस्तुत अध्ययन मूलतः कथानक की संरचनात्मक समग्रता में दीप्त आद्यरूप की व्याख्या से सम्बद्ध है।

पितृ-ग्रन्थि द्वारा बाधित कर लिए जाने पर मातृरति की अतृप्त आकाँक्षा होरी द्वारा भाई से छल किए जाने के प्रसंग में उग्रतर रूप में व्यक्त हुई है। सम्पूर्ण उपन्यास में होरी एक ही पाप करता है—भाई के साथ छल। ऐसे शुभ समय में, जबकि गाय घर में आने को है, होरी भाइयों के लिए कुछ सीझने के बजाय लगभग 83 नए पैसे के लिए दमड़ी बँसोर को ढाई रुपए की छूट देकर विश्वासपात करने की सोचता है। गोदान का यह पहला और आखिरी प्रसंग है जिसमें प्रेमचन्द धनिया को भूल गए हैं अर्थात् घनिया के प्रत्युत्तरों के सम्यक् चित्रण में विफल रहे हैं। धनिया को यह तो पता है कि बाँस दमड़ी बँसोर के हाथ बीस रुपए सैकड़े हिसाब से बेचे गए हैं, किन्तु

यह पता नहीं है कि उसके पति ने भाई साथ विश्वासघात किया है। होरी का यह पाप उपन्यास की समग्रता में व्यंजित उसके चरित्र के प्रतिकूल है। बाह्यानुभवों से सम्बद्ध प्रसंग का ऐसा अस्वाभाविक चित्रण स्पष्टतया किसी ग्रन्थि के सक्रिय हो उठने का सूचक है।

होरी के पाप के प्रत्यक्ष लक्ष्य को पाने में विफल रहता है। विफलता का कारण है—पुनिया। बँसोर को रोक कर वह प्रकारान्तर से होरी के पाप का विरोध कर रही है। इस रूप में वह धनिया की स्थानापन्न है, जिसे होरी का छल पूर्ण आचरण उचित नहीं लगता और जो फलतः ऐसे आचरण का विरोध करती है और उसके चरम पर होरी का खून खोल उठता है। पुनिया के विचार से होरी उसका जेठ है और होरी के विचार से पुनिया उसके छोटे भाई की पत्नी है। मतलब यह है कि हिन्दी में दूर-दूर तक के रिश्तों के लिए स्वतंत्र शब्द है, लेकिन छोटे भाई की पत्नी के लिए कोई शब्द प्रचलित नहीं है। भौज, भौजाई, भाभी, शब्दों प्रयोग बड़े की ही पत्नी के लिए होता है, छोटे भाई की पत्नी के लिए नहीं। दूसरे शब्दों में, हिन्दीभाषी समाज में नारी का अपने पति के बड़े भाई से जेठ का रिश्ता है, किन्तु नर का अपने छोटे भाई की पत्नी से, बिहारी की भाषा में कहें तो, धूपछाँही रिश्ता है। इससे स्पष्ट है कि छोटे भाई की पत्नी के प्रति यौन भाव का निषेध हमारे समाज में इतना प्रबल रहा है कि वह विवेच्य रिश्ते के प्रति सचेत नहीं रह सका। खानदान की इज्जत के सवाल से होरी के खून का खौलना व्यभिचार निषेध की प्रबल उद्दीप्ति का द्योतक है। वर्जना की प्रबलता के कारण होरी नैतिक मूल्यों के वाहक पितृ-बिम्ब से तदात्म्य हो जात है और बिना सोचे-समझे बंसोर पर बरस पड़ता है। मातृ-ग्रन्थिग्रस्त अहं के पितृ-बिम्बों से ऐसे तादात्म्य के अनेक उदाहरण सामान्य जीवन में देखे जा सकते हैं, किन्तु ऐसे तादात्म्यों से ग्रन्थि का निर्ग्रन्थन सम्भव नहीं हो पाता। यही कारण है कि उपन्यास में इसके तत्काल बाद हीरा-पुनिया संघर्ष चित्रित है। पितृ-बिम्ब से तादात्म्य की ग्रन्थ्यात्मक स्थिति जिस मनस्ताप को जन्म दे सकती है, उसका व्यंजक हीरा है। ऐसे तादात्म्य के वृत्यात्मक व्यवहार में विस्फोट के बाद मातृ-ग्रन्थि से जकड़ा असमंजित मन दाम्पत्य जीवन के तनावों के लिए उत्तरदायी होता है, क्योंकि वह माता और पत्नी को अलग नहीं कर पाता। दुनिया की सभी गालियों को हीरा सह लेता है, किन्तु कोढ़ होने की गाली उसे लग जाती है, क्योंकि कोढ़ प्रबलतया वर्जित यौन सम्बन्ध के दुष्परिणाम के भारतीय लोकविश्वास से सम्बद्ध रहा है। पुनिया के माया बिम्ब में व्यक्त यौन नैतिकता की प्रबलता को ग्रन्थ्याभिभूत अहं स्वीकार नहीं कर पाता, फलतः वह पाप के प्रतिफलित न हाने और असम्मान के भाजन होने के आतंक में व्यक्त हुई है। ऐसा आतंक अहं को सामयिक रूप से वत्सलता में खो जाने की विवश कर देता है। इस व्याख्या के पुष्ट्यार्थ प्रसंगान्त में होरी की मनः स्थिति को दी गयी उपमा का उल्लेख किया जा सकता है—''होरी ने अपनी पराजय मन ही में डाल ली जैसे कोई चोरी से

आम तोड़ने पेड़ पर चढ़े और गिर पड़ने धूल झाड़ता हुआ उठ खड़ा हो कि कोई देख न ले। गोदान को समझने के लिए इस उपमा को समझना अनिवार्य है।''

आम तोड़ना आदम के सेब तोड़ने की तरह आद्यरूपात्मक व्यापार है। युंग ने स्वप्न से सम्बद्ध चित्तीय प्रक्रियाओं को स्पष्ट करने के लिए अपने एक लेख में, प्रथमतः और प्रधानतः, एक नवयुवक के सेब तोड़ने के स्वप्न–बिम्ब का उदाहरण लिया है। नवयुवक का स्वप्न इस प्रकार है—मैं एक विचित्र बाग में खड़ा हुआ था और एक वृक्ष से एक सेब तोड़ा। मैंने, यह निश्चित करने के लिए कि किसी ने मुझे देखा नहीं, इधर–उधर देखा।[129] युंग ने नवयुवक के चेतन स्थिति के उल्लेख के उपरान्त, पहले फ्रायडीय दृष्टिकोण से, स्वप्न की व्याख्या की है। फ्रायडीय दृष्टि से यह स्वप्न नवयुवक की अतृप्त व्यभिचारेच्छा की अभिव्यक्ति सिद्ध होता है। युंग ऐसी व्याख्या से सन्तुष्ट नहीं होते। उनके अनुसार नवयुवक अपने मित्रों द्वारा यौन–वर्जनाओं के अतिक्रमण को देखकर नवयुवक वर्जित यौन सम्बन्धों को अनैतिक मानता ही नहीं था। मानव की तीव्रतम आकाँक्षाओं पर लगाए गए बन्धन यह सिद्ध करते हैं कि चित्त के उच्चतर कार्यों में यौन नैतिकता एक अनुपेक्षणीय घटक है। अचेतन ने स्वप्न के माध्यम से नवयुवक को यौन नैतिकता की प्रतीति करायी है। ऐसी प्रतीति व्यक्ति की मातृ–ग्रन्थि की जकड़ से मुक्ति में सहायक होती है। युंग के अनुसार सेब की चोरी का विशिष्ट अभिप्राय सभी देशों और सभी कालों की असंख्य पुराकथाओं और परीकथाओं में लक्षित किया जा सकता है। सेब या आम तोड़ने के आद्यरूपात्मक व्यापार में व्यक्त मानव के मूल पाप का यह अभिप्राय माता के बिम्ब की गिरफ्त से मुक्ति का व्यंजक ह। नवयुवक की ओर होरी की स्थिति में अन्तर है। नवयुवक सेब तोड़ता है और देखता है कि किसी ने उसे देखा ही तो नहीं। होरी आम तोड़ नहीं पाता और देखता है कि कोई उसे देख न ले। होरी पाप करके भी सचेत नहीं हो पाया है। उपन्यासकार का मातृ–ग्रन्थ्याभिभूत मन पितृ–बिम्ब के कारण जिस प्रकार की लज्जा का अनुभव करता है, वह प्रत्येक व्यक्ति को माता की गोद में धकेल देती है। यही कारण है कि होरी के घर में गाय आ गयी है।

गोदान की कथा के विकास के लिए यह अनिवार्य था कि उपन्यासकार का अहं गोबिम्ब की जकड़ से मुक्त हो। इसके लिए उपन्यास में गाय के बेचने में होरी के असफल रहने के चेतनोद्भूत प्रसंग के साथ–साथ भाई द्वारा गौ–हत्या का अचेतनोद्भूत प्रसंग है। होरी गाय को बचेने का निश्चय कर लेता है और धनिया भी विवश होकर स्वीकृति दे देती है। ध्यातव्य है कि राम सेवक और रूपा की शादी का निर्णय भी होरी विवश होकर करता है और धनिया उस निर्णय को भी विवश होकर स्वीकार करती है। रामसेवक और रूपा की शादी हो जाती है, क्योंकि होरी अपनी जमीन नहीं बेच सकता, गाय नहीं बिकती, क्योंकि होरी को उधार मिल रहा है। चेतनोद्भूत परिस्थितियाँ इतनी प्रभावक नहीं हो सकी हैं कि गाय बेच दी जाए। प्रेमचन्द की

प्रसंगोद्भावना-शक्ति को दृष्टिगत रखते हुए कहा जा सकता है कि भाई द्वारा गौ-हत्या के प्रबल अचेतन संवेग के कारण न तो वे गाय बिकने की परिस्थितियों को प्रभावक बना सके और न ही प्रयास करने पर भी गौ-हत्या के प्रसंग को जीवन्त रूप में चित्रित कर पाए। हीरा द्वारा गाय की हत्या का प्रसंग अत्यन्त अस्वाभाविक है और प्रेमचन्द भरसक प्रयास करने पर भी उसे विश्वसनीय नहीं बना पाए हैं। यह तो ठीक है कि द्वेषान्ध भाई अहित करने के लिए किसी भी सीमा तक जा सकता है, किन्तु हीरा को क्या ज्ञात नहीं था कि होरी गाय को बाहर नहीं बाँधता। स्पष्ट है कि उस दिन होरी से गाय इसीलिए बाहर बँधवायी गयी है कि हीरा उसे जहर दे सके। फिर, उसी दिन हीरा गाय को जहर देने के लिए अपने भाई से खुरपी माँगने का बहाना करता है। किसान के घर में खुरपी तक नहीं थी! और अगर किसी कारण से नहीं भी थी तो क्या हीरा को यह पता था कि होरी आज रात गाय बाहर बाँधेगा! स्पष्ट है कि उपन्यासकार का मन मातृ-ग्रन्थि से जकड़ गया है। दुनियावी समस्याओं से भाग कर माँ की गोद में बैठे रहने की चाह इसी जकड़न को व्यक्त करती है।

हीरा द्वारा गाय को जहर देना होरी के दमित समंजन-मूल्यों के वाहक छाया-व्यक्तित्व द्वारा मातृ-बिम्ब से मुक्ति का प्रयास है। लोक-व्यवहार में भी बाहरी दुनिया का सामना करने को विवश होने पर मातृ-ग्रन्थिग्रस्त व्यक्ति माँ, बहिन या पत्नी को अकारण प्रताड़ित करते देखे जा सकते हैं। हीरा होरी की ही छाया है। इस प्रकार गाय का हत्यारा होरी का ही छाया-व्यक्तित्व है।

गौ-हत्या यह प्रसंग होरी के मूल पाप के प्रसंग का समवर्ती है। वहाँ होरी पाप करता है और हीरा एवं पुनिया में संघर्ष है। यहाँ हीरा पाप करता है और होरी धनिया में संघर्ष है। भाई का मोह वहाँ भी है और यहाँ भी। वहाँ पुनिया और बंसोर का टकराव है, यहाँ धनिया और दरोगा का संघर्ष है। फिर भी, दोनों में महत्त्वपूर्ण अन्तर है। पुनिया बंसोर को हराकर भी नहीं हरा पाती, धनिया दरोगा पर विजय पाती है। होरी का पाप असफल रह जाता है। हीरा का पाप सफल हो जाता है। स्पष्ट है कि गो-हत्या के प्रसंग ने उस मनोवैज्ञानिक लक्ष्य को पूरा किया है जो होरी के मूल पाप के प्रसंग से नहीं हो पाया था। गाय के मरते ही उपन्यासकार की सर्जनात्मक शक्ति को प्रतीकित करने वाली धनिया अपने प्रचण्ड तेजस् से सामूहिक छाया के व्यंजक दरोगा का सफलतापूर्वक सामना करती है।

गोदान में समाज की क्रूरता का गहरा चित्रण है। समाज के आतंक का अनुभव प्राय: आप्तपुरुष के आद्यरूप से सम्बद्ध होता है। विवेच्य प्रसंग में समाज की क्रूरता का व्यंजक दरोगा स्पष्ट रूप से सत्ता का प्रतीक है। 'पुलिस' शब्द के व्युत्पत्तिपरक अर्थ में सत्ता का, राज्य का, अर्थ निहित है। इस प्रकार समाज के शाश्वत कालुष्य का व्यंजक दरोगा आप्तपुरुष के कृष्ण पक्ष को प्रतीकित करता है। धनिया स्पष्टतया प्रेमचन्द की सर्जनात्मक शक्ति को प्रतीकित करने वाला माया-बिम्ब है। अचेतन

का प्रतिनिधित्व करने के कारण माया का आद्यबिम्ब हमारे चित्त की आभ्यन्तर स्थिति का भी व्यंजक होता है। विवेच्य प्रसंग में प्रेमचन्द की सामाजिक अन्याय के प्रतिकार की क्रान्तिकारी भावना ने स्वयं को धनिया के प्रभावक मायाबिम्ब में रूपायित किया है। धनिया वास्तव में दुर्गा है, क्योंकि वह दुर्गा जैसी चित्रित है। प्रेमचन्द ने लोगों को उसके दुर्गावत् प्रतीत होने का वर्णन भी किया है। इस प्रकार विवेच्य के प्रथम सोपान का चरम प्रसंग असुरविनाशिनी दुर्गा के आद्यबिम्ब से दीप्त है।

'सिम्बल्स ऑफ ट्रान्सफॉरमेशन' शीर्षक से प्रस्तुत युंग द्वारा मिस मिलर की फंतासियों की व्याख्या से स्पष्ट है कि निर्ग्रन्थन के अभाव में ग्रन्थियाँ आद्यरूपात्मक स्तर से व्यक्त हो सकती हैं। प्रथम सोपान के प्रसंगों के विश्लेषण से स्पष्ट होता है कि होरी की गाय की लालता में उपन्यासकार के चित्त की ग्रन्थ्यात्मकता व्यक्त हुई है और गाय की हत्या के प्रसंग की अस्वाभाविकता से सिद्ध है कि उपन्यासकार की चेतना मातृ-ग्रन्थि से पूर्णतया मुक्त नहीं हो पायी है। सामयिक रूप से भले ही उभर आयी हो। मातृ-ग्रन्थि से पूर्णतया मुक्त होने के लिए उसका सचेत साक्षात्कार अनिवार्य है।

विगत विवेचन से स्पष्ट है कि गोदान के कथानक का प्रथम सोपान ग्रन्थ्यात्मक है, जिसकी चरम परिणति दुर्गा और दैत्य आद्यबिम्ब में हुई है। ग्रन्थि की ऐसी आद्यबिम्बात्मक परिणति मुक्तिदायिनी नहीं होती। गोदान में प्रेमचन्द ने गोबर की कथा को विशेष महत्त्व दिया है। गोबर एण्टी-होरी है, हीरो जैसा है। वह कभी अपने पिता से किसी भी महत्त्वपूर्ण मसले पर सहमत नहीं हो पाता। होरी की कथा से गोबर की कथा का केवल पूर्वार्द्ध है; उसके उत्तरार्द्ध का सन्दर्भ भिन्न है। अत: उसका विश्लेषण आगे किया जाएगा। झुनिया भोला की पुत्री है और विधवा है। परम्परागत भारतीय समाज में विधवा-विवाह को प्रोत्साहित नहीं किया जाता। विधवा के साथ विवाह-पूर्व यौन सम्बन्ध तो स्पष्टतया अगम्यगमन है, पाप है। इसीलिए गोबर की स्थिति को स्वर्ग-च्युत होने की उपमा मिली है। मूल पाप के अभिप्राय से सम्बद्ध स्वर्ग-च्युति मातृ-बिम्ब से मुक्त तेजस् की व्यंजक है, किन्तु प्रथम सोपान के प्रसंगों के विवेचन से स्पष्ट है कि माता से मुक्ति की अचेतन प्रक्रियाओं के सम्यक् साक्षात्कार में उपन्यासकार विफल रहा है। अत: गोदान का गोबर सामाजिक समस्याओं से जूझने को तत्पर उपन्यासकार के स्फीत अहं को व्यंजक है और अहं उस तेजस् से स्फीत है जो उपन्यासकार की चेतना में दुर्गा के आद्यबिम्ब से सरणीकृत हुआ है। प्रथम सोपान के बाद होरी की कथा के विकास का श्रेय गोबर की कथा को है, क्योंकि इस तेजस्-प्रतीक ने होरी की कथा के स्वाभाविक विकास को मातृ-ग्रन्थि द्वारा बाधित होने से बचा लिया है।

कहा जा चुका है कि गोदान मनोवैज्ञानिक उपन्यास है अर्थात् उसकी कथावस्तु प्रधानत: चेतनानुभवों से सम्बद्ध है। इस प्रकार के उपन्यासों में सर्वोत्तम अंश वही

होते हैं, जिनमें उपन्यासकार के चेतन और अचेतन चित्त जीवन्त सम्बन्ध में बँधे हों। गोदान में होरी की कथा के द्वितीय सोपान में चेतन और अचेतन का सम्बन्ध सर्वाधिक जीवन्त रहा है। आर्थिक शोषण की भयावहता के विराट् चित्र इसी सोपान में निहित है। इस सोपान का सम्पूर्ण घटनाचक्र चेतना के धरातल पर सर्जित, अत्यन्त स्वाभाविक एवं विश्वसनीय है। आर्थिक शोषण के हृदयद्रावक चित्रण की चरम सीमा होरी के मजदूर बनने में लक्षित की जा सकती है। समग्र सोपान में होरी और धनिया में पारस्परिक समझ बनी रहती है। उनमें कहीं कोई गम्भीर मतभेद नहीं है। होरी जानता है कि पंचों द्वारा दण्ड लगाया जाना अन्याय है और धनिया भी समझती है कि दण्ड उसे देना ही पड़ेगा। ऊख के पैसे से कर्जे की वसूली का होरी भी विरोध करता है और उस वसूली के झेलने में होरी की विवशता का अनुभव धनिया भी करती है। होरी समाज को झेलने के लिए विवश है, धनिया अन्याय का प्रतिकार करने को तत्पर है। यहाँ धनिया का क्रान्तिकारी चरित्र प्रेमचन्द के चित्र में माया के आद्यबिम्ब की उद्धीप्ति का सूचक है। सर्जक के चित्र में माया के आद्यबिम्ब की उद्धीप्ति के अभाव में किसी सशक्त नारी चरित्र की सृष्टि सम्भव ही नहीं है। विवेच्य सोपान में धनिया के व्यक्तित्व की प्रखरता झुनिया को आश्रय देने में, बिरादरी के विरोध में, पंचों के विरोध में, बच्चों के लिए डेढ़ दो मन अनाज पंचों से बचाए रखने में और झुनिया को भोला के हाथों पड़ने से रोकने में व्यक्त है। प्रेमचन्द की धनिया का ही कलेजा इतना मजबूत हो सकता है कि भोला को बैल दे दिए; झुनिया नहीं दी। धनिया के चरित्र का ऐसा औदात्य उपन्यासकार की चेतना के माया के आद्यबिम्ब से संयुत होने का परिणाम है।

झिंगुरीशाह द्वारा कर्जे के जबरन वसूली द्वितीय सोपान के सर्वाधिक मार्मिक प्रसंगों में से एक है। पूरा गाँव दैत्य-सदृश झिंगुरीशाह से त्रस्त है। इस प्रसंग में शोषक की संहारकता का हृदयद्रावक चित्रण है। पूरे वर्ष अपने खून से धरती खींचने वाला किसान फसल बिकने के दिन भी खाली हाथ घर लौटता है; बच्चों के लिए भी कुछ नहीं ला पाता। फसल बिकने के दिन भी किसान अपनी भूख-प्यास भुलाने के लिए महाजन की नजरों से बचाकर रखे एक आने की ताड़ी पीने पर विवश होता है। झिंगुरीशाह के शोषण की इस भयावकता में सामूहिक छाया का आद्यबिम्बत्व सहज ही लक्षित किया जा सकता है। विश्व की महानतम रचनाओं में सामूहिक छाया के व्यंजक दैत्यों की ध्वंसात्मकता के विराट चित्र दृष्टिगोचर होते हैं।

द्वितीय सोपान की चरम घटना है—होरी और उसके परिवार द्वारा दातादीन की मजूदरी। शोषक होने के कारण दातादीन आप्तपुरुष के कृष्णपक्ष को प्रतीकित करता है। वह होरी और धनिया के असम्मान का प्रयास करता है। होरी की तरह, धनिया के असम्मान को प्रेमचन्द भी सह नहीं पाते और इसीलिए गोबर आ जाता है। धनिया के असम्मान पर प्रेमचन्द का अहं स्फीत हो उठता है। इस स्फीत अहं को प्रतीकित

करने वाला गोबर अपनी ढंग से सभी से बदला लेता है। अहं–स्फीति के चुक जाने पर होरी–धनिया और गोबर–पुनिया के मध्य असमंजन बढ़ता है। धनिया के क्रान्तिकारिता और गोबर की स्वार्थपरता को प्रेमचन्द साथ–साथ नहीं रख सकते थे।

होरी की कथा दातादीन की मजूदरी करते हुए उसके बेहोश हो जाने पर भी समाप्त हो सकती थी। आगे सोना और रूपा की शादी के प्रसंग हैं। सोना की शादी नौहरी के आर्थिक सहयोग से सम्पन्न होती है, किन्तु रूपा की शादी में होरी की मरजाद टूटती है। रूपा होरी की अन्तिम पुत्री है और उसके लिए यह कामना सहज है कि वह उसकी शादी करके, मुहावरे में कहें तो, गंगा नहा ले। गोदान में प्रसंगों का बाहुल्य है और प्रेमचन्द अपनी विलक्षण प्रसंगोद्‌भावना–शक्ति से किसी ऐसे प्रसंग की कल्पना सहज ही कर सकते थे जिससे होरी को कुशकन्या न देनी पड़ती। इससे स्पष्ट है कि प्रेमचन्द के चित्त में कथा के दु:खान्त रहने का संवेग अत्यन्त तीव्र था। जहाँ कथा दु:खान्त हो रही थी, वहाँ उन्होंने उसे दु:खान्त होने से रोकने के लिए पूरी ताकत से भोला–नौहरी के प्रसंग को तूल दिया और जहाँ उसकी दु:खान्तता को आसानी से टाला जा सकता था, वहाँ उसके लिए एक प्रसंग गढ़ लिया गया। उनका यह संवेग सहजगम्य है कि कथा होरी के बिगड़ने की ही न रहे; उसकी मरजाद टूटने की भी रहे। क्योंकि बिगड़ कर तो बना भी जा सकता है; मरजाद के टूटने पर जिन्दा नहीं रहा जा सकता। होरी की मौत स्पष्टतया प्रेमचन्द के चित्त में गाय के उस मृत्यु–बिम्ब की उददीप्ति की सूचक है जिससे प्रेमचन्द प्रारम्भ से ही सूझे हैं, किन्तु जिसे अन्ततोगत्वा टाल नहीं पाए।

होरी के कथा के तृतीय सोपान में मातादीन–सिलिया, सिलिया–सोना आदि के प्रसंगों की सोद्देश्यता तो स्पष्ट है, किन्तु प्रधान कथा के सन्दर्भ के उनके नियोजन की अनिवार्यता संदिग्ध है। ऐसी स्थिति में भोला–नौहरी के प्रसंग के साथ–साथ ये प्रसंग भी सर्जक के चित्त में ग्रन्थि की सक्रियता की सूचना देते हैं। भोला की दुर्गति, दातादीन और मातादीन के सवर्णत्व पर आघात, सोना का सुखी दाम्पत्य जीवन, सिलिया को अभीष्ट की प्राप्ति आदि के द्योतक उक्त प्रसंगों के नियोजन के मूल में जैसी करनी वैसी भरनी का लोक–विश्वास निहित है जो मूलत: माता के आद्यरूप से सम्बद्ध है। यहाँ यह उल्लेख अप्रासंगिक न होगा कि शोषण के ध्वस्त होने का मार्क्सवादी विश्वास भी माता के आद्यरूप पर आधारित है। युंगीय दृष्टि से व्यक्तिवाद के मूल में पिता का और मार्क्सवाद के मूल में माता का आद्यरूप विद्यमान है ।

गोदान की प्रधान कथा के विश्लेषण से स्पष्ट है कि उसमें व्यक्त मूल समस्या कृषक के आर्थिक शोषण की है। उसकी सामग्री बहिर्जगत् के चेतनानुभवों से गृहीत है। उसकी सीमाओं के लिए उपन्यासकार की पाप–ग्रन्थि उत्तरदायी है। उसकी शक्ति का श्रेय मासा और सामूहिक छाया के आद्यबिम्बों को है। उसकी संरचनात्मक समग्रता में माता का आद्यरूप निहित है।

गोदान की प्रधान कथा के साथ गौण कथाओं के सम्बन्ध को उसके उद्देश्य के सन्दर्भ में समझने के प्रयास हुए हैं। कुछ आलोचकों ने आर्थिक शोषण के व्यापकतर सन्दर्भों चित्रण को विवेच्य उपन्यास का मूल उद्देश्य मानते हुए प्रेमचन्द की प्रगतिवादी के प्रति ऐकान्तिक प्रतिबद्धता की स्थापना की है। किसी भी उपन्यास का मूल उद्देश्य उसकी वस्तु की संरचनात्मक समग्रता में ध्वनित होता है, अतः उसके निश्चयन में उपन्यास की किसी भी प्रसंग की उपेक्षा अनेक भ्रान्तियों को जन्म दे सकती है। गोदान के अनेक प्रसंग प्रेमचन्द की उक्त प्रतिबद्धता पर गहरा प्रश्नचिह्न लगाते हैं। इतना निश्चित है कि गोदान की मूल समस्या आर्थिक शोषण की है और अनेक गौण कथाओं का नियोजन समस्या के व्यापकतर सन्दर्भों में चित्रण के प्रत्यक्ष उद्देश्य से हुआ है। यही कारण है कि गोबर के झुनिया के साथ पुनः शहर आने पर उपन्यासकार ने उसकी कथा के विकास में यथेष्ट रुचि ली है। शोषण की समस्या का व्यापकतर सन्दर्भों में चित्रण प्रगतिवादी दृष्टिकोण से किया गया है, किन्तु समाधान की प्रगतिवादिता संदिग्ध है और प्रेमचन्द की प्रतिबद्धता की ऐकान्तिकता अपुष्ट रह जाती है।

होरी के बाद उपन्यास का सशक्ततम पुरुष पात्र गोबर है। उसकी कथा का अन्त अस्वाभाविक है। उपन्यासकार ने उसके किस्से का निपटारा एक फिल्मी संयोग से कर दिया है। लखनऊ जैसे शहर में एक बाल बच्चेदार मजदूर माघ के जाड़े में रात के नौ बजे मालती की कार धकियाने के लिए ऐसी सड़क पर आ निकलता है जिस पर सन्नाटा छाया है और मालती उसे अपने घर में माली के रूप में रख लेती है। प्रश्न यह नहीं है कि गोबर क्रान्तिकारी मजदूर क्यों नहीं बना। प्रश्न यह है कि वह मालती के आश्रम जैसे घर का अंग एक एक फिल्मी संयोग से क्यों बना?

होरी और गोबर को छोड़कर गोदान में अन्य पात्रों की स्वतंत्र कथाएँ देर से फूटी हैं और जल्दी समाप्त हुई है। क्या इसका अर्थ यह नहीं है कि प्रेमचन्द ने शोषण का चित्रण तो विस्तार से किया है, किन्तु उसकी प्रक्रिया और समाधान के चित्रण में वे, सम्भवतः, उतने सुदृढ़ नहीं रह सके हैं।

शोषण और शोषित के वर्ग-सम्बन्धों के चित्रण में प्रेमचन्द ने मार्क्सवादी दृष्टिकोण को प्रश्रय दिया है। उनके कथा-साहित्य में जमींदारों के अत्याचारों के तथा उन अत्याचारों के प्रतिकारों के प्रभावक चित्र हैं। होरी के शोषक हैं—राय साहब। राय साहब की कथनी और करनी में भेद है। वे सिद्धान्ततः शोषण के विरुद्ध होते हुए भी परिस्थितियों के दास होने से शोषण करने को विवश है। राय साहब के शोषण का विरोध करते हुए भी उपन्यासकार ने उनकी बेचारगी को सहानुभूतिपूर्वक उभारा है। उपन्यासकार की उनके प्रति सहानुभूति उस समय बढ़ जाती है जब वह स्वयं खन्ना द्वारा शोषित होते हैं। इसके औचित्य के सन्दर्भ में कहा जा सकता है कि हमारे देश में सामन्तों द्वारा शोषण कभी उतना विकराल नहीं रहा, जितना पूँजीपतियों

द्वारा किया जा रहा शोषण है। सामन्तीय व्यवस्था में अनेक ग्राह्य गुण थे जो पूँजीवादी व्यवस्था में नहीं है। मुक्तिबोध जैसे कवि ने भी सामन्तीय व्यवस्था की अच्छाइयों को अनुभव किया था। दूसरे राय साहब द्वारा किए गए शोषण के लिए तत्कालीन अंग्रेजी शासन भी काफी हद तक जिम्मेदार था। तीसरे राय साहब अन्तिम शोषक नही हैं, अन्तिम शोषक खन्ना है। यदि उपन्यास में खन्ना की कथा का स्वतंत्र विकास हुआ तो राय साहब के चरित्र-चित्रण के औचित्य के सन्दर्भ में उपर्युक्त तथ्य पर्याप्त होते, किन्तु खन्ना का शोषण रूप गोविन्दी और मालती के चक्कर में पूरी तरह से नहीं उभर पाया। इससे राय साहब के किंचित् सहानुभूतिपूर्ण चित्रण का कारण अचेतन ग्रन्थि प्रतीत होती है। मनोविश्लेषण में यह तथ्य सुविदित है कि पाप-ग्रन्थि पिता के प्रति असंयत सहानुभूति उत्पन्न कर सकती है।

गोदान में खन्ना की कथा का सम्यक् विकास नहीं हुआ। वह गोविन्दी-मालती समस्या में उलझ कर रह गयी और उसका अंश अधूरा एवं विसंगत है। मिल में हड़ताल होने पर उनका मेहता से सलाह लेने जाना नितान्त अस्वाभाविक है। उनकी कथा इस वाक्य पर अपूर्ण रह जाती है—सबसे पहले तो उन्होंने गोविन्दी की सलाह ली। इसके बाद उपन्यास में कहीं उल्लेख नहीं है कि खन्ना कहाँ गए, किस-किस की सलाह ली और क्या निर्णय किया। खन्ना की कथा का यह हश्र मार्क्सवादी समाधान के विषय में प्रेमचन्द की असमंजसता का स्पष्ट द्योतक है और उनकी कथा में दाम्पत्य सम्बन्धों के निर्वाह की समस्या का प्रबल होना स्पष्टतया उपन्यासकार की चेतना के मातृ-ग्रन्थि से अभिभूत हो जाने का सूचक हैं।

उपन्यास में होरी और गोबर की कथा के साथ राय साहब और खन्ना की कथाएँ इस तथ्य की द्योतक हैं कि प्रेमचन्द ह्रासमान सामन्तवाद और वर्तमान पूँजीवाद के सन्दर्भ में समाज की प्रगतिवादी व्याख्या करना चाहते थे। प्रश्न यह है कि प्रेमचन्द अपने इस चेतन उद्देश्य के अनुरूप सायास उत्पाद्य कथाओं का निर्वाह क्यों नहीं कर पाए? महाजनी सभ्यता पर लिखने वाली कलम अपनी अन्तिम रचना में मार्क्सवादी समाधान क्यों नहीं दे पायी? गोदान के कथानक की अधिकांश विसंगतियों में उस समाधान से कतराने के अचेतन प्रयासों को लक्षित किया जा सकता है। उस समाधान को प्रेमचन्द के चित्त के गहनतर स्तरों ने स्वीकार नहीं किया है।

गोदान में मेहता-मालती की कथा का प्रत्यक्ष ध्येय नर-नारी सम्बन्धों की व्याख्या है। होरी की कथा के बाद उपन्यास के सर्वाधिक पृष्ठ इसी व्याख्या ने घेरे हैं। इस कथा का प्रारम्भ, विकास और अन्त प्रेमचन्द ने उपन्यास के प्रारम्भ से ही विस्तारपूर्वक चित्रित किया है, किन्तु ऐसी महत्त्वपूर्ण कथा अत्यधिक विसंगत और अनेक स्थलों पर हास्यास्पद हो गयी है। गोदान के कथानक की संरचना पर समग्रत: विचार करने के उपरान्त इस निष्कर्ष पर पहुँचा जा सकता है कि प्रत्यक्षत: नर-नारी सम्बन्धों को व्याख्यायित करने वाली मेहता-मालती की कथा मूलत: प्रेमचन्द के

जीवन–दर्शन की व्यंजक है। होरी और गोबर की कथाओं में गोदान की मूल समस्या व्यक्त हुई है। गोबर का विद्रोह शोषण के विरोध में जागे उपन्यासकार के तेजस् के रूप में समझा जा सकता है। अपने युग की प्रचलित विचाराधारा को प्रेमचन्द ने उसी प्रकार अपनाया है, जिस प्रकार सुमित्रानंद पंत ने अपनाया, किन्तु न तो पंत की और न ही प्रेमचन्द की रचनाओं में मार्क्सवादी समाधान उभर पाया है। उस युग की विचाराधारा प्रेमचन्द की चेतना से तो सम्बद्ध रही है, किन्तु प्रेमचन्द का अचेतन उसका विरोधी रहा है। समाधान के रूप में प्रेमचन्द का तथाकथित आश्रमवाद मेहता–मालती की कथा में मुखर है। यह आश्रमवाद लोक–सेवा का आदर्श ही है। प्रेमचन्द के तेजस् का प्रतीक गोबर अन्ततोगत्वा इसी आदर्श का सहारा लेता है। वह मालती के आश्रमवत् घर का अंग बन जाता है। इस प्रकार समाधान गोदान में भी है और वही है जो प्रेमचन्द के अन्य उपन्यासों में है। आदर्श के थोपे गए से जाने पड़ने का आक्षेप गोदान के सन्दर्भ में भी उतना ही सही–गलत है। जितना है कि अन्य उपन्यास के सन्दर्भ में हो सकता है। समाधान पक्ष से सम्बद्ध मेहता–मालती की कथा में अनेक विसंगतियाँ यह सिद्ध करती है कि विवेच्य उपन्यास में यह आदर्श मातृ–आद्यरूप से सम्बद्ध न होकर मातृ–ग्रन्थि से सम्बद्ध है।

निष्कर्षत: गोदान के कथानक की संरचनात्मक समग्रता में वत्सला या मृत्यु का आद्यबिम्ब निहित है। प्रेमचन्द इस बिम्ब की चपेट में उभर नहीं पाए हैं। मंगल–सूत्र का अधूरा रह जाना भी इस तथ्य का पोषक है। उसके कथानक की सीमाओं के लिए अधिकांशत: मातृ–ग्रन्थि या पाप–ग्रन्थि उत्तरदायी है। उसकी शक्ति सामूहिक छाया और माया के आद्यबिम्बात्मक अनुभवों में निहित हैं। गोदान के कथानक के सर्वाधिक सप्रभ अंशों में उपन्यासकार की चेतना के उक्त आद्यरूपों से सम्बद्ध होने की प्रभविष्णुता लक्षित होती है।

पुनर्नवा हजारीप्रसाद द्विवेदी का प्रसिद्ध उपन्यास है। इसका उद्देश्य उदात्त है। द्विवेदी जी ने नरलोक से किन्नरलोक तक एक ही रागात्मक सत्ता को स्वीकार किया था। बाणभट्ट की आत्मकथा का नायक प्राणिजगत् के इसी रागात्मक ऐक्य को समर्पित हुआ। पुनर्नवा में भी अपने आप को दलित द्राक्षा की भाँति निचोड़ कर महा–अज्ञात के चरणों में उंडेल देने का आदर्श स्थापित है। युंगीय मनोविज्ञान की दृष्टि से पुरुष के चित्त में प्रेम, समर्पण, विश्वबन्धुत्व आदि के सामान्य आदर्श माया के आद्यबिम्बात्मक धरातल से भी प्रकट हो सकते हैं। विवेच्य उपन्यास में मंजुला पूर्ण समर्पण के आदर्श की प्रमुखतम उद्घोषिका है। 'पुनर्नवा' विशेषण उसी को दिया गया है। उपन्यास के प्रारम्भ में वही देवरात के बासी घाव को ताजा करती है। मरकर भी वह भावरूप में जीवित करती है और कथा–क्रम के विकास में देवरात को वृन्दावन जाने के लिए प्रेरित करती है। वही गोपाल आर्यक को धूतादेवी के पास भेजी है, जिसकी प्रेरणा से गोपाल जीवन से समंजित होता है। वह बासी को ताजा

करने के साथ-साथ बासी से ताजा होती भी है। इसी से उसका पुनर्नवा विशेषण सार्थक हैं। पुनर्नवा मंजुला का यह वैशिष्ट्य माया के आद्यबिम्ब के कारण है।

विवेच्य उपन्यास में सहस्त्रों वर्षों की परम्परा से समृद्ध स्वयं को दलित द्राक्षा की भाँति निचोड़कर दे देने का आदर्श अनेक कारणों से निष्प्रभ हो गया है। यह आदर्श प्रमुखतः अपने प्रभावक रूप में, देवरात की कथा से सम्बन्धित है, जबकि पताका गोपाल आर्यक की है। उपन्यास का उद्देश्य से देवरात की कथा इतनी महत्त्वपूर्ण बन जाती है कि उपन्यास के कथानक का आनुपातिक सौन्दर्य प्रभावित होता है। देवरात की कथा गोपाल आर्यक कथा से सम्यक् रूप में अन्वित नहीं हो पायी है। यह उपन्यास केवल देवरात का या केवल गोपाल आर्यक का किस्सा भी बन जा सकता है। 'पुनर्नवा' शीर्षक में ध्वनित उद्देश्य तो देवरात की कथा के माध्यम से ही पूरा हो जाता है। गोपाल आर्यक की समस्या मूलतः दो नारियों के साथ स्वयं को समंजित करने की समस्या है। इस प्रकार कथानक में उद्देश्योन्मुखी अन्विति का अभाव है। कथानक की घटनाएँ अस्वाभाविक है। घटनाओं में संयोगों की बहुलता है और उनका अन्तस्सम्बन्ध शिथिल है। उनके सम्यक् नियोजन में कथाकार असफल रहा है। अनेक स्थलों पर पात्रों का चरित्र-चित्रण भी अस्वाभाविक बन पड़ा है। अब प्रश्न यह उठता है कि द्विवेदी जी जैसे सिद्ध कथाकार के उपन्यास में इस प्रकार की सीमाएँ क्यों हैं? मनोवैज्ञानिक दृष्टि से रचना की बुनावट में झोल के लिए ग्रन्थियाँ उत्तरदायी होती हैं, क्योंकि उनसे चेतन-अचेतन का जीवन्त सम्बन्ध प्रभावित होता है। उपन्यास के कथानक में ऐसी ग्रन्थ्यात्मकता अनेकत्र लक्षित होती है। उपन्यास का नायक गोपाल आर्यक है। वह अत्याचारी शासन के विरोध में लहुरा वीरदल का नेतृत्व करता है। सामान्यतः उसे सामाजिक मर्यादाएँ स्वीकार्य हैं। देवरात के प्रस्ताव पर वह मृणाल से, प्रत्यक्षतः उसकी रक्षा करने के लिए, विवाह करता है। साथ ही, मृणाल के विवाह से पूर्व चन्द्रा के प्रेम को मौन स्वीकृति भी प्रदान करता है। चन्द्रा के सम्पर्क में जाने पर वह हलद्वीप छोड़ कर चला जाता है। चन्द्रा उसका पीछा करती है। उसकी रक्षा के लिए वह लिच्छिवियों से संघर्ष करता है। तदनन्तर सम्राट समुद्रगुप्त के सहयोग से, उनके महाबलाधिकृत के रूप में, हलद्वीप के अत्याचारी शासक को परास्त कर स्वयं शासन करता है। फिर समुद्रगुप्त की सेना का नेतृत्व करता है। इसी मध्य से उसे सम्राट का पत्र मिलता है, जिसमें चन्द्रा के साथ उसके सामाजिक दृष्टि से निषिद्ध सम्बन्ध की भर्त्सना होती है। लोकापवाद के भय से वह सेना छोड़कर भाग जाता है। अन्ततोगत्वा उज्जयिनी में राजा पालक को मार कर विजय प्राप्त करता है और चन्द्रा तथा मैना से मिलता है।

गोपाल आर्यक का पलायन पुनर्नवा की सम्भवतः सर्वाधिक महत्त्वपूर्ण घटना है। यही एक घटना है, जिसके कारण 'मृच्छकटिकम' का एक अज्ञात व्यक्ति लोककथा के एक सुज्ञात नायक से सम्बद्ध होता है। समस्या यह है कि यह सर्वाधिक महत्त्वपूर्ण

घटना उपन्यास में सर्वाधिक अस्वाभाविक रूप में प्रस्तुत हुई है। एक और तो यह गोपाल आर्यक चरित्र के अनुरूप नहीं है और दूसरी ओर जिस परिवेश में सम्पन्न हुई है, उसके प्रतिकूल है। सम्राट समुद्रगुप्त की विजयाभियानरत सेना का महबलाकृत इस प्रकार उसे छोड़कर चला जाए और गूढ़ पुरुषों की सक्रियता का संकेत तक न हो। लोकरस के चक्कर में पड़ कर समुद्रगुप्त जैसे सम्राट को इतना अविवेकी चित्रित किया है कि वह अपने महाबलाकृत के व्यक्तिगत जीवन से नितान्त अनभिज्ञ रहता है और उसकी सीमाएँ ज्ञात होने पर आक्रोश में आकर पत्र द्वारा उस समय भर्त्सना करता है जब उसकी सेना विजयाभियान पर है। उपन्यास की यह केन्द्रीय घटना है, किन्तु वर्णित न होकर सूचित है। इस केन्द्रीय घटना के बाद गोपाल आर्यक की सारी सक्रियता समाप्त हो जाती है। राजा पालक को मारने के प्रसंग को यदि छोड़ दिया जाए तो उज्जयिनी के तीव्रतम, घटना-चक्र में वह 'चारुचन्द्रलेख' के सातवाहन की तरह हाथ पर हाथ धरे बैठा रहता है।

प्रश्न यह उठता है कि क्या प्रसंगों की ऐसी अस्वाभाविकताएँ लोरकचन्दा के नायक और 'मृच्छिकटिकम' के अज्ञात व्यक्तित्व को निकट लाने के प्रयास में हुई है? उत्तर नकारात्मक होगा। यदि ऐसा ही होता तो उज्जयिनी में अन्य महत्त्वपूर्ण पात्रों को इतना सक्रिय और आर्यक को इतना निष्क्रिय चित्रित नहीं किया जाता।

लोरक-चन्दा की लोककथा वस्तुतः दो नारियों या पत्नियों के साथ सम्बन्ध-निर्वाह की समस्या है। इस लोककथा के नायक को 'मृच्छकटिकम' के कथा-व्यक्तित्व से सम्बद्ध करने के प्रयास में सारी घटनाएँ बिखर कर रह गयी हैं। चेतन प्रयास से भी घटनाओं को सुसम्बद्ध किया जा सकता है, बशर्ते उसमें आद्यबिम्ब या आद्यबिम्बों का संस्पर्श हो। उपन्यास के कथानक में आद्यन्त किसी एक आद्यरूप का बिम्बन होता है। कथानक का आद्यबिम्बत्व व्यापारों एवं उनके संपिण्डन में निहित रहता है। उपन्यास के अन्य तत्व भी संपिडन में निहित आद्यरूप के अनुरूप संयोजित होते हैं। समग्र कथानक में किसी एक आद्यबिम्ब की प्रमुखता होती है। व्यापारों के माध्यम से प्रकट अन्य बिम्ब उसमें संपिडित हो जाते हैं; उनकी स्वतंत्र सत्ता नहीं रहती। किसी भी उपन्यास की बुनावट में, यदि, झोल है तो मानना चाहिए कि उसमें आद्यबिम्बत्व का अभाव है और सर्जक के चित्त में ग्रन्थि की सक्रियता के कारण ही ऐसा हुआ है।

पुनर्नवा की केन्द्रीय घटना, जिस पर पूरे कथानक का बाँधे रखने का दारोमदार है, सूचित क्यों है? वर्णित क्यों नहीं है? उपन्यासकार नायक के महत्त्वपूर्ण व्यापारों के विस्तृत वर्णन या चित्रण से क्यों कतराया है? उपन्यास में जिन स्थितियों में पात्र पलायन करते हैं, उनका अपेक्षित होने पर भी चित्रण न करके उपन्यासकार ने ग्रन्थिग्रस्तता को अनजाने में व्यक्त किया है क्योंकि ग्रन्थि के सक्रिय होने का एक लक्षण यह भी है कि व्यक्ति स्थिति-विशेष के प्रति सम्यक् प्रतिक्रिया करने में

असफल हो जाता है। शब्द-साहचर्य-सम्बन्धी मनोवैज्ञानिक प्रयोग इस तथ्य के साक्षी हैं। ग्रन्थि से प्रभावित सर्जक कथाक्रम में अस्वाभाविक प्रसंगों की कल्पना तो कर लेता है लेकिन अस्वाभाविकता के कारण उनका सम्यक् निर्वाह नहीं कर पाता।

गोपाल आर्यक के चरित्र-चित्रण में भी अनेक विसंगतियाँ हैं। सेना से उसका पलायन मुख्यतः लोकापवाद के भय से चित्रित है, जबकि उज्जयिनी में वह पाप-भावना से ग्रस्त व्यक्ति के रूप में चित्रित है। चन्द्रा के कारण शहर छोड़कर भागना भी उसके समग्र व्यक्तित्व के प्रतिकूल जान पड़ता है। उसके इस प्रकार के अनेक व्यापारों का संयोजन उपन्यास में प्रयासजन्य है।

समग्र उपन्यास में गोपाल आर्यक के व्यक्तित्व के दो रूप सामने आते हैं। दोनों रूपों में उसका व्यक्तित्व सूचित अधिक है, चित्रित कम। वह पति भी है और प्रेमी भी। पति रूप में वह मुख्यतः वर्णित है और प्रेमी रूप में सूचित। वह राजद्रोही भी है और राजभक्त भी। राजद्रोही रूप में वर्णित है और राजभक्त के रूप में सूचित। वह मर्यादाबद्ध भी है और मर्यादाभंजक भी। उसका मर्यादाबद्ध रूप चित्रित है और मर्यादाभंजक रूप सूचित। वह सक्रिय होकर व्यक्तिगत शौर्य का प्रदर्शन करता है और सेना का संचालक भी है। उसके व्यक्तिगत शौर्य का चित्रण हुआ है किन्तु महाबलाधिकृत का रूप केवल सूचित है। गोपाल आर्यक के ऐसे व्यक्तित्व से सम्बद्ध पक्ष पर कुछ विचार आगे प्रस्तुत किए जाएँगे। यहाँ केवल यही अभिप्रेत है कि गोपाल आर्यक का जैसा व्यक्तित्व द्विवेदी जी ने सृजित करना चाहा है, वैसा वे उसे समग्रता में चित्रित नहीं कर पाए हैं।

गोपाल आर्यक के समग्र चरित्र एवं उसके व्यापारों के चित्रण की उपर्युक्त सीमाओं से उपन्यासकार की ग्रन्थिग्रस्तता सिद्ध है। इस प्रकार के चित्रण मुख्यतः मृणालमंजरी और चन्द्रा से सम्बद्ध हैं। इसीलिए मातृ-ग्रन्थि के अस्तित्व का अनुमान सहज ही किया जा सकता है। गोपाल आर्यक की समस्या मुख्यतः दो नारियों के साथ सम्बन्ध निर्वाह की समस्या है। लोरक-चन्दा की लोककथा में भी यह समस्या निहित हैं। इस समस्या के कुछ सूत्र द्विवेदी जी के अन्य उपन्यासों में भी लक्षित किए जा सकते हैं। 'बाणभट्ट की आत्मकथा' के नायक के निपुणिका के साथ-साथ चन्द्रदीधिति के साथ भी रागात्मक सम्बन्ध हैं। अन्त में निपुणिका मर जाती है और च्रंद्रदीधिति बाणभट्ट को नरलोक से किन्नलोक तक व्याप्त रागात्मक ऐक्य के अनुभव के लिए प्रेरित करती है। चारुचन्द्रलेख का सातवाहन चन्द्रलेखा के साथ मैना की और भी आकृष्ट होता है। अन्त में मैना आत्महत्या कर लेती है और चन्द्रलेखा सातवाहन को अपने साथ ले जाती है। विवेच्य उपन्यास में चन्द्रा में मातृत्व का विकास हो जाता है, पत्नीत्व का विकास केवल मृणालमंजरी उर्फ मैना माजरदेई में ही होता है। तीनों उपन्यासों के इन नारी पात्रों के नामों में किंचित साम्य

भी लक्षित किया जा सकता है। स्पष्ट है कि द्विवेदी जी के उपन्यासों में एक नर के दो नारियों के साथ सम्बन्ध-निर्वाह की समस्या प्रधान है। 'बाणभट्ट की आत्मकथा' में यह समस्या प्रच्छन्न है; 'चारुचन्द्रलेख' में कुछ मुखर है एवं 'पुनर्नवा' में अत्यन्त प्रबल रूप में प्रस्तुत हैं। एक पुरुष के दो नारियों के साथ समंजन होने की समस्या अपनी मूल प्रवृत्ति में आद्यरूपात्मक है। शास्त्र परम्परा और लोक परम्परा में इस प्रकार के कथात्मक अभिप्राय (मोटिफ्स) प्रायः मिल जाते हैं। पद्मावत की नागवती और पद्मिनी का प्रस्तुत सन्दर्भ में उल्लेख किया जा सकता है। कामायनी का मनु भी आत्मोपलव्यि से पूर्व न तो श्रद्धा से समंजित हो पाता है और न ही इड़ा से। मनोवैज्ञानिक दृष्टि से यह आद्यरूपात्मक अभिप्राय व्यक्ति की द्विध्रुवीयता का व्यंजक है। इस प्रकार के अभिप्राय में दोनों नारियाँ प्रायः परस्पर-विरोधी स्वभाव की होती हैं और अन्तर्मुखता तथा बहिर्मुखता की परस्पर-विरोधी अभिवृत्तियों को व्यंजित करती हैं। मानव चित्त में इन दोनों में एक अभिवृत्ति प्रायः अभुक्त रह जाती है। आत्मोपलब्धि के लिए यह अनिवार्य है कि व्यक्ति अपनी अभुक्त अभिवृत्ति एवं अभुक्त मनोवैज्ञानिक कार्यों का साक्षात्कार करे। लोरक-चन्द्रा की लोककथा में मैना और चन्दा के मिलन पर दोनों में संघर्ष होता है और अन्त में दोनों सह-अस्तित्व की स्थिति को प्राप्त होती हैं। इस प्रकार लोककथा में अभिवृत्तियों के द्वन्द्व और द्वन्द्वों के शमन का मनोवैज्ञानिक यथार्थ माया के आद्यबिम्बों में ध्वनित हुआ है। पुनर्नवा में मैना और चन्दा के निर्विरोध मिलन का चित्र प्रस्तुत कर उपन्यासकार ने सामाजिक यथार्थ के साथ ही मनोवैज्ञानिक यथार्थ की भी उपेक्षा की है। सामाजिक एवं मनोवैज्ञानिक यथार्थ की ऐसी उपेक्षा सम्भवतः मातृ-ग्रन्थि के कारण है। उपन्यास में गोपाल आर्यक से चरित्र एवं उसके अस्वाभाविक व्यापारों के चित्रण के लिए भी वही मातृ-ग्रन्थि उत्तरदायी है। कथाक्रम में उसके चरित्र में पापभावना इसी मातृ ग्रन्थि के कारण प्रबल हुई है अन्यथा उसके पलायन का प्रत्यक्ष कारण तो लोकापवाद का भय है। उपन्यासकार उस भय को ही वरीयता देता तो कथा चन्द्रमौलि द्वारा गोपाल आर्यक को लोकापवाद की चिन्ता न करने के लिए प्रेरित करने पर भी समाप्त हो सकती थी। इस ग्रन्थि के विविध पक्षों का विवेचन मनोविश्लेषण का क्षेत्र के अन्तर्गत है।

पुनर्नवा में देवरात की कथा को द्विवेदी जी ने विशेष महत्त्व दिया है। उपन्यास के कथानक का आरम्भ ही देवरात के हलद्वीप में आश्रम बनाकर रहने से होता है। देवरात के जीवन की सर्वाधिक महत्त्वपूर्ण घटना-विमाता के षड्यन्त्र से उनकी पत्नी की मृत्यु—सूचित है। सूचित प्रसंग में विमाता के नाम का उल्लेख नहीं है, जबकि पिता के नाम का उल्लेख है। नाम का उल्लेख न होना मनोवैज्ञानिक दृष्टि से अत्यन्त महत्त्वपूर्ण है। विभाता स्पष्टतया मातृ-आद्यरूप से सम्बन्धित है। चेतना के वैशिष्ट्य के अनुरूप विमाता प्रायः कराला को प्रतीकित करती है। व्यक्तिगत

सन्दर्भों में वह मातृ-ग्रन्थि की वाहिका भी हो सकती है और इस रूप में वह अनेक दुर्लघ्य बाधाओं को जन्म दे सकती है।

मातृ-ग्रन्थि अपने विशुद्ध रूप में नारी के चित्त में ही लभ्य है। लिंग के अन्तर के कारण प्रत्येक पुरुष मातृ-ग्रन्थि में, माता के आद्यरूप के साथ-साथ, माया के—पुरुष के यौन प्रतिरूप के—बिम्ब के द्वारा महत्त्वपूर्ण भूमिका निबाही जाती है। इसीलिए पुरुष के चित्त में मातृ-ग्रन्थि अनेक जटिलताएँ लिए हुए होती है। मनोविश्लेषण में यह तथ्य सुज्ञात है कि दाम्पत्य सम्बन्धों के सम्यक् निर्वाह में मातृ-ग्रन्थि से अनेक प्रकार की बाधाएँ जन्मती है। लोकप्रसिद्ध है कि इसी मातृ-ग्रन्थि के कारण रामगंगा कुंआरी रह गयी थीं। भीष्म के आजीवन ब्रहचर्यत्व के लिए मातृ-ग्रन्थि ही उत्तरदायी थी। परीकथाओं में तो हत्यारी या नरमांसभक्षिणी माता के बिम्ब प्रायः मिलते हैं। मातृ-ग्रन्थि के इसी रूप के कारण देवरात की पत्नी शर्मिष्ठा की मृत्यु सूचित है, क्योंकि मातृ-ग्रन्थि से ग्रसित अहं उन संवेगों के साथ समंजित होने में प्रायः असफल हो जाता है, जिन्हें एक पत्नी का बिम्ब वहन करता है। देवरात अपनी मृत पत्नी का वर्णन मृणालमंजरी से इन शब्दों में करते हैं—वह दिव्य लोक में है। वह निखिल चराचर की जननी भुवनमोहिनी है, वह अखंड सौभाग्य की रानी है, वह सतीत्व की अधिदेवता है, वह कुलबधुओं की मानरक्षिका है। (पुनर्नवा, पृ. 63) शर्मिष्ठा के यह सभी विशेषताएँ देवरात की मातृ-ग्रन्थि की द्योतक हैं। मातृ-ग्रन्थि के कारण ही शर्मिष्ठा पर माता-पत्नी का मिश्रित बिम्ब प्रक्षेपित हुआ है।

कथाक्रम के विकास में नगर-श्री मंजुला पर माता-पत्नी शर्मिष्ठा का बिम्ब प्रक्षेपित हो गया। मंजुला और शर्मिष्ठा का वही रूप, वहीं रंग होना तो एक सीमा तक सम्भव माना जा सकता है, किन्तु 'वही कान्ति, वही हंसी' (पुनर्नवा, पृ. 56) देवरात के ग्रन्थिग्रस्त मन की सूचक है। इसी ग्रन्थि के कारण मंजुला की मृत्यु का प्रसंग नियोजित है। उल्लेख्य है कि कथा विकास के क्रम में मंजुला का प्रेयसी रूप मुखर होता है । वह देवरात को अपने घर पर आने के लिए आमंत्रित करती है। इस घटना के कुछ दिनों के बाद महामारी फेल जाती है और मंजुला मर जाती है। मनोवैज्ञानिक दृष्टि से प्रेयसी रूप के मुखर होने पर मंजुला का मरना अनिवार्य था क्योंकि मातृ-ग्रन्थि के कारण पत्नी या प्रेयसी रूप से समंजन असम्भव था। महामारी का प्राकृतिक प्रकोप भी, मातृ-ग्रन्थि के रूप में, ग्रन्थियाँ जलप्लावन आदि की भाँति अचेतन के ध्वंसात्मक पक्ष का द्योतक है।

ग्रन्थियाँ अनिवार्यतः दमन के कारण बनती हैं। युंग के अनुसार दमन के अनुद्विग्न बने रहने पर, व्यक्ति केवल माता तक ही सीमित नहीं रखता, प्रत्युत उससे भी परे, शाश्वत नारी के जन्मपूर्व क्षेत्र में पहुँच जाता है।[130] कथा विकास के क्रम में देवरात इसीलिए उज्जयिनी में मंजुला के भावरूप में शाश्वत नारीत्व का दर्शन करते हैं। सुज्ञात है कि शाश्वत नारी और शाश्वत प्रेम विश्व के उपन्यासकारों का अत्यधिक

प्रिय विषय रहा है। विवेच्य उपन्यास में शाश्वत नारी का बिम्ब कम है और उससे सम्बद्ध ग्रन्थि अधिक है।

मनोविकृतिविज्ञान (साइकोपैथोलोजी) मातृ-ग्रन्थि सदैव क्षति और रुग्णता के विचार से सम्बद्ध होती है। विवेच्य उपन्यास में देवरात सदैव स्वयं को घायल महसूस करते हैं। बासी घाव के हरे होने की ध्वनि उपन्यास के शीर्षक तक में गूँजी है। युंग ने संकीर्णताओं से मुक्त होकर मातृ-ग्रन्थि के सकारात्मक पक्षों पर भी प्रकाश डाला है। उन्होंने मातृ-ग्रन्थि से प्रभावित व्यक्तियों के सौन्दर्यात्मक बोध एवं शिक्षकत्व का उल्लेख किया है। देवरात के चरित्र में ये दोनों विशेषताएँ देखी जा सकती हैं। देवरात से सम्बद्ध कथानक की भाषा में भी मातृ-ग्रन्थि का प्रभाव लक्षित किया जा सकता है—

(1) देवरात ने मंजुला के आतिक्षय-ग्रहण का अवसर आज देखा। (पृ. 25)

(2) मैं देवरात हूँ, देवी। तुम्हारा निमंत्रण स्वीकार करके आ गया हूँ। चिन्ता न करो। अभी सब ठीक हुआ जाता है। (पृ. 26)

(3) हाँ देवि! आज मैंने तुम्हारा निमंत्रण स्वीकार किया। साहस न छोड़ो। (पृ. 27)

प्रथम वाक्य से यह ध्वनित होता है कि देवरात मंजुला का आतिथ्य-ग्रहण करने के लिए मौके की तलाश में थे और जब कोई पानी देने वाला भी नहीं रह गया तब उन्हें अवसर मिला। ऐसा वाक्य देवरात की दिव्यता का अपकर्षक है। अन्य वाक्यों निमंत्रण का स्वीकार अत्यधिक मुखर है और उससे मंजुला की मरणासन्नता एवं देवरात की सेवा-भावना धुंधली पड़ जाती है। ये सारे भाषिक प्रयोग से इस तथ्य के सूचक हैं कि मातृ-ग्रन्थि के कारण देवरात मंजुला के प्रेयसी रूप से समंजित होने में असमर्थ है।

स्पष्ट है कि देवरात की कथा मातृ-माया की समस्या की वाहिका है। इसीलिए वह मृणालमंजरी के विवाह के साथ समाप्त नहीं होती और शाश्वत नारी के बिम्ब—भावरूपिणी मंजुला—पर जा टिकती है। क्योंकि तब उसके प्रेयसी-रूप से समंजित होने की समस्या अपने आप को दलित द्राक्षा की भाँति निचोड़ देने के आद्यरूपात्मक आदर्श में परिणत हो जाती है। युंगीय मनोविज्ञान में यह तथ्य सुज्ञात है कि व्यक्ति-मन की ग्रन्थियाँ विकसित होकर आद्यरूपात्मक स्तर को प्राप्त हो जाती है, निस्सत्त्व नहीं होती। यही कारण है कि उपन्यास में चन्द्रमौलि की कथा नियोजित हुई है। उपन्यास के कथानक की संरचना में चन्द्रमौलि की कथा की अनिवार्यता संदिग्ध है। उसकी कथा उसी ग्रन्थि के विशिष्ट रूप की वाहिका है जो देवरात की कथा के विकास-क्रम में निस्सत्व नहीं हुई। इसीलिए उपन्यासकार के चित्त में चन्द्रमौलि के देवरात के सम्बन्धी होने की कल्पना जगी। चन्द्रमौलि भी राजपरिवार से सम्बन्धित है। वह राजदुहिता के प्रेमपाश में आबद्ध है और उसकी मृत्यु का समाचार सुनकर

अनेक राज्यों में भटकता फिर रहा है। वह भी देवरात की तरह स्वयं को महा-अज्ञात के चरणों में निछावर करता है। देवरात की मंजुला की तरह उसकी प्रिया भी समष्टि चेतना में घुलमिल कर अमृत-स्वरूपा बन गयी है। देवरात के समान चन्द्रमौलि भी महा-अज्ञात के चरणों में अपनी वियोग-व्यथा को निछावर करने के उपरान्त अपने को अमृत-रूप में पाता है। इस प्रकार मनोवैज्ञानिक दृष्टि से चन्द्रमौलि की कथा देवरात की कथा का ही पुनर्नव रूप है। अन्तर केवल इतना है कि सम्राट समुद्रगुप्त चन्द्रमौलि को उसकी पीड़ा कम करने के प्रयास का आश्वासन देते हैं। इस रूप में चन्द्रमौलि की कथा में उस ग्रन्थि का साक्षात्कार है जो देवरात की कथा में अछूती रह गयी है। ऐसा साक्षात्कार ग्रन्थि को निस्सत्व करने के लिए अनिवार्य है। मातृ-ग्रन्थि के जिस वैशिष्ट्य के कारण गोपाल आर्यक की कथा की बुनावट मे अनेक झोल हैं, उसी के कारण देवरात और चन्द्रमौलि की कथा को असाधारण महत्त्व मिला है। मातृ-ग्रन्थि के कारण ही देवरात के प्रेमी रूप की अपेक्षा उसका आप्तत्व अधिक मुखर है। उज्जयिनी में देवरात का आप्तत्व सार्थक होता है जब वे अपने दोनों शिष्यों की उपलब्धियों का अनुभव करते हैं। स्पष्ट है कि जिस मातृ-ग्रन्थि के कारण गोपाल आर्यक चन्द्रा से समंजित नहीं हो पाता एवं उसके चरित्र और व्यापारों के चित्रण में अनेक अस्वाभाविकता है, उसी मातृ-ग्रन्थि के कारण देवरात की कथा को उपन्यास में असाधारण महत्त्व मिला है। इसी मातृ-ग्रन्थि के कारण कथानक की संरचनात्मक समग्रता की अनिवार्यता के विरुद्ध उज्जयिनी में देवरात और मंजुला का भावरूप प्रकट हुआ है।

विवेच्य उपन्यास में देवरात और गोपाल आर्यक के बाद सर्वाधिक महत्त्वपूर्ण पुरुष पात्र है—श्यामरूप। उसके जीवन के अनेक महत्त्वपूर्ण प्रसंग सूचित हैं, किन्तु माँदी की खोज के महत्त्वपूर्ण प्रयासों के चित्रण में उपन्यासकार ने यथेष्ट रुचि ली है। श्यामरूप बचपन में अपने परिवेश से समंजित न हो सकने के कारण भाग जाता है, नट-मंडली में जम्भल का शिष्यत्व पाकर अज्जुक मल्ल को परास्त करता है, माँदी की ओर आकृष्ट होता है, उसकी खोज में मथुरा पहुँचता है, मागू को परास्त करता है, उज्जयिनी पहुँच कर संयोगात् माँदी से मिलता है, उसे मुक्त कराने का प्रयास करता है, मन्दिर में वृद्ध दम्पती का वात्सल्य और शिव की तलवार पाता है और, अन्ततोगत्वा, खोयी हुई मादी और खोए हुए भाई से मिलता है। सम्पूर्ण उपन्यास में यही एक ऐसी कथा है, जो अनेक संयोगों के बावजूद, अपेक्षतया कम अस्वाभाविक है। अपने स्वतंत्र रूप में श्यामरूप की कथा नायक के आदिम मिथकीय व्यापारों की व्यंजक है। उपन्यास में चित्रित श्यामरूप के जीवन के सभी प्रमुख प्रसंग आद्यरूपात्मक है। यही एक ऐसी कथा है जो अपनी समग्रता में ग्रन्थ्यात्मक कम, आद्यबिम्बात्मक अधिक है।

नायक के आदिम मिथकीय व्यापारों का मूलभूत कार्य व्यक्ति की अहं चेतना

का विकास है। अहं चेतना का विकास, मुख्यतः जीवन के पूर्वार्द्ध में सम्पन्न होता है। श्यामरूप की कथा इस विकास के महत्त्वपूर्ण सोपानों को बिम्बित करती है। श्यामरूप का व्यक्तित्व अन्तर्मुखी है। उसका गृहत्याग अन्तर्मुखी व्यक्ति के चित्त में बहिर्जगत् से समंजन में असफल तेजस् की प्रतिगति का व्यंजक है। मानव सभ्यता के इतिहास में इस प्रकार के गृहत्याग के असंख्य उदाहरण मिलते हैं। बुद्ध और दयानंद के जीवन के प्रसंग तो प्रख्यात ही हैं। लड़के-लड़कियों के घर से भाग जाने की खबरें भी आए दिन अखबारों में छपती रहती हैं। उपन्यास में श्यामरूप के गृहत्याग की आद्यरूपात्मक घटना भी अपने परिवेश से समंजन में असफल तेजस् के अचेतनोन्मुख प्रवाह की आदिम व्यंजक है।

श्याम हलद्वीप से भागने के बाद नट-मंडली में रहकर चौधरी जम्मल से मल्लविद्या सीखता है। एक मल्ल के रूप में उसके दोनों धड़ चलते हैं। चौधरी जम्भल के मार्गदर्शन में वह भद्रदेश से अज्जुक मल्ल को, जो इकधड़ा है, परास्त करता है। श्यामरूप के दोनों घड़ों का चलना आप्तपुरुष का आद्यबिम्ब है। पुनर्नवा में चौधरी जम्भल श्यामरूप को नया नाम देता है—छबीला पंडित। भीमकाय अज्जुक मल्ल को परास्त करना श्यामरूप के बूते की बात न थी। जम्भल की सहायता से ही अज्जुक की दुर्बलता से परिचित होते हैं और उसी के बनाए गए दाँव से वह अज्जुक को परास्त करता है।

श्यामरूप माँदी की खोज में मथुरा पहुँचता है। कथा-विकास के क्रम में जम्भल की भूमिका पूर्ण हो जाती है और वृद्ध पुजारी के रूप में आप्तपुरुष का एक अन्य आद्यबिम्ब उभरता है। उसकी सहायता से श्यामरूप चन्द्रसेन का आश्रय प्राप्त करता है। मथुरा में वह मागू मल्ल को परास्त करता है। वृद्ध पुजारी जम्भल का समवर्ती है। श्यामरूप की कथा में आप्तपुरुष के आद्यबिम्ब चेतना-विकास के व्यंजक हैं। श्यामरूप की अहं-चेतना के विकास की स्थिति के अनुरूप वृद्ध पुजारी जम्भल की अपेक्षा सामान्य नैतिकता एवं परम्परागत मानवीय आदर्शों के प्रति अधिक निष्ठावान है। वह श्यामरूप उर्फ हबीला पंडित को नया नाम देता है—शार्विलक। मागू भी अज्जुक मल्ल का समवर्ती है। अन्तर केवल इतना है कि मागू राजा के साले का कृपापात्र है और उसे परास्त कर शार्विलक राजकोप का भाजन बनता है। इस प्रकार श्यामरूप के अहं-चेतना के विकास के दो स्तर क्रमशः छबीला पंडित और शार्विलक के व्यक्तित्व में व्यंजित हैं।

शार्विलक माँदी की खोज में उज्जयिनी पहुँचता है। उज्जयिनी में उसे सैनिक घेर लेते हैं। निःशस्त्र होने के कारण स्वयं को प्रतिरोध में असमर्थ मानते हुए वह घेरा तोड़ कर जंगल की ओर भागता है। जंगल में वह शिव के मन्दिर में वृद्ध दम्पती का वात्सल्य पाता है और शार्विलक से पुनः श्यामरूप बनता है। उसे शिव के मन्दिर की तलवार प्राप्त होती है। उज्जयिनी लौट कर वह माँदी का उद्धार करता है और अपने

भाई से मिलता है। नायक द्वारा प्रिया का उद्धार एक आद्यरूपात्मक प्रसंग है। विश्व की पुराकथाओं, परीकथाओं और लोककथाओं में प्रिया के उद्धार के प्रसंग सामान्य हैं। संकटग्रस्त सुन्दरी या प्रिया के उद्धार की कथाओं से मानव का इतिहास भरा पड़ा है। प्रिया के उद्धार का कथात्मक अभिप्राय मातृबिम्ब से माया की मुक्ति को बिम्बित करता है।

श्यामरूप को छबीला पंडित और शार्विलक नाम आप्तपुरुषों द्वारा दिए गए हैं। इन नामों को श्यामरूप ने सहर्ष अपनाया है। नाम-माहात्म्य सुज्ञात है। नाम रखना, नाम बिगाड़ना, नाम बदल देना, नाम लेना, नाम न होना आदि मुहावरों में नाम की आद्यबिम्बात्मकता व्यक्त होती है। नाम की व्यक्तित्व-व्यंजकता का विश्वास सार्वभौम है। किसी व्यक्ति या पदार्थ का नाम जान लेने पर उससे सम्बद्ध अचेतन संवेग हमारे अहं से सम्बद्ध हो जाता है। अचेतन के किसी संवेग के वशीभूत होकर लोग अपना नाम बदल भी लेते हैं। उपनाम रखने में भी यही प्रवृत्ति होती है। श्यामरूप के नए नाम नयी चेतनाओं के वाहक हैं। हबीला पंडित के रूप में उसकी चेतना इस स्तर तक विकसित होती है कि सामाजिक प्राणी के रूप में उसका त्वरित विकास प्रारम्भ हो सके। अज्जुक मल्ल स्पष्टत: श्यामरूप के दमित व्यक्तित्व का व्यंजक है। उसे परास्त करना अपनी दुर्बलताओं पर—छाया पर—विजय प्राप्त करने का व्यंजक है। युंगीय मनोविज्ञान के अनुसार छाया का आद्यबिम्ब उन मूल्यों का व्यंजक होता है जो जीवन-निर्वाह के क्रम में दमित होते हैं। यह हमारे व्यक्तित्व के कृष्णपक्ष को प्रतीकित करता है। इस पर विजय प्राप्ति का अर्थ इसके प्रति सचेत होना है। अज्जुक को परास्त करने के साथ ही श्यामरूप की कथा में माँदी का प्रवेश होता है। माँदी को और आकृष्ट होने के साथ ही उसमें अहं-चेतना के पृथक्करण का संघर्ष प्रबल होता है। अहं-चेतना के पृथक्करण और विकास का अर्थ उसका अचेतन से—माता के आद्यरूप से—मुक्त होना है। माँदी के उद्धार का प्रयास मुख्यत: इसी चित्तीय प्रक्रिया को प्रतीकित करता है। मातृबिम्ब से अहं-चेतना के मुक्त हुए बिना कोई भी पुरुष पत्नी या प्रेयसी के साथ अपने सम्बन्ध का सम्यक् निर्वाह नहीं कर सकता।

अहं-चेतना के विकास के साथ ही व्यक्ति, चाहे वह अन्तर्मुखी हो अथवा बुहिर्मुखी, अधिकाधिक सामाजिक होता जाता है। विवेच्य प्रसंग में शार्विलक की चेतना हबीला पंडित की चेतना से स्पष्टतया अधिक विकसित है और इस विकास के लिए उत्तरदायी है—माँदी, जो मनोविज्ञान दृष्टि से माया का आद्यबिम्ब है। विकास के इसी वैशिष्ट्य के अनुरूप आप्तपुरुष को बिम्बित करने वाले जम्भल और छाया को बिम्बित करने वाले अज्जुक ने क्रमश: वृद्ध पुजारी और मागू का रूप प्राप्त किया है।

चेतना-विकास को प्रतीकित करने वाली नायक की कथाएँ प्राय: मृत्यु और द्विजत्व के आद्यरूप से सम्बद्ध होती है। श्यामरूप की कथा भी इसका अपवाद नहीं

है। उसकी चेतना के विकास के लिए यह अनिवार्य था की नारी के साथ अपने सम्बन्ध के सम्यक् निर्वाह के लिए उत्तरदायी माया के आद्यबिम्ब को मातृ-बिम्ब की गिरफ्त से मुक्त करके हबीला पंडित उर्फ शार्विलक से पुनः श्यामरूप बने। यही प्रक्रिया द्विजत्व के आद्यरूप में व्यक्त हुई है। जननी के साथ-साथ प्रतीकात्मक माता का अभिप्राय नायक की कथाओं में प्रायः मिलता है। सीता की खोज में प्रवृत्त हनुमान को भी सुरसा के मुख से प्रतीकात्मक जन्म लेना पड़ता है। युंग ने तो यहाँ तक कहा है कि वही नायक होता है जो दो माताओं से उत्पन्न होता है। पहला जन्म से वह नश्वर प्राणी बनता है और दूसरे जन्म से वह अनश्वर देवकल्प बन जाता है।[131] उज्जयिनी के जंगल में स्थित शिवमन्दिर में शार्विलक द्विजत्व को प्राप्त होता है। वृद्धा उसे शिव की तलवार देती है, जिसे पाकर वह देवी शक्तियों से मुक्त होता है। ध्यातव्य है कि यह तलवार युद्ध में भी किसी का प्राण नहीं लेती। तलवार स्पष्टतः तेजस् प्रतीक है। उसका ग्रहण तेजस् की प्रगति का व्यंजक है। इस प्रकार श्यामरूप की कथा के मूल में अहं-चेतना के विकास के लिए तेजस् की प्रतिगति और प्रगति की चित्तीय प्रक्रियाएँ मृत्यु एवं द्विजत्व के आद्यबिम्बों में व्यक्त हुई है।

श्यामरूप की कथा में अहं-चेतना के विकास का अन्तिम सोपान है—माया-बिम्ब की मातृ-बिम्ब से मुक्ति। ऊपर कहा जा चुका है कि देवरात की कथा मातृ-ग्रन्थि से सम्बद्ध है। देवरात की मुख्य समस्या माता-पत्नी की समस्या है। चन्द्रमौलि भी प्रकारान्तर से इसी समस्या से सम्बद्ध है। ये दोनों पात्र इस ग्रन्थि से उबर नहीं पाए हैं। गोपाल आर्यक भी मातृ-ग्रन्थि की जकड़ के कारण मृणालमंजरी और चन्द्रा के साथ अपने सम्बन्धों के प्रति सजग होने के स्थान पर पाप-भावना से अभिभूत रहता है। ऐसी स्थिति में श्यामरूप की कथा विवेच्य उपन्यास में सर्वाधिक महत्त्वूपर्ण हो उठी है। यह कथा मृत्यु एवं द्विजत्व के आद्यबिम्बों की वाहिका है और उपन्यासकार की उस मातृ-ग्रन्थि का मोचन करती है जिसके कारण गोपाल आर्यक और देवरात के चरित्र एवं व्यापारों के चित्रण में अनेक अस्वाभाविकताएँ निहित हैं। यह दृढ़तापूर्वक कहा जा सकता है कि यदि, द्विवेदी जी के चित्त में श्यामरूप की कल्पना के द्वारा मृत्यु एवं द्विजत्व के आद्यबिम्ब उद्दीप्त नहीं होते तो 'पुनर्नवा' की रचना सम्भव नहीं हो पाती। मानव चित्त की स्वतःनियमन व्यवस्था इतनी विलक्षण है कि ग्रन्थियों की ध्वंसात्मकता से बचाने के लिए नए-नए बिम्ब स्वतः प्रकट होते रहते हैं। श्यामरूप के कारण ही गोपाल आर्यक की कथा में गति आयी है। गोपाल आर्यक के व्यक्तित्व का जो पक्ष सूचित है, वही पक्ष श्यामरूप की कथा में चित्रित है। चन्द्रा के प्रति गोपाल का प्रेम सूचित हैं; माँदी के प्रति श्यामरूप का उत्कृष्ट प्रेम चित्रित है। गोपाल का महाबलाकृत रूप सूचित है; श्यामरूप उज्जयिनी के युद्ध संचालक रूप में चित्रित हैं। एक प्रेयसी से भागता है; दूसरा प्रेयसी के लिए भागता है। इस प्रकार श्यामरूप गोपाल आर्यक का ही श्याम रूप है। उसकी कथा आर्यक की कथा की

सम्पूरक है। इस स्तर पर उपन्यास का कथानक नायक-द्वय की आद्यरूपात्मकता से सम्बद्ध हो जाता है। हमारी सांस्कृतिक परम्परा में नायक-द्वय का आद्यरूप प्राय: मिलता है। उपन्यास के प्रारम्भ में श्यामरूप और गोपाल आर्यक की उपमा भी बलराम कृष्ण से दी गयी है। नायक-द्वय के आद्यबिम्ब प्राय: मानव चित्त की द्विपक्षीयता के व्यंजक होते हैं। चित्त के ये दोनों पक्ष अपनी प्रकृत्ति में परस्पर सम्पूरक होते हैं।

उपन्यास के सम्पूर्ण कथानक में व्यापार इस रूप में संयोजित है कि उज्जयिनी में घटनाचक्र तीव्रतम हो जाता है। श्यामरूप माँदी की खोज में उज्जयिनी पहुँचता है। सेना को छोड़कर कर भागा हुआ गोपाल आर्यक भी उज्जयिनी के मार्ग में प्रकट होता है। चन्द्रमौलि का तो पात्रत्व ही उज्जयिनी की ओर पथिक के रूप में प्रारम्भ हुआ है। देवरात भी भटकते हुए उज्जयिनी पहुँच जाते हैं। मंजुला का भावरूप भी उज्जयिनी में विद्यमान हैं। यहाँ तक कि चन्द्रा पर उसके पति द्वारा मुकदमा भी इसीलिए दायर होता है कि विद्धत्सभाओं के निर्णय लाने के बहाने सुमेर काका और उनके साथ मृणालमंजरी एवं चन्द्रा को उज्जयिनी की ओर भेजा जा सके। सम्राट समुद्रगुप्त भी जलमार्ग से जाती हुई मृणालमंजरी की रक्षा का दायित्व वहन करते हुए सेना के साथ किनारे-किनारे उज्जयिनी की ओर बढ़ते हैं। इस प्रकार उपन्यास के लगभग सभी महत्त्वपूर्ण पात्र या तो उज्जयिनी पहुँची हुए होते हैं या पहुँच रहे होते हैं। इससे स्पष्ट है कि विवेच्य उपन्यास में उज्जयिनी को 'मृच्छकटिकम' के कारण ही महत्ता नहीं मिली है। उज्जयिनी के असाधारण महत्त्व का कारण उसका मातृ-बिम्बत्व है। युंग के अनुसार माता का आद्यरूप भूमि, नगर, गुफा, मन्दिर, चर्च आदि में भी बिम्बित हो सकता है। प्रस्तुत उपन्यास में उज्जयिनी माता का आद्यबिम्ब है। माता के आद्यबिम्बात्मक धरातल पर द्वन्द्वों का शमन होता है। मातृबिम्बत्व के कारण ही उज्जयिनी प्रत्येक पात्र के लिए व्यक्तित्वान्तर का स्थान बन जाती है।

उज्जयिनी पहुँच कर गोपाल आर्यक का भावरूपिणी मंजुला से साक्षात्कार होता है। गोपाल आर्यक के मन में माता संन्यासिनी का बिम्ब उदित होता है। मंजुला के रूप में गोपाल आर्यक अपने ही चित्तीय यथार्थ का साक्षात्कार करता है। वह नारी के पुत्री-भाव, प्रिया-भाव और मातृ-भाव को अलगाता है। मंजुला के साक्षात्कार से गोपाल आर्यक अपनी माता-माया की समस्या के प्रति सचेत होता है। माया का यह प्रभावक बिम्ब उसे चारुदत्त और धूतादेवी की ओर ले जाता है। धूतादेवी से गोपाल आर्यक भाभी का रिश्ता जोड़ता है। भारतीय जीवन के सन्दर्भ में भाभी का मनोवैज्ञानिक महत्त्व निर्विवाद है। वह माता भी और माया भी। इस सन्दर्भ में उल्लेख्य है कि श्यामरूप भी प्रौढ़ा भाभी के व्यवहार से ही प्रथमत: माँदी की और आकृष्ट होता है। धूतादेवी भी माता-माया को बिम्बित करती है। उसकी प्रेरणा से गोपाल आर्यक अपनी ग्रन्थि से मुक्त होकर दो आँखों की तरह जीवन के दो समान महत्त्ववाले पक्षों

को प्रतीकित करने वाली मंजुला और चन्द्रा से समंजित होता है और इस प्रकार अपने आत्म को उपलब्ध करता है।

समग्र विवेचन के उपरान्त यह निष्कर्ष प्राप्त होता है कि पुनर्नवा मुख्य समस्या माता–माया की ग्रन्थि की समस्या है जिसके निःसत्व होने पर उपन्यास का नायक अपनी व्यक्तिता की—आत्मा की—उपलब्धि करता है। सर्जक के चित्त में माता–माया की इस ग्रन्थि के कारण उपन्यास में पात्रों के चरित्र एवं व्यापारों के चित्रण में अनेक विसंगतियाँ हैं। उपन्यास का कथानक अनेक स्थलों पर ग्रन्थ्यात्मक है। उसमें आद्यबिम्बों की दीप्ति क्षीण है। केवल श्यामरूप की कथा ही ऐसी है जो, अपनी प्रकृति में, आद्यान्त आद्यबिम्बों का संस्पर्श लिए हुए है। आद्यबिम्बों के ऐसे संस्पर्श के कारण ही कथानक अपनी अनेक विसंगतियों के बावजूद फल–प्राप्ति की दिशा में अग्रसर होता है। श्यामरूप की कथा में व्यक्त मृत्यु और द्विजत्व के व्यंजक आद्यबिम्बों ने पुनर्नवा के रचयिता को इतना समर्थ बनाया है कि वह प्रभाता को उपन्यास के कथानक की संरचनात्मक समग्रता की प्रतीति कराने में सफल हुआ है अन्यथा चारुचन्द्रलेख के कथानक की तरह पुनर्नवा के कथानक का भी सही बिन्दु तक पहुँचना असम्भव होता।

आद्यबिम्बात्मक आलोचना निरन्तर विकसित हो रही है। मॉद बॉदकिन का 'आर्केटाइपल पैटर्न्स इन पोइट्री' शीर्षक ग्रन्थ मील का पत्थर सिद्ध हुआ और उसे विश्वव्यापी ख्याति मिली किन्तु मॉद बॉदकिन समालोचक न होकर मनोवैज्ञानिक थी इसीलिए आद्यबिम्ब की धारणा पर आधारित अंग्रेजी कविता के इस अत्यन्त महत्त्वपूर्ण अध्ययन से भी आद्यबिम्बात्मक आलोचना का स्वरूप व्यवस्थित रूप से स्पष्ट न हो सका। विश्वविख्यात् सौन्दर्यशास्त्री सर हर्बर्ट रीड ने युंग की धारणाओं के महत्त्व को समझा और मनुष्य की सृजन–प्रक्रिया के मूल में आद्यरूपों की सत्ता को स्वीकार किया। तब से अंग्रेजी में आद्यबिम्ब और साहित्यालोचन से सम्बद्ध अनेक घुटपुट निबन्ध प्रकाशित होते रहे हैं।

हिन्दी में आद्यबिम्बात्मक आलोचना के सिद्धान्त पक्ष पर छुटपुट लेख लिखे जाते रहे हैं, किन्तु उनमें से अधिकांश में सतही जानकारी ही है। हिन्दी की नृतत्वशास्त्रीय मिथकीय आलोचना के क्षेत्र में प्रो. रमेश कुन्तल मेघ का नाम विशेषतः उल्लेखनीय है। उनके 'साक्षी हैं सौन्दर्य प्राश्निक' शीर्षक ग्रन्थ में आद्यरूप की नृतत्वशास्त्रीय अवधारणा के आधार पर साहित्यक परम्पराओं की गम्भीर व्याखयाएँ की गयी हैं। आद्यबिम्बात्मक अध्ययन का प्रथम व्यवस्थित प्रयास प्रस्तुत पंक्तियों के लेखक ने 'आद्यबिम्ब और मुक्तिबोध की कविता' शीर्षक ग्रन्थ के रूप में किया। तदुपरान्त 'आद्यबिम्ब और नयी कविता' शीर्षक कृति में प्रस्तुत पंक्तियों के लेखक ने आद्यबिम्बात्मक आलोचना के सिद्धान्त पक्ष को स्पष्ट करते हुए नयी कविता का विशिष्ट अध्ययन प्रस्तुत किया।

'आद्यबिम्ब और गोदान' प्रस्तुत पंक्तियों के लेखक की एक अन्य रचना है जिसमें गोदान की आद्यबिम्बात्मक आलोचना है।

हिन्दी की आद्यबिम्बात्मक आलोचना के विकास में प्रो. जगदीश कुमार के योगदान को भुलाया नहीं जा सकता। 'मुक्तिबोध: संकल्पात्मक काव्य' शीर्षक ग्रन्थ के कुछ निबन्धों में उन्होंने मुक्तिबोध के काव्य के कुछ अंशों की व्याख्या उन्होंने एक सर्वथा नवीन पद्धति से की है जिसे बिम्बालोक पद्धति कहा है। इस बिम्बालोक पद्धति में आलोचना के सभी अनुशासनों को सम्यक् रूप से आत्मसात करते हुए युंगीय दृष्टि को वरीयता प्रदान की है। प्रो. जगदीश कुमार का ही 'शमशेर: कवितालोक' शीर्षक ग्रन्थ आद्यबिम्बात्मक आलोचना के व्यवहार पक्ष का सर्वोत्तम उद्‌घाटन है। हिन्दी आलोचना के इतिहास में पहली बार उन्होंने इस सिद्धान्त को उदाहृत किया है कि कविता की ध्वनियाँ अनन्त होती है। नयी कविताओं में निगढ़तम समझी जाने वाली शमशेर की कुछ कविताओं की व्याख्या का गुरुगम्भीर प्रयास सचमुच स्तुत्य है।

किसी भी विकसित आलोचना सम्प्रदाय की शक्ति और सीमाएँ सुज्ञात हो जाती है अत: वह उतने विवाद का विषय नहीं रहता, किन्तु आद्यबिम्बात्मक आलोचना का विकास इस शताब्दी के छठे दशक से तीव्रता हो रहा है अत: उसकी शक्ति के विषय में विद्वानों का संदिग्ध होना स्वाभाविक ही है। वस्तुत: जिसे मिथकीय आलोचना कहा जाता है वह कोई स्वतंत्र आलोचना सम्प्रदाय न होकर विभिन्न आलोचना सम्प्रदायों का समुच्चय है। आद्यबिम्बात्मक आलोचना उनमें से एक है। इसी कारण आक्षेप मिथकीय आलोचना के किसी अन्य सम्प्रदाय पर किए जाते हैं और उसका आद्यबिम्बात्मक आलोचना को करना पड़ जाता है। प्रो. नगेन्द्र के अनुसार "वर्तमान समीक्षा का क्षेत्र-विस्तार इतना अधिक हो गया है कि उसमें प्राय: सभी शास्त्रों का प्रवेश हो सकता है।" ब्लॉक के शब्दों में "आधुनिक आलोचकों के स्वर्ग-द्वार पर आपको ये शब्द अंकित मिल सकते हैं: यहाँ हर चीज चल सकती है।"[132] इस प्रकार मिथकीय समीक्षा आधुनिक आलोचकों का स्वर्गद्वार है। वस्तुत: साहित्यलोचन इतर अनुशासनों से पूर्णतया मुक्त कभी नहीं रहा। आधुनिक युग में ज्ञान-विज्ञान का इतना अधिक विकास हो चुका है कि साहित्यालोचन से क्षेत्र में उसे आत्मसात करने की बलवती कामना स्वाभाविक ही है, किन्तु विकसित ज्ञान के आत्मीकरण की प्रक्रिया में अपेक्षित सावधानता होनी चाहिए जिससे कि साहित्यालोचन की सापेक्षिक स्वयातता अक्षुण्ण रह सके।

मिथक और साहित्य के सहजात सम्बन्ध को रेखांकित करते हुए प्रो. नगेन्द्र ने लिखा है—"ऐसी स्थिति में, प्रबन्ध-काव्य के सन्दर्भ में वस्तु-संरचना, चरित्र-विधान कथानक-रूढ़ियों आदि का और प्रगीत-मुक्तक के सन्दर्भ में बिम्ब-योजना तथा रूप-निर्मित आदि कर विवेचन मिथक के आधार पर अधिक सटीक और

प्रामाणिक बन जाता है।''[133] प्रो. नगेन्द्र मिथकीय आलोचना में ही आधुनिक आलोचना का शुद्ध और मौलिक रूप पाते हैं। उनके शब्दों में, ''मिथक का सम्बन्ध साहित्य के अन्तरंग स्वरूप से है, बहिरंग से नहीं अर्थात् उसकी सृजनात्मक संकल्पना से है, बाहर से गृहीत विचारों से एवं सिद्धान्तों से नहीं। अतएव मिथकीय आलोचना साहित्य के साहित्य के शुद्ध रूप का अन्तरंग विश्लेषण करती है: किसी एक या दूसरी विचारधारा के आलोक में बहिरंग विवेचन नहीं। इस प्रकार मिथकीय समीक्षा आलोचना का शुद्ध और मौलिक रूप है।''[134] हिन्दी के एक विख्यात विद्वान का यह कथन मिथकीय आलोचना के अध्येताओं के लिए सचमुच उत्साहवर्द्धक है। मिथकीय आलोचक साहित्य-सागर का अवगाहन करता है, उसकी सतह को देखने से तुष्ट नहीं हो जाता। प्रो. नगेन्द्र ने मिथकीय आलोचना की शक्ति का सही आकलन किया है—''आदिम मनोवेगों पर बल देने के कारण मिथकीय समीक्षा व्यापक मानव संस्कृति और सार्वभौम मानव साहित्य की अखंड परम्परा के परिप्रेक्ष्य में साहित्यिक प्रवृत्तियों, कृतिकारों और कृतियों के वैशिष्ट्य का आकलन करती है। उसकी मान्यता है कि जिस प्रकार विभिन्न देखकाल की संस्कृतियाँ अखंड रूप से विद्यमान मानव संस्कृति की ही धाराएँ हैं, इसी प्रकार विभिन्न देशकाल के साहित्य भी सार्वभौम मानव-साहित्य के ही विकास रूप हैं, अत: उनका सम्यक् मूल्यांकन इस व्यापक परिप्रेक्ष्य में ही किया जा सकता है। इस दृष्टि से, मिथकीय समीक्षा तुलनात्मक पद्धति को प्रश्रय देती है। कोई भी आलोच्य कृति दूसरों से अलग-थलग एकान्त इकाई नहीं है। उसके पीछे एक परम्परा है जिसकी जड़ें प्रच्छल या प्रकाश रूप से आदिम मानव की भावनाओं एवं संकल्पनाओं के साथ जुड़ी हुई हैं। इसलिए पूर्ववर्ती रूपों के साथ तुलना करने से कृति विशेष का अध्ययन अधिक ग्राह्य बन जाता है।''[135] प्रो. नगेन्द्र के इस कथन से मिथकीय आलोचना का महत्त्व स्पष्ट हो जाता है। उन्होंने यह भी स्वीकार किया है कि मिथकीय आलोचना की प्रक्रिया अत्यन्त जटिल और मेधा-साध्य है—''उपर्युक्त विश्लेषण से स्पष्ट है कि मिथकीय समीक्षा की प्रक्रिया केवल जटिल ही नहीं है, वरन् इसमें कल्पना पर भी काफी दबाव पड़ता है। साथ ही, इसमें मत-वैभिन्य के लिए भी गुंजाइश है। भिन्न-भिन्न आलोचक अपनी मनीषा के अनुसार एक ही रचना में अलग-अलग नियमों का सन्धान कर सकते हैं या एक ही मिथक की अलग-अलग ढंग से व्याख्या कर सकता है।''[136] इस कथन में वस्तुत: मिथकीय आलोचना की शक्ति और सीमाएँ दोनों उल्लिखित है। आद्याबिम्बात्मक आलोचना की उन्होंने पृथक् से चर्चा नहीं की है अत: यहाँ सीमाओं पर आद्यबिम्बात्मक आलोचना के सन्दर्भ में ही विचार किया जा रहा है। इस आलोचना की सीमाओं का समाहार प्रो. नगेन्द्र ने सूत्र रूप में तीन वाक्यों में किया है—''(1) व्यक्तिपरक दृष्टिकोण काफी हद तक बना रहता है, (2) फलत: इसमें अनेकरूपता और मत-वैभिन्य के लिए बहुत-कुछ गुंजाइश रहती है और

(3) कल्पना पर दबाव रहने के कारण इसका स्वरूप प्रायः आनुमानिक और अस्पष्ट हो जाता है।''[137] मिथकीय आलोचना की इन सीमाओं को आद्यबिम्बात्मक आलोचना की सीमाओं के रूप में भी स्वीकार किया जा सकता है, किन्तु इन सीमाओं में ही उसकी शक्ति भी निहित है। इसमें सन्देह नहीं कि आद्यबिम्बात्मक आलोचना विषयिनिष्ठ व्याख्याओं की सम्भावना अधिक होती है किन्तु, सिद्धान्ततः, साहित्य की कोई भी व्याख्या वस्तुनिष्ठ नहीं होती, क्योंकि जीवन की कोई भी व्याख्या वस्तुनिष्ठ नहीं होती। आज के युग में प्राकृतिक घटनाओं या तथ्यों की वैज्ञानिक व्याख्याओं की वस्तुनिष्ठता पर सवालिया निशान लग चुका है। यौगपत्य के युंगीय सिद्धान्त के विवेचन में कहा जा चुका है कि प्रकृति हमें उन प्रश्नों का वैसा ही उत्तर देती है जैसा कि हम उससे चाहते हैं। तो जब वैज्ञानिक दृष्टिकोण ही वस्तुनिष्ठ नहीं रह पाता तो कोई भी आलोचना-दृष्टि वस्तुनिष्ठ कैसे रह सकती है! यहाँ तक देखा गया है कि एक ही कृति के एक ही पक्ष की एक ही सम्प्रदाय आलोचकों द्वारा की गयी व्याख्याओं में उल्लेखनीय अन्तर होता है। वस्तुतः वस्तुनिष्ठता एक धोखा है, प्रवंचना है और प्रवंचना के अतिरिक्त और कुछ नहीं है। इतना होने पर भी यदि हम इस प्रवंचना को सत्य मान लें तो आद्यबिम्बात्मक आलोचना उतनी ही वस्तुनिष्ठ है जितनी कि विश्व की कोई भी आलोचना हो सकता है क्योंकि मानव चित्त तो सार्वभौम एवं एक है अतः साहित्य की व्याख्या में जो बिम्ब आलोचक के चित्त में उदीप्त होते हैं वे साहित्य में व्यक्त आद्यबिम्बों से अलग नहीं हो सकते। चित्रलिखित अश्व को प्रत्येक आलोचक चित्रलिखित अश्व ही समझेगा फिर भी चित्र-तुरंग की व्याख्याएँ अनेक हो सकती है; होनी चाहिए। आद्याबिम्बात्मक आलोचना में व्याख्याओं के भेद की यह सम्भावना उसकी शक्ति को रेखांकित करती है।

इसी प्रकार प्रत्येक आलोचना पद्धति में अनेकरूपता एवं मतवैभिन्य की सम्भावना रहती है। बिहारी के एक ही दोहे में अलंकारों की स्थिति को लेकर टीकाकारों में गम्भीर मतभेद रहा है। जब अलंकार सम्प्रदाय जैसे तथाकथित वस्तुनिष्ठ आलोचना-सम्प्रदाय के लिए ऐसी स्थिति सम्भव है तब आद्यबिम्बात्मक आलोचना इससे मुक्त नहीं रह सकती, क्योंकि वह अलंकार सम्प्रदाय की अपेक्षा निश्चय ही कहीं अधिक व्यक्तिनिष्ठ है। दूसरी बात यह कि आद्यबिम्बात्मक व्याख्या में साहित्य के विविध बिम्बों की विविध आलोचकों द्वारा व्याख्या में रूपों का तो अन्तर सम्भव है किन्तु, निश्चित पद्धति का अनुसरण करने पर आलोचक जिस आद्यरूप तक पहुँचेगे वह एक ही होगा। अतः मतवैभिन्य की स्थिति होने पर भी अनेकरूपता में एकरूपता की सम्भावना विद्यमान रहती है।

तीसरी सीमा सचमुच चिन्त्य है कि आद्याबिम्बात्मक आलोचना में कल्पना पर दबाव अधिक रहता है। यह दबाव उस स्थिति में और अधिक हो जाता है जब हम संकल्पनात्मक साहित्य की व्याख्या में प्रवृत्त होते हैं। सम्भवतः यही कारण है कि

आद्याबिम्बात्मक आलोचना अन्य आलोचना-सम्प्रदायों के समान लोकप्रिय नहीं हो सकी, किन्तु किसी आलोचना की श्रेष्ठता को उसकी लोकप्रियता से आँकना समीचीन नहीं है। विद्वान् आलोचक महान् कृतियों की आलोचना में किसी भी आलोचना-दृष्टि को स्वीकार कर प्रवृत्त हों कल्पना पर दबाव अवश्यभावी पड़ेगा। अन्तर केवल इतना है कि अन्य आलोचना-दृष्टियों को स्वीकार करने पर जहाँ उक्त दबाव से बचा जा सकता है वहाँ आद्यबिम्बात्मक आलोचना में बचाव की गुंजाइश कम रहती है। आलोचक जब आद्यबिम्बात्मक आलोचना में प्रवृत्त होता है तो वह इस प्रकार के दबावों से बच नहीं सकता। अतः प्रो. नगेन्द्र जी का उक्त मत सर्वथा सत्य है कि आद्यबिम्बात्मक आलोचना जिस मेधा और साहस की अपेक्षा रखती है, आज के तेज रफ्तार युग में वह दुर्लभ है, लेकिन यह समस्या साहित्य के प्रत्येक गहन अध्ययन के साथ है।

प्रो. नगेन्द्र ने मिथकीय आलोचनाा की कुछ अन्य सीमाओं का भी संकेत किया है—"जैसा कि उनके आधुनिक समीक्षकों का मत है, मिथकीय आलोचना का क्षेत्र रचना के व्याख्यान-विश्लेषण तक ही सीमित है—मूल्यांकन उसकी परिधि में नहीं आता, क्यों किसी एक या दूसरे मिथक के सफल-असफल प्रयोग के आधार पर रचना के कलात्मक मूल्य का आकलन नहीं किया जा सकता। इसी युक्ति क्रम में यह और जोड़ा जा सकता है कि रचना के सर्वांग से नहीं, वरन् विशेष अंग या पक्ष में ही सम्बद्ध होने के कारण, मिथकीय समीक्षा व्याख्यात्मक समीक्षा का भी एक प्रकार मात्र है—यानी साहित्य के व्याख्यान विश्लेषण की अनेक पद्धतियों में एक यह भी है। साहित्य के सार्वभौम आदिम मानवीय तत्त्वों के सन्धान में प्रवृत्त होने के कारण, एक दृष्टि से यह व्याख्या मूलग्राही अवश्य होती है, किन्तु फिर भी इसका आधार-फलक सीमित होता है।"[138] इस कथन में मिथकीय समीक्षा की दो सीमाओं का उल्लेख किया गया है—(1) मिथकीय समीक्षा मूल्यांकन की उपेक्षा करती है और (2) इसका आधार-फलक इसके मूलग्राही हुए भी सीमित होता है।

प्रथम आक्षेप का आधार यह है कि मिथकीय आलोचना केवल व्याख्या तक सीमित रहती है। साथ ही मिथकों के सफल-असफल प्रयोग के आधार पर रचना के कलात्मक मूल्य का निश्चिय नहीं किया जा सकता। यहाँ उल्लेख्य है कि नार्थ्रय फ्राइ जैसे मिथकीय आलोचक ने मूल्यांकन को आलोचना का लक्ष्य नहीं माना। उनके अनुसार आलोचना का लक्ष्य कृति का मूल्यांकन न होकर उसकी व्याख्या है। अतः यह आक्षेप फ्राइ की नृतत्वशास्त्रीय मिथकीय आलोचना से सन्दर्भ में तो उचित है, किन्तु आद्याबिम्बात्मक आलोचना की स्थिति भिन्न है। वह केवल मिथकों या बिम्बों को छाँटकर ही नहीं रखती बल्कि समग्र भाषिक संरचना में व्याप्त बिम्बात्मक दीप्ति की सम्यक् परख करती है। अतः आद्यबिम्बात्मक आलोचना का निकषत्व कृति की व्याख्या तक सीमित न होकर मूल्यांकन तक व्याप्त है। अधिक सही बात

तो यह है कि आद्याबिम्बात्मक आलोचना के अन्तर्गत व्याख्या–विश्लेषण का लक्ष्य रचना का मूल्यांकन ही रहता है।

जहाँ तक मिथकीय आलोचना के, मूलग्राही होते हुए भी, आधार–फलक के सीमित होने की बात है, वह नृतत्वशास्त्रीय मिथकीय आलोचना के सन्दर्भ में तो सर्वथा उचित है, किन्तु आद्यबिम्बात्मक आलोचना के सन्दर्भ में उसका कोई औचित्य नहीं है। आद्यबिम्बात्मक आलोचना किसी भी नवीन या पुरातन आलोचना सम्प्रदाय का तिरस्कार नहीं करती, वह विभिन्न आलोचना सम्प्रदाय के परस्पर–विरोधी प्रतीत होने वाले पैमानों को अपने अनुकूल बनाकर रचनाओं को परखती है। आज स्थिति यह है कि इंटरनेट पर आद्यबिम्बाात्मक आलोचना को लेकर विपुल सामग्री विद्यमान है और उसमें निरन्तर अभिवृद्धि हो रही है।

सन्दर्भ

अध्याय–1 : आद्यबिम्ब

1. मनोविश्लेषण, पृ. 8–9
2. वही, पृ. 7
3. वही, पृ. 28–29
4. वही, पृ. 253
5. वही, पृ. 12
6. फ्राइ द लाइफ एंड वर्क्स ऑफ सी. जी. युंग, देखिए—द्वितीय अध्याय
7. इंडिवीजुएशन, पृ. 7
8. सी.जी.युग : हिज मिथ इन अवर टाइम्स, पृ. 3
9. न्यू पेथवेज इन साइकोलाजी, पृ. 105
10. द क्लेक्टेड वर्क्स ऑफ सी. जी. युंग, खंड 8, पृ. 3–4
11. वही, खंड 8, पृ. 4
12. वही, पृ. 4–5
13. वही, पृ. 5
14. वही, पृ. 6
15. वही।
16. वही, पृ. 18
17. वही, पृ. 19
18. वही, पृ. 20
19. वही, पृ. 21
20. Transformation of energy are possible only as a result of differences in intensity.

    – The Collected Workes of C. G. Jung, vol. 8, p. 25
21. द क्लेक्टेड वर्क्स ऑफ सी.जी. युंग, खंड 8, पृ. 25–26
22. The psyche, too, can be regarded as such a relatively closed system, in which transformation of energy leads to an equalisation of differences... this dwelling process corresponds to a transition from an improbable to a probable state, whereby the possibility of further change is increasingly

limited. Psychologically, we can see this process at work in the development of lasting and relatively unchanging attitude.

– The Collected Workes of C. G. Jung, vol. 8, p. 25

23. द क्लेक्टेड वर्क्स ऑफ सी.जी. युंग, खंड 8, पृ. 26
24. वही।
25. Value requires for its explanation a quantitative concept, and a qualitative concept like sexuality can never serve as a substitute. A qualitative concept is always the description of a thing, a substance, where as a quantitative concept deals with relations of intensity and never with a substance or thing.

    – The Collected Workes of C. G. Jung, vol. 8, p. 27
26. The causal-mechanistic sees the sequence of facts, a-b-c-d, as follows : a causes b, b causes c and so on. Here the concept of effect appears as the designation of a quality, as a 'virtue' of the cause, in other words, as a dynamism. The final-energic view, on the other hand sees the sequence thus : a-b-c are means towards the transformation of energy, which flows causelessly from a, the improbable state, entropically to b-c and so to the probable state d. Here a causal effect is totally disregarded since only intensities are taken into account. In so far as, the intensities are the same, we could just as well put w-x-y-z instead of a-b-c-d.

    – Ibid, vol. 8, p. 31
27. द क्लेक्टेड वर्क्स ऑफ सी.जी. युंग, खंड 5, पृ. 131
28. आन द नेचर ऑफ द साहके, पृ. 40-41
29. द क्लेक्टेड वर्क्स ऑफ सी.जी. युंग, खंड 8, पृ. 32
30. वही।
31. During the progression of libido the pairs of opposite are united in the coordinated flow of psychic process.

    – The Collected Workes of C. G. Jung, Vol. 8, p. 32
32. द क्लेक्टेड वर्क्स ऑफ सी.जी. युंग, खंड 8, पृ. 33
33. द क्लेक्टेड वर्क्स ऑफ सी.जी. युंग, खंड 8, पृ. 33-34
34. मनोविश्लेषण, पृ. 333
35. Progression and regression can be brought into relationship with extraversion and introversion; progression, as adoptation to outer condition, would be regarded as extraversion; regression, as adoptation to inner conditions, could be regarded as introversion. But this parallel would give rise to a great deal of conceptual confusion, since progression and regression are vague analogies of extraversion and introversion.

    – The Collected Workes of C. G. Jung, Vol. 8, p. 40
36. द क्लेक्टेड वर्क्स ऑफ सी.जी. युंग, खंड 8, पृ. 40-41
37. वही, पृ. 41
38. When nature is left you herself, energy is transformed along the line of its

natural Gradient. In this way natural phenomena are produced, but not 'work'. So also man when left to himself lives as a natural phenomenon, and in the proper meaning of the world, produces on work. It is culture that provides the machine whereby the natural Gradient is exploit for performance of work.

– The Collected Workes of C. G. Jung, vol. 8, p. 41

39. द क्लेक्टेड वर्क्स ऑफ सी.जी. युंग, खंड 8, पृ. 41
40. "... human culture, as a natural product of differentiation, is a machine; first of all a technical one that utilises natural conditions for the transformation of physical and chemical energy, but also a psychic machine for the transformation of libido.

    – The Collected Workes of C. G. Jung, vol. 8, p. 42
41. ऑफ द नेचर ऑफ द साइके, पृ. 47
42. द साइकोलाजी ऑफ सी.जी.युंग, पृ. 5
43. द क्लेक्टेड वर्क्स ऑफ सी.जी. युंग, खंड 9, भाग 1, पृ. 275
44. मैन एंड हिज सिम्बल्स, पृ. 23
46. द साइकोलाजी ऑफ सी.जी.युंग, पृ. 7–8
47. द मिथ ऑफ मीनिंग, पृ. 138
48. काव्य कला तथा अन्य निबन्ध, देखिए—''काव्यकला'' शीर्षक निबन्ध
49. आलवाल, पृ. 93
50. Animals have signals and signs but no symbols.

    – Complex/Archetype/Symbol, p. 94
51. The relation of a psychic content to the ego forms the criteria of its consciousness, for no content can be conscious unless it is represented to a subject.

    – The Collected Workes of C. G. Jung, vol. 9, part 2, p. 3
52. द क्लेक्टेड वर्क्स ऑफ सी.जी. युंग, खंड 9, भाग 2, पृ. 3
53. By a psychological function I mean a particular form of psychic activity that remains the same under varying circumstances.

    – The Collected Workes of C. G. Jung, vol. 6, p. 436
54. द क्लेक्टेड वर्क्स ऑफ सी.जी. युंग, खंड 6, पृ. 481
55. वही, पृ. 434
56. द साइकोलाजी ऑफ सी.जी. युंग, पृ. 10
57. द क्लेक्टेड वर्क्स ऑफ सी.जी. युंग, खंड 6, पृ. 462
58. वही, पृ. 411
59. वही, पृ. 403
60. द साइकोलाजी ऑफ सी.जी. युंग, पृ. 10
61. वही, पृ. 11
62. द साइकोलाजी ऑफ सी.जी. युंग, पृ. 17

63. वही, पृ. 21-22
64. मनोविज्ञान की ऐतिहासिक रूपरेखा, पृ. 469-70
65. The attitude type is rooted in our biological make up and is much more clearly determined from birth than is our functional type.
– The Psychology of C. G. Jung, p. 19
66. मेन एंड हिज सिम्बल्स, पृ. 23
67. द क्लेक्टेड वर्क्स ऑफ सी.जी. युंग, खंड 9, भाग 1, पृ. 3
68. मैन एंड हिज सिम्बल्स, पृ. 34 एवं 36
69. In addition to our immediate consciousness, which is of a thoroughly personal nature and which we believe to be the only empirical psyche (even if we take on the personal unconscious as an appendix), there exists a second psyche system of a collective, universal and impersonal nature which is identical in all individuals.
– The Collected Workes of C. G. Jung, vol. 9, part 1, p. 43
70. I term 'collective' all psychic contents that belong not only to one individual but so many, i.e. to a sociaty, a people or mankind in general.
– Ibid, vol. 6, p. 417
71. The collective unconscious is a part of the psyche, which can be negatively distinguished from a personal unconscious by the fact that it does not, like the later owe its existance to personal experience and consiquently is not a personal acquisition. While the personal unconscious is made up essentially of the contents which have at one time been conscious but which have disappeared from consciousness through having been forgotten or repressed, the contents of collective unconscious have never been individually acquired but owe their existance exclusively to heredity.Whereas the personal unconscious consists of the most part of complexes, the content of the collective unconscious is made up essentially of archetypes.
– Ibid, vol. 9, part 1, p. 42
72. The unconscious is no more depositary of the past but is also full of germs of future psychic situations and ideas. It is a fact that in addition to the memories of a long distant conscious past, completely new thoughts and creative ideas can also present themsalves from the unconscious.
– Man and His Symbols, p. 38
73. हिन्दी साहित्य-कोश, देखिए—अचेतन
74. क. "इस प्रकार युंग मनोविश्लेषण के क्षेत्र में कलात्मक रहस्यवाद का प्रवर्तन करते हैं।"
—आधुनिक पाश्चात्य काव्य और समीक्षा के उपादान, पृ. 42
ख. "सर्वप्रथम उसके आलोचक कहते हैं कि युंग द्वारा वर्णित विचार रहस्यात्मक हैं। उनमें धार्मिक पुट पाया जाता है।'
—मनोविज्ञान की ऐतिहासिक रूपरेखा, पृ. 470-71
ग. "युंग का दृष्टिकोण एक धार्मिक तथा रहस्यवादी की तरह है।"

—आधुनिक हिन्दी कथा साहित्य और मनोविज्ञान, पृ. 53

75. "Although I have often been called a philosopher, I am an empericeist and adhere as such to the phenomenolocial standpoint."
– The Collected Workes of C. G. Jung, vol. 11, p. 6

76. द क्लेक्टेड वर्क्स ऑफ सी.जी. युंग, खंड 11, पृ. 5

77. वही, पृ. 69

78. The definiteness and directedness of the conscious mind are the qualities that have acquired relatively late in the history of human race and are, for instance, largely lacking among primitives today. The qualities are often impaired in the neurotic patient who differs from the normal person in that his threshold or consciousness gets shifted more easily, in other words, the partition between conscious and unconscious is much more permeable. The psychotic on the other hand is under the direct influence of the unconscious.
– The Collected Works of C.G. Jung. vol. 8, p. 69

79. We may say in general that social worthlessness to the great artist and other distinguished by creative gifts are, of course, exceptions to this rule. The very advantage that such individuals enjoy consists precisely in the permeability of the partition separating the conscious and the unconscious but for those professional and social activities which requirs just the continuity and reliability, the exceptional human being are of little value.
– The collected Works of C.G. Jung. vol. 8, p. 70

80. From Greek ‘arche’ meaning ‘orginal or ‘primitive’ plus ‘typos’. form.
– A Header's guide to literary terms.

81. Greek ‘archetypon’
– current literary terms.

82. A Model, Copy-Model.
– March's thesaurus Dictionary

83. (a) The original pattern or model, prototype.
– Chember's Twentieth Century Dictionary.
(b) The original pattern or model, from which a thing made or copied, prototype.
– Collin's Double Book, Dictionary and Encyclopaedia.

84. Perfectly typical specimen, most primitive type.
–The Penguin English Dictionary.

85. The first one that serves as a model for others.
– Webster's New World Dictionary.

86. The original pattern or model after which copies are made.
–The Random House Dictionary of the English Language.

87. पाश्चात्य काव्यशास्त्र, पृ. 194

88. Generally speaking is an original pattern from which copies are made, perpresenting the most essentially characteristic elements shared by the members of that class. It is, in other words, a highly abstract category almost completely removed from accidental varieties of elements contained in any particular species belonging to it.
89. (In Jungian Psychology) an unconscious idea, pattern of thought, image, etc. inherited form the ancestors of the race and universally present in individual psyche.
90. In the psychology of C.G. Jung, a pervasive idea, image, or symbol, that forms part of collective unconscious.
91. A Supplement to the Oxford English Dictionary, please see- 'archetypal'.
92. A Plotonic word meaning the perfect or absolute idea of each thing after its king.
93. द साइकोलाजी ऑफ सी.जी. युंग, पृ. 42
94. The content of the racial unconscious.
95. The concept of the archetype which is an indispensable correlate of idea of the collective unconscious....
– The Collected Works of C.G. Jung, vol, 9, part I, p. 42
96. In the theory of C.G. Jung, an inherited idea or mode of thought derived from the experience of the race and present in the unconscious of the individual, controlling his ways of perceiving the world.
97. Primordial images and ideas which are said to be genetically inherited and to be common to all. They are contained in the racial unconscious or 'collective unconscious.'
98. Imag/primordial.
99. The archetype is an unconscious force, expressed in emages through which the collective unconscious influences the individual.
100. मानविकी पारिभाषिक कोष, मनोविज्ञान खंड, देखिए—"आर्केटाइप"
101. द क्लेक्टेड वर्क्स ऑफ सी.जी.युंग, खंड 9, भाग 1, पृ. 4-5
102. काम्पलेक्स। आर्केटाइप। सिम्बल्स, पृ. 34
103. फ्राम द लाइफ एंड वर्क ऑफ सी.जी. युंग, पृ. 7
104. काम्पलेक्स। आर्केटाइप। सिम्बल्स, पृ. 40-42
105. वही, पृ. 44
106. न्यू डेवेलपमेंट इन एनेसिटिकल साइकोलाजी, पृ. 134
107. द इंटीग्रेशन ऑफ पर्सनलिटी, पृ. 200
108. द क्लेक्टेड वर्क्स ऑफ सी.जी. युंग, खंड 9, भाग 1, पृ. 101
109. वही, पृ. 79
110. वही, पृ. 160

111. काम्पलेक्स। आर्केटाइप। सिम्बल, पृ. 31
112. वही, पृ. 22
113. द साइकोलाजी ऑफ सी.जी.युंग, पृ. 36
114. वही।
115. काम्पलेक्स। आर्केटाइप। सिम्बल, पृ. 23–24
116. वही, पृ. 26
117. वही, पृ. 37
118. वही।
119. It was then I discovered the feeling-toned complexes which had always been registered before as failured to react.
– The Collected Works of C.G. Jung vol.8, p. 93
120. Every constellation of a complex postulates a disturbed state of consciousness.
– Ibid.
121. The complex can usually be suppressed with an effort of will but not argued out of existence, and at the first suitable opportunity it reappears in all its strength. Certain experimental investigations seem to indicate that its intensity or activity curve has a wave-like character, with a wave-length of hours, days or weeks. This very complicated questions remains as yet unclarified.
– Ibid., p. 96
122. The actiology of their origin is frequently a so-called trauma...mind is aware of it or not.
– Ibid., p. 98
123. One can perceive the specific energy of archetypes when we experience the peculiar fascination that accompanies them. They seem to hold a special spell. Such a peculier quality is also characteristic of the personal complexes, and just as personal complexes have their individual history, so do social complexes of an archetypal character. But while personal complexes never produce more that a personal bias, archetypes create myths, religions and philosophies that ...anxieties of man kind in general.
– Man and His Symbols, p. 79
124. द क्लेक्टेड वर्क्स ऑफ सी.जी. युंग, खंड 9, भाग 1, पृ. 91
125. काम्प्लेक्स। आर्केटाइप। सिम्बल, पृ. 75
126. वही, पृ. 55
127. द क्लेक्टेड वर्क्स ऑफ सी.जी. युंग, खंड 9, भाग 1, पृ. 79
128. काम्पलेक्स। आर्केटाइप। सिम्बल, पृ. 67
129. द क्लेक्टेड वर्क्स ऑफ सी.जी. युंग, खंड 9, भाग 1, पृ. 11–12
130. द मिथ ऑफ मीनिंग, पृ. 16

131. द क्लेक्टेड वर्क्स ऑफ सी.जी. युंग, खंड 9, भाग 1, पृ. 309
132. वही।
133. काम्पलेक्स। आर्केटाइप। सिम्बल, पृ. 58
134. वही, पृ. 51
135. वही, पृ. 51
136. वही, पृ. 52
137. सी. जी. युंग, पृ. 34
138. काम्पलेक्स। आर्केटाइप। सिम्बल, पृ. 52
139. द क्लेक्टेड वर्क्स ऑफ सी.जी. युंग, खंड 9, भाग 2, पृ. 261
140. द मिथ ऑफ मीनिंग, पृ. 23
141. वही, पृ. 31
142. द साइकोलाजी ऑफ सी.जी.युंग, पृ. 40
143. काम्प्लेक्स। आर्केटाइप। सिम्बल, पृ. 74
144. द क्लेक्टेड वर्क्स ऑफ सी.जी. युंग, खंड 9, भाग 5, पृ. 232
145. ऑन द नेचर ऑफ द साइके, अनु. 417
146. काम्पलेक्स। आर्केटाइप। सिम्बल, पृ. 75
147. वही।
148. वही, पृ. 120
149. वही, पृ. 110
150. वही।
151. The image is a condensed expression of the psychic situation as a whole...
– The Collected Works of C.G Jung. vol. 6, p. 442.
152. Accordingly the image is an expression of the unconscious as well as the conscious situation of the moment.
– Ibid, p. 443
153. These products never have an exclusively consious or an exclusively unconscious source, but arise from the equal collaboration of both.
– The collected works of C.G. Jung. vol. 6, p. 477
154. मैन एंड हिज सिम्बल्स, पृ. 55
155. वही, पृ. 23
156. वही, पृ. 20
157. काम्प्लेक्स। आर्केटाइप। सिम्बल, पृ. 85
158. माडर्न मैन इन सर्च ऑफ ए सोल, पृ. 197
159. द क्लेक्टेड वर्क्स ऑफ सी.जी. युंग, खंड 9, भाग 1, पृ. 188-89
160. काम्प्लेक्स। आर्केटाइप। सिम्बल, पृ. 63
161. माडर्न मैन इन सर्च ऑफ ए सोल, पृ. 188-89
162. मिथक और साहित्य, पृ. 7

163. वही, पृ. 9
164. वही, पृ. 11-12
165. मनोविश्लेषण, पृ. 69
166. वही, पृ. 74
167. वही, पृ. 73
168. वही, पृ. 68
169. Dreaming is not the sporadic occurence it appears to be on the basis of our morning memories, but in fact occupies about a quarter of the mightly sleep time of the healthy adults. Further, it has been found that this total amount of dream time is divided into four to six distinct episodes separated from one another by approximately ninety minutes of non-dreaming sleep.
– might life, p. 8
170. द क्लेक्टेड वर्क्स ऑफ सी.जी. युंग, खंड 8, पृ. 237-38
171. Theatrically, the whole of a person's previous life-experience might be found in every dream.
– Ibid., p. 240.
172. द क्लेक्टेड वर्क्स ऑफ सी.जी. युंग, खंड 6, देखिए—फंटेसी।
173. वही।
174. वही, पृ. 474
175. वही, पृ. 475
176. वही।
177. वही।
178. वही, पृ. 477
179. वही, पृ. 442
180. वही।
181. वही, पृ. 478
182. वही, पृ. 475-76
183. काम्प्लेक्स। आर्केटाइप। सिम्बल, पृ. 106
184. वही, पृ. 82
185. वही, पृ. 94
186. वही।
187. वही, पृ. 95
188. द साइकोलाजी ऑफ सी.जी. युंग, पृ. 59
189. काम्प्लेक्स। आर्केटाइप। सिम्बल, पृ. 100
190. द क्लेक्टेड वर्क्स ऑफ सी. जी. युंग, खंड 6, पृ. 478
191. वही, पृ. 478-79
192. वही, पृ. 479
193. वही, पृ. 486

194. वही, पृ. 479
195. वही, पृ. 480
196. वही।
197. वही।
198. द साइकोलाजी ऑफ सी.जी. युंग, पृ. 108–109
199. वही, पृ. 105
200. वही, पृ. 36
201. वही, पृ. 107
202. द मिथ ऑफ मीनिंग, पृ. 83
203. द साइकोलाजी ऑफ सी.जी. युंग, पृ. 108–109
204. वही, पृ. 107
205. मैन एंड हिज सिम्बल्स, पृ. 161
206. वही।
207. वही, पृ. 162
208. वही।
209. वही, पृ. 166
210. काम्प्लेक्स। आर्केटाइप। सिम्बल, पृ. 113
211. वही, पृ. 113–14
212. वही, पृ. 114
213. एन इंट्रोडक्शन टु युंग्स साइकोलाजी, पृ. 49
214. मैन एंड हिज सिम्बल्स, पृ. 170–71
215. द साइकोलाजी ऑफ सी.जी. युंग, पृ. 110
216. वही, पृ. 109
217. वही, पृ. 110
218. वही, पृ. 110
219. मैन एंड हिज सिम्बल्स, पृ. 169
220. मैन ए द साइकोलाजी ऑफ सी.जी. युंग, पृ. 104 (पुराना संस्करण)
221. मैन एंड हिज सिम्बल्स, पृ. 172
222. वही, पृ. 173
223. द क्लेक्टेड वर्क्स ऑफ सी.जी. युंग, खंड 9, भाग 2, पृ. 8
224. वही, पृ. 9
225. वही, पृ. 9
226. वही, पृ. 9–10
227. वही, पृ. 53
228. वही, पृ. 111
229. वही।
230. वही, भाग 2, पृ. 10

231. वही, पृ. 9
232. वही, पृ. 17
233. वही, पृ. 13
234. वही, पृ. 11
235. वही, पृ. 114
236. वही, पृ. 115–16
237. द साइकोलाजी ऑफ सी.जी. युंग, पृ. 119
238. वही।
239. वही।
240. वही, पृ. 44
241. वही, पृ. 51
242. वही।
243. वही, पृ. 109 (पुराना संस्करण)
244. वही, पृ. 112
245. वही, पृ. 113 (पुराना संस्करण)
246. द क्लेक्टेड वर्क्स ऑफ सी.जी. युंग, खंड 9, भाग 2, पृ. 13
247. वही, पृ. 14
248. वही, भाग 1, पृ. 82,
249. वही, भाग 2, पृ. 13
250. वही।
251. वही, पृ. 20
252. वही, पृ. 16
253. वही, पृ. 22
254. द साइकोलाजी ऑफ सी.जी. युंग, पृ. 125
255. वही।
256. वही, पृ. 126
257. वही, पृ. 126 की पाद टिप्पणी
258. वही, पृ. 125
259. द क्लेक्टेड वर्क्स ऑफ सी.जी. युंग, खंड 9, भाग 1, पृ. 216
260. वही, पृ. 217–18
261. वही, भाग 1, पृ. 221
262. वही, पृ. 222
263. वही, पृ. 225
264. वही, पृ. 226
265. वही, पृ. 226–27
266. वही, पृ. 216
267. एन इंट्रोडक्शन टु युंग्स साइकोलाजी, पृ. 60

268. द साइकोलाजी ऑफ सी.जी. युंग, पृ. 126
269. वही।
270. वही, पृ. 127
271. द मिथ ऑफ मीनिंग, पृ. 43
272. वही, पृ. 44
273. वही, पृ. 81
274. वही, पृ. 113
275. एन इंट्रोडक्शन टु युग्स साइकोलाजी, पृ. 62
276. वही, पृ. 64
277. सी. जी. युंग, पृ. 88
278. द साइकोलाजी ऑफ सी.जी. युंग, पृ. 128
279. मैन एंड हिज सिम्बल्स, पृ. 198
280. द क्लेक्टेड वर्क्स ऑफ सी.जी. युंग, खंड 9, भाग 2, पृ. 226
281. वही, पृ. 268
282. वही, पृ. 5
283. द मिथ ऑफ मीनिंग, पृ. 113
284. वही, पृ. 89
285. द मिथ ऑफ मीनिंग, पृ. 89-90
286. द क्लेक्टेड वर्क्स ऑफ सी.जी. युंग, खंड 9, भाग 2, पृ. 6
287. वही, पृ. 24
288. वही, पृ. 24-25
289. द साइकोलाजी ऑफ सी.जी. युंग, 119 (पुराना संस्करण)
290. वही, 144 (पुराना संस्करण)
291. वही, पृ. 421
292. वही।
293. वही, पृ. 422
294. द क्लेक्टेड वर्क्स ऑफ सी.जी. युंग, खंड 8, पृ. 423
295. वही, पृ. 426
296. वही, पृ. 433
297. वही।
298. If space in time prove to be psychically to ralative, then the moving body must posses or be subject to, a corresponding relativity.
   –The Collected Works of C.G. Jung. vol.8, p. 433.
299. वही, पृ. 435
300. I defined synchronicity as psychically conditioned, relativity of space and time.
   –Ibid, p. 435
301. वही, पृ. 441

302. वही।
303. द क्लेक्टेड वर्क्स ऑफ सी.जी. युंग, खंड 8, पृ. 481
304. वही, पृ. 485
305. वही, पृ. 500
306. वही, पृ. 512
307. द क्लेक्टेड वर्क्स ऑफ सी.जी. युंग, खंड 8, पृ. 515

अध्याय-2 : आद्यबिम्ब और साहित्यालोचन : आधार

1. A term brought into literature from the depth psychology of C.G. Jung.
2. The term, employed by the psychoanalyst C.G. Jung, been used in the New Criticism, since 1930.
3. Historically, the archetypal approach seems to have derived around the turn of the century from the two sources : (i) the Cambridge school of comparative anthropology issuing from sir J.G. fracer (The Golden Bough (1890-1915) and including, loosely speaking, Gilbert Murray, Jane E. Harrison, Jessie L. Weston, S.H. Hooke, Lord Raglan, E.M. Butler and Theodor H. Gaster, and (ii) The psycholy of C.G. Jung (psychology of unconscious : A study of transformation and symbolism of libido (1916) and to a lesser extent, that of Sigmund Freud (See for example, Symbolism in Dreams (1915-17). A General Introduction to Psychoanalysis (1920) and including the further work in the psychology of ritual and myth of Theodor Reik, Otto Rank, Erick From and so on.
4. A basic situation, character or image seen as constantly recurring in life and therefore in literature. The concept developed since J.G. Frazer's the Golden Bough (1915) which seeks the interrelation of myths of all peoples, suggesting 'collective unconscious...'
5. आर्केटाइपल पैटर्न्स इन पोइट्री, देखिए—भूमिका
6. फार्म्स ऑफ द थिंग्स अननोन, देखिए—द क्रियेटिव प्रासेस शीर्षक लेख
7. द पोइटिक इमेज, पृ. 149
8. इनसाइट एंड आउट, देखिए—'मेटाफर, पोइटिक इमेजी एंड आर्केटाइप' शीर्षक लेख।
9. लिट्रेरी किटिसिज्म : ए शार्ट हिस्ट्री, पृ. 709 पर पाद टिप्पणी 6
10. एन ऐस्से आन क्रिटिसिज्म, दे.—"मिथ एंड आर्केटाइप" शीर्षक लेख
11. पाश्चात्य काव्यशास्त्र, दे. मिथक और आद्यरूप शीर्षक अध्याय
12. एनाटांमी ऑफ क्रिमिसिज्म, पृ. 99
13. ब्लेक, दे. "द काम्प्लेक्सिटीज ऑफ ब्लेक्स, सन्फलावर : एन आर्केटाइपल स्पेकुलेशन" और "लिटिल गर्ल लांस्टः प्राब्लम्स ऑफ ए रोमेन्टिक आर्केटाइप" शीर्षक लेख।
14. मिथक और साहित्य, पृ. 3
15. वही, पृ. 3-4

16. वही, पृ. 4
17. वही, पृ. 4–5
18. वही, पृ. 4
19. एनॉटॉमी ऑफ क्रिटिसिज्म, पृ. 20
20. वही।
21. वही, पृ. 6
22. वही, पृ. 11
23. वही, पृ. 6
24. वही, पृ. 7
25. वही, पृ. 53
26. वही, पृ. 54
27. वही।
28. वही, पृ. 33–34
29. वही, पृ. 35
30. वही, पृ. 42
31. वही, पृ. 71
32. Criticism as a whole, in terms of this definition would begin with, and largely consists of, the systematizing of literary symbols.
    – Anotomy of Criticism, p. 71
33. एनाटामी ऑफ क्रिटिसिज्म, पृ. 73
34. वही, पृ. 74
35. वही।
36. वही।
37. वही।
38. एनाटोमी ऑफ क्रिटिसिज्म, पृ. 82
39. वही।
40. वही, पृ. 84
41. वही, पृ. 85
42. वही, पृ. 95
43. वही, पृ. 95–96
44. वही, पृ. 96
45. वही, पृ. 118
46. वही, पृ. 119
47. वही, पृ. 121
48. वही, पृ. 122
49. वही, पृ. 116
50. वही, पृ. 105

51. वही, पृ. 100
52. वही, पृ. 115
53. वही, पृ. 145
54. वही, पृ. 100
55. वही, पृ. 134
56. लिट्रेरी क्रिटिसिज्म : ए शार्ट हिस्ट्री, पृ. 711
57. एनाटमी ऑफ क्रिटिसिज्म, पृ. 141–154
58. वही, पृ. 158–162
59. लिट्रेरी क्रिटिसिज्म : ए शार्ट हिस्ट्री, पृ. 711
60. एन ऐस्से आन् क्रिटिसिज्म, पृ. 151
61. एनसाइक्लोपीडिया ऑफ पोइट्री एंड पोएटिक्स, दे.—आर्केटाइप
62. वही।
63. वही।
64. डिक्शनरी ऑफ वर्ल्ड लिट्रेरी टर्म्स देखिए—आर्केटाइप
65. पाश्चात्य काव्यशास्त्र की परम्परा, पृ. 340
66. द फार्म्स ऑफ व थिंग्स अननोन, पृ. 52
67. मनोविश्लेषण और साहित्यालोचन, पृ. 4
68. पाश्चात्य काव्यशास्त्र की परम्परा, पृ. 329, 335, 337
69. वही, पृ. 331
70. वही, पृ. 337
71. वही, पृ. 335
72. फ्रायड एंड द क्रिटिक, 36
73. वही, पृ. 42
74. वही, पृ. 43
75. वही, पृ. 43–44
76. वही, पृ. 44–45
77. पाश्चात्य काव्यशास्त्र की परम्परा, पृ. 341
78. वही, पृ. 338
79. वही, पृ. 337
80. मनोविश्लेषण और साहित्यालोचन, पृ. 14
81. फ्रायड एंड द क्रिटिक, 95
82. वही, पृ. 49
83. वही, पृ. 50
84. पाश्चात्य काव्यशास्त्र की परम्परा, पृ. 341
85. वही, पृ. 343
86. वही, पृ. 345
87. फ्रायड एंड द क्रिटिक, पृ. 77

88. वही, पृ. 77–78
89. वही, पृ. 80
90. पाश्चात्य काव्यशास्त्र की परम्परा, पृ. 333
91. वही, पृ. 336
92. द साइकोलाजी ऑफ सी. जी. युंग, पृ. 25
93. पाश्चात्य काव्यशास्त्र की परम्परा, पृ. 344
94. वही, पृ. 345
95. वही, पृ. 344
96. फ्रायड एंड द क्रिटिक, पृ. 67
97. मार्डन मैन इन सर्च ऑफ ए सोल, पृ. 179
98. वही।
99. वही, पृ. 182
100. वही, पृ. 186
101. वही, पृ. 180
102. वही, पृ. 181
103. वही, पृ. 182
104. वही, पृ. 184
105. वही, पृ. 185
106. पाश्चात्य काव्यशास्त्र की परम्परा, पृ. 350 पर उद्धृत
107. वही, पृ. 353
108. सिम्बल्स ऑफ ट्रान्सफॉरमेशन, पृ. 61
109. द क्लेक्टेड वर्क्स ऑफ सी.जी. युंग, खंड 6, पृ. 428
110. पाश्चात्य काव्यशास्त्र की परम्परा, पृ. 351
111. फ्रायड एंड द क्रिटिक, पृ. 83
112. मार्डर्न मैन इन सर्च ऑफ सोल, पृ. 193
113. वही, पृ. 194
114. वही, पृ. 195
115. वही, पृ. 193
116. मनोविश्लेषण और साहित्यालोचन, पृ. 21
117. मार्डर्न मैन इन सर्च ऑफ सोल, पृ. 198–99
118. वही, पृ. 199
119. वही, पृ. 188
120. साइकोलाजिकल रिफ्लेक्शन्स, पृ. 183
121. मार्डन मैन इन सर्च ऑफ ए सोल, पृ. 196
122. पाश्चात्य काव्यशास्त्र की परम्परा, पृ. 352–53
123. मार्डर्न मैन इन सर्च ऑफ सोल, पृ. 196–97
124. वही, पृ. 192

125. पाश्चात्य काव्यशास्त्र की परम्परा, पृ. 352
126. वही, पृ. 354
127. वही।
128. वही।
129. माडर्न मैन इन सर्च ऑफ ए सोल, पृ. 197
130. वही, पृ. 198
131. वही, पृ. 191
132. साइकोलाजिकल रिफ्लेक्शन्स, पृ. 181
133. माडर्न मेन इन सर्च ऑफ ए सोल, पृ. 198
134. साइकोलाजिकल रिफ्लेक्शन्स, पृ. 181
135. पाश्चात्य काव्यशास्त्र की परम्परा, पृ. 353
136. तददोषों शब्दार्थौं सगुणावनलंकृती पुनः क्वापि।
    —काव्यप्रकाश, 114
137. (क) रमणीयार्थ प्रतिपादकः शब्द : काव्यम्।
    —रसगंगाधर
    (ख) वांक्यं रसात्मकं काव्यम्।
138. शब्दार्थौ सहितौ काव्यम्। —काव्यालंकार, 1।16
139. हिन्दी वक्रोक्ति जीवितम, 1/17
140. सरस्वती कंठाभरण, 1/86
141. ध्वन्यालोक-लोचन, पृ. 89 पर उद्धृत
142. नयी समीक्षा : नए सन्दर्भ, पृ. 15
143. रस-सिद्धान्त और सौन्दर्यशास्त्र, पृ. 284,
144. नयी समीक्षा : नए सन्दर्भ, पृ. 53
145. वही।
146. वही, पृ. 54
147. शक्तिः प्रतिभानम्।
    —ध्वन्यालोक-लोचन, पृ. 346
148. तस्य च कारणं कविगता केवला प्रतिभा।
    —रसगंगाधर, पृ. 25
149. इत्यं प्रतिभाविज्ञानं किं किं कस्य न साधयेत्।
    यत्पातिमाद्वा सर्वे चेत्यूचे शेषमहामुने॥
    —तंत्रालोक, 13।95
150. सांसिद्धिकं यद्विज्ञाने तच्चिंतारत्नमुच्यते।
    तदभावे तदर्थं तदाहृतं ज्ञानमादृतम् ॥
    —वही, 13।96
151. तत्प्रातिभं महाज्ञानं शास्त्राचार्यानपेक्षि यत्॥
    —वही, 13।80

152. सा हि चक्षुर्भगवतस्तृतीयमिति गीयते।
येन साक्षात्करोत्येष भावांस्त्येकाल्पवर्तितः ॥
—व्यक्तिविवेक, 21 ।118
153. तंत्रालोक, 13/120-21 पर टीका
154. अतिक्रान्तस्यार्थस्य स्मत्री स्मृतिः। वर्तमानस्य मंत्री मतिः। अनागतस्य प्रज्ञात्री प्रज्ञेति।
—काव्यमीमांसा, पृ. 24
155. वही, पृ. 27
156. प्राक्तनाद्यतनसंस्कारपारिपाक प्रौढ़ा प्रतिभा।
—हिंदी वक्रोक्ति जीवित
157. तंत्रालोक, 13 ।87
158. अक्रमानंत-चिट्रपः प्रभाता स महेश्वरः।
—भास्करी, जिल्द 1, पृ. 348
159. तंत्रालोक, 13 ।89
160. रससिद्धान्त और सौन्दर्यशास्त्र, पृ. 408
161. वही, पृ. 399
162. रिचड्र्स के आलोचना-सिद्धान्त, पृ. 104
163. वही, पृ. 105
164. मैन एंड हिज सिम्बल्स, पृ. 38
165. रस सिद्धान्त और सौन्दर्याशास्त्र, पृ. 356
166. रिचर्डस के आलोचना-सिद्धान्त, पृ. 107
167. लिट्रेरी क्रिटिसिज्म : ए शार्ट हिस्ट्री, पृ.
168. नयी समीक्षाः नए सन्दर्भ, पृ. 20
169. नयी कविता : विलायती सन्दर्भ, पृ. 59,
170. वार्षिक लेखन गोष्ठी (1976-77), भाषा-विभाग, हरियाणा के शोध-पत्र, पृ. 136
171. वही, पृ. 135
172. रिचर्ड्स के आलोचना-सिद्धान्त, पृ. 106
173. वार्षिक लेखन गोष्ठी (1976-77), भाषा-विभाग, हरियाणा, पृ. 136
174. नयी कविता : विलायती सन्दर्भ, पृ. 35
175. द फार्म्स ऑफ द थिंग्स अननोन, पृ. 49
176. वही, पृ. 50
177. वही, पृ. 51
178. The archetype is thus clearly differentiated as the principle that gives significant unity to a diversity of aesthetic perception.
–The Forms of the Things Unknown, p. 61
179. रस सिद्धान्त और सौन्दर्यशास्त्र, पृ. 431
180. हिन्दी साहित्यकोश, देखिए : साधारणीकरण
181. चिन्तामणि, पृ. 189

182. रस सिद्धान्त और सौन्दर्यशास्त्र, पृ. 207
183. ध्वन्यलोक, पृ. 88
184. रिचर्ड्स के आलोचना-सिद्धान्त, पृ. 90
185. शमशेर, पृ. 103
186. सत्वोद्रेकादखंडप्रकाशनंदचिन्मयः।
वेद्यान्तरस्पर्शशून्यो ब्रह्मस्वादसहोदरः॥
लोकोत्तचमत्कारप्राणः केश्चित्प्रमातृभिः।
स्वाकारवदभिन्नत्वेनायमास्वाधते रसः॥
—साहित्यदर्पण, 312-3
187. आलोचना, प्रक्रिया और स्वरूप, पृ. 1

अध्याय-3 : आद्यबिम्बात्मक आलोचना : स्वरूप

1. आलोचना : प्रक्रिया और स्वरूप, पृ. 15
2. द क्लेक्टेड वर्क्स ऑफ सी. जी. युंग, खंड 5, पृ. 59-60
3. आर्केटाइपल पेटर्न्स इन पोइट्री, पृ. 4
4. वही, पृ. 2
5. दे.—ब्लेक में संकलित 'काम्प्लेक्सिटीज ऑफ ब्लेक्स सनफ्लावर : एन आर्केटाइपल स्पेकुलेशन' एवं 'लिटिल गर्ल लोस्ट : प्राव्लस ऑफ ए रोमेण्टिक आर्केटाइप' शीर्षक लेख।
6. व्हाट युंग रियली सैड, पृ. 25-26
7. मनोविश्लेषण, पृ. 28
8. रिचर्ड्स के आलोचना-सिद्धान्त, पृ. 112
9. वही, 91
10. नयी समीक्षा : नए सन्दर्भ, पृ. 85
11. वार्षिक लेखक संगोष्ठी (1976-77) के शोध-पत्र, भाषा-विभाग, हरियाणा, पृ. 135-36
12. समन्विति, पृ. 52
13. वही, पृ. 86
14. वही, पृ. 69
15. नयी समीक्षा : नए सन्दर्भ, पृ. 25
16. प्रमाणार्थ देखिए—शैली विज्ञान और आलोचना की नयी भूमिका में पृ. 46 से पृ. 52 तक प्रस्तुत प्रभेदक लक्षण जिन्हें उपरि विवेचित सिद्धान्तों में समाहित किया जा सकता है।
17. देखिए—रीति विज्ञान, पृ. 76-77
18. कुछ कविताएँ, पृ. 15
19. नयी कविता, पृ. 255
20. अनुक्षण, पृ. 55
21. तारसप्तक, पृ. 26

22. काम्पलेक्स। आर्केटाइप। सिम्बल्स, पृ. 177
23. कुछ और कविताएँ, पृ. 40
24. विस्तार के लिए देखिए—मैन एंड हिज सिम्बल्स में संगृहीत सिम्बोलिज्म इन विजुअज आर्ट्स शीर्षक निबन्ध।
25. आर्केटापल पैटर्न्स इन पोइट्री।
26. भारतीय का खँडहर, पृ. 19
27. साइकोलोजिकल रिफ्लेक्शन्स, पृ. 180
28. मानव हिन्दी कोश, दे.—रवि
29. द क्लेक्टेड वर्क्स ऑफ सी.जी. युंग, खंड 5, पृ. 89
30. वही, खंड 6, पृ. 200
31. मैन एंड हिज सिम्बल्स, पृ. 241-42
32. भारतीय प्रतीक विद्या, पृ. 162-63
33. वही, पृ. 165
34. भारतीय प्रतीक विद्या, पृ. 107
35. वही, पृ. 106
36. द क्लेक्टेड वर्क्स ऑफ सी.जी. युंग, खंड 5, पृ. 101
37. वही, पृ. 121
38. वही।
39. द क्लेक्टेड वर्क्स ऑफ सी.जी. युंग, खंड 5, पृ. 224
40. लहर, पृ. 72
41. भारतीय प्रतीक विद्या, पृ. 391
42. भारती का खँडहर, पृ. 10
43. द क्लेक्टेड वर्क्स ऑफ सी.जी. युंग, खंड 5, पृ. 348
44. वैदिक सम्पत्ति, पृ. 61
45. द क्लेक्टेड वर्क्स ऑफ सी.जी. युंग, खंड 5, पृ. 165
46. रीति विज्ञान, पृ. 70 पर उद्धृत
47. आद्यबिम्ब और मुक्तिबोध की कविता, पृ. 53
48. (क) लीक सी लिखत नभ पाहन के अंक को।
    —केशव
    (ख) उड़ता हुआ विशिख अम्बर में स्थिर समान लगता है।
    —दिनकर
49. रीति विज्ञान, पृ. 71
50. गीत की विवेचित पंक्तियों का अंग्रेजी अनुवाद होगा—

    A bird that flew just now
    and like a speaking line
    lost itself just now
    into the chest of heavens blue.

51. रीति विज्ञान, पृ. 71
52. वही, पृ. 73 पर उद्धृत
53. वही।
54. झरना, पृ. 31
55. सूनी कुटिया कोने में
    रजनी भर जलते जाना
    लघु स्नेह भरे दीपक का
    देखा है फिर बुझ जाना।
    —आँसू, पृ. 79
56. चाँद का मुँह टेढ़ा है, पृ. 3
57. वही, पृ. 21
58. वही, पृ. 70
59. वही, पृ. 6
60. वही, पृ. 31
61. वही, पृ. 126
62. वही, पृ. 141
63. चाँद का मुँह टेढ़ा है, पृ. 148
64. नयी कविता : विलायती सन्दर्भ, पृ. 63
65. वही।
66. मध्ययुगीन काव्यभाषा, पृ. 176
67. चाँद का मुँह टेढ़ा है, पृ. 3
68. वही, पृ. 4
69. तारसप्तक, पृ. 114
70. इन्द्रधनु रौंदे हुए ये, पृ. 28
71. तारसप्तक, पृ. 93
72. वही, पृ. 103
73. शिलापंख चमकीले, पृ. 11
74. वाग्देवी, पृ. 244
75. प्रस्तुत विवेचन शैली विज्ञान और आलोचना की नई भूमिका के पृ. 57-68 के आधार पर किया गया है।
76. शैली विज्ञान, पृ. 221
77. हिन्दी साहित्यकोश, दे.—छन्द
78. रिचर्ड्स के आलोचना-सिद्धान्त, पृ. 81
79. वही, पृ. 80
80. वही।
81. रिचर्ड्स के आलोचना-सिद्धान्त, पृ. 82 पर उद्धृत
82. शमशेर : कवितालोक, पृ. 42-43

83. वही, पृ. 42
84. वही, पृ. 43
85. चाँद का मुँह टेढ़ा है, पृ. 96–97
86. विस्तार के लिए देखिए—आद्यबिम्ब और मुक्तिबोध की कविता, पृ. 55–58
87. सिम्बल्स ऑफ ट्रान्सफारमेशन में युंग ने बोलना और बलना से सम्बद्ध भारोपीय शब्दों की लम्बी सूची दी है, (पृ. 163)
88. इन्द्रधनुष रौंदे हुए ये, पृ. 80
89. अर्द्धशती, पृ. 35–36
90. बिहारी रत्नाकर, पृ. 52
91. द क्लेक्टेड वर्क्स ऑफ सी.जी. युंग, खंड 9, भाग 2, पृ. 4
92. दूसरा सप्तक, पृ. 32
93. फूल नहीं रंग बोलते हैं, पृ. 107
94. द क्लेक्टेड वर्क्स ऑफ सी.जी. युंग, खंड 5, पृ. 285
95. वही, खंड 9, भाग 1, पृ. 81
96. वही, खंड 5, पृ. 292–93
97. वही, पृ. 436
98. आराधना, पृ. 86
99. काम्पलेक्स। आर्केटाइप। सिम्बल, पृ. 165
100. भारतीय प्रतीक विद्या, पृ. 8
101. द क्लेक्टेड वर्क्स ऑफ सी.जी. युंग, खंड 5, पृ. 268
102. वही, पृ. 259
103. वही, पृ. 161
104. वही, पृ. 163
105. वही, पृ. 168
106. वही, पृ. 167
107. वही, पृ. 168
108. मधुमालती, 78
109. आर्केटाइपल पेटर्न्स इन पोयट्री, पृ. 41 एवं 35
110. द क्लेक्टेड वर्क्स ऑफ सी.जी. युंग, खंड 9, भाग 1, पृ. 18
111. सूफीमत : सिद्धान्त और साधना, पृ. 259
112. द क्लेक्टेड वर्क्स ऑफ सी.जी. युंग, खंड 5, पृ. 219
113. मंगाया वन्य अश्व विकराल
भीम था जिसका काय विशाल

हो गया अश्व नमित सुग्रीव
धर्म से शासिल दुष्ट मतीव।
—निर्वाण, पृ. 32–33

114. द क्लेक्टेड वर्क्स ऑफ सी.जी. युंग, खंड 5
115. शमशेर, पृ. 103
116. भारतीय प्रतीक विद्या, पृ. 35
117. द क्लेक्टेड वर्क्स ऑफ सी. जी. युंग, खंड 9, भाग 2 पृ. 5
118. वही, पृ. 268
119. वही, खंड 6, पृ. 460
120. वही, खंड 9, भाग 1, पृ. 224
121. वही, खंड 5, पृ. 170
122. वही, खंड 9, भाग 1, पृ. 148
123. मानक हिन्दी कोश, दे.—हल
124. आर्केटाइपल पेटर्न्स इन पोयट्री, पृ. 9
125. इनसाइट एंड आउटलुक, पृ. 327
126. निर्वाण, पृ. 39
127. द क्लेक्टेड वर्क्स ऑफ सी. जी. युंग, खंड 9, भाग 1, पृ. 83
128. वही, खंड 5, पृ. 345
129. वही, खंड 8, पृ. 241
130. वही, खंड 5, पृ. 330
131. वही, खंड 5, पृ. 322
132. मिथक और साहित्य, पृ. 5
133. वही, पृ. 74
134. वही।
135. वही, पृ. 75
136. वही, पृ. 82
137. वही, पृ. 82-83
138. वही, पृ. 84

परिशिष्ट–1

पारिभाषिक शब्दावली

(क) मनोविश्लेषण

अहं	–	Ego
अहं–वृत्तियाँ	–	Ego-Instincts
इच्छापूर्ति	–	Wishfulfilment
इदम्	–	Id
उदात्तीकरण	–	Sublimation
कुंठा	–	Frustration
चिन्ता	–	Anxiety
जीवन–वृत्तियाँ	–	Life-Instincts
तादात्म्यीकरण	–	Indentification
द्वितीय प्रक्रिया	–	Secondary Process
पराहम्	–	Super Ego
प्रतिगति। प्रतीपायन	–	Regression
प्राथमिक प्रक्रिया	–	Primary Process
मनस्ताप	–	Neurosis
मृत्यु–वृत्तियाँ	–	Death-Instincts
यथार्थ–सिद्धान्त	–	Reality Principle
राग	–	Libido
रागबद्धता।स्थिरण	–	Fixation
रूपान्तरण	–	Transformation
विस्थापन	–	Displacement
सुख–सिद्धान्त	–	Pleasure-Principle

ख. विश्लेषणात्मक मनोविज्ञान

अन्तर्दृष्टि	–	Insight
अन्तर्मुखता	–	Introversion
अन्तर्मुखी	–	Introverted
अचेतन	–	Unconscious

अध्यवसित रूपक	–	Allegory
अभिवृत्ति	–	Attitude
अहं	–	Ego
अहं-व्यक्तित्व	–	Ego-personality
अहं-चेतना	–	Ego-Consciousness
आत्म	–	Self
आत्मीकरण	–	Assimilation
आत्मोपलब्धि	–	Self-Realisation or Individuation
आत्मोपलब्धि-प्रक्रिया	–	Process of self-realization Process of Individuation
आद्यबिम्ब	–	Archetypal image
आद्यरूप	–	Archetype
आद्यावशेष	–	Archaic remnants
आनुवंशिक	–	Inherited
आनुवंशिकता	–	Heredity
आप्तपुरुष	–	The wise old man
आप्तव्यक्तित्व	–	Mana Personality
आशय	–	Motif
आस्फालन	–	Inflation
उच्चतर	–	Superior
कराला	–	Terible Mother
क्रिया	–	Activity
क्षतिपूरकता	–	Compensation
ग्रन्थि	–	Complex
गहनता-मनोविज्ञान	–	Depth-Paychology
घटक	–	Factor
चिन्तन	–	Thinking
चित्त	–	Psyche
चित्त कल्प/रूपान्तरण	–	Transformation
चित्तीय निकाय	–	Psychic Faculty
चित्तीय ऊर्जा	–	Psychic energy
चेतन	–	Conscious
चेतना	–	Consciousness
छाया	–	Shadow
तेजस्	–	Libido
दिव्य-दर्शन	–	Vision
परिवर्तक/रूपान्तरकारी	–	Transformer
पुराकथा	–	Myth
पृथक्कृत	–	Differentiated
प्रकार	–	Types

प्रक्रिया	–	Process
प्रक्षेपण	–	Projection
प्रगति	–	Progression
प्रज्ञा	–	Wisdom
प्रतिगति	–	Regreesion
प्रतीक	–	Symbol
प्रत्यय	–	Idea
प्रत्यय-ग्रन्थि	–	Complex of Idea
प्रत्ययीकरण	–	Ideation
प्राक्कल्पना	–	Hypothesis
बहिर्मुखता	–	Extraversion
बहिर्मुखी	–	Extraverted
बिम्ब	–	Image
भाव	–	Affect
भावना	–	Feeling
मनोविश्लेषण	–	Psycho-analysis
मनोवैज्ञानिक काव्य	–	Psychological poetry
महामाता	–	The Great Mother
मातृ-राज्य	–	Realm of Mothers
माया	–	Anima
मुखौटा	–	Persona
लक्षण	–	Symptom
वत्सला	–	Loving Mother
विश्लेषणात्मक मनोविज्ञान	–	Analytical Psychology
वृत्ति	–	Personal
व्यक्तिगत	–	Instinct
व्यक्तिगत अचेतन	–	Personal Unconscious
व्यक्तिता	–	Individuality
व्यक्तित्व	–	Personality
शिशु मनोविज्ञान	–	Child Psychology
संकल्पात्मक काव्य	–	Visionary Poetry
सम्पूरक	–	Complementary
संवेग	–	Emotion
संवेदन	–	Sensation
समंजन	–	Adoptation
सहजानुभूति	–	Intuition
सामग्री	–	Content
सामूहिक अचेतन	–	Collective unconscious
साहचर्य	–	Association

परिशिष्ट–2

ग्रन्थ-सूची

(अ) आधार ग्रन्थ

1. The Collected works of C.G. Jung, vol.5, tr. R.F.C. Hull, Rautledge & Kegan Paul, London, 1956.
2. The Collected works of C.G. Jung, vol. 6, tr. H. G. Baynes, Revised by R. F. C. Hull, Rautledge & Kegan Paul, London, 1971.
3. The Collected works of C.G. Jung, vol. 8, tr. R.F.C. Hull, Rautledge & Kegan Paul, London, 1960.
4. The Collected works of C.G. Jung, vol. 9, part I, tr. R.F.C. Hul, Princeton University press, 1959.
5. The Collected works of C.G. Jung, vol. 9, part II , tr. R.F.C. Hull, Princeton University press, 1958.
6. The Collected works of C.G. Jung, vol. 11, tr. R.F.C. Hull, Princeton University press
7. The Integration of Personality, C.G. Jung, tr. Stanley M. Dell, Kegan Paul, Trench, Trubner & Co. London, 1940.
8. Modern Man in search of soul, C.G. Jung, tr. W.S. Dell & Cary F. Kegan Paul, Treanch, Trubner & Co. London, 1933

(ब) सहायक ग्रन्थ

संस्कृत–

1. तंत्रालोक—अभिनवगुप्त—काश्मीर संस्कृत सीरीज
2. भास्करी, जिल्द 1
3. सरस्वती कंठाभरण—भोज—काव्यमाला, 1915

हिन्दी–

1. अरी और करुणा प्रभामय—अज्ञेय —भारतीय ज्ञानपीठ, काशी
2. आधुनिक हिन्दी आलोचना के बीज शब्द—प्रो. बच्चन सिंह—राधाकृष्ण प्रकाशन, 1983

3. आधुनिक हिन्दी साहित्य—अज्ञेय—राजपाल एंड सन्स, 1976
4. आलवाल—अज्ञेय
5. आलोचन : प्रक्रिया और स्परूप—प्रो. आनन्द प्रकाश दीक्षित, नेशनल पब्लिशिंग हाउस, 1976
6. इन्द्रधनु रौंदे हुए ये—अज्ञेय—सरस्वती प्रेस, इलाहाबाद, 1957
7. काव्य-कला तथा अन्य निबन्ध—जयशंकर प्रसाद
8. काव्य प्रकाश—मम्मट—अनु. आचार्य विश्वेश्वर—ज्ञानमंडल लिमिटेड, वाराणसी
9. काव्य-बिम्ब—प्रो. नगेन्द्र—नेशनल पब्लिशिंग हाउस, 1967
10. काव्य-मीमांसा—राजशेखर—अनु. केदारनाथ शर्मा सारस्वत—बिहार राष्ट्रनाथ परिषद्, 1954
11. काव्यालंकार—भामह—अनु. देवेन्द्र नाथ शर्मा—विहार राष्ट्रभाषा परिषद्
12. कुछ और कविताएँ—शमशेर—राजकमल प्रकाशन, दिल्ली, 1961
13. कुछ कविताएँ—शमशेद बहादुर सिंह—जगत शंखधर, वाराणसी, 1959
14. चाँद का मुँह टेढ़ा है—गजानन माधव मुक्तिबोध—भारतीय ज्ञानपीठ, 1971
15. चिन्तामणि (पहला भाग)—आचार्य रामचन्द्र शुक्ल—इंडियन प्रेस, प्रयाग, 1967
16. जल टूटता हुआ—रामदरश मिश्र
17. भरना —जयशंकर प्रसाद—भारती भंडार, इलाहाबाद, दसवीं आवृति
18. तारसप्तक—सं. अज्ञेय—भारतीय ज्ञानपीठ, 1972
19. तीसरा सप्तक—सं. अज्ञेय—भारतीय ज्ञानपीठ, 1961
20. ध्वन्यालोक—आनन्दवर्धन—अनु. जगन्नाथ पाठक—चौखम्बा, विद्या भवन, वाराणसी
21. नयी कविता—डॉ. कांतिकुमार, मध्यप्रदेश हिन्दी ग्रन्थ अकादमी, 1972
22. नयी कविता की चेतना—प्रो. जगदीश कुमार—सन्मार्ग प्रकाशन, दिल्ली,
23. नयी कविता में बिम्ब का वस्तुगत परिप्रेक्ष्य—गोविन्द द्विवेदी—मैकमिलन, 1975
24. नयी कविता: कविलायती संदमी—प्रो. जगदीश कुमार,—सन्मार्ग प्रकाशन, दिल्ली, 1976
25. नयी समीक्षा: नए सन्दर्भ—प्रो. नगेन्द्र—नेशनल पब्लिशिंग हाउस, 1974
26. पानी के प्राचीर—डॉ. रामदरश मिश्र
27. पाश्चात्य काव्यशास्त्र—डॉ. रामपूजन तिवारी—राधाकृष्ण प्रकाशन, 1971
28. पाश्चात्य काव्यशास्त्र की परम्परा—नगेन्द्र
29. पुनर्नवा—हजारीप्रसाद द्विवेदी
30. फ्रायड मनोविज्ञान प्रवेशिका—कैल्विन एस. हाल—राजकमल प्रकाशन, दिल्ली, प्रथम संस्करण, 1963
31. फूल नहीं रंग बोलते हैं—केदारनाथ अग्रवाल
32. बिहारी रत्नाकर—जगन्नाथ रत्नाकर—ग्रन्थकार, बनारस, 1955
33. भारती का खंडहर—जगदीश कुमार—राधाकृष्ण प्रकाशन, 1971
34. भारतीय प्रतीक विद्या—डॉ. जनार्दन मिश्र—विहार राष्ट्रभाषा, परिषद्, 1959
35. मधुमालती—सं. डॉ. माताप्रसाद गुप्त—मित्र प्रकाशन, इलाहाबाद, 1961

36. मनोविश्लेषण—फ्रायड, अनु.—देवेन्द्रनाथ विद्यालंकार—राजपाल एंड सन्स, 1958
37. मनोविश्लेषण और साहित्यालोचन—प्रो. कलीममुद्दीन अहमद—अनु. देवेन्द्रनाथ शर्मा—भारती भवन, पटना, 1966
38. मध्ययुगीन काव्यभाषा—डॉ. रामस्वरूप चतुर्वेदी
39. मिथक और साहित्य—नगेन्द्र—नेशनल पब्लिशिंग हाउस, नयी दिल्ली, 1979
40. रस गंगाधर—पंडितराज जगन्नाथ, अनु.—बदरीनाथ का व मनमोहन का—चौखम्बा सीरीज, वाराणसी, 1955
41. रससिद्धान्त और सौन्दर्यशास्त्र—डॉ. निर्मला जैन,—नेशनल पब्लिशिंग हाउस, दिल्ली, 1967
42. रिचर्ड्स के आलोचना-सिद्धान्त—डॉ. शम्भूदत्त का—भारती भवन, पटना, 1967
43. रीतिविज्ञान—डॉ. विधानिवास मिश्र—राधाकृष्ण प्रकाशन, 1973
44. लहर—जयशंकर प्रसाद—भारती भंडार, इलाहाबाद, अष्टमाावृत्ति
45. वाग्देवी—सं. नरेश मेहता,—सरस्वती प्रेस, इलाहाबाद, 1972
46. बाणभट्ट की आत्मकथा—पं. हजारीप्रसाद द्विवेदी
47. वैदिक सम्पत्ति—पं. रघुनन्दन शर्मा—प्रकाशक : प्रताप सिंह शूर जी बल्लभदास, मुम्बई, सं. 2027
48. व्यक्ति विवेक—महिम भट्ट—अनु. रेवाप्रसाद द्विवेदी—चौखम्बा विद्याभवन, वाराणसी, 1964
49. शमशेर : सं. सर्वेश्वरदयाल सक्सैना, राधाकृष्ण प्रकाशन, 1971
50. शमशेर : कवितालोक—प्रो. जगदीश कुमार—राधाकृष्ण प्रकाशन, दिल्ली, 1982
51. शिलापंख चमकीले—गिरिजाकुमार माथुर—साहित्य भवन, इलाहाबाद, 1961
52. शैली विज्ञान और आलोचना की नयी भूमिका—डॉ. नवीन्द्रनाथ श्रीवास्तव—केन्द्रीय हिन्दी संस्थान, आगरा, 1972
53. सूफीमत : सिद्धान्त और साधना-डॉ. रामपूजन तिवारी
54. हिन्दी वक्रोक्ति जीवितम्, अनु.—आचार्य विश्वेवर, आत्माराम एंड संस, दिल्ली, 1955

अंग्रेजी—

1. Anatomy of Criticism – Northrop Frye, Princeton University Press, 1957
2. Archetypal Patterns in Poetry – Moud Badkin, Oxford Universtiy Press, 1963
3. Black : A Collection of Critical Essays, ed. Northrop Frye, Princeton Universtiy Press, New Jersey
4. C.G. Jung – Anthony Storr, The Viking Press, New York, 1973
5. C.G. Jung : His Myth in our Times- Marie - Louise von Franz, –Tr. William H. Kennedy Hodder & Stoughton, London, Sydney, Auckland, Toronto, 1975
6. Complex/Archetype/Symbol, – Dr. Jolande Jacobe, –Tr. Ralph Manhiem Routlege and Kegan Paul, London, 1959.
7. An Essay on Criticism – Graham Hough

8. The Forms of the Things Unknown – Herbert Read, Faber and Faber Ltd., London.
9. Freud and the Critic – Clandia C. Morrison, The University of North Caroline Press, U.S.A., 1968
10. From the Life and work of C.G. Jung, – Jost Goldbrunner, Tr. R.F.C. Hull, Harber and Row publishers, New York, 1971
11. Individuation, – Jost Goldbrunner, tr. Stanley Godman Hallis and Carter, London, 1955
12. Insight and Outlook, – Arthur Keoslar
13. An Introduction to Jung's Psychology, – Mrs. Fordham, Pengiun Book Ltd., London, 1953
14. Literary Criticism : A short History, – William K. Wimsatt Jr. & Cleanth Brooks, Oxford and I.B.S. Publishing col, Calcutta, 1967
15. Man And His Symbols, – C.G. Jung - M.L. Won Franz, Joseph L. Handerson Anlela Jaffie Adlus Book Ltd. London, 1964
16. The Myth of Meaning, – Anlele Jaffie, –tr. R.F.C. Hull, –Hodder and Stoughton, 1970
17. New Development in Analytical Psychology, – Michael Fordhome, Routledge and Kegan Paul, London, 1957
18. New Pathways in Psychology, – Calin Wilson, Taplinger Publishing Company, New Delhi, 1972
19. The Poetic Image, – C. Day Levis, – Jonathan Cape, London, 1958
20. The Psychology of C.G. Jung - Dr. Jolande Jacobe – Kagan Paul Trench Trubner & Co.Ltd., London, 1942
21. What Jung Really said - E.A. Bennet – Macdonald, London, 1966

(स) कोश-ग्रन्थ

संस्कृत—

1. शब्दकल्पदुम

हिन्दी—

1. मानक हिन्दी कोश
2. मानविकी पारिभाषिक कोश (मनोविज्ञान खंड) सं. डॉ. नगेन्द्र, राजकमल प्रकाशन, दिल्ली, 1968
3. हिन्दी शब्द सागर
4. हिन्दी साहित्य कोश (भाग 1)

अंग्रेजी—

1. Chambers's Twentieth Century Dictionary – ed. by –William Creddie –W. & R. Chambers Ltd., 1958
2. Collin's Double Book : Dictionary and Encyclopaedia – Collins– London and Glasgow, 1971
3. A Comprehensive Dictionary of Psychological and Psycho-analytical Terms, –Horace B. English and Ava. H. English – Longsman Green & Co., New York, 1958
4. A Critical Dictionary of Psycho-analysis – Charles Rycroft Penguin Books, 1979.
5. Current Literary Terms – A.F. Scott –Macmillan, 1965
6. Dictionary of Philosophy and Psychology, ed. James Mark Baldwin – Macmillan, New Delhi.
7. Dictionary of Philosophy –ed. Howard C. Warren Houghton Miffin Co. 1934.
8. Dictionary of Literary Terms – Herry Shaw –Megrawhill Book Co : 1972
9. Dictionary of World Literary Terms – Joseph T. Shipley –George Allen & Unwin Ltd., London, 1970
10. Encyclopaedia of Poetry and Poetics – ed. Alex Preminger –Associated ed. – Frank J. Warnke and OLB Hardison, Mr. –Princeton University Press, 1965
11. Encyclopaedia of Psycho-analysis – Ludwing Eidelberg, M.D. Ed. in Chief –The Free Press, New York, 1968
12. Encylopaedia of Psychology Ed. H.J. Eyenck, London, and W. Arnold, Wurgberg – Search Press, 1972
13. Encyclopaedia of Psychology – Philip Lawrence Harriman – Philosophical Library, New York, 1946
14. A Handbook of Literature – William Elint Thrall and Addition Hibbard Revised and Enlarged by – C. Hugh Homan – Odyssey Press, New York, 1960
15. International Encyhclopaedia of Social Sciencess ed. David L. Sills – The Macmillan Co. and Free Press, 1968
16. March's Thesuarus Dictionary - Francis Andrew March and Francis A. – March. Jr.
17. The New Dictionary of Psychology – Phillip Lawrence Harriman– Philosophical Library, New york, 1947
18. The Penguin English Dictionary – compiled by G.N. Garmonsway with Jacqulline Simpson The Penguin Press, 1970

19. Psyctuatric Dictionary – Ledand E. Hinstc, M.D. and Robert Jeen Campbell, M.D. Oxford University Press, New York, 1960
20. The Random House Dictionary of English Language – Lawrence Urlong – Allied Publishers P. Ltd., 1972
21. A Reader's Guide to LIterary Terms – Karl Beckson and Arthur Gang – Noonday Press, New York, 1960
22. A Suppliment to Oxford English Dictionary, ed. R.W. Burchfield – Oxford University Press, London, 1972
23. Webstor's New world Dictionary, ed.in Chief David B. Curaluik The world Publisher's Co. 1971

(द) पत्र-पत्रिकाएँ

1. वार्षिक लेखक संगोष्ठी (1976-77) के शोध-पत्र—भाषा विभाग, हरियाणा, चण्डीगढ़
2. समन्विति, दिल्ली विश्वविद्यालय

●●●